郭齐勇 主编

中国哲学通史

先秦卷 —— 下册

郭齐勇 著

A
HISTORY
OF
CHINESE
PHILOSOPHY

江苏人民出版社

目　录

第十章　名辩思潮与惠施、公孙龙 411

第一节　惠施的十大命题 412

第二节　公孙龙的白马论与坚白论 414

　一、白马非马 414

　二、离坚白 416

第三节　公孙龙的指物论与名实论 417

　一、指物论 417

　二、名实论 419

第十一章　后期墨家的哲学 422

第一节　后期墨家与《墨经》 422

第二节　《墨经》的研究 425

第三节　后期墨家的宇宙论 430

第四节　后期墨家的认识论 434

　一、知识的形成 434

　二、知识的种类 437

第五节　后期墨家的逻辑学　439

　　一、以名举实的概念论　441

　　二、以辞抒意的判断论　444

　　三、以说出故的推理论　448

　　四、逻辑规律及对逻辑谬误的批判　450

第十二章　《易经》与《易传》　454

　第一节　《易经》与《易传》的基本内容与成书问题　456

　第二节　《易经》的哲学　459

　　一、《易》本卜筮之书　460

　　二、卦爻画中的哲学思想　463

　　三、卦爻辞中的哲学思想　466

　第三节　《易传》的宇宙论　471

　　一、自然的宇宙生成论　471

　　二、三才统一的宇宙结构论　476

　　三、《易传》宇宙论的思维方式　478

　第四节　《易传》的生命哲学　481

　　一、天地之大德曰生：生命的本原是天地　483

　　二、生生之谓易：生命的表现是变易　488

　　三、辅相天地之宜：生命的主体是人　495

　第五节　《易传》的道德哲学　500

第十三章　《管子》与稷下学宫的学术　517

　第一节　稷下之学　517

　第二节　《管子》　518

　　一、《管子》"法治"思想之周详而深刻　520

　　二、旷世奇文"《管子》四篇"　525

　　三、"阴阳"与"五行"在《管子》书中合流的轨迹　529

第三节 《黄帝四经》 530

第十四章 《礼记》中的哲学思想 536

第一节 《礼记》中的终极信仰与天人关系 539

一、"礼"的宗教性与超越性 539

二、人道与天道相贯通 542

第二节 《礼记》中的生态伦理思想 544

一、天地生物 544

二、因时取物 546

三、取用有节 548

第三节 《礼记》中的社会政治学说 551

一、宗法制度 551

二、社会民生 554

三、德法并重 557

第四节 《礼记》中的礼乐文明论 561

一、《乐记》的成书问题 564

二、《乐记》的主旨和"乐"的涵义 566

三、"乐"的德性教化功能 569

四、"礼"与"乐"的关系 573

第五节 《礼记》中的道德修养论 576

一、《大学》的修己治人 576

二、《中庸》的成己成物 580

三、成德之教与道德之治 582

第十五章 郭店、上博楚简的思想 585

第一节 郭店楚简、上博楚简略说 585

一、简介 585

二、研究现状 587

三、研究面向 591

第二节　郭店儒家简与孟子心性论　595

一、楚简之人性天命说　595

二、楚简与《孟子》的思想联系与区别　600

三、"情"与道德形上学　603

第三节　郭店楚简《性自命出》的心术观　604

一、以心志导情气　607

二、以礼乐之教养性培气　608

三、内外交修,心身互正　611

第四节　郭店楚简《五行》的身心观与道德论　613

一、五德形于内,德气流于外　614

二、仁之思,智之思,圣之思　616

三、"中心"与"外心"　619

四、心与形体的"一"与"独"　621

第五节　传世文献与竹书中的"五行"与"圣智"　625

一、汉代五行图式的启发　625

二、传世文献中的聪明圣智　629

三、圣智与德圣　632

第六节　上博楚简《恒先》——道法家形名思想的佚篇　637

一、"恒先"与"道"的形上、超越、绝对、无限性　638

二、"或"(域)范畴及"域"与"恒气"之自生自作　641

三、《恒先》之重心在于审合言事　643

第七节　上博楚简有关孔子师徒的对话与故事　647

一、孔子与颜回　648

二、孔子与子路、子贡等　653

三、与《韩诗外传》比较　659

第八节　上博楚简所见孔子为政思想及其与《论语》之比较　662

一、《季康子问于孔子》与《论语》　663

二、《仲弓》与《论语》 667

三、《从政》与《论语》 669

第十六章　荀子的哲学 675

第一节　天人关系论 676

一、对"天"概念的发展 676

二、天人相分思想 677

三、天人相合 679

第二节　认识论与方法论 682

一、认识论思想 682

二、方法论思想 684

第三节　逻辑思想 687

第四节　人性论 690

一、人性的内涵与特征 690

二、对人的本性欲求的正视与肯定 692

第五节　礼义论 696

一、礼的起源 696

二、礼义的实质 697

三、礼义的宗旨与功能 699

四、向"法"的演化 702

第六节　荀子哲学思想的历史影响与地位 704

一、荀子哲学思想的历史影响 704

二、荀子哲学思想地位 707

第十七章　法家商鞅、韩非的哲学 710

第一节　李悝、吴起、申不害、慎到及其思想 713

一、李悝 713

二、吴起 714

三、申不害 716

四、慎到　718

第二节　商鞅及其历史观与治世论　720

一、商鞅其人与其书　720

二、边利尽归于兵,市利尽归于农　722

三、重罚轻赏,居官守法　723

四、治世不一道,便国不法古　723

第三节　韩非以"法"为中心的思想　725

一、"法"、"术"、"势"的结合　726

二、以"法"为中心　727

第四节　韩非"世异则事异"的历史观　729

一、世异则事异　729

二、富国强兵,讲求实效　730

第五节　韩非的道、理观与参验论　731

一、"道"乃万理之所稽　731

二、事物的"定理"　732

三、"参验"论　733

第十八章　战国阴阳家的思想　739

第一节　阴阳五行学说　744

一、阴阳说　745

二、五行说　748

三、阴阳与五行的合流　752

第二节　邹衍的思想　753

一、大九州说　754

二、五德始终说　755

主要参考文献　757

后　记　765

第十章　名辩思潮与惠施、公孙龙

　　惠施(约前 370—约前 310 年)又称惠子,相传生于宋而活动在魏。
《史记》无传,《汉书·艺文志》班固自注:"名施,与庄子并时。"惠施活动
的时期是战国中期,一生主要在魏国从事政治活动。惠施很有学问,《庄
子·天下》说"惠施多方,其书五车"。又说:"惠施日以其知与人辩",南
方有个怪人叫黄缭,"问天地所以不坠不陷,风雨雷霆之故。惠施不辞而
应,不虑而对,遍为万物说。"《庄子·天下》对惠施是批评的,说他"其道
舛驳,其言也不中","益之以怪","以反人为实,而欲以胜人为名,是以与
众不适也。弱于德,强于物,其涂隩矣。由天地之道观惠施之能,其犹一
蚊一虻之劳者也。其于物也何庸!"这里批评惠施专注辩术,颇为怪诞,
偏离大道,自逞其才,于事无补。

　　《汉书·艺文志》著录《惠子》一篇,已佚,隋、唐《志》已不著录。今有
马国翰辑佚一卷。其学说、行迹散见《庄子》、《韩非子》、《吕氏春秋》、《说
苑》、《战国策》等书中。

　　公孙龙,姓公孙,名龙,战国时辩士。生卒年约为公元前 325—前
250 年间。籍贯为赵人,或长期生活在赵国。公孙龙大约活动在赵武灵
王、惠文王至孝成王中,与平原君、燕昭王、魏公子牟、孔穿、邹衍、虞卿同
时。公孙龙稍晚于惠施,是与惠施同时的辩者的弟子。

公孙龙是著名的"辩士","少学先王之道,长而明仁义之行,合同异,离坚白,然不然,可不可,困百家之知,穷众口之辩"(《庄子·秋水》)。中年主要在平原君赵胜家当清客,约有二十余年。公孙龙曾与孔子六世孙孔穿辩论"白马非马"问题。孔穿说,请您放弃"白马非马"学说,我就来当您的学生。公孙龙说:"先生之言悖。龙之所以为名者,乃以白马之论尔。今使龙去之,则无以教焉。且欲师之者,以智与学不如也。今使龙去之,此先教而后师之也。先教而后师之者,悖。"(《公孙龙子·迹府》,下引《公孙龙子》只注篇名)公孙龙的著作,《汉书·艺文志》著录"十四篇",今《公孙龙子》传世本只有如下六篇:《迹府》、《白马论》、《指物论》、《通变论》、《坚白论》、《名实论》。除《迹府》为门人辑录公孙龙生平事迹外,其它五篇都是公孙龙本人的作品。其书今有单行校注本。

第一节　惠施的十大命题

惠施的学术思想主要保存在《庄子·天下》,有所谓"历物"十事,即十个主要论点。

其一:"至大无外,谓之大一。至小无内,谓之小一。"意思是,真正大的东西("大一"),无所不包,没有边际,应为"无外",即无限大;真正小的东西("小一"),不能再分割,应为"无内",即无限小。"大一"是宏观世界的无限性和整体性,"小一"是微观世界的无限性和整体性。《管子》中的《内业》、《心术》,也指出精气是"其细无内,其大无外"。《庄子》、《中庸》等也有类似命题。

其二:"无厚,不可积也,其大千里。"这里揭示的是几何"平面"的概念,指没有厚度,只有大小,不反映体积,只反映面积的抽象概念或图形。其中也包含了质点之有无的问题和有无极微的问题。

其三:"天与地卑,山与泽平。"《荀子·不苟》记载为"山渊平,天地比"。这看起来是违反常识的,但恰恰说明中国古代逻辑中关系逻辑的思想较为丰富。从"至大无外"的观点来比照,天与地、山与泽的高低关系只是相对的。某山只是相对于它旁边的某泽来说有高低之别,但从宇宙角度来看,不能说它比所有的泽都高。天与地的差别也是如此,换一个参考系来看,天与地一样高。

其四:"日方中方睨,物方生方死。"睨,侧视。这句话意思是:太阳刚升到正中,就开始西斜了;生命刚刚开始,同时也走向死亡。惠施体会到了,从运动的观点看,事物在同一瞬间的空间位置和时间序列处在矛盾变化中,即既是中又是斜,既是生又是死。这并不意味着否定中与斜、生与死的界限和确定性。

其五:"大同而与小同异,此之谓小同异;万物毕同毕异,此之谓大同异。""大同"是"同而有异","小同"是"异而有同",这两方面的综合叫"小同异",即同中可以辨异,异中可以求同。宇宙中的万物都有同的一面,有共性,叫"毕同";万物都有异的一面,有个性,叫"毕异"。

其六:"南方无穷而有穷。"当时人们认为南方极其遥远。惠施指出,南方既是有限的,又是无限的,两者不相排斥。推而广之,四方亦如此。

其七:"今日适越而昔来。"意思是说,今日去越国,然而昨日就已经到了。这反映了"现在"和"过去"等时间上的相对性。

其八:"连环可解也。"解连环,解闭结,是当时辩者的一大话题。常识认为,连环是不可解的。惠施是怎么解开的,不得其详。他可能是通过概念的辨析来解此谜的。

其九:"我知天下之中央,燕之北,越之南是也。"这也是地理、方位上的无限性和相对性观点。当时人们习惯于以中原为天下之中央,从空间无限或地圆说的观点看,北方之燕国之北,南方之越国之南,都可以成为天下之中央。

其十:"泛爱万物,天地一体也。"这是从"大一"的视域来看世界,肯定天地万物彼此是一和谐的整体,人们对待万物(包括人)都要有爱心。

从以上十个命题来看,惠施强调了世界的整体性和普遍联系,反映在概念论上,既承认确定性(如"大一"、"小一"、"无厚"),又肯定相对性,既看到差别性,更看到同一性。他尤其重视空间、时间概念的相对性、流动性和转化。他对于大与小、至大与至小、高与卑、山与泽、天与地、今与昔、不可积与大千里、有穷与无穷、中与睨、生与死、同与异、大同异与小同异、同中有异与异中有同、闭与解、中央与边缘等相对关系的概念,基本上是从关系逻辑的视域来把握的。后者可以转化为前者的宾词。如果说,墨家逻辑是一上来就抓住二元谓词的俩式的关系逻辑的话,那么惠施的逻辑则是辩证的关系逻辑,这都与西方亚里士多德从简单的直言命题等一元谓词逻辑问题入手的方式不同。

《庄子·天下》还保留了与惠施声应气求、相互辩难的一批辩士们提出的二十一个命题,称为"二十一事"。辩者以这些命题与惠施相应,终身无穷。他们之间的讨论十分活跃、愉悦。这些命题是:(1)卵有毛。(2)鸡三足。(3)郢有天下。(4)犬可以为羊。(5)马有卵。(6)丁子有尾。(7)火不热。(8)山出口。(9)轮不蹍地。(10)目不见。(11)指不至,至不绝。(12)龟长于蛇。(13)矩不方,规不可以为圆。(14)凿不围枘。(15)飞鸟之景未尝动也。(16)镞矢之疾而有不行不止之时。(17)狗非犬。(18)黄马骊牛三。(19)白狗黑。(20)孤驹未尝有母。(21)一尺之棰,日取其半,万世不竭。这些命题有的表达了世界的无限性,有的表达了生命的发生与运动,更多则表现了概念的辩证法思想。

第二节　公孙龙的白马论与坚白论

一、白马非马

"白马非马"是公孙龙的成名论题。他说:"马者,所以命形也。白者,所以命色也。命色者,非命形也,故曰'白马非马'。"(《白马论》)"白马非马"中的"白马"和"马"都是概念词。这里指出,"马"与"白马"的内涵是不同的,"马"只含有形体的规定性,而"白马"又包含了颜色(白)的规定性,所以"马"、"白马"是不同的两个概念,表达两个固定的、确定的共相。

他进而从概念的外延上加以论证："求马，黄、黑马皆可致；求白马，黄、黑马不可致。"（同上）"马"的外延广，可以包括白、黄、黑马，而"白马"的外延狭，不能包括黄、黑马。这就区分了种属概念的差异。他设问反驳说，如果白马非马，那么黄、黑等一切有颜色的马都非马，岂不是天下无马了吗？他回答道："马固有色，故有白马。使马无色，有马如已耳，安取白马？故白者非马也。白马者，马与白也。马与白马也，故曰白马非马也。"（同上）这是说，马本来是有颜色的，因此才有白马。如果马没有颜色，那就只有马而已，怎么会有白马？但称呼某物为白的东西，只是标明其颜色，不会是马。所谓"白马"的概念，是马与白的结合。马既已与白结合了，还算马吗？

"马者，无去取于色，故黄、黑皆所以应；白马者，有去取于色，故黄、黑马皆所以色去。故唯白马独可以应耳。无去者，非有去也，故曰白马非马。"（同上）"无去取于色"并不是"无色"，而是不取其确定的颜色。公孙龙并不否定马是具有颜色的，之所以强调"白马非马"，是说"白马"是"有去取于色"（即有确定的白色）的，而"马"是不取其确定的颜色的。他并没有把"白马"与"马"的内涵完全对立起来，而且肯定了"白马"与"马"是同属"马"类中的一色（白色）与各色（任一色）、小类与大类的种属包含关系。无论从外延上或内涵上都找不到、也推不出"白马"全异于"马"的排斥关系。也就是说，"白马非（异于）马"并不否认"白马是（属于）马"中的逻辑包含关系；这一"非"字，只是表示"有异"，不表示"全异"。① 公孙龙提出这一命题，从外延与内涵两方面论证了一般与特殊、属名与种名所指对象（范围）和属性（内容）是不相等的。这就肯定了不同概念的确定性和不矛盾性。他承认了"白马非（异于）马"，又承认了"白马是（属于）马"，表达了关于个别与一般的辩证洞识。

---

① 参见周云之、刘培育：《先秦逻辑史》，北京：中国社会科学出版社，1984 年，第 89—91 页。

二、离坚白

公孙龙的《坚白论》也是颇有特点的。他设问曰：说坚硬、白色和石头为三者，可以吗？回答说：不可以。又问：说它们为两者，可以吗？答曰：可以。问曰：为什么呢？答曰：当感知到白色而未感知到坚硬时，这是两者；当感知到坚硬而未感知到白色时，也是两者。问曰：既然感知到白色，就不能说没有白色；既然感知到坚硬，就不能说没有坚硬。拿这块石头来说，它也就是这样，这不是三者吗？答曰：看的时候，看不到坚硬，只看到白色，那就是没有坚硬；摸的时候，摸不到白色，只摸到坚硬，那就是没有白色。公孙龙在这里肯定不同的感官，经过思维抽象，产生不同的名，反映事物不同的属性和共性。但他认为，首先必须把事物（石）与其属性（坚白）区分开来，而不是混淆起来，故说"坚白石二"，而不能说"坚白石三"。

公孙龙指出，不同的属性（如白色、坚硬）是相互独立的，不是相互包容的，所以是分离的，也就是"藏"起来。他又说"物白焉，不定其所白；物坚焉，不定其所坚。不定者兼，恶乎甚（当作"其"）石也？"（《坚白论》）白色和坚硬，在其它的物体上都可以感知到，不专属于石头所有，而是一切白物和坚物所共有的属性。公孙龙又承认有"白石"和"坚石"，"于石，一也；坚白，二也，而在于石。"（同上）这就肯定了"白"与"坚"都是属于石的。也就是说，"白"与"坚"既属于石，又不专属于石，既是主体的感官和思维通过名相所把握的石的不同属性，又是主体所把握的天下所有白物、坚物的共性（共相）。

在事实的层面上，公孙龙承认坚白石是一块具体的石头，整合在一起。从语言分析的角度来说，他指出坚性、白性、石性三种抽象的规定性是互相分离的。作为共相，"坚"、"白"具有独立性，未与石、物相合时，是独立的，但隐藏着。这样，"坚"与"白"相离，"坚"、"白"又与"石"（物）相离。说它们三者分离，是就它们隐藏着而言。如何理解公孙龙的坚白论呢？他表现出这样一种既离又合的智慧，即现象或性质总是在特定的关

系中显现的。如以一个复杂的,至少是二元函数的关系式 $Y_r = f_r(x, r)$
来表示,Y 为现象即显现出来的性质或性质的集合,x 表示变量,f 表示
这些因素或变量之间的关系,r 是相应的关系参量。若将"坚"、"白"看作
潜存在 x 中的共相("指"),它们既离又藏,叠加而无定所。关系参量 r 表
示不同类型的感官(手或眼),而显相 Y 则是殊相(即"物指")坚或白。如
果说共相、抽象属性的"指"是一元谓词,那么具体属性的概念"物指"则
是关系谓词,这是理解公孙龙的一个关键所在。由公式可见,当且仅当 r
同时代入"手"和"眼",作为物指的坚白才相与。显然,这只是一种情况,
一种解,即"常识解"。公孙龙的理解允许人们超出常识,考虑到更复杂、
更抽象的情况,从而与两种性质问题(如"坚"性、"白"性,或"波性"、"粒
性"等)内在地关联起来。[①]

第三节　公孙龙的指物论与名实论

一、指物论

在《指物论》中,公孙龙进一步阐述了他的"共相"观。此文反复论证
"物莫非指,而指非指"的命题。他以"指"与"物"(实物、现象、个体)相
对,"指"含有动词"指认"、"称谓"和名词"名称"的意思,这里主要指概
念、共相。如果细分,"指"又分为指抽象属性、共性的,如白性、坚性等共
相,也有指具体事物属性的概念,如白马之白,坚白石之坚等,后者在有
的地方也称为"物指",即"定于物"之指。公孙龙强调,概念和所指谓的
物是不同的。天下有物,而人用概念去指谓它。另一方面,没有物是不
由概念来指谓的:

> 天下无指,而物不可谓指也。不可谓指者,非指也。非指者,物
> 莫非指也。天下无指而物不可谓指者,非有非指也。非有非指者,

---

① 参见罗嘉昌:《关系实在论:纲要和研究纲领》,载《场与有》(一),北京:东方出版社,1994 年,
第 96 页。

物莫非指也。物莫非指者,而指非指也。(《指物论》)

天下并没有指,所以"物不可以说就是指谓它的指",也就是"指所指谓的物并不就是指谓物的指"。但是,万物皆由指来指谓。所谓"天下并没有指,物不可以说就是指谓它的指",并不是说存在着不由指来指谓的物。不存在不由指来指谓的物,也就是万物皆由指来指谓。所以说,万物皆由指来指谓,但所指谓的物并不就是指谓物的指。

公孙龙强调了概念对于物的独立性。"指,非非指也。指与物,非指也。""且夫指固自为非指,奚待于物而乃与为指?"(同上)指就是指;用指去指谓物,这里所指谓的物才不是指。况且,指本来自己就去指谓物,哪里是要等到与物结合了,才成为指谓物的指呢? 这里包含有共相是不变的,知性概念以确定性为根本表征的思想。

《公孙龙子》采取主客对话的体裁。"客问"代表一种对语言应用的常识观点,认为作为概念的语言外壳的名字只不过是"物"的符号而已,肯定"物"、"实"的自在性和"指"、"名"的消极性、寄生性。如客说,指的产生只是为了使万物各有其名,但物并不是指谓它的指。把不是指的东西叫做指,就没有东西不是指了。公孙龙作"主答",则通过分析"指"对"物"的指谓关系表明,"物"是存在的,但"物"的存在对于人来说,又是在被概念因而也被语言指谓时才有意义。对认识主体来说,"物"的存在有着语言的贡献。因此,对人来说,不存在不由"指"来指谓的"物"。也就是说,"物"的存在,对人来说是取决于语言的。"且指者,天下之所无。天下无指者,物不可谓无指也。不可谓无指者,非有非指也。非有非指者,物莫非指。"(《指物论》)指是天下所没有的,尽管天下没有指,但没有指就无法指谓物。既然没有指就无法指谓物,那么就不存在不由指来指谓的物。不存在不由指来指谓的物,也就是万物皆由指来指谓。

公孙龙强调"指"是对事物本质的把握,可以超越经验世界。"天下有物"、"天下无指"的"天下"是经验世界、事实世界。"指"所把握的事物本质是现象世界中所没有的。《坚白论》中,代表常识的客说,坚硬、白色和石头三者互不分离,乃是本来如此,永远如此。公孙龙指出,这是在"物天下"中感性所了解的现象,而在知性洞见的共相世界里,三者是分离而独立自在的,它们对于现象世界是隐藏着的。公孙龙的贡献在于由现象认识进到共相认识,由事实分析进到语言分析。人类用心智借助知性概念去认识"物"背后的共相,语言则凝结着知性对共相的认识。①

二、名实论

《名实论》说:"天地与其所产焉,物也。物以物其所物,而不过焉,实也。实以实其所实,[而]不旷焉,位也。出其所位非位,位其所位焉,正也。""物"就是天地及其化生的万物,"实"是物之所以为物的那个"形而上"的本体,或该物所以为该物的本质属性。对"实"的规定一定不能"过",超出其范围,该物之实就要发生变化。例如,欲知"马"之"实",举"白马"为例,就"过"了,因为这里多出了一个"白"。这样的形而上的或质的规定性的"实",不能感知,易被人认为不存在,认为"旷"。为此,公孙龙提出了"位"的范畴。他说,"实"并不空缺,"位"是使"实"得以为实的界限。"位"就是位置,这里指物的本质在它所应有的范围内得到充分表现。公孙龙认为,物之实虽不可感知,但确有自己不可移易的位置,它保证了实的定在。不出位,在其位,就叫"正"。

公孙龙接着说:"以其所正,正其所不正。不以其所不正,疑其所正。其正者,正其所实也;正其所实者,正其名也。"(《名实论》)"正名"就是"正其所实";"所实"就是"位"。如何正名?依据《坚白论》"离也者,天下故独而正"这句结论,"离"是"正"的前提。为了准确理解天地万物及其属性与共性,准确把握"指"与"物"的关系,必须厘定概念词的内涵与外延,因此莫如先个别、独立地把握概念、共相,如白是白,马是马,白马是白马,坚自坚,白自白,坚白不共盈于石。"物"只有被语言指谓才有意义。但语言指谓必须严格,"名"必须自身绝对同一,人们才能交流对话,

_____

① 详见周昌忠:《公孙龙子新论》,上海:上海社会科学院出版社,1991年,第49—54页。

否则"指"、"名"无法指谓物,就容易造成逻辑混乱。"夫名,实谓也。知此之非此也,知此之不在此也,则不谓也;知彼之非彼也,知彼之不在彼也,则不谓也。"(《名实论》)已知这个名(或那个名)不是指的这个东西,或者知道这个名(或那个名)现在已不指这个东西了,就不要再称呼了。名、指谓,都必须专一、恰当。名实的统一所以重要,是因为"名"有其独立性,凝结着一定的文化、认知方式对共相的认识,还可以反过来影响人们的思维和生活。公孙龙的名实观与指物论是统一的。

公孙龙的《通变论》也重申上述原则。他设问曰:"二有一乎?"自答:"二无一!"问:"二有右乎?"答:"二无右。"问:"二有左乎?"答:"二无左。"这也就是上述正名、定位之说。"二"是指的复合概念,如"白马"。复合概念本身是一个独立的共相了,与复合前的两名相的指谓不同。整体一旦合成便不可分割,例如"白马"既不是"白",又不是"马",不是左"一",也不是右"一"。"羊牛有角,马无角;马有尾,羊牛无尾(指无毛尾)。故曰羊合牛非马也。""羊与牛唯异,羊有齿,牛无齿(指牛无上齿),而牛之非羊也、羊之非牛也,未可。是不俱有而或类焉。""羊有角,牛有角,牛之而羊也,羊之而牛也,未可。是俱有而类之不同也。"(《通变论》)这里从"正名"的原则出发,提出了类的概念和分类原则。如牛与羊都有角,所以是同类;马无角,有尾;牛羊有角,无尾,所以马与牛羊不同类。这里根据对同一特性之"偏有"或"偏无"来区分类的同异。类同必须具有共性,类异必须以同一特征之偏有偏无为标准。虽然羊和牛在有齿、无齿这一点上是"偏有"和"偏无"的,但不能因此而断定牛和羊不是同类。同样,羊牛虽在"有角"这一点上是共同的,但并不能确定它们就是同类。这是说,人们不能只根据表面特征的偏有偏无,还必须依据于类之所以为类的特有属性(或本质属性)之偏有偏无,来作为类之同异的标准。

公孙龙认为,辨识是建立在对各"名"的标志性规定的区别上的。"羊"与"牛","羊牛"与"马",这些指之上的区别也就是各"名"在特征性规定上的区别。比较方便的是,弄清楚与所辨识的"名"最相近的

"名"的标志性规定,从而使它们相区别。所以,公孙龙说,要识别"牛羊",不应与"鸡"相比,而应与"马"相比,如此等等。这都是正名指实的方法。

公孙龙把名实等问题作为真正的逻辑问题而不是作为社会政治伦理问题独立地进行研究,在中国哲学史上占有重要的一席。可是在秦汉以后,《公孙龙子》被视为"诡辞"而不受重视,难得解人。魏晋南北朝时期,文人以谈"名"相标榜,但大都未能深入研究名学。晚清以后,对公孙龙子的研究才大兴于天下。

第十一章　后期墨家的哲学

第一节　后期墨家与《墨经》

　　《墨子》一书中《经上》、《经下》、《经说上》、《经说下》、《大取》、《小取》六篇，文字自成一体，通常被合称为《墨经》或《墨辩》。晋人鲁胜为研究《墨辩》的第一人，作有《墨辩注》一书。他将《墨辩》视为一部关于论辩的经典，用现代的学术语言来说，就是将其视为逻辑学著作。此书虽"遭乱遗失"，但其序存于《晋书·鲁胜列传》中。这篇序文大致保留了鲁胜对《墨辩》的研究评说，序中说道："《墨辩》有《上下经》，《经》各有《说》，凡四篇，与其书众篇连第，故独存。今引说就经，各附其章，疑者阙之。"①值得注意的是，鲁胜认为《墨辩》是墨子本人的著作。后来有人将《大取》、《小取》也算进去，名之曰《墨经》。清人汪中在《墨子序·述学》中说："《经上》至《小取》六篇，当时谓之《墨经》。"②其后孙诒让认为，"《墨经》即《墨辩》，今书《经》、《说》四篇，及《大取》、《小取》二篇，盖即相里子、邓陵子之

----

① （晋）鲁胜：《墨辩注叙》，载（清）孙诒让著，孙以楷点校：《墨子间诂》（下），北京：中华书局，1986年，第611页。以下注引《墨子间诂》皆为此本。
② （清）汪中：《墨子序·述学》，载《墨子间诂》（下），北京：中华书局，1986年，第619页。

伦所传诵而论说者也。"①哲学史上通常将鲁胜所言的《墨辩》,即《经上》、《经下》、《经说上》、《经说下》视为狭义的《墨经》;而将《经上》至《小取》六篇称为广义的《墨经》。

关于《墨经》的作者,历来聚讼纷纭。大致说来,可归为两类。一类意见认为《墨子》书中《经上》、《经下》、《经说上》、《经说下》、《大取》、《小取》六篇,全部或部分为墨子自著。持这类观点的人,除鲁胜之外,较有代表性的还有毕沅、梁启超、栾调甫、高亨、詹剑峰等人。如毕沅认为"今惟《亲士》、《修身》及《经上》、《经下》,疑翟自著",余下诸篇"则是门人小子记录所闻"。② 梁启超也认为"《经》上下当是墨子自著",但他认为《经说上》、《经说下》,"当是述墨子口说,但有后学增补。《大取》、《小取》,是后学所著"。③ 栾调甫说:"《经》上下篇,墨子所著。"④高亨也认为"《墨经》初本当是墨翟自作。"⑤詹剑峰认为《墨经》"大体是墨子自著,但其中不无墨家后学增益和引申的部分。"⑥总的说来,即便他们或有承认《墨经》中有墨子弟子增补的成分,但认为这六篇的基本内容却是墨子本人的思想。

另一类意见认为上述六篇是后期墨家的作品,是墨者依靠集体智慧写成的,成书约在战国中后期。汪中首倡此说,他认为《墨经》六篇并非墨子所著,成书年代约在战国中后期。⑦ 针对毕沅之说,孙诒让在《经上》题注中指出:"据《庄子》所言,则似战国之时墨家别传之学,不尽墨子之本旨。毕谓翟所自著,考之未审。"⑧他认为《墨经》为后期墨家所作。胡适指出,"这六篇的文体、句法、字法,没有一项和《墨子》书的《兼爱》、《非

---

① (清)孙诒让:《墨子后语》,载《墨子间诂》(下),北京:中华书局,1986 年,第 666 页。
② (清)毕沅:《墨子注叙》,载《墨子间诂》(下),北京:中华书局,1986 年,第 612 页。
③ 梁启超:《墨子学案》,上海:商务印书馆,1921 年,第 14 页。
④ 栾调甫:《墨子研究论文集》,北京:人民出版社,1957 年,第 116 页。
⑤ 高亨:《墨经校诠·自序》,《高亨著作集林》(第七卷),北京:清华大学出版社,2004 年,第 4 页。
⑥ 詹剑峰:《墨家的形式逻辑》,武汉:湖北人民出版社,1979 年,第 229 页。
⑦ 参见(清)汪中:《墨子序·述学》,载《墨子间诂》(下),北京:中华书局,1986 年,第 619 页。
⑧ (清)孙诒让著,孙以楷点校:《墨子间诂》(上),北京:中华书局,1986 年,第 279 页。

攻》、《天志》……诸篇相像的";而且二者的思想主旨也不同,"墨子的议论,往往有极鄙浅可笑的",这六篇之中,"全没有一句浅陋迷信的话,全是科学家和名学家的议论",因此认为"这六篇书,决不是墨子时代所能做得出的"。① 冯友兰认为,"《墨子》书中《经》及《经说》等篇,乃战国后期墨者所作",因为《墨经》为经之体裁,"战国前期,则尚无此体裁之著作也","《大取》、《小取》篇皆为据题抒论之著述体裁,亦非墨子时代所有也";从学术史的角度来看,因为受到辩者的影响,《墨经》立论"较前精确",壁垒"较前森严",将"《墨子》六篇(即《墨经》)与《墨子》中之他篇比,以《荀子》与《论语》、《孟子》比,便可见矣"。②

我们认为《墨经》当为后期墨家的著作,它代表了墨家发展的新阶段。这可从学术文化的历史发展,以及《墨子》一书的内在逻辑两个角度加以说明。就学术思想发展的历史进程而言,《墨经》所论述的坚白、同异、是非、无厚、五行相胜等问题,大都属于战国中、后期争论得最激烈的问题。虽然这些问题的最初提出可以追溯至更早的年代,但是只有学术思想的争论发展到了相当的程度,才有可能出现《墨经》这样的总结性论著,这是思想学术历史发展的一般规律。《墨经》集各家逻辑思想之大成,提出了中国哲学史上第一个较为完整的逻辑学体系,从学术史的角度来看,前期墨家不可能做到这一点。

就《墨子》一书的内在逻辑而言,《墨经》的有些见解,是对墨子思想的发展或修正,并且更为逻辑化,在思想上表现出了时代进展的痕迹,符合思想演进的一般逻辑。从《尚贤》、《尚同》、《兼爱》、《非攻》、《节用》、《天志》、《明鬼》等十余篇,到《经上》等六篇,表现出思想前后相续、认识由低到高的发展过程。例如,《墨经》在继承墨子兼爱学说和功利主义思想的基础上,对其有明显的修正与发挥;又如《墨经》具有特别丰富的自然科学知识,不再讲墨子津津乐道的天志鬼神,这也表现出墨学思想自

---

① 胡适:《中国哲学史大纲》,上海:上海古籍出版社,1997 年,第 134、135 页。
② 冯友兰:《中国哲学史》(上册),上海:华东师范大学出版社,2000 年,第 67、68、187 页。

身的发展。具体说来,《经上》将墨家学说凝结为概念的体系,提出一系列概念的精辟定义;《经下》是墨家学说的各种原理汇集;《大取》今本文句错乱颇多,但仍可看出它是墨家学说的一种归纳和总结;《小取》则是墨家一贯重视的逻辑思想的系统化;《经说上》和《经说下》不同于一般注释,是对于经文的阐明和补充。若不经过长期的理论探索,《墨经》这样系统性、总结性的理论成果是无法形成的。因此,《墨经》六篇绝非一人一时之作,而是整个学派不断补充、陆续完成的,其成书经历了相对漫长的历史过程。[①]

第二节　《墨经》的研究

墨学中绝之后,《墨经》首先在魏晋时期受到关注。魏晋玄学家们崇尚清谈,考究形名,论辩玄理,后期墨家的逻辑思想与论辩术得到了重视。西晋学者鲁胜为已绝亡五百余载的墨经作注,并将其定名为《墨辩》,开了墨经专门整理研究的先河。虽然他所作的《墨辩注》后来佚亡,但《墨辩注叙》完整地保存在了《晋书·隐逸传》中。用现代学术话语说来,鲁胜是以逻辑学来范围后期墨家的。只是,《墨经》的内容虽以逻辑学思想为主,但自然科学也是其重要的组成部分。此外,它对宇宙观、认识论、社会政治思想亦有涉及。由此可见,鲁胜仅以"墨辩"来概括其全部内容,并不完整,但他于墨学仍可谓功莫大焉,在中国哲学史上,鲁胜称得上是一位兴微继绝的人物。他强调逻辑学的重要性,并将墨经放在先秦名辩思潮的整体背景下加以考察,认为名学"别同异,明是非",因此是"道义之门,政化之准绳"。[②] 在鲁胜看来,先秦诸子虽与墨家观点相异,但是他们的"辩言正辞则与墨同"。就墨经的研究而言,鲁胜是"引说

---

① 参见任继愈主编:《中国哲学发展史》(先秦卷),北京:人民出版社,1983 年,第 518 页;又见侯外庐、赵纪彬、杜国庠:《中国思想通史》第一卷,北京:人民出版社,1957 年,第 478、479、487 页。

② (晋)鲁胜:《墨辩注叙》,载《墨子间诂》(下),北京:中华书局,1986 年,第 610、611 页。

就经"的第一人。所谓"引说就经",就是将经与经说搭配起来,使经文与说文相对应,以说解经。墨经在流传过程中,因其经与说的分离而引起了众多纷乱,历来号称难治。鲁胜的方法可谓找到了研究墨经的方便之门,"引说就经"也因此成为后继者研究墨经的重要原则和方法。

墨学的研究虽活跃于乾嘉之世,但是近世墨经研究再兴的源头,则要追溯到明末清初的思想家傅山。氏著《墨子·大取篇释》是墨经研究史上的第一篇《大取》注释,是为清人注墨之始,为乾嘉诸子的工作奠定了基础。有清一代,单就《墨经》而言,主要成就如下。毕沅的主要贡献是发现了《墨经》的编写体例和研读方法,即梁启超说到的,毕沅"据《经上》篇有'读此书旁行'一语,于篇末别为新考,定《经上》篇分上下两行横列。最初发见此《经》旧本写法,不能不算毕氏功劳。"[1]在《墨子》诸篇作者考辨方面,毕沅认为《墨子》书中"惟《亲士》、《修身》及《经上》、《经下》"等少数篇目为墨子自著,多数则是"门人小子记录所闻"[2],持论较为平实公允。张惠言著有《墨子经说解》,从此《墨经》才有独立的注本。张氏沿用鲁胜"引说就经"之体例,将《墨经》四篇逐条拆开,基本恢复了鲁胜《墨辩著》的面貌。孙诒让的《墨子间诂》是清代墨学研究中最为卓著的成果。孙诒让对西方逻辑和自然科学有了一定的了解,他对《墨经》有关逻辑理论的文字做出了较为准确的校注,认识到了《墨经》中也有类似西方逻辑与自然科学的思想。虽然,因时代条件的限制,他并未完成《墨经》研究从传统的"文本校注"范式,到现代的"逻辑研究"范式的彻底转换,他对《墨经》六篇的校释也不及《墨子》其它各篇精审,阙疑和错注之处仍有不少。但是,孙诒让鼓励梁启超去开创《墨经》逻辑、因明逻辑和西方逻辑的比较研究,因此对《墨经》研究范式的现代转化指明了方向。

现代意义上的墨经研究正是从 20 世纪初,由梁启超、胡适、章太炎等人开启的,他们藉西方逻辑、印度因明等工具,在现代学术范式下,揭

---

① 梁启超:《中国近三百年学术史》,北京:东方出版社,1996 年,第 256 页。
② (清)毕沅:《墨子注序》,载《墨子间诂》(下),北京:中华书局,1986 年,第 612 页。

示了《墨经》的思想内容和体系结构。这一时期,西方哲学、逻辑学和自然科学的著作被大量迻译至中土。《墨经》中科学和逻辑思想得到不少学者的重视,他们认为这些思想可以与西学相参证,能够启发愚昧、解放思想,一时间治墨论墨成为学术界的潮流。特别是梁启超、胡适二人,受过比较全面的西方教育,掌握了近代科学和哲学中的相关知识,这使得他们的墨学著作能摆脱考据学家的烦琐和经学家的偏见,使用现代逻辑分析方法,抽丝剥茧,条分缕析,对《墨经》进行了开拓性的研究,取得了重要的思想成果。胡适的《中国哲学史大纲》(卷上),梁启超的《墨子学案》、《墨经校释》,不仅将《墨经》内容加以分类,列出社会政治思想、认识论、逻辑学、自然科学等若干方面,并突出了《墨经》的认识论和逻辑学,而且对其在中国哲学史上的地位予以较高的评价。当然,他们的论述仍嫌粗略,他们的方法主要是"以西释中",常将《墨经》与西方逻辑学、科学作机械的比附,难免有穿凿附会之处,因此他们的观点也有不少错误。章太炎的《墨经》研究同样具有开创性。1910 年章氏《国故论衡》在日本刊行,其中《原名》篇,首次将西方逻辑、印度因明与《墨经》逻辑加以比较研究,指出三者既有一致性,又各有其特殊性。逮至 20 世纪 20 年代至 40 年代,又有章士钊、谭戒甫、伍非百、栾调甫等人的进一步拓展,并取得了突破性的成果,如章士钊的《逻辑指要》,谭戒甫的《墨经易解》(20 世纪 50 年代易名为《墨辩发微》修订再版),伍非百的《中国古名家言》,高亨的《墨经校诠》,栾调甫则以《墨经》逻辑文本考订著称(其《墨经》研究论文,在 20 世纪 50 年代以《墨子研究论文集》为名集结出版)。

　　新中国成立后,《墨经》研究,特别是《墨经》逻辑研究不断朝纵深发展。20 世纪 50 年代中期,沈有鼎在《光明日报》连载的《墨经的逻辑学》(1980 年出版)考证精审,辨名析理,是《墨经》逻辑研究的经典之作。其他如詹剑峰的《墨家的形式逻辑》(湖北人民出版社,1956 年),任继愈的《墨子》(上海人民出版社,1956 年),汪奠基的《中国逻辑史思想史料分析》(中华书局,1961 年),罗根泽的《与张默生先生讨论名墨书》(载《诸子考索》,人民出版社,1958 年),以及这一时期出版的逻辑史、哲学史和思想通史的相关章节,但研究论著的总体数量略显单薄。

从 70 年代末开始,随着改革开放时期的到来,以及思想解放运动的蓬勃发展,这种局面有了很大的改观。80、90 年代,《墨经》的逻辑学研究水平大大提高,研究更为系统、全面和深入,问题意识亦更强,成果迭出。其成就主要体现在以下几方面:

首先,对墨子后学逻辑思想体系的认识逐渐成熟。建国前,伍非百的《墨辩解诂》(中国大学晨光社,1923 年),根据《墨经》文本顺序列出一个"《辩经》目录",分"释故、正名、明辩"三编梳理《墨经》的思想体系,但受到条目移易过多和粗略繁琐的质疑;随后杨宽的《墨经哲学》(有多个版本)又分十五类归类《墨经》的内容,配合少量移易条目,划定墨子后学的逻辑体系。20 世纪 50 年代后,詹剑峰的《墨家的形式逻辑》与汪奠基的《中国逻辑思想史》分经为八章、二十章,也受到牵强附会的批评。① 相比伍非百"三编"的分类方法,詹剑峰、汪奠基等更像是对《墨经》知识论体系的划分。这种划分符合原文,与文本叙述、编制逻辑能大体一致,但也牵制了《墨经》逻辑思想前后的互相阐发和解释,相比之下属于初步的整理工作。詹剑锋的《墨经的形式逻辑》,虽在考证方面学者颇有微辞,但它基于《墨子》全书,已经初步总结出《墨经》的一套逻辑系统。周云之、刘培育《先秦逻辑史》已明确以《墨经》中"以名举实、以辞抒意、以说出故"为纲领来统率《墨经》的逻辑思想,并逐渐得到学者的认可,温公颐《中国逻辑史教程》、孙中原《中国逻辑史》(先秦)、周云之《中国逻辑史》、冯友兰《中国哲学史新编》和庄春波《墨学与思维方式的发展》等也采用了这一框架,它既区别于西方形式逻辑的概念,又具有形式逻辑意义上的普遍性,比较符合《墨经》逻辑的实际。

同时,也有学者借用"名辩之学"的划分,将墨学归为辩学。这一派的论者虽不否认《墨经》辩学与西方逻辑有相通之处,但主要着眼于二者的差异。如温公颐《先秦逻辑史》、《中国逻辑史教程》(与崔清田共同主

① 杨俊光:《墨经研究》,南京:南京大学出版社,2002 年,第 20—28 页。

编),书中指出墨家辩学虽与逻辑有某种联系,但是二者就整体而言是两门不同的学问,其对象、目的、性质并不相同。同样按名、辩学划分的还有崔清田主编的《名学与辩学》,其按照辩学的内涵、特征、原则和体系来建构《墨经》的逻辑体系,虽然其中着重强调了文献历史语境对加深逻辑思想的理解的意义,但具体分析中仍不可避免地借鉴了西方的形式逻辑的义涵和语汇。需要特别指出的是,崔清田《墨家逻辑与亚里士多德逻辑比较研究》(人民出版社,2004 年),书中虽就墨家用了"逻辑"之名,并承认中西方逻辑的共同性,但其主旨是基于二者特殊性的比较研究,论述的重点在于二者之异。毫无疑问,如果没有相同之处,比较根本无从谈起。实际上,研究者在《墨经》逻辑与西方逻辑关系上的分歧和论争,源自他们《墨经》研究的立场与视角的差异,因此歧见的出现是再正常不过的事情了。我们完全可以乐观地预计,这种论争恰好有助于避免出现片面化的倾向,并最终促进《墨经》研究不断趋向全面和深化,而不是相反。

其次,《墨经》四篇具有大量古代自然科学的文字记录,具有"隐微难懂,言此意彼"的特点,且经、说错简讹误繁多,字义模糊,极其影响对其逻辑思想的研究。因而,随着《墨经》、《墨子》文字训诂和版本校订方面的著作不断问世,对《墨经》中逻辑概念的释析和讨论越来越多,对逻辑体系整体的理解也大为提高。沈有鼎的《论〈墨经〉四篇的编制》、《〈墨子经上、下〉旁行本始于何时?》两篇论文(现收于《沈有鼎文集》),谭戒甫的《墨经分类译注》(1957 年稿成,中华书局 1981 年出版),周云之的《墨经校勘、注释、今译及其研究——墨经逻辑学》(甘肃人民出版社,1993 年),姜宝昌的《墨经训释》(齐鲁书社,1993 年)等对于《墨经》的训释都有重要创获。不少学者还就《墨经》中的类、故、理、止、辟、侔、援、推、名、实、意、端等概念及其逻辑范畴的演进进行深入的探讨,进而讨论其所在命题的义涵和对于《墨经》体系的意义。

再次,《墨经》的研究内容更加丰富,研究方法多样,产生了不少的成果:朱志凯的《墨经中的逻辑学说》(四川人民出版社,1988 年),杨向奎的

《墨经数理研究》(山东大学出版社,1993年),孙中原的《墨学通论》(辽宁教育出版社,1993年),邢兆良的《墨子评传》(南京大学出版社,1993年),谭家健的《墨子研究》(贵州教育出版社,1995年),杨俊光的《墨子新论》(江苏人民出版社,1995年),任继愈的《墨子与墨家》(商务印书馆,1999年),徐希燕的《墨学研究》(商务印书馆,2001年),杨武金的《墨经逻辑研究》(中国社会科学出版社,2004年),周昌忠的《先秦名辩学及其科学思想》(科学出版社,2005年)等。单篇论文中讨论《墨经》的类比,《墨经》对周延的认识问题,对形式逻辑定律思想的表述,其"三物"的基础,"同异交得"的逻辑规律,以及"杀盗非杀人"的命题都激起学者们很大的兴趣。比较分析的方法被广泛运用于《墨经》的研究,《墨经》中的逻辑概念不仅可以与名家学派的逻辑概念相比较,还可以与其他诸子的思想相对照,与不同文化形态中的因明学、西方逻辑的同类概念相比较,所同所异凸显了墨学逻辑学说的普遍意义和独特性质。此外,人类学、语言学、符号学、现象学、解释学等方法的适当运用也对墨学逻辑学的发展大有裨益,只是应当注意其适用的范围,避免削足适履,弄巧成拙。对墨子后学和当时名家辩论,以及他们对谬论和诡辩的批判的研究,也促进了我们对《墨经》产生背景的进一步认识。

最后,学者们也在不断反思《墨经》逻辑的基础、研究方法、发展进程、历史命运和未来走向,张斌峰《近代〈墨辩〉复兴之路》(山西教育出版社,1999年)即是一例。另外,一些墨学家或墨学史家,如汪中、孙诒让、郭沫若、梁启超、胡适、章太炎、沈有鼎、栾调甫等人也作为研究对象纳入到逻辑史的范围之内。

第三节　后期墨家的宇宙论

在宇宙论方面,虽然后期墨家没有建立系统的理论,但是他们提出了一系列重要的哲学范畴,如"物"(物质)、"久"(时间)、"宇"(空间)、"穷"(限度)、"动"(运动)、"止"(静止)等等,并给予了明确的定义。

名实关系问题是先秦哲学关注的焦点之一。在这个问题上，后期墨家主张"实"是第一性的，"名"是第二性的，肯定"名"是对"实"的摹拟。与前期墨家相比，后期墨家的宇宙论中并无神秘主义，他们扬弃了前期墨家"天志"、"明鬼"的思想，否认天能赏善罚恶以及有所谓"鬼神之所赏"和"鬼神之所罚"的神秘力量，承认物的客观实在性。《经说上》说："物，达也，有实必待之名①也。""物"作为一个"达名"，包括一切的存在；"物"作为"名"，必须以"实"为基础。《墨经》又说："物甚不甚，说在若是。"(《经下》)"物，甚长甚短，莫长于是，莫短于是，是之是也，非是也者，莫甚于是。"(《经说下》)物之甚与不甚，在于以众物比拟此物。物有甚长，有甚短。在众物之中，莫长于此物，则此物为甚长。在众物之中，莫短于此物，则此物为甚短。② 后期墨家认为物的长、短是由物与物相比较而决定的，有其客观标准，不能由人们主观随意地判定。

由此出发，后期墨家对"形神关系"做出了合乎科学的解释，正确地揭示了人类认识的生理机能，以及某些生理和心理现象：

生，刑③与知处也。(《经上》)

生，楹之生，商不可必也。④ (《经说上》)

卧，知无知也……梦，卧而以为然也……平，知无欲恶也。(《经上》)

形体和知觉，二者莫不有，这就是人的生命。但是一个人的生命能持续多久，并不是事先被决定的，并非必然如此。睡眠时，人的知觉能力依然存在，但并不会感知事物。做梦则是睡眠者头脑中的活动，并非实有其事，而是睡梦者以为实有。"平"是指虽有知觉，但不动喜怒好恶感情时的情况。没有好恶，则心中恬淡。后期墨家对人的生理和心理活动

---

① "之名"原文为"文多"，据孙诒让校改。《墨经》原文及孙诒让校释语，均见《墨子间诂》(孙诒让著，孙以楷点校)，北京：中华书局，1986年，下同。

② 参见高亨：《墨经校诠》，载《高亨著作集林》第七卷，北京：清华大学出版社，2004年，第319页。

③ "刑"即"形"，据孙诒让。

④ 此句中"楹"当为"盈"，"商"当为"常"，据孙诒让。

状态的探讨,为后世解决"形神关系"问题,提供了可贵的借鉴。

后期墨家对时间、空间也做出了明确的定义,认为二者既是有限的,又是无限的,具有双重性质。《墨经》指出:

> 久,弥异时也。(《经上》)
>
> 久,古今旦莫。(《经说上》)
>
> 始,当时也。(《经上》)
>
> 始,时或有久,或无久,始当无久。(《经说上》)
>
> 久,有穷无穷。(《经说下》)
>
> 宇,弥异所也。(《经上》)
>
> 宇,东西家南北。(《经说上》)
>
> 穷,或有前不容尺也。(《经上》)
>
> 穷,或不容尺有穷,莫不容尺无穷也。(《经说上》)

"久"即时间,"异时"是指一切古往今来、昼夜晨昏等具体、有限的时间,遍及一切特定的时间就组成了无限的时间,即"久"(宙)。"宇"即空间,"异所"是指东西南北等具体、有限的场所,遍及一切特定的空间就组成了无限的空间,即"宇"。若用尺来测量某一空间到了有一处"前不容尺"(前面不够一尺)了,这空间就是有穷的。若是量下去处处"前容尺",这空间就是无穷的了。① 这个"不容尺"的边缘,就是某个特定区域的限度;可是整个宇宙"莫不容尺",所以是无限的。

后期墨家认为时间空间密切不可分割,并把两者放在物质的运动中统一起来考察。他们认为运动是物体在空间中的移动,静止是指物体受到阻挡而停止位移。《墨经》指出:

> 动,域徙②也。(《经上》)
>
> 止,以久也。(《经上》)

---

① 此处参考了沈有鼎的论述,见氏著《墨经的逻辑学》,北京:中国社会科学出版社,1982年,第72页。

② "域"原作"或","徙"原作"从",均据孙诒让校改。

　　　　宇域①徙，说在长宇久。（《经下》）

　　　　行修②以久，说在先后。（《经下》）

　　　　长宇，徙而有处，宇。宇，南北在旦有在莫，宇徙久。（《经说下》）

　　　　行者③，必先近而后远。远近修也先后久也。（《经说下》）

　　运动是时空中的运动，必定要经历一定的时间、占据一定的空间。所谓"徙而有处"，是说运动过程中的物体，在一个时间点上，既在一个空间的点上又不在一个空间的点上。④ 不难看出，后期墨家认识到了运动和静止的辩证关系。运动，在空间上是由此处及彼处，如由南方移至北方；在时间上，是由此时到彼时，如由早晨至傍晚。因此，运动必然要经过先后、远近的变化。

　　关于物体与属性的关系，后期墨家认为没有孤立自存的属性，属性是物体的属性，不能与物体分离。公孙龙有"离坚白"之说，认为"坚"与"白"这些属性，可以脱离"石"这一具体实物而独立自存。后期墨家对此予以反驳："坚白，不相外也。"（《经上》）"无坚得白，必相盈也。"（《经说下》）一方面，坚与白作为石的属性，与石不可分离；另一方面，坚与白彼此之间是相互包涵的关系，是一体而不是异体。人的感官分工有不同，一种感官主要感知一种属性，这本是感官的局限性，名家却据此推论出了"离坚白"的主张。后期墨家指出："不坚白，说在无久与宇。"⑤（《经下》）在他们看来，名家之所以会犯这样的错误，是因为他们对于时空关系无所知，没有将坚白石看成是一块占有一定空间、存在于一定时间之

──────────

① "域"原作"或"，据孙诒让校改。

② "修"原作"循"，据孙诒让校改。

③ "行者"原作"行者行者"，孙诒让说："张云'误重'。"据此校改。见《墨子间诂》，北京：中华书局，1986年，第349页。

④ 此处参考了冯友兰的观点，见氏著《中国哲学史新编》（上卷），北京：人民出版社，1998年，第583页。

⑤ 原文"不坚白，说在"与"无久与宇"之间，尚有"荆之大，其沈浅也，说在具"十字，现据高亨改移它处。详见氏著《墨经校诠》，载《高亨著作集林》第七卷，北京：清华大学出版社，2004年，第202页。

内的实际存在的石头。后期墨家认为,"于石①无所往而不得。坚白②异处不相盈,相非,是相外也。"(《经说上》)。"坚"与"白"只有在不同空间中才会相分离,如一石坚而不白,一石白而不坚,这种情况下坚与白当然是分离的;相反,具体存在的坚白石必然同时具有"坚"与"白"两种属性。后期墨家认识到了人的感官的局限性,他们指出:"于一有知焉,有不知焉,说在存。"(《经下》)"于石一也,坚白二也,而在石。故有智③焉,有不智焉,可。"(《经说下》)人的感官与物接触,一种感官只能认识它的一种属性,如用手抚石只觉其坚,不见其白时,这只是人的感官的知与不知,是因为人们感官的分工不同而造成的,与石是否具有"坚"与"白"的属性无关,并非白不存在于石,"坚"与"白"当然同时存在于坚白石。

第四节　后期墨家的认识论

认识论是后期墨家哲学的主要内容之一,《墨经》认识论是对当时一些科学知识的概括与总结,具有反映论的特征。后期墨家对墨子认识论思想既有继承和发挥,也有扬弃和改造,他们沿着墨子认识论的经验主义路向,在强调感觉经验的同时,重视"心"的察辨作用,提出了系统化的认识论思想。

一、知识的形成

《墨经》开篇相邻数条,意义连贯地论述了人的认识能力、认识活动和认识过程,指出知识的形成包括四个要素:

　　　　知,材也。(《经上》)

　　　　知材,知也者;所以知也,而必④知,若明。(《经说上》)

---

① "石"原作"尺",据孙诒让校改。
② "白"据孙诒让补。
③ "智"即"知",下同,据孙诒让。
④ 胡适认为"必"字前脱"不"字,孙诒让、高亨、谭戒甫等认为原文亦通。

虑,求也。(《经上》)

虑也者以其知有求也,而不必得之,若睨。(《经说上》)

知,接也。(《经上》)

知也者以其知过物而能貌之,若见。(《经说上》)

恕,明也。(《经上》)

恕也者以其知论物,而其知之也著,若明。(《经说上》)

后期墨家首先肯定人类自身具有获取外部知识的能力。"知,材也"之"知",正是指人的这种认识能力。它是人天生所具有的禀赋,也是任何认识活动得以进行的必要前提。但是人具备了认识的才能,并不必然会获得知识。认识主体具备认识才能,认识对象也客观存在,但如果缺乏求知的动力,二者不结合起来,同样不能形成知识。"虑,求也",是指人应用自己的认识能力求取知识的过程,也可看作是认识活动的基本动力。不过,"虑"未必有得,譬如斜视,不正面仔细审视对象,未必看得清事物的本来面目。"知,接也"之"知"指的是一种知觉,属于认识过程中的感性阶段。在这个阶段,认识能力在"虑"的作用下与外物接触,而能描摹出事物的面貌。但是,感性认识只是认识过程的初步阶段,它所把握的只是事物的外表或形象,无法深入到事物的本质,要想由表及里,必须借助于"恕"的作用。也就是说,人的认识要从"过物"逐渐深化到"论物"的阶段。"恕"是古"智"字,是指人的心智活动。"知"下加"心"字,表示思维参与了认识活动,因此属于认识的理性阶段。思维对于知觉所得到的感性材料,加以分析比较、推论审度,以获得关于事物本质、规律的认识,因此与"过物"相比,"论物"具有深切著名的特点。

后期墨家认识到了感性认识的局限,他们承认并重视"心"的察辨作用,反复申述心智思维具有深化、超越感性认识的重要作用:

闻,耳之聪也。……循所闻而得其意,心之①察也。……言,口

---

① "之"原作"为",据毕沅校改。

之利也。……执所言而意得见，心之辩也。(《经上》)

知而不以五路，说在久。(《经下》)

智以目见，而目以火见，而火不见。惟以五路智，久不当。以目见，若以火见。(《经说下》)

后期墨家将眼、耳、鼻、舌、身等五种感官叫做"五路"。人的感官是认识的必要条件，如同光线的存在是物体得以显现的必要条件一样。但是，感性认识有自身的局限性，有些东西，如"久"(时间)仅凭感官"过物"是认识不到的。因此后期墨家在承认"五路"感官作用的基础上，还重视"心"(人脑)的思维能力。对于耳之所闻、目之所见，只有用心加以辨察分析，排除其虚幻部分，才能"得其意"。后期墨家感性与理性并重的认识论思想，纠正了墨子认识论的经验主义偏向，比墨子的认识论前进了一大步。

《墨经》还对知识和意见做出了明确的区分。《墨经·大取》篇说："知①与意异。"知即知识，意即意见。在后期墨家看来，知识是"摹略万物之然"(反映事物的存在)，并察辨其"所以然"(认识事物的本质)。意见则是想象、臆测的产物，未必就是正确的知识。显然，知识和意见是不同的。《经下》、《经说下》还举例对二者的区分加以分析和说明：

以楹②为抟，于以为无知也，说在意。(《经下》)

以楹之抟也，见之，其于意也不易，先知③意相④也。若楹轻于萩⑤，其于意也洋然。⑥(《经说下》)

如果我们先前并未真正见过楹之为圆柱形，而仅凭主观想象来断定

---

① "知"原作"智"，据谭戒甫校改；沈有鼎认为"智"当为"恕"，以凸显理性认识，见氏著《墨经的逻辑学》，北京：中国社会科学出版社，1982年，第6、7页。

② "楹"原作"槛"，据孙诒让校改。

③ "知"原作"智"，据孙诒让校改。

④ "相"同"象"，即想象，据谭戒甫。

⑤ "萩"原作"秋"，据孙诒让校改。

⑥ 此条经说疑误颇多，综合各家注解，校改如上，并参考了沈有鼎的相关论述，见氏著《墨经的逻辑学》，北京：中国社会科学出版社，1982年，第6、7页。

它为圆柱形,那么这个"以为"是不可靠的,因此还不是知识。如果我们事先的确见过楹是圆柱形的,那么留存在心中的"意"就以所见为标准,不再任意改易,那便算作知识。空想如"楹轻于荻"之类的意,茫然而无所据,决不能算作是知识。

二、知识的种类

后期墨家不仅对认识的形成过程做出了精密的分析,而且还根据认识的来源和内容,分别将知识分为三类与四类:

> 知,闻、说、亲。名、实、合、为。(《经上》)
>
> 知,传受之,闻也。方不㢓①,说也。身观焉,亲也。所以谓,名也。所谓,实也。名实耦,合也。志行,为也。(《经说上》)

墨经按照人类获取知识在方式上的差异,或者说根据知识不同的来源,将知识分为闻知、说知、亲知三种类型;又根据知识内容的不同,将知识分为名、实、合、为四类。"亲知"是指由亲身经验得来的知识,即认知主体应用感觉器官("五路")感知外界事物,而获得的直接经验,因此具有直接现实性的品格。"闻知"是由传闻或传授得来的知识,属于间接知识。后期墨家又将"闻知"分为"亲闻"和"传闻"两类:"闻,传、亲"(《经上》);"或告之,传也。身观焉,亲也。"(《经说上》)不在场而由他人转告所得,是传闻;亲自在场听闻某说所得,是亲闻。显然,"亲闻"与"亲知"有同有异,同在二者均包涵认知者亲自在场之意,且二者都需要凭藉感官的作用;异在前者是接受别人现成的知识,后者是亲身观察外界事物得来的知识,也即间接经验与直接经验的区分。"说知"是超越感官和时空的限制,从已知中推断未知而得到的新知识。"说知"之"说",与《小取》"以说出故"之"说"同义,均是指逻辑的推理。显然,"说知"与"亲知"、"闻知"区分在于:"说知"属于理性认识,而"亲知"、"闻知"属于感性

---

① "㢓"即"障",障蔽也,据高亨。

认识。

当然，在后期墨家看来，"说知"离不开"亲知"与"闻知"，推理（"说知"，即理性认识）得以顺利进行，有待于经验（"闻知"与"亲知"，即感性认识，前者是间接经验，后者是直接经验）作为基础，并以直接经验（"亲知"）为其最终基础。《墨经》举例说明了三者之间的关系：

> 闻所不知，若所知，则两知之，说在告。（《经下》）

> 在外者所知也，在室者所不知也。① 或曰："在室者之色若是其色。"是所不智若所智②也。谓白若白，黑若黑也③，谁胜？是若其色也。若白者必白。今也智其色之若白也，故智其白也。夫名以所明正所不智，不以所不智疑所明。若以尺度所不智长。外，亲智也；室中，说智也。（《经说下》）

"说知"是推论之知，其特点是由已知推论未知。《经说下》举例说：假如有一人在室外，不知道室内是何种颜色，另外一个人告诉他室内之色与室外同。这个人便可由已知的室外颜色为白色，推论出室内的颜色亦为白色。对这个人而言，"室外颜色为白色"是"亲知"，"室内之色与室外同"是闻知，"室内的颜色也是白色"是"说知"。显然，"说知"正是建立在"亲知"和"闻知"的基础上的，而"闻知"最终也要归结到"亲知"，所以"亲知"才是一切知识的最终基础。《经说下》接着解释说：由已知（所明）推论未知（所不知），正如用尺子去测量未知的长度。尺子的长度是已知的，测量之后，未知的长度即可知。

根据知识内容的不同，后期墨家又将知识分为名、实、合、为四种类型，即"名、实、合、为"。具体而言，"名知"是关于语词、概念的知识；"实知"是关于实物的知识；名实相合，既知其实，又知其名的知识，则是"合

---

① 此句原为"在外者所不知也"，据高亨增补，见氏著《墨经校诠》，载《高亨著作集林》第七卷，北京：清华大学出版社，2004年，第306页。
② 孙诒让说："以下智并与知同"，见氏著《墨子间诂》（上），北京：中华书局，1986年，第351页。
③ 此句原为"犹白若黑也"，据高亨增补，见氏著《墨经校诠》，载《高亨著作集林》第七卷，北京：清华大学出版社，2004年，第306页。

知"；除此之外，还有一种关于人的自觉行动的知识，即"为知"，它是关于人们行为的目的（"志"）以及究竟如何行为（"行"）的知识。《墨经》特别对"为知"做出了分类：

> 为，存、亡、易、荡、治、化。（《经上》）

> 为，早台，存也。病，亡也。买鬻，易也。霄尽，荡也。顺长，治也。鼃买，化也。①（《经说上》）

制甲修台是救亡图存的行为；治病救人则是为了消除病患；买进卖出是交易的行为；消灭某物目的在于使其净尽；教化民众是政治的行为；"化"则是指利用自然变化的规律。"为"几乎囊括了当时各种重大的社会实践活动，大大超出了道德实践的范围。

第五节　后期墨家的逻辑学

古代中国的逻辑学是作为辩论术而发展起来的，后期墨家正是在与论辩对手的交锋中，建立起了自己的逻辑理论体系。《墨经》集各家逻辑思想之大成，不仅继承和发展了墨子的逻辑思想，而且也批判地吸收了其他学派的名辩学说，提出了中国哲学史上第一个相当完整的逻辑学系统。《墨经》逻辑学达到了我国古代逻辑理论的高峰，因此与亚里士多德逻辑学、印度因明学，并称为世界三大逻辑学传统。三者虽各有自身的特色，但其基本形式和规律是一致的、互通的。《墨经》虽然涉及到宇宙论、认识论、道德观以及自然科学知识，但却以逻辑学所占的比例为最大。毫无疑问，逻辑学是《墨经》的中心，具体而言：《经上》、《经说上》略相当于《墨经》逻辑学的概念论；《经下》、《经说下》略相当于《墨经》逻辑学的判断论；《大取》是对推理的精辟总结，《小取》则是《墨经》逻辑学的

---

① 此条经说脱误颇多，注家见解多有不同，如孙诒让认为"早"当为"甲"，高亨认为"霄尽"当为"削书"，毕沅认为"霄"当为"消"，谭戒甫认为"买"当为"鼃"，不一而足。此段译文综合了以上各家校注，以及冯友兰、任继愈的观点。

总论。①

《小取》是《墨经》逻辑学的纲领性文献,其内容大致包括四个方面:一是综论辩学的性质、作用及原则;二是专论"辩"的各种具体论式的不同特点;三是讨论辟、侔、援、推四种具体论式中的逻辑要求和逻辑错误;四是重点讨论了侔式推论中的正反情况及逻辑规则。② 后期墨家之所以重辩,是与他们对辩的功用和原理的理解密切相关的,《小取》开宗明义地对此作了总结性的概括:

> 夫辩者,将以明是非之分,审治乱之纪,明同异之处,察名实之理,处利害,决嫌疑。焉摹略万物之然,论求群言之比。以名举实,以辞抒意,以说出故。以类取,以类予。有诸己不非诸人,无诸己不求诸人。(《小取》)

"明是非"、"别同异"、"察名实"、"处利害"、"决嫌疑"、"审治乱"是辩的目的和功用。其中前三者是就认识目的而言的,后三者是就实际功用而言的。不难看出,后期墨家并未简单地将逻辑学视为纯概念的游戏,毋宁说它是为了解决认识真理的方法问题,并最终为改造社会服务的。③ "摹略万物之然,论求群言之比"是讲辩的原则,既要反映事物的真相,又要分析比较各种不同的言论。"以名举实,以辞抒意,以说出故"是讲辩的程序和步骤,即用概念反映实在,用判断表达思想,用推理指明原因。"以类取,以类予"及"有诸己不非诸人,无诸己不求诸人"是讲辩的规则和方法,即辩论中的类比推论。"类"是指具有共同属性的事物或概念,

---

① 参见任继愈主编:《中国哲学发展史》(先秦卷),北京:人民出版社,1983年,第545页。

② 参见周云之:《名辩学论》,沈阳:辽宁教育出版社,1996年,第79页。

③ 后期墨家强调辩学的现实功用,有的学者便认为辩学只是墨家推行政治理想的特殊工具,而逻辑是探究科学真理的普遍工具,因此辩学不具备逻辑所应有的本质特征,有的论者甚至得出辩学不是逻辑的结论。我们认为这种观点是站不住脚的。与西方逻辑相比,墨经辩学当然有其特殊性,但却不能以此来否认二者的可通约性,普遍性正寓于特殊性之中。沈有鼎指出,正如中国古代语言中有其"表现方式上的特质"一样,中国古代逻辑"在表达方面具有一定的民族形式",但本质上与西方逻辑与印度因明在某些方面具有惊人的相似之处,同样揭示了"人类共同具有的思维规律和形式"。见《沈有鼎文集》,北京:人民出版社,1992年,第376、437页。

"类取"、"类予"即按照类同的原则进行归纳和演绎。"有诸己不非诸人",是说自己的立论中包含有某种原则或判断,就不能非难对方也包含同样的原则或判断。"无诸己不求诸人",是指自己的立论中不包含某种原则或判断,也不能要求对方一定要包含这些原则和判断。

一、以名举实的概念论

《墨经》对"名"与"言"的关系有着正确的认识,并精研了"名"的性质和种类,对"名"的定义和分类做出了精密的解析,在逻辑学的概念论上作出了重要贡献。

1. "名"与"言"

在逻辑学中,概念与语词既有着密切的联系,也有着本质的区别。在《墨经》中概念和语词分别被称为"名"和"言",后期墨家对二者的联系与区别都有着明确的认识。就"名"和"言"的联系而言,后期墨家认为"言"是"名"的语言形式,"名"是"言"的思想内容。《经上》说:"言,出举也。""举"是以概念反映事物,"出举"是将形成的概念表达出来。《经说上》释义说:"言也者,诸口能之,出名[1]者也。""言"是指语词,"名"是指概念,"言"是"名"借以表现的语言形式。所以《经上》说"执所言而意得见",意谓借助语词我们可以了解概念的内容。

后期墨家也注意到了概念与语词的区别。如不同语词可以表达同一概念,"狗"与"犬"这两个语词所表达的就是同一个概念。又如有时候概念已发生变化,但名称仍可不变。《经下》举例说:"域[2],过名也,说在实。"《经说下》解释说:"知是之非此也,有知是之不在此也,然而谓此南方[3],过而以已为然。始也谓此南方,故今也谓此南方。"某地以前被称为南方,现在它的相对地理位置已发生了变化,人们都知道它现在已不属

---

① "名"原作"民",据孙诒让校改。
② "域"原作"或",据孙诒让校改。
③ "方"原作"北",据高亨校改。

于南方,但旧有之名已约定俗成,故仍可沿用。还如有时候同一个语词既可以表示概念,又可不表示概念。《经说上》举例说,"犬"这个语词,既可用来称呼狗,这是对狗的命名;也可用来形容狗,这是以概念来反映狗的属性;还可用来呵叱狗,这是将不满情绪加于狗。

2. 名的性质

《墨经》将"名"的性质和功用概括为"以名举实"(《小取》),又说"举,拟实也"(《经上》),意思是说"名"是对"实"(具体事物)的摹拟、反映。实是第一性的,名是第二性的。因此墨经要求做到"名实耦",意即概念与事物相符合。《墨经》通过对"名"与"指"的比较,阐述了"名"的抽象、概括作用。《经说下》说:"或以名视人,或以实视人。举友富商也,是以名视人也;指是臛①也,是以实视人也。"描述一个不在眼前的对象,便用一般的概念来表达,如说"我的朋友某某是富商";如果这个对象在眼前,我们便指着这个对象以示人,如说"这是霍"。可见"名"是一种脱离个别事物的一般认识,而"指"则是一种不能脱离个别事物的感性直观。因此,"指"受时空的限制,而"名"则超越了时空的限制。《墨经》说:"所知而弗能指,说在春也、逃臣、狗犬、遗②者。"(《经下》)"所,春也,其埶③固不可指也。逃臣不智其处,狗犬不智其名也。遗者,巧弗能两也。"(《经说下》)指的功用有时而穷,有些知识不能用手指着说,只能用概念加以表达。如已不复存在的对象(春这个人),虽存在但不知在何处的对象(逃亡的奴仆),根本无法用手指去指它。如果有人尚不知道有"狗"、"犬"等名,仅用手指指着实物,也无法区分这两个名称,必须分别予以解释。遗失的东西也指不出来,即使能工巧匠也很难制造出与原物完全一样的东西来。

后期墨家对"名"作为事物本质属性的强调,还反映在"名"的定义

---

① "臛"与"霍"通,是一种兽名,又为人的姓氏,据沈有鼎,见氏著《墨经的逻辑学》,北京:中国社会科学出版社,1982年,第18页。
② "遗"原作"贵",据孙诒让校改。
③ "埶"原作"执",据孙诒让校改。"埶"与"势"同。

上。《墨经》在给概念下定义时,能用简洁的命题,将事物的本质特征表达出来。《墨经》列举了上百个概念及概念的定义,其中有些是内涵定义,揭示概念的质的规定性,有些是外延定义,揭示概念所概括的对象。如《经上》所说的"罪,犯禁也",就是一个内涵定义。后期墨家将"罪"定义为"犯禁",意即犯罪行为是指触犯法律禁令的行为,这就简要而准确地揭示了"罪"这个概念的本质特征。又如《经上》所说的"知,闻、说、亲",则是一个外延定义。闻知、说知、亲知,囊括了具有"知"这个概念所反映的特有属性的事物。而且,后期墨家常将内涵定义与外延定义结合起来使用,既揭示了概念的本质属性,又讲明了概念所概括的对象。

3. 名的种类

名的种类很多。根据"名"的外延大小,《墨经》将"名"分为达名、类名、私名三种。"名,达、类、私。"(《经上》)"物,达也,有实必待之名①也。命之马,类也,若实也者必以是名也。命之臧,私也,是名也止于是实也。"(《经说上》)"达名"是最一般的概念,如"物"。"类名"是反映一类事物的概念,如"马"。"私名"是专有的单独概念,如"臧"这个特定的人。后期墨家又根据概念的属种关系,将名分为兼名与体名。《经下》说:"牛马之非牛,与可未可②,说在兼。"《经说下》做了具体说明,牛马是兼名,反映了牛、马两种动物皆有四足的共性,所以说"牛马二"。牛和马是体名,彼此有别,各自分别反映一种动物,所以说"牛不二,马不二"。作为兼名,牛马不可以专指非牛(如马),也不可以专指牛,而是兼指牛与马。作为体名,牛不能指非牛,马不能指非马,但是牛马则兼指非牛、非马。指称总体(兼)的"兼名"与指称部分(体)的"体名",二者是全体与部分、大类与小类、属名与种名的关系。

后期墨家还初步区分了"形貌名"与"非形貌之名"。前者反映实体

---

① "之名"原文为"文多",据孙诒让校改。
② "未可"原文为"之同",据高亨校改。

的存在,后者反映实体的属性。《大取》说:"以形貌命者,必智是之某也,焉智某也。不可以形貌命者,唯不智是之某也,智某可也。诸以居运命者,苟入①于其中者,皆是也,去之,因非也。诸以居运命者,若乡里齐、荆者,皆是。诸以形貌命者,若山丘室庙者,皆是也。""形貌名"是指可以直接反映对象外貌特征的概念,因此可以由其"名"而知其"实",如山、丘、室、庙。"非形貌之名"(如"居运名"),是指不知道对象的外貌特征,而以其属性命名的概念,如说齐人、楚人,是以其人是否住在齐、荆之地而命名的,因此只是反映了对象的属性,而非对象本身。《大取》还粗疏地论述了"量数名":"苟是石也白,败是石也,尽与白同。是石也唯大,不与大同";"诸非以举量数命者,败之尽是也"。"量数名"是根据体积、数量等性征对事物的命名,因此它随着事物性征的改变而改变。如果一个事物的量数发生了变化,那么指称这一事物原有量数的名称便不再适用于它。而"非量数名"与事物数量大小的变化并无必然关系。如一块大白石破碎而成众多碎石,大白石变成了小白石,表示大小的"量数名"变了,但是白色并未随着石头的破碎而消失,因此白石之名不变。

二、以辞抒意的判断论

概念只限于反映事物的规定性,仅有概念并不足以表达思想。判断是断定事物情况的思维形态,它表现概念之间的关系,因此判断至少要由两个以上的概念组成。判断借助语句表达思想,《墨经》将其表述为"以辞抒意"。辞指语句,意指判断。《经上》云:"闻,耳之聪也。……循所闻而得其意,心之②察也。……言,口之利也。……执所言而意得见,心之辩也。"言语和听闻分别是口和耳的功能,但离开了心智的察辩作用则毫无意义。说出语句是语言系统的功能,语句用以表达判断;做出判

---

① "入"原文为"人",据孙诒让校改。
② "之"原作"为",据毕沅校改。

断则是思维系统的功能,判断借助"言"将"意"表达出来。语句与判断不能分离,亦不可混同。二者的关系,类似于语词与概念的关系。

判断是对现实的反映。判断符合事实,语句符合判断,即语句如实地表达思想,那么语句自然也与事实相合。这种情形下,命题和判断都是真的。后期墨家将言实相合称为"当"。语句要符合实际,除了要求判断符合实际之外,还要求语句符合判断,即语句必须忠实地表达判断。后期墨家将言合于意的情形称为"信"。《经上》说:"信,言合于意也。"《经说上》解释说:"不以其言之当也,使人视城得金。"信即是指语句符合判断。语句符合判断,判断符合实际,语句就既信且当。语句符合判断,判断不合实际,语句就信而不当。显然信不以语句符合事实为必要条件,所以说信"不以其言之当也"。判断符合实际,语句不符合判断,这是说谎的情形,显然语句也不符合实际,因此既不信亦不当。判断不合于事实,语句也不合于判断,一般说来这种情形下语句也是既不信也不当。但有时语句虽不合于判断,却凑巧与实际相符。如某人骗别人说:"城内藏有金。"被骗者进入城内查看,果然有金。但实际上,骗人者并不知道,只是信口胡说。这种情形下,语句虽当而不信。

在讨论语句与判断关系的基础上,后期墨家详尽地研究了各种判断的性质、特点与表达方式,并据此对判断进行了分类。《墨经》中讨论的判断形式,有"尽"、"或"、"假"、"必"和"且"等不同种类,其中既有类似逻辑学中非模态判断的内容,如"尽"、"或"、"假";也有类似模态判断的内容,如"必"和"且"。具体而言,"尽"是指全称判断。《经上》说:"尽,莫不然也。""尽"是全称量词,被释义为"莫不然也",意即没有什么不如此,等值于全部都如此。《小取》说:"或也者,不尽也。假者,今不然也。""或"含有特称、选言判断和选言推理的含义,如"时或有久,或无久","尺与端或尽或不尽"(《经说上》)等。

后期墨家还讨论了命题中词项的周延性问题。全称判断要求主项周延,特称判断的主项不要求周延。"白马,马也","车,木也","盗人,人也",均为全称肯定判断;"马或白","牛之毛黄",则是特称肯定判断。否定判断要求谓项周延,肯定判断的谓项不要求周延。《小取》说:"乘马,不待周乘马,然后为乘马也。有乘于马,因为乘马矣。逮至不乘马,待周不乘马,而后为不乘马。"某人只要乘过一匹马,我们就可以断定他乘过马;只有当某人没有乘过任何一匹马的时候,我们才可以断定他没有乘过马。①《墨经》还注意到,主词相同的全称肯定判断同特称否定判断之间是矛盾关系,其中必有一真必有一假。《经说上》说:"彼举然者,以为此其然也,则举不然者而问之。""彼举然者",是指对方提出一个全称肯定判断;"以为此其然也",即认为所论对象在其全称主词之内,因而具有宾词的属性;"举不然者而问之",是指举出一个主词相同的特称否定判断加以质问,也就是说,只要我们能举出一个反例,对方的全称肯定判断便不成立。②

"假"是指假言判断,它是断定某一事物情况存在是另一事物情况存在条件的判断。条件又分为充分不必要条件、必要不充分条件、充分必要条件三种。相应地,假言判断也就有三种,即充分条件假言判断、必要条件假言判断、充分必要条件假言判断。《经上》说:"故,所得而后成也",将条件称为"故"。《经说上》又将"故"分为"大故"、"小故",并释义说:"小故,有之不必然,无之必不然","大故,有之必然,无之必不然。"③"大故"相当于充分必要条件,"小故"相当于必要条件。

《墨经》中也有关于模态判断的运用和讨论,包括必然判断、或然判

---

① 《小取》又说:"爱人,待周爱人而后为爱人;不爱人,不待周不爱人,不周爱,因为不爱人矣。"有论者据此认为,后期墨家同时又错误地承认肯定判断要求谓项周延,否定判断不要求谓项周延。需要指出的是,在古代汉语的语境中,"爱人"既可以用来表达一个省略了主词的判断,又可用作一个伦理学的概念。"爱人"作为一个肯定判断,谓项不要求周延,《小取》说:"获,人也;爱获,爱人也。臧,人也;爱臧,爱人也",即是明证。"爱人"作为一个伦理学概念,在墨家看来,它的含义就是兼爱,意即要爱一切人才能叫做爱人;反之,只要不是爱所有的人或者只是爱一部分人,即是不爱人。这就形成了一周一不周的差别,因此《小取》说:"此一周而一不周者也。"

② 参见任继愈主编:《中国哲学发展史》(先秦卷),北京:人民出版社,1983年,第552页。

③ 此句原为"大故,有之必无然",据孙诒让校改。

断和实然判断。《经上》:"必,不已^①也。""必"指必然判断,它是对事物情况必然性的断定。如"二必异"(《经说上》),"行者必先近而后远"(《经说下》),"民行修必以久"(《经说下》)等都是必然判断。对于"必",《经说上》解释说:"谓一执者也。若弟兄一然者一不然者,不必也,是非必也。"^②必是必然而不改变之意,其否定便是"不必"(或"非必"、"弗必")。比方兄弟四人根据年龄排序,由大至小依此为甲乙丙丁。甲对乙丙丁皆为兄,丁对甲乙丙皆为弟,这是固定不易的,是必然的。但乙对甲则为弟,对丙丁则为兄,丙对甲乙则为弟,对丁则为兄,此一然者一不然者,因此是不固定的,是不必然的。^③"不必"(或"非必"、"弗必"),作为必然判断的负判断(负必然判断),也即或然判断,它表示事物发展的可能性。《经下》说:"无说而惧,说在弗必^④。"《经说下》释义说:"子在军,不必其死生;闻战,亦不必其死生^⑤。"儿子在军队中,不能断定其生死;听到了战斗的消息,也不能断定其生死。因此这种情况下只能使用或然判断,不能使用必然判断。《经下》:"物之所以然,与所以知之,与所以使人知之,不必同。"事物的本质,人们对它的认识,以及人们将这种知识转告他人,三者不一定互相符合,因此对此也只能下或然判断。

实然判断是对已经发生的事实作出断定。后期墨家专门定义了时间模态词"且"与"已"。《经上》说:"且,言然也。"《经说上》释义说:"自前曰且,自后曰已,方然亦且。"将要发生的事情称为且然,如《小取》所说的"且入井"、"且出门",即将要入井,将要出门;已经发生的事情称为已然,如《经说上》所说的"为衣,成也"、"治病,亡也",即衣服已经制成,治病已

---

① 高亨说"已当作己",并说"墨书以己为改","墨家所谓必,即必然之必,亦即今语所谓固定也。固定者不变。"见氏著《墨经校诠》,载《高亨著作集林》第七卷,北京:清华大学出版社,2004年,第107、108页。现据高亨校改。
② 句中"一执"原为"台执","不必"原为"必不必",均据高亨校改。
③ 释义参见了高亨的诠释,见氏著《墨经校诠》,载《高亨著作集林》第七卷,北京:清华大学出版社,2004年,第107、108页。
④ "必"原作"心",据孙诒让校改。
⑤ 此句原作"亦不必其生",据高亨校改。

经结束;正在发生的事情亦称为且然。《经下》又说:"可无也,有之而不可去,说在尝然。"凡事物昔有而今无者,昔有不可去。方然、且然都不是实然,已然和尝然才是实然。实然判定反映已经发生的事实。用过去时间模态词已、已然、尝然,表达已经发生过的事实,因此相当于实然判断。

三、以说出故的推理论

在逻辑学中,概念反映事物的本质,判断表现概念之间的关系,推理则表现判断之间的关系。推理是根据一个或者一些判断,推导出另一个判断的思维过程。后期墨家称推理为"说"。《小取》:"以说出故",《经上》:"说,所以明也。""故"是根据、理由。"说"就是将一个辞(判断)所以成立的理由和根据阐述出来的论证过程。仅有主张还不能说服别人;既有主张,又有论证,才能说服别人。后期墨家十分重视说的作用,《经说上》说:"方不㢓,说也。""说"有助于克服感性经验的局限,由对事物的表象的认识深入到对事物本质的认识,由过去的经验推知事物未来的发展。《经下》除了极少数例外,每条都有"说在"字样,将论据或例证用少数几个关键字标出,并在《经说下》做出详细的说明。

1. 推理的基本范畴

关于推理,后期墨家提出了故、理、类三个基本逻辑范畴。《大取》说:"三物必具,然后足以生。① 夫辞②,以故生,以理长,以类行也者。立辞而不明于其所生,妄③也。今人非道无所行,唯④有强股肱,而不明于道,其困也,可立而待也。夫辞以类行者也,立辞而不明于其类,则必困矣。"推理以故、理、类为基本前提。必须具备这三者,辞才可以成立。没有这三者,立辞就会陷入妄和困。质言之,故、理、类是立辞的根基,因而

---

① 此句据孙诒让移至此,孙诒让又说:"三物,即指故、理、类而言之,谓辞之所由生也。"见氏著《墨子间诂》(下),北京:中华书局,1986 年,第 370、377 页。
② "夫辞"二字,据孙诒让补。
③ "妄"原作"忘",据孙诒让校改。
④ 孙诒让说:"唯与虽通。"

也是说的前提。《墨经》开篇即说:"故,所得而后成也。"(《经上》)"故"是事物所能成的原因、条件和论题的根据与理由。其中包括"大故"和"小故","大故"相当于充分必要条件,"小故"相当于必要条件。"理"也即"法"。前期墨家有故、法、类之说,后期墨家发展为故、理、类,可见理与法对应。"诽之可不可,以理之可诽"(《经说下》),"法,所若而然也。"(《经上》)"理"和"法"是指事物之理和立辞的论据。《小取》说:"效者,为之法也;所效者,所以为之法也。故中效,则是也;不中效则非也。""效者",是指树立标准。"所效者",是指使这个标准真正起到判定是非的作用。合乎这个标准就是正确的,不合乎这个标准则是错误的。"类"是"说"的基础。墨家逻辑推论非常强调"类"的同异,"以类取","以类予",都是关于类的推演。因此在推论中,首先必须"明类"。

2. 推理的主要方式

《墨经》论及的推理方式,包括"辟"、"侔"、"援"、"推"、"或"、"假"、"效"等多种,对演绎推理与归纳推理均有涉及。现就"辟"、"侔"、"援"、"推"分别叙述之。"辟也者,举他物而以明之也。"(《小取》)"辟"同譬,比喻之义,是指举他物以明此物。"侔也者,比辞而俱行也。""侔"是指两个辞义齐等或并列之辞之间的推理。它依据两个"辞"之间的类同或齐等,实现由前提到结论的紧密连缀、并列推论。"援也者,曰子然,我奚独不可以然也?"(《小取》)"援"即援引对方承认的论点、命题来证明自己的观点。"推也者,以其所不取之,同于其所取者,予之也。是犹谓它①者同也,吾岂谓它②者异也。"(《小取》)"推"既指一般推论,又指用对方所取的命题,类同于对方所不取的命题,从而推知其结论:或者同为是,或者同为非,不能肯定一个,又否定一个。

3. 推理中的谬误

《小取》篇还注意到了推理过程中可能出现的谬误。《小取》说:"夫

---

① "它"原作"也",据谭戒甫校改,见氏著《墨辩发微》,武汉:武汉大学出版社,2006年,第437页。
② "它"原作"也",据谭戒甫校改,见氏著《墨辩发微》,武汉:武汉大学出版社,2006年,第437页。

物有以同而不率遂同。辞之侔也，有所至而正。其然也，有所以然也。其然也①同，其所以然不必同。其取之也，有所②以取之。其取之也同，其所以取之不必同。是故辟、侔、援、推之辞，行而异，转而危③，远而失，流而离本，则不可不审也，不可常用也。故言多方，殊类异故，则不可偏观也。"两种事物可以有相同之处，而不一定完全相同。"辟"在这种情形下可能被误用。"侔"在运用时是有限度的。如果超过这一限度就会产生谬误。"援"是"子然，我奚独不可以然也"，但如果"所以然"不同，这一援例就是错误的。"推"是"以其所不取之，同于其所取者，予之也。"但有时"其所取"与"其所不取"只是表面上相同，背后的原因、条件却不相同，所以推也不能滥用。《小取》将"辟"、"侔"、"援"、"推"可能出现谬误的原因，概括为言多方、殊类、异故三类。言多方是指词有多义，推论中词义稍有转换（偷换）就可能变成诡辩。殊类是指类有同异、大小之别，而异类不能相比。异故是论据、条件等有大小、性质的差异。因此推理时要谨慎行事，且不可滥用公式。

四、逻辑规律及对逻辑谬误的批判

后期墨家对形式逻辑的三个基本规律均有论及，如"彼彼止于彼，此此止于此"之于同一律，"不俱当，必或不当"之于矛盾律，"谓辩无胜，必不当"之于排中律。

"彼彼止于彼，此此止于此，彼此不可。"（《经说下》）意思是说"彼"之名必须专指彼之实；"此"之名必须专指此之实。如果"彼"之名不同于"此"之名，以"彼"名为"此"名，或将"此"名混同于"彼"名，都是不可以的。这正是同一律所要求的逻辑原则。

《经说上》又指出："或谓之牛，或谓之非牛，是争彼也。是不俱当。

---

① "其然也"原脱，据孙诒让补。
② 原文无"所"字，据孙诒让补。
③ "危"与"诡"同，据孙诒让。

不俱当,必或不当,不当若犬①。"针对同一个动物,有人说"这是牛",有人说"这不是牛"。这两个相互矛盾的判断,不可能同时为真,也不可能同时为假,必定是一真一假。假的判断就像将牛说成是犬。这正是关于矛盾律的基本规定。

"辩必有胜"的主张,则集中反映了后期墨家的排中律思想。《经说下》指出:"辩也者,或谓之是,或谓之非,当者胜也。"意思是说,矛盾命题之间,必定只有一个符合事实,辩词符合事实的一方就是辩论胜利的一方。如果出现了"辩而不胜"的情况,此辩必为不当。这正是排中律原则的具体反映。

后期墨家还应用这些逻辑规律,批判了当时流行的各种逻辑谬误,如"学无益"、"言尽誖"②、"非诽者"、"辩无胜"等。前三者都是违背了矛盾律要求的悖论,后一个则违反了排中律。

"学无益"的意思是"学习是无益的"。《经说下》指出:"学也,以为不知学之无益也,故告之也,是。使智③学之无益也,是教也,以学为无益也教,誖。"后期墨家认为,教与学是相互关联的。正因为不知"学之无益",才告以"学之无益"。既然以"学之无益"为教,这个教的本身正好证明学是有益的。因此,"学无益"是自相矛盾的。

"言尽誖"的意思是说"一切言论都是荒谬的"。《经下》说:"以言为尽誖,誖,说在其言。"《经说下》释义说:"以誖,不可也。之人④之言可,是不誖,则是有可也。之人之言不可,以当,必不审。"后期墨家认为,言尽誖是不可以成立的,因为这句话也是言论。如果这句话成立,这就有了一条言论并不荒谬。如果这句话不成立,那它自然就是错的。因此,"言尽誖"也是自相矛盾的。

---

① "不当若犬"原为"不若当犬",据高亨校改,见氏著《墨经校诠》,《高亨著作集林》(第七卷),北京:清华大学出版社,2004年,第128页。
② "誖",今作"悖"的异体字,为保留原义,不改。
③ "智"与"知"同,据孙诒让。
④ "之人"原作"出入",据孙诒让校改。

　　"非诽者"的意思是"反对一切批评"。《经下》说:"非诽者諄①,说在弗非。"意思是说,反对一切批评,是悖谬的,理由在于"弗非",即不反对。《经说下》解释说:"非②诽,非己之诽也。不非诽,非可非也。不可非也,是不非诽也。"后期墨家认为"反对一切批评"这句话本身,就已经在批评别人了,也就是说,它本身就承认了有的批评是不应被反对的,因此这就是在自己反对自己,也是自相矛盾的。如果不反对一切批评,那么有错误就可以批评了。如果坚持有错误但不可批评,这本身就是对"反对一切批评"的否定。

　　"辩无胜"是说"辩论中无人能获胜"。《经下》说:"谓辩无胜,必不当。说在不③辩。"《经说下》解释说:"所谓非同也,则异也。同则或谓之狗,其或谓之犬也。异则或谓之牛,其④或谓之马也。俱无胜,是不辩也。辩也者,或谓之是,或谓之非,当者胜也。"如果没有真正的争辩,根本就谈不上谁在辩论中获胜。如在同一对象的两个名称之间争论,某人说是狗,另一人说是犬,两者都是正确的。又如在两个不同对象上争论,某物被说成是牛,另一物被说成是马,双方并未形成真正的对立。这两种情况都不是真正的辩论,因为不是争"彼",即不是在同一对象上争论是非,因此也就无所谓胜负。后期墨家主张,真正相互矛盾的判断必然一是一非,二者必有一真,这正体现了排中律的要求,因此他们主张"辩有胜"。

　　后期墨家还批评了"过"、"过名"与"狂举"。《经下》说:"知狗而自谓不知犬,过也。说在重。"不懂得狗与犬乃二名一实,是犯了"过"的错误。"过"是指概念不清晰、名实关系不明确的逻辑错误。所以当某地沿用与实不符的旧名时,称为"过名",若不知是过名,就会引起混乱。"狂举"与"正举"相对,源于公孙龙的《通变论》。《经下》说:"狂举不可以知异,说在有不可。"《经说下》举例说,牛马为异物,但以牛有齿、马有尾作为区分

---

① "諄"原作"諄",据孙诒让校改。
② "非"原作"不",据孙诒让校改。
③ 原文无"不"字,据谭戒甫补。
④ "其"原作"牛",据孙诒让校改。

牛、马为异物的根据,是错误的,因为牛与马均既有齿又有尾。牛马皆为四足兽,本为同类,而非异类,若以牛有角、马无角,作为区分牛与马为异类的根据,如认为牛为四足兽,而马不是四足兽,也是错误的。因为有角并不是四足兽全有,而非四足兽全无的特征。这两种做法都犯了不知异的"狂举"的错误。

　　总之,《墨经》当为后期墨家的著作,它代表了墨家发展的新阶段。有关墨辨的讨论,在近代成为显学。后期墨家彰显了我国有自己的知识论与逻辑学的传统,与西方有区别。后期墨家根据知识不同的来源,将知识分为闻知、说知、亲知三种类型,又根据知识内容的不同,将知识分为名、实、合、为四类。他们在"以名举实"的概念论、"以辞抒意"的判断论、"以说出故"的推理论及名、辞、说、辨上有自身的特色,有动态的、辩证的视域。

第十二章 《易经》与《易传》

《易经》与《易传》是《周易》这部书的两个组成部分,《易传》是对《易经》的解读和发挥。《周易》在中国传统哲学思想文化史上有着崇高的地位,被称为"五经之首"、"三玄之冠"和"大道之原"。"原"有二义,一是"源",意味着与其他先秦文献相比,《周易》的产生在时间上是最早的;二是本原、根本,意味着《周易》不仅在时间上产生最早,而且在思想观念上对后世社会和思想文化也具有根本性的影响。

传统易学属于经学的范畴,对《周易》的哲学思想的研究散见于对《周易》文本的诠释中,不曾单独构建出《周易》的哲学体系来。并且传统易学从总体上说是经传不分的,往往以传解经,以《易传》的思想为《易经》的思想。这不利于我们准确地把握《周易》哲学思想产生与发展的历史脉络。

进入现代,一批历史学家、古文献学家,如顾颉刚、郭沫若、闻一多、李镜池等人,以历史主义的眼光将本来就相距五六百年之久的《易经》与《易传》分开来进行研究,把它们视为不同历史时期的产物,反映了不同时代的社会生活状况。这样一种历史主义的态度和科学的研究方法开启了现代《周易》的研究之旅,影响很大。不过他们的研究主要集中在卦爻辞,而且主要是通过对卦爻辞进行归类和考释来研究其所反映的当时的社会生活各方面的情形,讨论《周易》的性质、撰成年代等问题,并不关注其中的哲学思想,对于卦画以及《易传》的哲学也不加关注。尽管与之同时略早有朱谦之的专著《周易哲学》面世,但《周易》的哲学研究并不曾在这个时候形成学术主流。

直到中华人民共和国成立十年后,60年代初学界掀起了一场关于《周易》的学术讨论,讨论的主题之一就是《易经》与《易传》的哲学思想。冯友兰、李景春、李镜池、任继愈、高亨等人是代表。这段时期受马克思主义意识形态的影响,关于《周易》哲学的讨论主要围绕唯物唯心、辩证法形而上学之分的问题进行。尽管这些研究从总体上有贴标签的简单化之嫌,但是对于《周易》哲学具体内容的掘发、分析与讨论,依然是严肃认真的,有开拓性的意义和价值。

经过十年"文革"的沉寂,80年代易学研究迎来了自己的春天,《周易》哲学研究的具体内容也进一步具体化和深化,在研究方法上也更加注重实证与逻辑分析。贴标签式的研究有所淡化。朱伯崑、余敦康、萧汉明、郑万耕等人是代表。尤其是朱伯崑先生出版了四卷本的《易学哲学史》,第一次对易学史上的哲学问题作了系统的整理。其他学者对于扬雄易学、船山易学、北宋易学等具体人物及其时代的易学哲学则有了更为深入的专门研究。

此一时期,刘大钧第一次正面肯定了一向不被学界重视的易学象数之学的价值,并且组织力量使易学象数学走上了严肃的学术研究的道路,为易学哲学中相对薄弱的易学象数哲学、科学哲学的进一步发展准备了条件。此一时期,在易学上还有两个重大事件值得重视,一是70年代末80年代初,考古界认定了商周文物上的"筮数"或"数字卦",二是1973年长沙马王堆出土了汉代帛书《周易》,有《经》有《传》,1984年公布释文。这两件事把考古发现与易学研究结合起来,对于我们更具体而深入地了解《周易》的起源与形成等早期易学问题、对于我们更准确地理解卦爻辞以及《易传》文本的含义有极大的意义和价值。

90年代以来的二十多年里,易学研究进一步百花齐放、全方位展开。

参与的学者人数和发表的论文数量激增，呈现出空前的繁荣。此一时期公布了多种出土易学文献，如湖北江陵王家台秦简《归藏》，安徽阜阳汉简《周易》，尤其是1994年由上海博物馆购藏、2003年公布的战国楚竹书《周易》，引起了出土简帛易学研究的热潮。连同更早时期发现的望山、包山、天星观等地的易筮资料、长沙马王堆帛书《周易》，以及历史上西晋时期出土的汲冢战国竹书和东汉熹平石经中的《周易》材料，重新获得学界的关注和研究。不过从目前来看，出土简帛易学固然极大地繁荣了易学研究，为早期易学和卦爻辞解读问题解决了不少问题，但是它要影响到学界重新理解和构建《周易》经传的哲学体系，还有待时日。此一时期的易学哲学研究也更加深入，更加专门化，易学史上的重要易学家都得到了专门研究。关于《周易》经传的哲学研究，受到西方哲学思潮以及当代新儒家熊十力、梁漱溟、方东美、牟宗三、成中英等人的影响，也呈现出新的时代内容和特色。基本上形成了从宇宙论、人生论、生命哲学、道德论、知识论等方面来梳理《周易》经传的哲学思想。此外，在易学思维方式问题的研究上，以唐明邦、周山、刘长林、王树人等为代表，也有进一步深化的表现。下面，我们就在学界前辈和时贤研究的基础上，对《周易》经传的哲学思想作出简要的介绍和论述。

第一节 《易经》与《易传》的基本内容与成书问题

《周易》这一书名最早见载于《周礼》和《左传》。《周礼·春官·太卜》："太卜……掌三《易》之法，一曰《连山》，二曰《归藏》，三曰《周易》。其经卦皆八，其别皆六十有四。"《左传·庄公二十二年》："周史有以《周易》见陈侯者。"《周礼》记载的是周初及周之前的政治制度，鲁庄公二十二年即春秋时期公元前672年。这表明《周易》一名在周初及春秋前期就已存在。此时的《周易》只是指《易经》的内容，不包括《易传》。先秦只有"《周易》"之称，而无"《易经》"之名。"《易经》"之名始于汉武帝置五经博士，《易》冠群经之首。

《易经》的内容包括两大部分,一是卦爻画,二是卦爻辞。《易经》一共由 64 个卦组成。每个卦有一个符号表示。构成卦符的有两个基本符号,一个是"—",一个是"--",前者称阳爻,后者称阴爻。由三爻组成一个卦,共有八个卦,称八卦,或八经卦。它们是:

乾(☰)、坤(☷)、震(☳)、巽(☴)、坎(☵)、离(☲)、艮(☶)、兑(☱)。

八经卦两两相重,组合成 64 个卦,每卦由六爻组成,称六十四别卦。《易经》文本中的卦是由六爻组成的六十四别卦,而不是由三爻组成的八卦。现在通行的《易经》文本中,每卦六爻之间的距离是相等的,根本看不出八卦的影子。但是我们从目前所见最早的战国楚竹书《周易》上的卦画中①,可以直观地看到每个六爻别卦都是由上下两个八经卦构成,因为上三爻与下三爻之间留有明确的较大的距离。《易经》中每个卦符都有一句与之相应的话,叫卦辞。构成卦符的每一爻又各有一句与之相应的话,叫爻辞。所以,《易经》卦爻辞,一共有 64 条卦辞和 384 条爻辞,外加 2 条"用辞",即《乾》《坤》两卦各多出的一句没有爻画与之相应的话,分别以"用九""用六"领首。这就是《易经》的内容,它的字数与《道德经》差不多,都是五千言。

《易传》有广义和狭义之别。狭义的《易传》专指"十翼",即最早的一批解释《易经》的著作的结集,共十篇。"十翼"之称盖始于西汉《易纬·乾凿度》,意为《易经》之羽翼。"十翼"包括七种十篇:《彖传》上下,《象传》上下,《文言传》,《系辞传》上下,《说卦传》,《序卦传》,《杂卦传》。又称《易大传》或《周易大传》。其中《彖传》是专门解释六十四卦卦辞的,《象传》是逐条解释卦辞和爻辞的,《文言传》是专门解释乾坤二卦的。《易传》中的其他四种则属通论性质,不是以逐条解释卦爻辞的形式来组

---

① 战国楚竹书《周易》是目前所见最早的《周易》文本,只有《易经》,没有《易传》,由上海博物馆于 1994 年从香港文物市场上购藏,2003 年释文被整理出版。战国楚竹书《周易》是残本,共 58 支简,涉及 34 个卦的内容,共 1806 字。详情参见陈仁仁:《战国楚竹书〈周易〉研究》,武汉:武汉大学出版社,2010 年。

织的。广义的《易传》则指所有对《周易》经传作解释与阐发的著作。有的易学家的注易作品即直接名为《某氏易传》，如西汉京房的《京氏易传》，东汉荀爽的《荀氏易传》，北宋程颐的《程氏易传》等。学界通常以《易传》指含七种十篇文字的"十翼"，字数一万九千。1973年12月，长沙马王堆3号汉墓出土了帛书《周易》，其中有数篇与今"十翼"相近的文字。由此可知，最早对《易经》作解释和发挥的文字当不止七种十篇，"十翼"《易传》是选本。

关于《易经》和《易传》的撰成时代和作者问题，东汉班固的《汉书·艺文志》有个著名的说法："人更三圣，世历三古。"唐代训诂家颜师古（581—645）注曰："伏羲为上古，文王为中古，孔子为下古。"认为伏羲画八卦，文王演为六十四卦并作卦爻辞，孔子作《易传》。唐代孔颖达在《周易正义·卷首》中对《易经》的作者问题作了辨析，基本同意班固的说法，但通过接受东汉经师马融（79—166）的"周公作爻辞"说而有新的解释，即认为伏羲画八卦并重为六十四卦，文王作卦辞，周公作爻辞，孔子作《易传》。并解释道："所以只言三圣，不数周公者，以父统子业故也。"南宋理学家朱熹则干脆提出"人更四圣"说，明确地把周公单列出来。

《易传》有几处关于《周易》撰成时代与作者的说法：

> 古者包牺氏之王天下也，仰则观象于天，俯则观法于地，观鸟兽之文与地之宜，近取诸身，远取诸物，于是始作八卦，以通神明之德，以类万物之情。（《系辞下传》）

> 《易》之兴也，其于中古乎？作《易》者，其有忧患乎？（《系辞下传》）

> 《易》之兴也，其当殷之末世，周之盛德邪？当文王与纣之事邪？（《系辞下传》）

包牺氏也就是伏羲氏，是我国古籍记载中最早的一个圣王，是传说中的中华民族的人文初祖。伏羲画八卦虽为传说，但也可说明其来源之久远。而《周易》的完善，卦爻辞的撰成，其年代在商周之交的中古殆无疑义。现代历史学家余永梁、顾颉刚等通过挖掘考释卦爻辞中的故事论证了卦爻辞成于西周初年,也就是公元前 2000 年左右。这个看法得到了学界的普遍同意。① 司马迁《报任安书》载"西伯拘而演《周易》",西伯就是周文王。《周易》的成书可能与周文王有关系,但关系到底有多大,是无法考证的。

关于《易传》各篇的成书年代与作者问题也是众说纷纭。② 孔子作《易传》这一传统说法,早在北宋时欧阳修的《易童子问》就提出了疑问。但是我们大概可以肯定的是,《易传》非成书于一时一人。其主体的成书时间当在战国中期,往前可溯至春秋后期,往后可能到了汉初。作者虽非孔子一人,但与孔子及其后学有莫大的关系。

第二节 《易经》的哲学

"《周易》是我国最古的一部书,也是最难理解的书。"③这里的《周易》就是指《易经》,《易经》难解的原因就在于它的古老和文字组织形式的独特。伏羲画八卦的传说就表明,八卦在人们的心目中是与中华文明的开

---

① 参见余永梁:《易卦爻辞的时代及其作者》,载黄寿祺、张善文编《周易研究论文集》第 1 辑,北京:北京师范大学出版社,1987 年;顾颉刚:《周易卦爻辞中的故事》,载顾颉刚《古史辨》第 3 册,上海:上海古籍出版社,1982 年。顾颉刚先生是这样得出结论的:"作卦爻辞时流行的几件大故事是后来消失了的,作《易传》时流行的几件大故事是作卦爻辞时所想不到的;从这些故事的有与没有上,可以约略地推定卦爻辞的著作时代。它里边提起的故事,两件是商的,三件是商末周初的,我们可以说它的著作时代当在西周的初叶。"这个看法得到了学界的普遍同意。当然也有反对意见,比如李镜池先生就认为《周易》应该成书于西周晚期。参见李镜池:《周易探源》,北京:中华书局,1978 年,第 4、5 页。理由是卦爻辞中有两则故事,"箕子之明夷"与"康侯用锡马蕃庶"发生在文王之后,另外卦爻辞中反映政治黑暗的、隐遁思想和忧患意识,都不宜出现在西周之初、成康之世。我们知道,先秦文献没有我们现在这样明确的知识产权意识,往往是在流传过程中有些删改和变化,往往会添入一些后世的因素,但这并不影响主体内容成书在前。至于忧患意识之类在商周之交出现,是再合理不过的事了。《易经》大概也可以说,是总结商亡教训的一部大书。

② 关于《易传》的成书年代问题可参见张岱年:《论易大传的著作年代与哲学思想》,载黄寿祺、张善文编《周易研究论文集》第 1 辑,北京:北京师范大学出版社,1987 年;刘大钧:《周易概论》,济南:齐鲁书社,1986 年;杨庆中:《周易经传研究》,北京:商务印书馆,2005 年,等等。

③ 李镜池:《周易探源》"序",北京:中华书局,1978 年,第 1 页。

端相伴随而出现的,它甚至早于文字的出现。不过八卦最初是什么样子的,与今天所见阴阳爻符号构成的八卦是否一样,我们是不清楚的。目前从出土的商周之际的一些青铜器和甲骨上,人们发现了一些"奇字",根据张政烺等专家的研究,这些"奇字"可能是一种数字形式的卦,叫"筮数"或"数字卦",可能是阴阳爻符号卦的萌芽。①

《易经》文字组织形式的独特性就在于,它既不同于《论语》式的问答体,也不同于《老子》式的格言韵文,更不同于《孟子》、《庄子》式的大段议论,它是由一个符号系统以及与此符号系统相应的卦爻辞构成的。卦辞与卦辞之间,爻辞与爻辞之间都具有相对独立性,卦爻辞之间在内容上的逻辑关系很多地方都难以理清,但由于它与卦爻符号相应,而卦爻符号又是一个整体性的系统,所以卦爻辞在形式上又是有条理有体系的。于是,卦爻辞的古奥与许多卦爻辞之间在内容上逻辑关系的模糊与在形式上的体系化,一方面为我们了解《易经》制造了障碍,另一方面又为我们解读《易经》提供了很大的空间。以至于"《易》道广大,无所不包,旁及天义、地理、乐律、兵法、韵学、算术,以逮方外之炉火,皆可援《易》以为说,而好异者又援以入《易》,故《易》说愈繁"②。但是,我们要了解《易经》的本来面目,还是得回到《易经》文本本身。

一、《易》本卜筮之书

毋庸讳言,《易经》首先是一部用来算卦的卜筮之书。《汉书·艺文志》:"及秦燔书,而《易》为筮卜之事,传者不绝。"《汉书·儒林传》:"及秦

---

① "筮数"或"数字卦"是张政烺先生在 20 世纪 70 年代末 80 年代初最早认定并加以系统论证的。关于这个问题可以参见李学勤:《谈安阳小屯以外出土的有字甲骨》,载《文物参考资料》,1956 年第 11 期;张政烺:《古代筮法与文王演周易》,载《古文字研究》第一辑,北京:中华书局,1979 年;张政烺:《试释周初青铜器铭文中的易卦》,载《考古学报》,1980 年第 4 期;张政烺:《易辨——近几年根据考古材料探讨周易问题的综述》,载唐明邦等主编《周易纵横录》,武汉:湖北人民出版社,1986 年;张亚初、刘雨:《从商周八卦数字符号谈筮法的几个问题》,载《考古》,1981 年第 2 期。

② (清)永瑢等:《四库全书总目》,北京:中华书局,1965 年,第 1 页。

禁学,《易》为筮卜之书,独不禁,故传受者不绝也。"这是史书对《易经》一书之性质的明确认定。从《易经》文本来看,这一性质也是非常明显的。卦爻辞中有大量的"吉"、"凶"、"悔"、"吝"之类的算卦用的占断之辞。《左传》、《国语》等先秦史书记载了大量的以《易经》占卦的筮例。

但是,随着《易经》地位的越来越高,对《易经》作象数和思想义理方面的解读越来越多,人们往往混同《易经》和《易传》,以《易传》解读出的思想为《易经》所本有。而实际上《易传》的成书离《易经》有五六百年之久,《易传》的作者亦恐不能完全理解《易经》了,怎么能够完全以《易传》的解读为《易经》所本有? 所以,在易学经过千余年的充分而繁琐的发展之后,到宋代有大文豪苏轼重申了这么一个事实:"《易》者,卜筮之书也。"①到南宋大理学家朱熹进一步从学理上充分论证了"《易》本卜筮之书"②,并且撰《周易本义》,力图恢复《易经》的本来面目,主张经传分观。朱伯崑先生指出,这"不仅对当时的义理学派,对象数学派的《周易》观也是一大冲击"③,其原因就在于无论义理派还是象数派都对《易经》作了过度发挥,并且把这种发挥加之于《易经》本身。朱熹并非反对对《易经》作发挥,而是主张把《易经》的本义与包括十翼《易传》在内的后世对《易经》的解读与发挥区分开来。这是一种合理的历史主义的态度,能使我们更准确地把握古人思想观念的历史发展过程。

不少学者不愿承认"《易》本卜筮之书",以为这有损于《易经》的神圣性。实际上大可不必这样看。"《易》本卜筮之书"正表明《易》来源之古远。人类早在新石器时代晚期就懂得利用占卜来预测吉凶了,只不过占卜使用的道具和占卜之法各异。先民们想通过占卜来发现身边的现象及现象间的因果联系,来预知事情发展的结果,这里面正体现了人类理性思维的萌芽,即认为这个世界是普遍联系的,相信这个世界是有秩序的,是有规律可循的。而卜筮方法的历史变化也能体现这种理性思维的

① (宋)苏轼:《易论》,载《苏轼文集》(上),长沙:岳麓书社,2000年,第125页。
② (宋)黎靖德编:《朱子语类》卷六十六,北京:中华书局,1994年,第1622页。
③ 朱伯崑:《易学哲学史》第二卷,北京:华夏出版社,1995年,第418页。

进步。我们知道,在周人用《周易》卜筮之前,商人主要是用龟卜之法来预测吉凶。即在龟甲或其他兽骨上经过刀削制作,以火烤之,从裂纹的形状来判断所问事项的吉凶。这种方法是十分烦琐的,同时又十分机械,只需要一一查对相应的兆纹所表示的吉凶就可以了。《周易》采用的是另外一种筮法体系,它是通过一定的程序揲数蓍草策数,得出一个六爻卦来,然后通过分析这个六爻卦的整体关系来判断所问事项的吉凶。龟卜之法不需要推演只需要查对吉凶,而易筮之法却需要通过数与理的推演才能明白吉凶。很明显易筮之法与龟卜之法比较起来,体现了先民理性思维的进步。

相传易筮之法亦非只有《周易》一种,而是有三种,即所谓的"三《易》",一曰《连山》,二曰《归藏》,三曰《周易》。前两种筮书已经佚失,但从文献记载可知它们都是用八经卦和六十四别卦来进行占筮的,属同一筮法体系。大概前两者的优长均已被吸收于《周易》筮法中,《周易》无论从筮法还是从筮书文本来看,应该是前两者的完善与进步,是《易》类筮法体系发展的顶峰,也是我国先民们到那时为止理性思维水平发展的顶峰,意味着一个思维发展时代的终结和新发展时代的开端。它的发展水平和特征足以影响后世发展的路径。

所以,我们不要以为占筮里头没有思想观念。在那时代主持占筮者都是当时一流的学者,最有知识的人,他们利用最先进的易筮之法所作的占筮实践必定包含了他们的思想观念在其中。清代经学家皮锡瑞认为"伏羲画卦,虽有占而无文,而亦寓有义理在内"[1]。黄寿祺、张善文先生进一步指出:"倘若《周易》的卦形、卦爻辞没有内在的哲学性质,无论哪一位'圣人',都无法凭空阐发出其中的'义理'来。所以,我们必须认识到,尽管《周易》的出现是以卜筮为用,但其内容实质却含藏着深邃的哲学意义。"[2]

---

[1] (清)皮锡瑞:《经学通论》,北京:中华书局,1954年,第41页。
[2] 黄寿祺、张善文:《周易译注》(修订本),上海:上海古籍出版社,2001年,第18页。

下面,我们来具体了解《易经》文本的哲学思想。《易经》文本由两个部分构成,一是卦爻画,一是卦爻辞。我们先看卦爻画中的哲学思想。

二、卦爻画中的哲学思想

《易经》文本跟先秦其他文献一个最大的不同就在于,它有一套符号系统。每一个卦和每一爻都有相应的符号表示。这些符号随卦爻辞散置于《易经》文本中,是不容易看出它的系统性的。如果我们把这些符号放在一起排列出来,就是下面这个样子:

☰(乾)☷(坤)☵(屯)☶(蒙)☴(需)☲(讼)☳(师)☱(比)(小畜)☶(履)☷(泰)☴(否)(同人)☲(大有)☳(谦)☱(豫)(随)☶(蛊)☷(临)☴(观)(噬嗑)☲(贲)☳(剥)☱(复)(无妄)☶(大畜)(颐)☷(大过)☴(坎)☲(离)

☴(咸)☳(恒)☱(遁)☶(大壮)☷(晋)(明夷)☴(家人)(睽)☲(蹇)☳(解)☱(损)☶(益)(夬)☷(姤)(萃)☴(升)(困)☲(井)☳(革)☱(鼎)☶(震)(艮)☷(渐)(归妹)☴(丰)(旅)☲(巽)☳(兑)☱(涣)(节)(中孚)☷(小过)☴(既济)

☲(未济)

上面这个排列法是通行本或今本《易经》的卦序。《易经》卦序有很多种,除了今本卦序,还有《序卦传》卦序、《杂卦传》卦序、长沙马王堆出土的汉初帛书《易经》卦序、京房八宫卦序等等。在所有这些卦序中,今本卦序是最早、最通行的一种卦序①。

卦爻画以及今本卦序是先于卦爻辞而存在的,并且在卦爻辞产生之后还依然为人们单独认识。2001 年,在陕西长安县西仁村发现了四件西

---

① 参见陈仁仁:《战国楚竹书〈周易〉研究》,武汉:武汉大学出版社,2010 年,第116—118 页。

周时期的有字陶拍①。其中采集 2 陶拍柄部刻有四个数字卦,将数字卦按阳奇阴偶转换成阴阳爻符号,这四卦依次为:《师》、《比》、《小畜》、《履》。采集 1 陶拍柄部有两个数字卦,依前例可转换成既济与未济二卦。两件陶拍上的数字卦卦序正与今本《易经》卦序相合。而这个时候《易经》卦爻辞已经成型。可见,卦爻画和今本卦序是可以独立于卦爻辞而为人们单独使用和认识的。我们现在要了解《易经》的思想,不能忽视卦爻画和卦序中所包含的思想观念,而这一点又往往容易被人忽视。也有人过高地评价卦爻画和卦序中的思想观念,把后世的思想强加于其中,这也是不合适的。

比如,有人认为《易经》的卦画包含着一种关于宇宙的本原和世界运动一般规律的哲学思想。阴阳两爻就表示推动世界运动的两种对立的力量,八卦所代表的八种物质就是宇宙的根本构成要素。对这个观点任继愈先生主编的《中国哲学发展史》(先秦卷)已有深刻的批评。② 的确,单看这卦画本身而无文字说明,我们是看不出有这些思想观念的。这些思想观念需要通过形诸文字解说而衍生出来,而这正是《易传》要做的工作。不过我们还是可以通过分析卦画及其排列特征来看它内在包含的哲学思想观念的,这是直接的而无需以文字作衍生性的解释。

对今本《易经》卦序排列规律的经典认识是唐孔颖达概括的八个字:"二二相耦,非覆即变。"孔颖达《周易正义》云:"今验六十四卦,二二相耦,非覆即变。覆者,表里视之,遂成两卦,屯蒙、需讼、师比之类是也;变者,反覆唯成一卦,则变以对之,乾坤、坎离、大过颐、中孚小过之类是也。"③所谓"覆",是指一卦倒置成为另一卦;所谓"变",是指一卦之阴阳爻性全变成相反的阴阳爻性,从而变成另一卦。所谓"二二相耦",是指

---

① 参见曹玮:《陶拍上的数字卦研究》,载《文物》,2002 年第 11 期;李学勤:《新发现西周筮数的研究》,载《周易研究》,2003 年第 5 期;廖名春:《长安西仁村陶拍数字卦解读》,载《周易研究》,2003 年第 5 期。

② 参见任继愈主编:《中国哲学发展史》(先秦卷),北京:人民出版社,1983 年,第 590 页。

③ (唐)孔颖达:《周易正义》,载(清)阮元校刻《十三经注疏(附校勘记)》上册,北京:中华书局,1980 年,第 95 页。

六十四卦成对出现,这成对的两卦卦形具有相覆或相变的关系。

从这些卦画及其卦序中,我们固然无法直接看出其中是否有宇宙构成基本要素和动力之类的思想观念,但我们可以直接看出其中包含着一种整体和秩序的观念以及较强的抽象思维水平,说它体现了一种"宇宙秩序"观念,亦未尝不可。①

首先,每个别卦都由上下两个八经卦和六爻构成,由阴阳爻而八经卦而六画别卦,每个别卦的构成都是很有规律的一个整体。然后,六十四个卦又是一个大的整体,由统一的排列原则来排列。从而使得外表看上去杂乱无章的六十四个卦形有一种内在的秩序。宇宙事物在我们面前也是纷繁复杂的,把握这些事物,了解这个宇宙的内在秩序,难道不是人类理性想要做的事吗? 先民们构造出这样一个卦爻画的系统,难道不能体现他们对这个世界整体秩序的探索?

以这样一个卦画系统来表达先民们对世界的看法,充分体现了先民们的抽象思维水平,而不是像劳思光先生说的,"画爻定卦,只属简单数字游戏"②。黑格尔是根本瞧不起中国哲学的,甚至认为中国根本就没有哲学,但他对"易经哲学"的评价还是比较高的,他尤其看重《易经》卦爻画的意义。他认为:"易经包含着中国人的智慧。……那些直线是他们文字的基础,也是他们哲学的基础。那些图形的意义是极抽象的范畴,是最纯粹的理智规定。……我们必须注意——他们也达到了对于纯粹思想的意识。"③"那些直线"指的是阴阳爻,"那些图形"指的是卦画。令黑格尔感到可惜的是,这种抽象很快就与感性上的具体象征结合在一起了,而没有走向概念化的具体。其实这里正体现了中西哲学思维方式的不同,正是《易经》这样一种以卦爻来"取象比类"的思维方式深刻地影响

① 劳思光先生在他的《新编中国哲学史》第一卷中亦谈到"卦爻组织所表现的宇宙秩序观念",可惜并没有明确地围绕卦爻画与卦序来论证。见《新编中国哲学史》第一卷,桂林:广西师范大学出版社,2005 年,第 62—63 页。

② 劳思光:《新编中国哲学史》第一卷,桂林:广西师范大学出版社,2005 年,第 65 页。

③ [德]黑格尔:《哲学史讲演录》第一卷,贺麟、王太庆译,北京:商务印书馆,1959 年,第 120 页。

了整个中国传统哲学的思维方式和思考的内容。这一点我们将在下文谈到。

三、卦爻辞中的哲学思想

《易经》卦爻辞不成于一时一人,它是历代史官或其他知识人根据长期流传下来的大量杂乱的"筮辞"和一些传说、民歌、民谚等材料编纂加工而成。

李镜池先生将《易经》卦爻辞分为三类①:一是象占之辞,例如《乾》卦"初九,潜龙","九二,见龙在田";二是叙事之辞,例如《乾》卦"九三,君子终日乾乾,夕惕若厉";三是贞兆之辞,例如《乾》卦卦辞"乾,元亨利贞"。我们也可概括为象辞、事辞、占辞。这三类,不一定每卦每爻全都具备,或有象辞无事辞,或有事辞无占辞。其次序大致是先象辞,次事辞,次占辞。

卦爻辞的系统性就不如卦爻画那么明确了,但由于卦爻辞是以语言文字的方式呈现的,因而其内容更具体,比抽象符号形式的卦爻画更多地反映了当时的社会情形和思想观念。现代史学界对卦爻辞内容的研究有一种新的方向,即从社会史的角度将卦爻辞进行分类和整理,研究《易经》时代人们的日常生活、社会结构和思想观念,如商旅、农业、工艺、政治、赏罚、刑讼、战争、祭祀、家庭、饮食、渔猎、畜牧、婚育、疾病、宗教、道德、艺术等方方面面的情形。② 在上古以上的历史缺乏文献记载的情况下,《易经》卦爻辞可以说是我们了解当时社会情形的百科全书,其片言只字都显得弥足珍贵。这样一种研究方式,以历史主义的态度将《易经》与《易传》分观,颇有助于我们客观地了解卦爻辞中所反映的哲学思

---

① 李镜池:《周易探源》,北京:中华书局,1978 年,第 108 页。
② 这类研究可参看郭沫若的《〈周易〉时代的社会生活》,载氏著《中国古代社会研究》,石家庄:河北教育出版社,2004 年;李镜池的《周易筮辞考》、《周易筮辞续考》,载氏著《周易探源》,北京:中华书局,1978 年;闻一多的《周易义证类纂》,载氏著《闻一多全集》第十卷,武汉:湖北人民出版社,1993 年,等等。

想观念。要了解《易经》中的哲学思想观念,我们除了要更多地关注卦爻辞中那为数不多的富于思想性的语句,还要了解卦爻辞的组织形式和结构特征。为此,我们可以从以下几个方面来了解卦爻辞中的哲学思想。

1. 信仰"天"、"帝"的宗教观念

殷人尚鬼神、重祭祀。目前出土发现的最早的成型的文字甲骨文,其内容主要是商王室祭祀占卜的记录。《易》本卜筮之书,《易》辞源于卜辞,因而不可避免地会染上殷人的宗教观念。从甲骨卜辞看,殷人信仰的至上神是具有祖先神位格的"帝",凡事都要占问于"帝",这在《易经》卦爻辞中也有体现,如"王用享于帝,吉"(《益》六二)。不过也就仅此一处,大概可以视作殷人宗教观念的遗存。另外两处为"帝乙"用作商王名,不具备至上神的意义。

《易经》卦爻辞在宗教观念上更多地体现了周人对"天"的信仰。比如:"自天祐之,吉无不利。"(《大有》上九)"何天之衢,亨。"(《大畜》上九)"以杞包瓜,含章,有陨自天。"(《姤》九五)"翰音登于天,贞凶。"(《中孚》上九)还有一些关于祭祀的卦爻辞,也隐含着对"天"的信仰。但是从卦爻辞这些"天"的意义来看,与其说它是一种至上神、人格神,不如说它是一种终极性的价值理性、道德理性的源头,这是一种不同于殷商神性的人文精神。而周人对"德"的发现,正是这种人文精神的落实。所以说,卦爻辞其实更多地是体现了人对这个世界和对人自身之为人处世的看法。

2. 有关为人处世的道德观念

为人处世之道就是对"德性"的落实。《易经》是一部筮书,同时也是那一时代的百科全书,不可避免地要担负着教化民众的责任。南宋大理学家朱熹曾说:"若庖羲氏之象、文王之辞,皆依卜筮以为教,而其法则异。至于孔子之赞,则又一以义理为教,而不专于卜筮也。"(朱熹《朱文公文集》卷八十一《书伊川先生易传版本后》)意思是,《易经》卦爻象与卦爻辞之设,乃是以卜筮的方式对民众进行教化;至孔子作《易传》则专讲义理,是以讲义理的方式来实施教化。所以,整部《易经》都可以看作一部教化之书。卦爻辞中"吉"、"凶"、"悔"、"吝"之类筮辞,实质上可以起到一个价值判断的作用。在如何做为"吉",如何做为"凶"的判断中来引导人们的行为取向。比如,《乾》卦卦辞"元亨利贞"。朱熹注曰:"元亨利贞,文王所系之辞,以断一卦之吉凶。所谓彖辞者也。元,大也;亨,通也;利,宜也;贞,正而固也。文王以为乾道大通而至正,故于筮得此卦而六爻皆不变者,言其占当得大通,而必利在正固,然后可以保其终也。"[①]意思是,《乾》卦是大通至正的吉卦,如果占到这一卦表示事情发展会顺利。但这个吉顺是有道德修养上的条件的,只有心中正直而又有原则的人,才能实现这种吉顺,否则依然不"可以保其终",没有好结果。这不就是教化人们要"正而固"吗? 又如,《坤》六五"黄裳,元吉",意思是进入到人生辉煌境界的时候,就应该"居中"("黄"色之位为"中")、"处下"(裳处衣之下),如此才能"元吉"。

这也正表明了吉凶断辞的价值判断作用。某条爻辞之有无"断辞",或断辞相异,会带来不同的价值导向。比如,《蛊》卦上九"不事王侯,高尚其事",意思是不选择出仕以事奉王侯,而把在家侍奉父母的事看作更高尚的事。而这一爻帛书本《易经》作"不事王侯,高尚其德,兇(凶)"。有无"凶"字这一断辞,价值导向就完全不一样了。按通行本,无"凶"字,则强调对父母尽孝是一件十分高尚的事情,即使因此而不能为王侯效力也在所不惜。《象传》对此称颂道:"不事王侯,志可则也。"认为这种不事王侯而孝敬父母的志向是值得效法的。按帛书本,加一"凶"字,则是对这种"不事王侯,高尚其德"的主张提出了警告,认为不能以崇尚德行修养而与为王侯效力相对抗。两种版本的这一差异,事实上反映了西周时期士人在尽孝与尽忠上的两难抉择。或者,帛书本反映了西周时期《易经》卦爻辞的面貌,在当时孝敬父母与效命王侯二者相比较,前者的地位在后者之下。通行本反映的是战国时期卦爻辞的面貌,这个时期,孝敬父母的观念经过儒家的倡导,已经被看作是效命王侯的前提,甚至还被

① (宋)朱熹:《周易本义》,引自萧汉明《〈周易本义〉导读》,济南:齐鲁书社,2003年,第80页。

看作是士人独立人格的一种表现。所以,把帛书本的"兑(凶)"字给删掉了。[①]

《易经》中还有不少表达为人处世之道德原则的卦爻辞,大多有吉凶之类断语。比如《谦》卦,64卦中唯独这个卦卦爻辞全都为吉利,其它的卦都会或多或少地有些不利的因素。这表明,《易经》的编纂者高度肯定了谦德的重要性。再如:《乾》九三"君子终日乾乾",告诫人们要勤勉;《恒》九三"不恒其德,或承之羞",教人有恒心;《兑》初九"和兑,吉",教人为人和乐;《比》六二"比之自内,贞吉"与《比》六四"外比之,贞吉",教人内外结交心诚以求;《临》六三"甘临,无攸利,既忧之,无咎",告诫人们只是快快乐乐地去做件什么事还不够,还要能"临事而惧",事情才做得完美;《节》九五"甘节,吉,往有尚",教人以节俭为乐,等等。

除了具体的某一卦或某一爻表述了某种道德理念,通过分析卦爻辞与卦爻象的相应关系和卦爻辞的组织形式,我们还能发现《易经》从总体上有一种"尚中"的理念。《易经》每一卦上下两经卦的中爻,即第二、第五爻的卦爻辞所述之事,多是吉利的。这就是"尚中"观念的体现。这一点不从宏观上对卦爻辞作比较是看不出来的。

3. 崇尚发展变化的宇宙观念

《易经》卦爻辞大多过于具体,难以了解其中是否含有某种超越的哲学思想意义上的观念。但是,如果从总体上去看待和分析这些卦爻辞及其组织形式,似乎可以看出它确实体现了《易经》编纂者对这个世界的具有哲学意义的总体看法。

有学者认为,《易经》始于《乾》、《坤》二卦,乾坤表天地,它们总领64卦,象征着一种宇宙变化发展的观念。其实,这是到《易传》才有的观念,从《易经》卦画和卦爻辞我们还难以判断乾为天、坤为地。但是我们从64卦末尾两卦却可以很清楚地看到,这种卦序编排体现出《易经》编纂者有一种宇宙变化发展之为无穷的观念。《易经》最后两个卦为《既济》和《未

① 参见萧汉明:《上海博物馆藏战国楚竹书〈易经〉释卦二则》,载《周易研究》,2006年第2期。

济》。"既济"是完成的意思,"未济"是未完成的意思。在最后一个卦的位置,在本来已经表示完成与结束意义的卦后面最后再排一个表示未完成意义的卦,这个意义很明显:完成并不意味着真正的完成,它意味着一个新的开端。这不就是变化发展之为无穷的观念吗?这种卦序排列具有抽象意义,因而是可以适用于任何事物乃至整个宇宙的发展变化的。

如果只是把事物置于无穷的变化中,我们将无法真正认识某个具体的事物,要认识一个事物必须把它置于一定的时空范围之内,这一点也是《易经》卦爻辞的编纂者所认识到了的。64 卦就表示 64 种状态和情形,我们可以称之为"卦时"或"卦境"。每个卦又由六爻组成。这六爻由下而上就象征着事物在此情态中发生发展的六个阶段。比如《乾》卦爻辞依次讲"潜龙"、"见龙"、"跃龙"、"飞龙"、"亢龙",显然是借龙由潜伏幽隐,到崭露头角,到飞黄腾达,再到穷极而悔的起伏升降的过程,来象征着事物发展的阶段。因为几乎每一卦卦爻辞的内容都可以看作那一卦所表达的事物有一个由下而上的发展阶段和过程,所以我们可以说卦爻辞及其六爻组织形式,能够表示编纂者有一种关于事物发展阶段论的思想观念。

事物发展到最后阶段会"物极必反",这又是可以很明确地从《易经》卦爻辞看出来的思想观念。它可能是《老子》"反者道之动"思想的源头。一卦六爻,由下而上,最上面一爻也就是最后一爻,往往就走向了前面几爻所表示的事物发展方向的反面。劳思光先生从最后一爻的吉凶判断解释了卦爻辞中所包含的这种"物极必反"观念。① 卦象吉者,最后一爻多半反而不吉,比如《乾》上九"亢龙有悔",《坤》上六"龙战于野,其血玄黄";卦象凶者,最后一爻有时反而为吉,比如《否》上九"倾否,先否后喜",《损》上九"弗损益之,无咎,贞吉。利有攸往,得臣无家"。这似乎也可以理解为事物自身包含着自身的否定因素,这个否定因素终究要表现出来,使事物走向自身的反面。不是两个事物之间的对立统一,而是同一个事物与自身的关系,这才是《易经》卦爻辞的辩证法因素所在,只不

---

① 劳思光:《新编中国哲学史》第一卷,桂林:广西师范大学出版社,2005 年,第 63—64 页。

过它不是用理论性的语言表述出来的。

第三节 《易传》的宇宙论

《易经》是"卜筮之书",这一性质决定了它不是以理论性的语言系统地表达某种思想观念。我们在上文所谈到的《易经》的哲学思想,并非《易经》文本自身的理论表述,它需要我们从卦爻辞的片言只字背后挖掘其宗教信仰,从吉凶断辞背后挖掘其所具有的价值判断,从卦爻辞的组织形式背后挖掘其所具有的思想观念,等等。《易传》与《易经》的性质就不同了,它往往用理论性的语言来阐述某种思想观念,并且思想观念之间还体现出某种相关性和系统性,因而我们可以说《易传》是一部系统化的哲理性质的书。它集中阐述了宇宙论、生命哲学、道德哲学等方面的哲学思想。这些思想以及背后所运用的思维方法,对后世影响甚大。《易经》也由于有《易传》对它作哲学上的诠释,才拥有它在中国传统思想文化中的崇高地位,才渐渐形成一套广大而精深的专门学问——易学。下面,我们具体来论述《易传》的一些基本的哲学思想观念。

《淮南子·齐俗训》云:"朴至大者无形状,道至眇者无度量,故天之圆也不得规,地之方也不得矩。往古来今谓之宙,四方上下谓之宇,道在其间,而莫知其所。故其见不远者,不可与语大;其智不闳者,不可与论至。"宇宙的存在相对于人及其身边事物的有限存在而言,无论在时间上还是空间上,都具有无限性与超越性。从某种意义上我们可以说,古人的哲学观念开始于对宇宙这类具有无限性与超越性之存在的想象与思考。古希腊的哲学最初表现为自然哲学,开始于对宇宙之本原存在的思考,亦为此种哲学观念起源之明证。

下面我们要论述的是《易传》的宇宙论。简言之,《易传》的宇宙论可以概括为"自然的宇宙生成论"与"三才统一的宇宙结构论"。

一、自然的宇宙生成论

《序卦传》云:"有天地然后万物生焉。盈天地之间者唯万物。"这是

《易传》对宇宙的一个基本看法,即这个宇宙是自然的,是天地间充满万物的宇宙,而且万物是由天地自然生成而来。这是中国传统中影响极为深远的自然主义、物质主义宇宙论最早最典型的表述,与西方传统中的神创论的宇宙观迥然有别。

中国古代统治者和精英阶层往往以"神道""设教"教化民众、治国理邦。"神道设教"说就出自《易传·彖传》对《观》卦的解释。《观·彖传》曰:"观天之神道,而四时不忒。圣人以神道设教,而天下服矣。"不过在这里,"神道设教"并没有鬼神崇拜的含义。这里的"道"指天地自然之道,"神"指天地自然之道具有的神妙的性质。也就是说,这里的"神道"是指神妙的天地自然之道,而非鬼神之道。"神道设教"本义是说,圣人通过效法和遵循神妙的天地自然之道,来治理天下。以"鬼神之道"来理解"神道"那是后世观念的变化。在其源头处,《易传》是以自然主义、物质主义宇宙论的立场来提出"神道设教"说的。

宇宙充满了万物,万物从天地生成。天地如何生成万物? 通过乾阳与坤阴的作用。《乾·文言传》解释乾卦初九爻辞"潜龙勿用",谓"阳气潜藏"。《乾》卦六爻全阳,故《乾》卦象征纯阳之气。相应地,《坤》卦六爻全阴,故《坤》卦象征纯阴之气。不过,毕竟《易传》只一处提到"阳气",未提"阴气",所以理论上具体的阴阳二气观念可能此时并未达到自觉,此时理论上的自觉是天地、乾坤、阴阳、刚柔的观念。

《易传》认为,乾阳与坤阴是生成宇宙万物的本原与动因。"大哉乾元! 万物资始,乃统天。云行雨施,品物流形。"(《乾·彖传》);"至哉坤元! 万物资生,乃顺承天。坤厚载物,德合无疆。含弘光大,品物咸亨。"(《坤·彖传》)乾阳与坤阴这两大因素是宇宙万物的本原,乾阳为主动性的精神与物质的微粒及能量,坤阴为承接性的精神与物质的微粒及能量;阴阳合和,化生万物。乾元的运动变化,如云行于天,雨施于地,促成万物生长;万物依坤元凝聚成各各不一的形态而存在、发展。坤元柔顺,资生、包容、承载万物。地德与天德结合,作用广大无穷,能使万品物类无不亨通。乾元与坤元是共同作用生成万物的。"乾元是一个创生原则,乾元使万物存在"①,坤元则代表"终成原则",使万物的存在实现出来。

乾阳与坤阴的作用,即是"交感"。"交感"说由《彖传》提出。《咸·彖传》云:"咸,感也;柔上而刚下,二气感应以相与。……天地感而万物化生……观其所感,而天地万物之情可见矣。"即是说,天地刚柔二气的交感化生了万物,天地万物的情形就是通过天地交感实现的,所以,我们只要通过观察天地之气的交感,就可以把握天地万物的内在本质,理解天地万物的复杂变化。《泰·彖传》云:"泰,小往大来,吉,亨,则是天地交而万物通也。"小,就是指阴;大,就是指阳;小往大来就是指天地的交感。天地交感就是通过刚柔二气的交感实现的。只有天地刚柔二气交感,天地间的万物才能顺遂生长。如果天地刚柔二气不相交通,那么万物也就无法顺遂生长。所以与《泰》卦相反对的《否》卦《彖传》说:"否之匪人,不利君子贞,大往小来,则是天地不交而万物不通也。"《姤·彖传》云"天地相遇,品物咸章也",亦是此意。

"乾,阳物也;坤,阴物也。阴阳合德,而刚柔有体,以体天地之撰,以通神明之德。"(《系辞传下》)"是故阖户谓之坤,辟户谓之乾,一阖一辟谓之变,往来不穷谓之通,见乃谓之象,形乃谓之器,制而用之谓之法,利用出入,民咸用之谓之神。"(《系辞传上》)阴阳合德就是阴阳交感;刚柔指阴阳的特性,刚柔有体与阴阳合德是互文见义,指阴阳交感可以产生有形可见的物体。天地不言而百物滋生,万象森然。通过自然现象,人们可以体会到天地生成万物好似鬼斧神工。《易》的卦爻之变就是模拟天地造化的,《易》之理即其中的神妙的智慧。一开辟一闭藏,一动一静就是变;往来无穷叫做通。显现出来的是象,有形体的是器。《周易》的智慧可以帮助人们效法自然,制裁象、器并加以利用。人们在利用时有出入、改动,百姓日用而不知其所由来,以为神奇。

这样一种宇宙论,我们称之为"自然的宇宙生成论",概括起来,它有

① 牟宗三:《周易哲学演讲录》,上海:华东师范大学出版社,2004 年,第 12 页。

四个方面的特征：

其一，这个宇宙是"自然的"，这意味着它不是"神性的"，其中没有"神"的存在，只有万物存在。《易传》中虽然有"神"字，但都不是指一种实体，而是实体的一种属性。这是《易传》作者及其时代的观念，不是《易经》所具有的。《易经》的成型年代在商周之交，其漫长的形成期则在殷商及更早，因而作为卜筮之书的《易经》，其观念不可避免会有鬼神崇拜的影子，或者说以鬼神崇拜为背景观念。不过这种观念自周初周公讲"德"、"制礼作乐"开始，到春秋战国年代，在精英阶层就慢慢淡化了。人们开始从人自身和自然界自身来寻求问题的答案。比如，据《国语·周语》载，西周末年的伯阳甫是用自然性的天地之气来解释那次大地震，而不是用神灵震怒来解释。这是一种哲学理性的思考方式，不是神学的。而《易传》以宇宙为"自然"之论，乃是对这样一种宇宙论在理论上的概括与提升。

其二，这个宇宙是"生成的"，意味着它不是神创的。宇宙之为神创意味着这个世界是由神在某个时刻从无到有一下子产生起来的，基督教的上帝创世说为典型。中国民间有"盘古开天地"的神话故事，但盘古毕竟只是一个神话人物，它在道教各派中受到信仰的情况比较复杂，不像基督教的上帝那样是唯一的最高的神。盘古只是把原始混沌的天地辟开，而不是创造天地。日月、山川之类是由盘古死后身体各部位所化，而非盘古凭着他自己的神性的超能力无中生有地创生。这些都还是属于自然主义和物质主义的思维，与基督教的上帝不一样，它并没有形成一套神创论的理论体系。再者，盘古的传说乃产生于东汉末，流行于三国。只能反映那时及以后的思想观念。《易传》时代没有这个观念，但显然这个观念中的自然主义和物质主义因素，是由《易传》的自然的宇宙生成论在理论上奠定的。

其三，天地是设定的。《易传》讲宇宙生成，其实并没有讲到天地如何生成，而只是讲到了万物如何由天地生成，即由天地阴阳刚柔之气的交感而生成。天地在《易传》的观念中是自然设定的，而非由另外一个什么更根本的存在生成或演化而来。《说卦传》说"天地定位",《序卦传》说"有天地,然后万物生焉",即是这种观念的明证。

《系辞传上》有这么一段话:"是故易有太极,是生两仪,两仪生四象,四象生八卦,八卦定吉凶,吉凶生大业。"这段话很重要,但由于"太极"、"两仪"、"四象"这几个概念的具体所指不明确,所以在易学诠释史上众说纷纭。主要有三种解释:一是以郑玄、虞翻为代表的天地起源说,二是以朱熹为代表的画卦说,三是以胡渭、李塨为代表的揲蓍说。任继愈先生认为:"郑玄、虞翻的天地起源说,解释了这段话实际所指的内容,朱熹、胡渭、李塨的画卦说和揲蓍说,解释了这段话所依据的筮占的形式。"[1]而朱伯崑先生则认为:"太极这一范畴,在《易传》中是作为解释筮法的易学范畴而出现的,从汉朝开始,演变为解释世界的始基和本体的哲学范畴。"[2]以天地起源说解释这段话,是把太极理解为"极中之道、淳和未分之气"[3],即"天地未分之前,元气混而为一"[4]的状态。天地就是由这种混而为一的元气生成,即虞翻所谓"太极,太一。分为天地,故生两仪也"[5]。这就把"两仪"理解为自然的"天地"了。相应地"四象"就被解释为春夏秋冬四时。由"元气"而"天地"而"四时",看上去是一个很好的有关宇宙的演化序列,但接下来的"四象生八卦"却不太好理解。人自身创制的八卦如何由自然的四时生出呢? 所以这是解不通的。而朱伯崑先生的看法是对的。从天地起源的角度理解这一段文字是从汉朝开始,反映的是汉人的思想观念。这段话在《易传》里的本义是讲画卦或筮法的,而不是讲天地起源。因而《易传》的"宇宙生成"观念中,"天地"是设定的,并没有"天地由某种混而为一的元气所生"这样的观念。

其四,人及人类社会亦处于这个自然宇宙的生成序列中。《序卦传》

---

① 任继愈主编:《中国哲学发展史》(先秦卷),北京:人民出版社,1983 年,第 629 页。
② 朱伯崑:《易学哲学史》"前言",北京:北京大学出版社,1989 年,第 6 页。
③ (汉)郑玄:《易注》。
④ (唐)孔颖达:《周易正义》,载(清)阮元校刻《十三经注疏(附校勘记)》上册,北京:中华书局,1980 年,第 82 页。
⑤ (唐)李鼎祚:《周易集解》引。

说："有天地然后有万物,有万物然后有男女,有男女然后有夫妇,有夫妇然后有父子,有父子然后有君臣,有君臣然后有上下,有上下然后礼义有所错。"错,通"措",安置的意思。由天地而万物,由万物而男女。男女为万物之一,尚为自然情形。男女结为夫妇,就有了家庭关系,家庭关系本质上是一种社会关系。在这里,宇宙就由自然关系演化到社会关系了。有了夫妇,然后就会有父子关系产生。这还依然是家庭关系。家庭关系的本质虽然是社会关系,但其中依然包含着自然血缘的关系,而且必须以这种自然血缘关系为基础。而由父子关系到君臣关系,再到上下尊卑关系,以及礼义的安置,则显然是不断地超出自然血缘关系而一步一步地走向纯粹的社会关系。这样一种宇宙论是试图把自然和社会贯通起来,把它们统一在一个结构中。这个结构就叫"三才统一"的宇宙结构。《易传》对这个结构有非常明确和自觉的理论建构。下面详述之。

二、三才统一的宇宙结构论

三才,指天、地、人。意思是宇宙由这三大要素构成。万物都由天地生成,可归为天地的范畴。人本是万物之一,但由于人是有智慧的物种,得其秀而最灵,又构成了一个相异于自然界的人类社会,所以人能作为宇宙之一极,与天地为三。这是《易传》关于宇宙结构的一个基本观念。这个观念是以卦爻画的形式来表示和象征的。

《系辞传下》云:"《易》之为书也,广大悉备,有天道焉,有人道焉,有地道焉。兼三才而两之,故六。六者,非它也,三才之道也。"意思是《易》这部书讲的道理非常广大,所有道理都包含在其中,概言之,就是天道、人道、地道都包含了。可见,在《易传》的观念中,宇宙的结构只有天、地、人这三大要素,不存在其它,比如神。"兼三才而两之,故六",是从卦爻画的形式来讲的。《易经》六十四卦,每卦六画,由上下两个三画的八经卦重叠构成。三画的八经卦,就象征着一个三才关系,最下面一画象征"地",中间一画象征"人",最上面一画象征"天"。"兼三才而两之"就是三画经卦中的每一画又叠加一画,于是形成六画卦。六画卦的初二两画象征"地",三四两画象征"人",五上两画象征"天"。于是,一个比三画卦更加复杂的六画卦同样象征着三才之道。所以,三才之道是最基本的,一切复杂事物的结构都可归结为三才之道。这里要注意一个问题,一个卦六画象征着三才之道,但并不意味着在解读卦爻辞时,每一个卦要一一对应地,把初二两爻之辞解读成讲地道方面的事,把三四两爻之辞解读成人道方面的事,把五上两爻之辞解读成天道方面的事。它只是一个象征,以卦爻画本身的直观的结构特征来象征整个宇宙的结构特征。

既然把天、地、人作为三大要素分开来讲,那么每个要素必有它独特的内容。《说卦传》云:"立天之道曰阴与阳,立地之道曰柔与刚,立人之道曰仁与义。"这就对三才之道作了更具体的规定:天道即阴阳之道,地道即柔刚之道,人道即仁义之道。其中作为天道的阴阳之道是宇宙运行的根本原理。"一阴一阳之谓道"(《系辞传上》),《庄子·天下》所谓"《易》以道阴阳"也是对这种根本之道的揭示。朱熹注"一阴一阳之谓道"云:"阴阳迭运者,气也。其理则所谓道。"[1]阴阳,不论是阴阳之理还是阴阳之气,都是不可见、不可触,不可直接用感官觉知的。它要通过具体的形象或有形体的事物才能为人们感知,人们才能获得有关它的知识。作为自然万物运行的基本原则的地道,即柔刚之道,就是对天道阴阳的呈现。事物的柔和刚,是由人的感官感知到的。这样,遥远的天道就一步一步地靠近人了。而到了人和人类社会领域,就体现为人道,即人和人类社会组织、运行的基本原则,这个基本原则就是仁义之道。从《易传》把人道界定为仁义之道来看,它是受了儒家思想很深影响的。

虽然天道、地道、人道各有其具体的规定和内容,但三者之间又是密切相关的,构成一个三才统一的结构系统。首先,从形式上看,象征天地人三才的,无论是三画卦,还是六画卦,都是一个整体,也就意味着天地人三才是一个整体。其次,从三才之道具体内容的性质来看,阴阳之道、柔刚之道与仁义之道是一一对应的。阴、柔、仁的性质相应为一类,阳、

---

① (宋)朱熹:《周易本义》,引自萧汉明《〈周易本义〉导读》,济南:齐鲁书社,2003年,第232页。

刚、义的性质相应为一类。其三,从三才之道的相互关系来看,三者之间又因"效法"的关系而关联为一体。人效法天地,地又是效法天的。《系辞传上》说:"天生神物,圣人则之;天地变化,圣人效之;天垂象,见吉凶,圣人象之;河出图,洛出书,圣人则之。"圣人是最高境界的人,也是人的最本质存在。所以,人对天地的效法,可以集中由圣人对天地的效法来体现。就天地两者而言,天是主动主施的,地是主静主受的。天所施、地所受,地是对天的接受、顺承和效法。即所谓"成象之谓乾,效法之谓坤"(《系辞传上》),"坤道其顺乎,承天而时行"(《坤·文言传》)。《易传》通过效法的关系把天地人统一起来,这个思路与老子《道德经》第二十五章"人法地,地法天,天法道,道法自然"是一致的。把同为自然存在的"天地"合并为"天",作一处表达,那么天地人三者统一的宇宙结构可以进一步归结为"天人合一"。与孔子同时略早的春秋时期郑国大夫子产称"天道远,人道迩"(《左传·昭公十八年》),意思是天人不相及,是相分的。而《系辞传上》则说:"夫《易》,广矣大矣!以言乎远则不御,以言乎迩则静而正,以言乎天地之间则备矣。"《易》"冒天下之道"(《系辞传上》),无论远近,"广大悉备"(《系辞传下》)。于是,产生于春秋,主体部分成于战国的《易传》通过吸取以前的一些零散的天人合一的观念,通过三才统一的宇宙结构思想,牢牢地奠定了天人合一观念的理论基础,对后世的思想文化和思维方式产生了极大的影响。

三、《易传》宇宙论的思维方式

一个民族的文化之所以能成为一种区别于其他民族的文化类型,最根本的原因在于这种文化背后所运用的思维方式。思维方式属于方法论的范畴。某种思维方式会体现在构成某种类型文化的方方面面,并决定这种类型文化的表现和各方面的思想主张。为了避免抽象地谈论《易传》的思维方式,下面我们通过对上文所述《易传》宇宙论的分析,来揭示其背后运用的思维方式。这些思维方式不仅仅存在于《易传》的宇宙论中,亦存在于下文要论及的《易传》的生命哲学、道德哲学等一切方面。

　　《易传》的宇宙论思想反映了多种思维方式,这里我们只论述其中体现得比较明显的两种思维方式,即直觉思维、系统的整体思维。易学中其它也很重要的思维方式,比如变易思维、类比思维等,我们将在下文讲《易传》的生命哲学和道德哲学时适当点明或论说。

　　1. 直觉思维方式

　　直觉作为人的一种认知能力,"一般指心灵无需感觉刺激之助,无需先行推理或讨论,就能看见或直接领悟真理的天生能力"①。直觉是每个人都具有的认知能力,但每个人对它的运用程度和多少不一样,在形成思想观念时所起的作用不一样。不同类型的文化亦是如此。如果某种类型的文化,其根本的表现和思想观念更多地是通过直觉思维方式来建构,那么直觉思维就可以称为这种类型文化在思维方式上的一个特点。上面提及的另外两种思维方式也是同样的情形。

　　直觉主要体现为对事物本质和规律的直接领悟,它无需通过明晰的逻辑推理来把握,因而直觉知识有别于由逻辑推理而获得的知识。直觉,可以分为经验的直觉、实践的直觉和理智的直觉。

　　经验的直觉是指经验的可感对象在心灵中的直接呈现。《易传》的宇宙论是一种自然的宇宙论,它以作为经验可感对象的自然万物的直接呈现为根据,断定天地之间唯万物,这样一种自然主义和物质主义的抽象原理就是由经验的直觉而获得的。在宇宙的三才结构中,超验的天道阴阳需要由地道的刚柔来体现,而地道的刚柔正是经验可感对象的呈现。此外,在《易传》的宇宙论中,还有一种独特的符号思维,也属于经验的直觉思维。比如,以卦画象征天地人三才,在上为天,在下为地,在中为人,三者又为一个整体,这是可感的经验直觉。

　　实践的直觉,则是对一个特殊情况是否符合普遍规则的直接意识。在《易传》的三才之道中,最为具体的人道表现为仁义之道,把仁义之道

---

① ［英］尼古拉斯·布宁、余纪元编著:《西方哲学英汉对照辞典》,北京:人民出版社,2001年,第520页。

置于这个三才的整体结构中,直接就让人意识到它是符合天的阴阳之道这个普遍规则的。在《易经》卦爻辞中讲到了许多具体的情境和事情,《易传》在解释这些具体情境和事情时,往往直接点明其普遍意义,这就是后来朱熹所指出的,《易经》虽然讲了许多具体的事,却只是个"空底物事"①,"只是空说个道理"②,不能执着于其具体含义,要把握其普遍原理,这个普遍原理又可以应用到无穷的具体事情上。这就是实践的直觉。冯友兰先生称《易经》哲学为"宇宙代数学"③亦通此意。

理智的直觉则是对本体概念、自明真理之类的直接把握。这种认知能力非常特别,它既是智性的,又是无须通过逻辑分析的直觉的。从《易传》的宇宙论来看,如何把握三才的整体结构?如何把握"天道"、"人道"、"地道"之"道"?对这些概念的把握都需要用到理智的直觉,不是逻辑分析可以达到的。牟宗三先生非常重视理智的直觉(即"智的直觉")这种思维方式和认知能力,他认为这是中西哲学的根本分歧之一,中国哲学是承认人有这种能力的,能够以智的直觉直接把握本体,而以康德为代表的西方哲学则否认人拥有这种直接把握本体的能力。

2. 系统的整体思维方式

刘长林先生把系统思维视作中国传统文化的基因和"中国传统思维方式的主干"④。并且认为,《易经》有着巨大魅力的一个重要原因是,"它集中了中国思维的主要特征——系统性原则。这也正是关注中国文化的西方学者特别瞩目《易经》的重要缘由之一"⑤。

系统思维也可称为整体思维。这种思维总是把各个要素看成一个相互联系的有系统性的整体。我们在上文谈到过,《易经》六十四卦的卦

① (宋)黎靖德编:《朱子语类》卷六十六,北京:中华书局,1994年,第1631页。
② (宋)黎靖德编:《朱子语类》卷六十六,北京:中华书局,1994年,第1658页。
③ 冯友兰:《代祝词》,载唐明邦等编《周易纵横录》,武汉:湖北人民出版社,1986年,第7页。
④ 刘长林:《中国系统思维——文化基因探视》(修订本)"自序",北京:社会科学文献出版社,2008年。
⑤ 刘长林:《中国系统思维——文化基因探视》(修订本),北京:社会科学文献出版社,2008年,第12页。

爻画排列在一起就体现出了一种系统性,不过它没有以理论化的语言来表述这种系统性,只是以符号直观呈现。从这个意义上说,《易经》卦画的系统性具有经验直觉的特征。而《易传》进一步以理论化的语言来揭示这种系统性,则具有理智直觉的特征。可见,不同的思维方式可以是交杂在一起的。在《易传》的宇宙论中,整个宇宙的存在就表现为天地人三才的存在。天地人三才的存在虽各有其道,但从根本原则上说是一致的,都根源于天道阴阳。这种一致性又通过人效法天地,地效法天,这种"效法"的关系而实现。可见,这个三才统一的宇宙是一个系统的整体的宇宙,天地及万事万物包括人都在这个系统的整体宇宙中息息相关。这种思维方式是中国文化与重个体、重分析的西方文化的一个很重要的区别。当然这并不意味着,中国文化中没有个体和分析的思维方式,西方文化中没有整体和系统的思维方式,而只是说不同类型的文化在思维方式上各有侧重,如此才体现出在思维方式上的特点来。不过这种"侧重"确确实实地影响了不同文化,使不同文化之间呈现出巨大的差异。

第四节 《易传》的生命哲学

张岱年先生曾经这样概括中国古代哲学关于"生"的观念:"'生',是中国古典哲学的一个重要范畴。中国古典著作中所谓'生',具有多层含义:有生成之生,亦即化生之生;有生命之生,亦称为生灵;有生存之生,亦即生养之生。"[1]我们在上文论述了《易传》的宇宙论,其中有一个重点观念是"生成"或"化生",即这个宇宙是自然生成的。《易传》也有"生养"之"生"的观念。《序卦传》说:"物稚不可不养也,故受之以需。需者,饮食之道也。"其实,张岱年先生指出的这三层"生"的含义,并非平列,而是有主次的。在中国古代哲学观念中,无论"生成"抑或"生养",最内在、最核心处都要归结在"生命"这个观念上。这里存在中西哲学的一个重大

---

[1] 张岱年:《中国古典哲学概念范畴要论》,北京:中国社会科学出版社,1987年,第148页。

差异。正如牟宗三先生所言:"中国文化之开端,哲学观念之呈现,着眼点在生命,故中国文化所关心的是'生命',而西方文化的重点,其所关心的是'自然'或'外在的对象'(nature or external object),这是领导线索。"[1]西方文化与哲学把自然看作外在对象,中国文化与哲学则把自然看作与人融通为一体的存在,表现在《易传》的宇宙论中,即天地人三才统一。统一的内在本质即"生命"。《易传》讲宇宙是活泼泼有生命的宇宙,讲生命是以宇宙为大背景、宇宙中的生命。因为在《易传》的观念中,宇宙的本质就是生命。梁漱溟先生对中国古代哲学的这一特点有精辟的概括,他说:"宇宙是一大生命,了解生命就了解宇宙。"[2]所以,我们了解了《易传》的宇宙论,不能不进一步深入地了解《易传》的生命哲学。

生命哲学是中国古代哲学的核心内容之一,而正是《易传》为中国古代的生命哲学奠定了坚实的理论基础。《易传》的生命哲学对中国哲学的影响至为深远,无论儒家、道家乃至佛家的生命哲学思想,无论古代还是现当代的生命哲学思想,都与《易传》的生命哲学有着密切的关系。比如,现代新儒家开山宗师熊十力先生创立了新唯识论的哲学思想体系,其思想最深刻的来源就是《易传》。熊先生对此有十分自觉的意识,他说:"《新论》透悟本原(谓本体),明夫空寂虚静而有生生化化不息不测之健,虽融三家(儒佛道)而冶于一炉,毕竟宗主在《大易》。"[3]熊先生所宗主的《大易》精神是"生生化化不息不测之健",也就是一种"生化不息"、"生命不止"的精神。

19世纪末20世纪上半期,欧洲盛行一股生命哲学思潮,以德国哲学家狄尔泰、齐美尔、倭铿,法国哲学家柏格森等人为代表。这一思潮对民国时期的中国思想界产生了很大影响,许多本土文化主义者、现代新儒学大师如熊十力、梁漱溟、张君劢等都自觉地吸收其思想以激发

① 牟宗三:《中西哲学之会通十四讲》,上海:上海古籍出版社,1997年,第11页。
② 梁漱溟:《梁漱溟全集》第七卷,济南:山东人民出版社,1993年,第686页。
③ 熊十力:《摧惑显宗记》之附录"与诸生谈新唯识论大要",载萧萐父、郭齐勇主编《熊十力全集》第五卷,武汉:湖北教育出版社,2001年,第534页。

中国传统思想中的生命哲学。当然中西生命哲学的观念亦有很大差异。西方的生命哲学在生物进化论的影响下,通过研究生命现象背后生命的冲动与创造力,探讨作为主体的人的意志情感方面的心理活动、精神生活,并进而推及人的生命存在的历史、文化、价值诸维度,来揭示人的生命存在的意义。它凸显的是作为主体的人对自己心灵世界的内在冲动、活动及其过程的体悟和了解,以此来感受生命的存在。由《易传》奠定其思想基础的中国传统的生命哲学也凸显了作为生命主体的人,但它并不是通过强调生命个体的心理情感和精神活动方面的体验来凸显其主体性,而是通过把人这个有生命的物类投入到整个宇宙天地自然的生化活动中来凸显其主体性。这个主体性并非表现为人对宇宙天地自然的宰制,而是表现为人对宇宙生命法则的顺应,从而助成宇宙生命洪流的运行不息,在宇宙生生不息之中,达到人与宇宙天地自然的融通为一。

下面我们具体从"生命的本原"、"生命的表现"和"生命的主体"三个方面来论述《易传》的生命哲学思想。

一、天地之大德曰生:生命的本原是天地

《序卦传》说,"有天地然后有万物"、"盈天地之间者唯万物",又说"有天地,然后万物生焉"。我们在上文已提到这是一种自然主义和物质主义的宇宙生成论。天地有上下四方,均指向无限,表示宇宙的空间维度;天地间的万物在前后相续的无限的时间之流中,实现自身的变化发展,表示宇宙的时间维度。所以,讲天地就是在讲宇宙,宇宙的实体就是天地。在《易传》的观念中,天地是设定的,无始无终地存在,没有更高的存在。

当我们认识到《易传》的这种观念是一种自然主义和物质主义的观念时,很容易由此认为,天地只不过为万物的生成和演化提供了一个物质的场所。这个场所是由山川土石之类无生命的物质搭建的,天地之间还存在风雨雷电之类无生命的自然现象,而这无生命的物质场所和自然现象,是天地之间一切生物得以存在、长养的必不可少的条件。这正是我们现代人在西方哲学和科学思想的影响下,对宇宙天地自然的看法。《易传》当然也不否认这个看法,却并不停留于此。在《易传》看来,天地绝不仅仅止于为生命的存在提供物质场所和长养条件,天地本身乃至风雨雷电之类也都是有生命的,天地就是生命的本原。

天地对于生命而言,不仅作为万物生成的根本原因——逻辑在先,而且其本身就有生命,这是《易传》和中国古代哲学特有的观念。对于天地之有生命,有两种理解:一是天地本无生命,是有生命的人赋予了天地以生命;二是天地本就有生命,不依赖于其他生命的赋予。前者像是为了牵合现代关于天地自然的科学观念,后者可能更接近于古人的真实观念。我们似乎没有足够的证据来断言何者为是,何者为非。不过,不论天地之有生命是被赋予与否,《易传》都是把天地当作生命体来描述的。《系辞传下》说:“天地之大德曰生。”天地生成万物,这就是天地的伟大德性。德性是生命体乃至智慧生命体才拥有的,内含自觉。若非生命,谈何德性与自觉?

天地生成万物,还要有风雨雷电、日月运行、寒暑往来之类的条件。所以,《说卦传》说:

> 天地定位,山泽通气,雷风相薄,水火不相射。八卦相错,数往者顺,知来者逆,是故《易》逆数也。(《说卦传》)

> 雷以动之,风以散之,雨以润之,日以烜之,艮以止之,兑以说之,乾以君之,坤以藏之。(《说卦传》)

《易传》在论述天地生成万物时,总是将天地自然现象与八卦并提混用。在“天地定位”章,天地、山泽、雷风、水火属天地自然现象,同时又是八卦的八种最基本的物象,与八卦一一对应,所以讲完天地自然现象之相错,紧接着讲“八卦相错”。尤其看“雷以动之”章,雷、风、雨、日四种自然现象分别为震、巽、坎、离八卦中的四卦的基本物象,此章却不以四个卦名来论述之;而艮、兑、乾、坤分别象征着山、泽、天、地,此章却不以其物象来论述万物的生成。这里是互文见义,并非强为之分别,只是要表示,八卦及其自然物象是二而一、一而二的关系。天地属自然的范畴,八卦属易学的范畴,易学属人的认识的范畴。在《易传》看来,人的认识只要是从自然出发而来,认识的结果就可以回归自然,二者是合一的关系。认识是有生命有智慧的人作出的,认识的成果与自然合一,也就是生命的合一。

据《系辞传下》的说法,八卦这种人的认识上的成果,是中国上古第一位圣王包牺氏(即伏羲氏)通过观察和仿效天地自然现象而创制出来的:

> 古者包牺氏之王天下也,仰则观象于天,俯则观法于地,观鸟兽之文,与地之宜,近取诸身,远取诸物,于是始作八卦,以通神明之德,以类万物之情。(《系辞传下》)

因为八卦来自于自然,所以能"通神明之德""类万物之情",能回归自然、解释自然。也就是所谓的"《易》与天地准,故能弥纶天地之道"(《系辞传上》)。准,是准拟、效法的意思。弥纶,是包络、包涵的意思。这句话的意思是:因为《易》是圣人通过效法天地的法则而创制的,所以它能包涵天地所有的道理。于是,通过理解八卦的关系,就可以理解天地自然及其生成的关系。因为八卦与天地情形相似,不会违背天地自然的规律。这就是所谓的"与天地相似,故不违"(《系辞传上》)。

《说卦传》谈到了八卦之间的关系,它说:

> 乾,天也,故称乎父。坤,地也,故称乎母。震一索而得男,故谓之长男。巽一索而得女,故谓之长女。坎再索而得男,故谓之中男。离再索而得女,故谓之中女。艮三索而得男,故谓之少男。兑三索而得女,故谓之少女。(《说卦传》)

这里把八卦讲成父母和子女的关系。乾为父、坤为母,其余六卦均为乾坤父母所生,三子、三女。震、坎、艮分别为长子、中子、少子;巽、离、兑分别为长女、中女、少女。这从卦爻之象上看,亦是十分形象和贴切的。乾(☰)为纯阳之卦,坤(☷)为纯阴之卦,象征父母。三子三女卦为乾坤父母卦交合而形成。其中震(☳)巽(☴)两卦,为乾坤两卦初爻相交换而得来,像最初的交合。震得乾卦初爻,是为阳性,故为长子卦;巽得坤卦初爻,是为阴性,故为长女卦。其他二子二女卦依此类推可得。由此可见,天地、雷风、水火、山泽这八种自然物在生成万物中所起的作用是不一样的。天地最重要,为父母,在先存在,并且依次生出雷风、水火、山泽这六种生成万物的必要条件。然后,天地与其他六种自然条件共同作用生成其他事物来。

为什么乾为父、坤为母呢?我们从上引《说卦传》"乾,天也,故称乎父。坤,地也,故称乎母"之说,可以看出其中的逻辑关系。因为乾卦三爻是圣人效法天而画出来的,所以称父;因为坤卦三爻是圣人效法地而画出来的,所以称母。我们进一步从这个"故"字所表示的因果关系可以看出这个观念背后有个前提,就是:天为父、地为母。是因为天为父,所以法天之乾才能为父;是因为地为母,所以法地之坤才能为母。八卦之有生命,或可以象征生命,不仅是由于它们由有生命有智慧的圣人所创制,更在于其所仿效的天地自然本身就是有生命的,如此才谈得上真正的生命融合为一。

天地是万物生成的必备条件,因而在万物生成中,天地具有根本性的本原的地位。《易传》在论述天地生成万物时,往往通过乾坤男女的象征意义来凸显天地本身的生命特征。

> 天尊地卑,乾坤定矣。……乾道成男,坤道成女。乾知大始,坤作成物。(《系辞传上》)
> 天地细缊,万物化醇。男女构精,万物化生。(《系辞传下》)

《易传》在描述乾坤两卦的属性时,亦可见天地的生命特征:

> 夫乾,天下之至健也,德行恒易以知险。夫坤,天下之至顺也,德行恒简以知阻。能说诸心,能研诸侯之虑,定天下之吉凶,成天下之亹亹者。(《系辞传下》)

乾,健也;坤,顺也。(《说卦传》)

上文提到过,天地通过阴阳二气之相感化生万物,即"天地感而万物化生"(《咸·彖传》)。"感"的能力也是生命体所具有的能力。人与人之间相感,因为人有"心"。同样,天地相感,也因为天地有"心"。只要我们回过头去认识和把握天地本身就可以知道这一点,此即所谓"复,其见天地之心乎!"(《复·彖传》)

天地是生命的本原,赋予万物以生命,我们不得不问,天地的生命又从何而来? 从根本上来说,是从天地阴阳的动静交合而来。"立天之道曰阴与阳"(《说卦传》),阴阳是天道,也是三才之道的根本。阴阳的动静在《易》中又是由乾坤二卦集中来表现的:

夫乾,其静也专,其动也直,是以大生焉。夫坤,其静也翕,其动也辟,是以广生焉。(《系辞传上》)

夫易,广矣大矣!(《系辞传上》)

广大配天地。(《系辞传上》)

朱熹解释说:"乾坤各有动静,于其四德见之。静体而动用,静别而动交也。乾一而实,故以质言而曰大;坤二而虚,故以量言而曰广。盖天之形虽包于地之外,而其气常行乎地之中也。《易》之所以广大者,以此。"[1]《易》是模拟天地而来,所以《易》道之广大,实际上是由于天地之广大。因为《易》道的广大要由乾坤的广大来体现,所以乾坤的广大乃与天地相配。由天地的广大到易道的广大再到乾坤的广大,是逐层深入而具体的关系。"大"是乾的性质,"广"是坤的性质。乾坤"广大"的性质是通过阴阳二气的动静交合而产生出来的。所谓"大生"、"广生",并非如唐孔颖达所谓"开生万物……广生于物"[2]的意思,而是乾坤自身性质的生成。

---

[1] (宋)朱熹:《周易本义》,引自萧汉明《〈周易本义〉导读》,济南:齐鲁书社,2003 年,第 234 页。

[2] (唐)孔颖达:《周易正义》,载(清)阮元校刻《十三经注疏(附校勘记)》上册,北京:中华书局,1980 年,第 79 页。

明人林希元正确地指出:"'大生'、'广生',皆就乾坤说。"①乾坤即天地。在《易传》的宇宙论观念中,天地是设定的,同时又是万物生成的本原,赋予万物以生命。赋予万物以生命的天地是广大的。"广大"从表面上看只是空间上的属性,但是在《易传》的观念中,"广大"也有在时间中不断生成的过程,是为"大生"、"广生"。天地以"大生"、"广生"之德体现出它自身的生命力来。

二、生生之谓易:生命的表现是变易

天地生成万物,万物若不能继续变化发展,那么这个宇宙依然是死板一块,谈不上有生命力。所以,宇宙的生命一定要表现为生而又生、生生不已,这就是所谓的"变易"。宇宙的"变易"不是一次两次,而是无穷,表现在具体事物上亦是如此,这是生命的特征。

通过下引《系辞传上》的一段话,我们对此会有一个初步的总体上的理解:

> 显诸仁,藏诸用,鼓万物而不与圣人同忧。盛德大业至矣哉!
> 富有之谓大业,日新之谓盛德,生生之谓易。(《系辞传上》)

意思是说,宇宙天地,表现于外的是一种仁德外发,爱护、生养万物的"造化之功"②,又藏之于百姓日用之中,自然无为且无心地鼓动化育万物③,而不像圣人那样有忧虑之心。天地的"德"、"业"已经"盛"、"大"到了极致。天地富有天下、容纳万物,所以说它有"大业";天地能使处于天地间的事物日日更新,所以说它有"盛德"。天地间万物的更新,是生命的延续,生生不已,永无止境,这就是天地所表现出来的"变易"。所以,"变易"是宇宙天地生命不息的表现。

关于"盛德"、"大业"以及"生生"的主体问题,易学史上有争议。关

① (清)李光地:《周易折中》,刘大钧整理,成都:巴蜀书社,1998 年,第 861 页。
② (宋)朱熹:《周易本义》,引自萧汉明《〈周易本义〉导读》,济南:齐鲁书社,2003 年,第 233 页。
③ 朱熹引程子曰:"天地无心而成化。"

于"盛德"、"大业"的主体,一种观点认为是天地,另一种观点认为是圣人。关于"生生"的主体,一种观点认为是天地万物,另一种观点认为是阴阳。

张载曰:"富有者,大而无外也;日新者,久而无穷也。"①业之大,"大而无外";德之盛,"久而无穷"。显然指天地而言。唐孔颖达《周易正义》说:"圣人为功用之母,体同于道,万物由之而通,众事以之而理,是圣人极盛之德,广大之业,至极矣哉!于行谓之德,于事谓之业。……生生,不绝之辞。阴阳变转,后生次于前生,是万物恒生,谓之易也。前后之生,变化改易。生必有死,《易》主劝戒,奖人为善,故云'生'不云'死'也。"②孔颖达认为"盛德"、"大业"的主体是圣人。我们认为,主体当指天地而非圣人。圣人要效仿天地自然之道,天地自然之道才具有终极的意义,圣人有心以忧,是不能跟天地的无心而为相比的,我们从天地"鼓万物而不与圣人同忧"这句话可以很明显地看出,圣人与天地之间的差距。但是圣人是可以通过效仿天地而达到与天地合一,即三才统一的境界的。这个过程正好体现了人的主体性。这一点我们将在下文详谈。

从孔颖达所谓"生生,不绝之辞。……万物恒生"来看,他显然是认为"生生"的主体是"天地万物"。而朱熹注"生生"为"阴生阳,阳生阴,其变无穷"③,则是认为"生生"的主体是"阴阳","生生"是指阴阳的转易相生。实际上,这两种理解都没错,只不过一个从外在表现说,一个从内在机制说。万物恒生,是外在表现。而万物之所以能恒生不已,乃是由于内在的阴阳恒生不已,是为内在机制。下面我们先来了解万物生生变易的表现,然后再看阴阳之为变易的内在机制问题。

中国先民很早就认识到了这个世界是变化发展的。《易经》以"易"名书,就是以"变易"为核心观念。不过,《易经》关于"变易"的观念可能

---

① (宋)张载:《横渠易说》,引自丁原明《〈横渠易说〉导读》,济南:齐鲁书社,2004 年,第 158 页。
② (唐)孔颖达:《周易正义》,载(清)阮元校刻《十三经注疏(附校勘记)》上册,北京:中华书局,1980 年,第 78 页。
③ (宋)朱熹:《周易本义》,引自萧汉明《〈周易本义〉导读》,济南:齐鲁书社,2003 年,第 233 页。

还不太自觉,真正使"变易"的观念在理论上达到自觉和提升,是《易传》完成和实现的。《易传》把"变易"视为宇宙生命生生不息的表现。它有"永恒"与"循环"两个方面的特征:

其一,变易是"永恒"的。

上文讲到,《易经》六十四卦,终之于《既济》、《未济》两卦,就包含着变化发展之无穷的观念,不过这个观念的自觉化和理论化是在《易传》中实现的。《序卦传》说:"有过物者必济,故受之以既济。物不可穷也,故受之以未济终焉。""物不可穷",就是事物的变化发展不可穷尽的意思。任何具体事物都要经历生、壮、老、死的过程,有生也就必有死,但《易传》是只讲"生"不讲"死"的,其原因恐怕并不局限于上文所引唐孔颖达"《易》主劝戒,奖人为善,故云'生'不云'死'"之说,更重要的原因在于,《易传》是站在一个更高的层面,也就是宇宙整体的层面来看待问题的。对于具体事物而言,固然有死,但它的死或者在死之前为新生命的开始创造了条件,于是具体事物的"死"就在新事物的产生面前具有了永恒的"生"的意义。所以,《易传》从宇宙事物无穷的变化发展中看到的是生命的永恒性,而不是生命的结束——死亡。

《易传》指出,《易经》就是体现这种宇宙的永恒变易的。《易经》中的卦是如何产生的呢?"观变于阴阳而立卦"(《说卦传》)。爻的意义何在呢?"爻也者,效天下之动者也"(《系辞传下》)、"道有变动,故曰爻"(《系辞传下》)。卦爻辞的意义何在?"鼓天下之动者,存乎辞"(《系辞传上》)。总之,"《易》之为书也,不可远。为道也屡迁,变动不居,周流六虚,上下无常,刚柔相易,不可为典要,唯变所适。"(《系辞传下》)《易》讲了变易屡迁的道理,这个道理是每个人在生活中都不可须臾离的。《易》的卦爻有上下六位,爻性有阴阳刚柔,从六十四卦来看,阴阳爻在上下六位中是没有固定位置的,总是变动不居,就象征着事物都是变动的,总是往变易的方向发展。

从身边看似静止的事物,看出其变动的永恒性,这是先民在思维方式上的一大进步。变易的永恒性也就成了易学的一种基本观念,对后世影响极大。不过这还比较抽象,需要在理论上进一步具体化。《易传》也做到了,所以说,《易传》是一部深刻的哲学性和理论性的著作。变动固然是永恒的,但也不能没有相对的静止。我们可以想象一下,如果事物都像幻象一般在我们面前一闪而过,我们有可能对事物形成客观的认识吗?我们的心也将处于永恒的不安之中。所以还是要有相对静止的时刻。这就对变易有了更深层次的了解。《易传》用了"变"和"化"这两个概念来表达绝对的变动和相对的静止这样一种思想。变完之后不变,不变的是性质,在同一性质之下还是有变易,只不过严格来说,它叫"化"。相对于"变"而言,"化"就是相对静止的,但"化"其实也在变。"变"相当于突变、质变,是显而易见的;"化"相当于渐变、量变,是隐微不显的。朱熹指出:"变者,化之渐。化者,变之成。"①意思是,"变"是由"化"积累到一定程度而发生的;"化"则是在"变"发生完成之后悄悄地起作用。《系辞传上》所谓"化而裁之谓之变"也就是这个意思。

我们知道,古希腊也有绝对的变动的观念。古希腊哲人赫拉克利特说:"人不能两次踏入同一条河流。"他有个学生叫克拉底鲁,更进一步,说人连一次都不能踏入同一条河流。这就是诡辩了。事物就没有了任何稳定性。这就是只懂得"变"而不懂得"变"和"化"的道理。西方直到马克思主义出现才算把这个道理讲明白,使之清晰地表现出来。

只有"变"而没有"化",万物不能生长,生命不能展开。《坤·文言传》说:"天地变化,草木蕃。"《说卦传》说:"故水火相逮,雷风不相悖,山泽通气,然后能变化既成万物也。"天地是凭借了水火、雷风、山泽等自然条件来实现变化,使万物生长的。《乾·彖传》说:"乾道变化,各正性命,保合太和,乃利贞。"乾道就是天道。乾在八卦中为首,天地就是乾坤,水火、雷风、山泽就是坎离、震巽、艮兑六卦,八卦也就是对生成万物的最基本的八种自然条件的模拟和象征。天道自然变化了,地上的万物就会有相应的变化,它们各自领受其天命,实现其质性,从而获得自身生命的展

---

① (宋)朱熹:《周易本义》,引自萧汉明《〈周易本义〉导读》,济南:齐鲁书社,2003 年,第 167 页。

开,与天地万物和谐一体。所以《系辞传上》说:"知变化之道者,其知神之所为乎!"如果真正懂得了变化之道,那就能知道天地自然变化的神妙所在了。

其二,变易是"循环"的。

古人对事物"变化"的认识可能始于对"周行"(即"循环"运动)的认识。《系辞传下》所谓"周流六虚",就是指阴阳爻在一卦六爻中作循环的变化运行。"周",就是周行、循环的意思。循环并不表示没有开端和结束,相反,我们必须找到开端和结束以便找到时间段,在一个时间段中才能正确地认识和把握事物的状态。《系辞传下》说:

> 《易》之为书也,原始要终,以为质也。六爻相杂,唯其时物也。其初难知,其上易知,本末也。初辞拟之,卒成之终。若夫杂物撰德,辩是与非,则非其中爻不备。(《系辞传下》)

意思是说《易》卦卦体六爻,是为了推原事物由始至终的发展过程,初爻代表始,上爻代表终,中间四爻代表事物发展的中间阶段。初爻表示刚刚"变"成当前的状态,它将往哪个方向发展,是不容易知道的,此即所谓"其初难知"。就像一个刚出生的小孩,他的未来如何,很难知道,因为有无限多的可能性。中间四爻就表示"变"为当前状态后的一个长期的渐变的"化"的过程。"化"的过程如何,就决定了最终的结局会如何。所以,认识和把握了事物发展的中间段,事物发展的结果就容易知道了。此即所谓"其上易知"。而处于一卦终爻上爻的阶段时,事物又将进入下一个"变"的阶段,如此循环不已。

循环不已正是天道运行的基本规律。《复》卦卦辞有"反复其道,七日来复"说。《复·象传》:"反复其道,七日来复,天行也。"意思是七天一个周期,这是天道运行的规律。这个"七"不一定是实指,可以是象征,只表示天道运行是循环的,周期性的。西方也讲七天一个周期。每个礼拜七天。西方这个观念来自基督教《圣经》的上帝创世说。上帝花了六天的时间创造了这个世界,第七天休息。其实,这与《易传》中讲的以七天为一个周期是不一样的。《易传》中的第七天已经开始新的一个周期了。它实际上是六天一个周期,因为每卦有六爻。六爻尽头处又回到初爻。从六爻上讲周期这是京房和李鼎祚明确提到的。

《易传》对于周期性的天道循环运行规律的认识相当丰富和深入。

> 日往则月来,月往则日来,日月相推而明生焉。寒往则暑来,暑往则寒来,寒暑相推而岁成焉。(《系辞传下》)
>
> 日中则昃,月盈则食,天地盈虚,与时消息。(《丰·彖传》)
>
> 天地节而四时成。(《节·彖传》)
>
> 无往不复,天地际也。(《泰·象传》)

事物是在循环当中生成的。一次日月往来形成一天,一次寒暑往来形成一年。时间就在一天又一天、一年又一年的循环里过去。每个人的一生也都在这一天又一天、一年又一年的循环里过去。每个人的一生是一个生死,有人生又有人死,有人死又有人生,人类就在无数人的生死相续中延续。产生这种观念已经很不容易了。这就不只是在一个静止的点上看待事物,而是能够在一个时间段里看待事物。在一个时间段里才看得到事物的变化,在一个时间点上是看不到事物的变化的。循环观念的产生,是一种进步,表示人们有了比较长的时间段的观念,从时间段里来看待事物的变化和发展。我们平常的观念中可能不太喜欢循环论,觉得那是与发展论相对的。循环就是没有发展,这是不对的。循环既是发展的前提和基础,也是发展的表现。没有循环事物都不可能产生和存在。事物的发展也是在循环中实现的。《系辞传下》说:"易穷则变,变则通,通则久。"易学讲的变易的道理就是,当事物发展到尽头时,它不会灭亡,而是变向其反面,并且渐渐地顺畅发展,发展畅通了自然能长久存在。当它再次走向尽头时,又会变通以长久地存在。生命的无限存在就在循环运行中实现。不是循环运行,恐怕无法实现生命的无限存在。所以,《易传》永恒的变易与生命生生不已的观念,是以运行的循环论为基础的。

事物及其生命之变易能获永恒和循环不已,其内在机制在于"阴阳"的运动。我们在上文引到《复》卦"反复其道,七日来复"说。那为什么在《复》卦的卦辞中讲这个周期呢?因为《复》卦的卦形比较特别,很有象征意义,上面五爻全是阴爻,只有初爻是阳爻,这就表示"一阳来复"了。阴的力量达到最盛之时,阳的力量开始生长。源于《归藏》而成型于汉的"十二辟卦"或"十二月卦"说,把十二个特殊卦的卦,按规律排列起来,配以十二月份,与十二月份的不同气候相应,就非常形象地把阴阳之间的消长和推移关系表现出来了。《系辞传上》说:"刚柔相推而生变化。"《系辞传下》说:"刚柔相推,变在其中矣。""刚柔者,立本者也。"刚柔,就是阴阳在具体事物上的具体表现,是具体事物变化发展之本。从上文我们讲到的三才之道可知,刚柔是地道,地道效仿天道。天道乃阴阳之道,所以阴阳之道最为根本。天地变化,万物生长。天地就是阴阳。天为阳,地为阴。日月往来,寒暑相推。日为阳,月为阴;暑为阳,寒为阴。《易传》主要是从宇宙论的角度来阐发阴阳之理的。天地阴阳相反相成,相互作用,造成了事物的生成、变化和发展。汉代之后真正从理论上把阴阳具体化为阴阳之气,以阴阳之气的对待关系、消长关系作为一切事物永恒变化发展的内在原因。

《易传》的"变易"思想,对中国传统思想影响极大,以致形成了一种变易的思维方式。因为万事万物都处在永恒的变易之中,从自然到人事莫不如此,所以凡事都可以从变易的观点来思考;因为变易是循环的,循环又表现为发展的阶段,所以凡事都可以从产生、壮大、衰败、终结和又一开端的阶段论来思考;因为变易的内在机制是阴阳之间的关系,所以任何事物变化发展的原因都可以从构成事物的两种对立因素去找。阴阳及阴阳之间相反相成、推移消长的关系是总原理,在思考具体事物时,哪种因素为阳,哪种因素为阴,阴阳之间的关系到了何种程度,则需要具体把握而无一定之规。所以,这是一种颇带主观性的相当灵活的思维方式,一方面它能使我们体悟到事物的抽象的本原存在,另一方面又难以使我们获取关于事物的具体而客观的知识。因为科学是追求具体而客观的知识的,而此种思维方式难以满足此要求,所以我国古代科学不发达,恐与此种思维方式有关系。

三、辅相天地之宜:生命的主体是人

在《易传》看来,整个宇宙就是一个生命的洪流,万物都有生命。在所有的生命形态中有一种特殊的生命,就是"人"。《易传》以天地人三才为宇宙的结构,这种观念和理论其实就已经凸显了"人"这种特殊的生命形态在宇宙中的特殊地位。与其他生命形态相比,人的特殊性何在呢?同为生命,何以说生命的主体是人,而不是其他生命?人这种生命形态的特殊性就在于,他对自己的生命有一种自觉,他知道自己生活在这个世界上,他有自我意识,他有理性思考的能力,他能有目的、有计划地去从事许多事务,他还能赋予生命以意义与价值。这就是主体性。只有人这种生命形态,不仅仅是一个生命的实体,还是一个生命的主体。其他的生命形态只是一个自然的生命实体。其他生命形态是与自然直接同一,其本身就是自然。人这种生命形态虽然也来自天地自然,但他又能够与自然保持一定距离,观察、思考和认识自然。

《易》的创制本身就体现了人的主体性,因为它是人努力认识这个世界,把握自己的生命,走向自觉生活的产物。毕竟"《易》本卜筮之书",《易》产生于生产力水平低下,人们极度依赖自然力,宗教氛围浓厚的上古时代。在这样一种时代里,人们会完全相信卜筮的结果,完全按照卜筮的结果来行事,这时候人的生命的主体性就体现为人对自己主体性的放弃和让渡,让渡给了《易》,让渡给了鬼神与天命。而自主选择放弃与让渡自己的主体性何尝不是人的生命主体性的一种体现?只不过这是一种消极的体现。

而人的主体性更需要的是积极的肯定与表达。随着生产力水平的提高和人们对这个世界包括自身认识的深入,人的主体性才不断地在积极的肯定与表达中被凸显。在这个过程中,《易》作为卜筮之书的力量也就相应减弱了,对它的解释与阐发就增强了。在解释与阐发中,人的思

维得到了训练,对世界的认识得到了提高。《易经》也正是在这个过程中由"卜筮之书"变成了"哲学"之书。《左传》、《国语》中记载了不少春秋时的筮例,可以反映当时的人们对《易经》和卜筮的一些看法。从这些筮例中,我们会发现,人们已经不再完全信赖《易经》卦爻辞的吉凶判断,而是倾向于通过理性地分析具体情形来判断事情的吉凶。比如,《左传·襄公九年》载有鲁宣公之妻、成公之母穆姜的一个筮例:穆姜与大夫叔孙侨如私通,并合谋欲废成公。事败,侨如奔齐,穆姜被迁东宫。穆姜初迁时,占卦遇《艮》之《随》。《随》卦的卦辞是:"元亨利贞,无咎。""无咎"是断辞,表示没有灾咎。看上去是吉占,但穆姜却解释为凶占。她把"元亨利贞"解释为四种德性(与《乾·文言传》对"元亨利贞"的解释同),并认为自己无此四种德性,所以不能"无咎"。这是得吉占而不能获吉之例,表示人们认识到了决定吉凶的力量不是来自外在天命,而是来自自身的道德修为。《左传》、《国语》中还有不少例子是根本不经过起卦,就直接引用卦爻辞来说理的。这些都表明,《易》的卜筮功能的减弱,和作为经典文本意义的增强。而这个过程正体现着人的主体性的增强。

《易传》真正把人的主体性地位在理论上确立起来。确立起人的主体性地位,并不意味着把人置于天地自然之上,把人当作宇宙的主宰,最多认为"天生百物,人为贵"(郭店楚简《语丛一》)。人只能贵过其他物和其他生命,不可能贵过天地,最高境界也就是与天地合为一体。《乾·文言传》这样描述"大人"的境界:

> 夫大人者,与天地合其德,与日月合其明,与四时合其序,与鬼神合其吉凶,先天而天弗违,后天而奉天时。天且弗违,而况于人乎?况于鬼神乎?(《乾·文言传》)

这跟西方近代哲学对人的主体性的凸显是不一样的。西方是通过突出人的理性的力量来突出人的主体性。而理性是一种对象化的思考方式,具有宰制的特征。把理性凸显到一定程度,它就高过天地自然了,它就可以征服和宰制天地自然了。这很容易造成主体与客体的冲突，造成自然生态的失衡。现代西方哲学有一股非理性主义的人文思潮，正是想揭示和纠正这种传统西方哲学片面突出人的理性所造成的危害。《易传》的哲学也肯定了人的理性，但它并不把人的理性突出到天地自然之上，而是主张人的理性应该运用到对天地自然的效法上。只要始终注意到这一点，人的主体性就不会变成一种凌驾于天地自然之上的、与之对抗的宰制性的力量，而是与之和谐的一种力量。

《系辞传上》说：

> 圣人有以见天下之赜，而拟诸其形容，象其物宜，是故谓之象。圣人有以见天下之动，而观其会通，以行其典礼，系辞焉以断其吉凶，是故谓之爻。言天下之至赜而不可恶也，言天下之至动而不可乱也。拟之而后言，议之而后动，拟议以成其变化。（《系辞传上》）

这段话是讲圣人如何作《易经》以及如何通过《易经》来认识和把握这个世界的。圣人看到了世界上事物的复杂性，于是用卦象来比拟事物的形态，象征事物各自相应的性质。圣人看到世界上的事物总在变动之中，于是通过爻来观察事物变动的交会贯通之处，找到运行的规律，并且撰系爻辞以断其吉凶，使人见一定之规而有所适从。圣人"论述天下事物之至杂，不可妄谈也。论述天下事物之至动，不可乱说也"[1]。圣人总是通过卦象比拟事物的形态，然后谈论事物，通过玩索讨论爻辞之义，然后付诸行动。通过把握事物之象和玩索爻辞之义，就可以助成事物的变化了。可见，圣人作《易经》只是在以卦爻来比拟和象征事物及其变化，来找到事物变化的规律以及对人的吉凶，然后助成其变化，使人趋吉避凶。在这个过程中，毫无疑问要用到人的理性认知能力，但是《易传》的作者并不凸显这种能力，而是凸显人的比拟、象征事物的能力。这是易学的一种最基本的思维方式，"《易》者，象也；象也者，像也"（《系辞传

---

[1] 高亨：《周易大传今注》，济南：齐鲁书社，1998年，第390—391页。高亨先生疑"恶"借为"誤"。《说文》："誤，妄言也。"

下》)。这种思维方式虽然也要以理性为基础,但是决定其性质的是对事物的直观或直觉能力。我们从圣人"见天下之赜"、"见天下之动"、"观其会通"所运用的"见"和"观"的方法,就可以知道这一点。而"见"和"观"以及比拟、象征之类的方法是以事物本身以及人合于事物本身为依归的。而且,圣人把自己的认识和把握通过卦爻辞谈论出来,也不可以因为是通过一己的观察而"妄谈"、"乱说"。人的言行都要在"拟"、"议"的范围之内进行。人与天地自然、事物本身的合一,都要通过《易》的卦爻之象与辞。那么,人的主体性如何体现呢?

首先,《易》的创制本身就是人的主体性的体现,不具备主体性的生命是不可能作《易》的。其次,依靠中介、工具或模型来认识和把握世界,也只有有主体性的人才具有这种能力,动物之类的生命是不能通过中介,不懂得利用工具或模型来与世界打交道的,它就是自然本身。再次,人原本从天地自然生成而来,但因人的主体性,而与天地自然有了一定距离,而正是因为有这个距离,人才可以站在另一个立场来看待天地自然,并且可以助成天地自然的变化。这是《易传》的生命哲学观念中人的主体性最集中的体现。

《泰·大象传》说:

> 天地交,泰。后以财成天地之道,辅相天地之宜,以左右民。(《泰·大象传》)

后,是君王的意思。财,借为"裁",裁度的意思。唐陆德明《经典释文》:"财,苟作裁。"左右,是支配、治理的意思。上引《大象传》的话意思是说:天地相交而万物通。君王以之为天地的一条规律来效法,辅助天地间的事物以最适宜的方式变化和发展,并以此治理天下百姓。在《易传》的观念中,毫无疑问,这种治理一定是成功的,因为它与天地自然之道是相符的。与天地自然之道相符,也就顺应了事物的本性。以顺应事物本性的规律来帮助事物变化发展,事物的变化发展就不会混乱,整个世界就会和谐,天地人就会合为一体。这与《中庸》的观念是一致的,《中庸》说:"能尽物之性,则可以赞天地之化育;可以赞天地之化育,则可以与天地参矣。"朱熹对此的注释是,"赞,犹助也。与天地参,谓与天地并立为三也。"①天地人三才并立为三,然后合为一体。

辅助事物的发展是什么意思呢?事物不是自然而然就在那里变化发展吗?何须人辅助?假如这个世界没有人的存在,那么一切都自然而然,不存在辅助的问题。正因为有了人的存在,人以其主体性必然要求达到生活的自觉,要求自己安排自己的生活,要求生活得更好、更和谐。而正是这样一个最简单的愿望,埋藏着破坏宇宙生态平衡的危险。人从天地自然而来,又与天地自然有一定距离。天地自然的变化和发展也未必都有利于人类自身的发展。这就需要人类自身去认识和把握天地自然的变化和发展。把握事物变化的关键在于把握事物变化的端倪,《易传》名之为"几","几者,动之微,吉凶之先见者也"(《系辞传下》)。事物发展到非常显著的状态时,吉凶完全暴露出来,这时候想要改变事物发展的方向已经不易。事物后来表现出来的吉凶,其实早在事物变化发展的几微状态就存在了,只是因为它过于深远和微小,很难使人认识和把握到。而《易》正是要教人去认识和把握这个变化发展的几微状态的,"夫《易》,圣人之所以极深而研几也"(《系辞传上》)。认识和把握了事物变化发展的几微状态,于是就可以把将发展为凶的那个状态扼杀在萌芽状态,把将发展为吉的那个状态培育起来,辅助它发展,使它能够有利于人类自身的生活。"知几其神乎!"(《系辞传下》)能够真正认识和把握到"几"的人是进入了神妙境界的人。这样的人是"圣人"。《系辞传上》说:"备物致用,立成器以为天下利,莫大乎圣人。"使事物的发展有利于人,并且创制器物以利天下,做得最好的就是圣人。圣人是一种理想人格,人的主体性的充分显示是靠圣人人格来实现的。圣人代表的是人这个类,而不是个体。这与现代西方生命哲学重视个体生命是有不同的。

从人能"辅相天地之宜"这样一种生命的主体性来看,里面包含着一

---

① (宋)朱熹:《四书章句集注》,北京:中华书局,1983 年,第 33 页。

些矛盾：一方面人要以自身为价值主导（吉凶是相对于人而言的，对于自然本身而言无所谓吉凶），另一方面又要以天地自然为依归，不能违背它自然的变化发展；一方面要有所为，另一方面又要无所为。所以圣人一方面要"为天下利"，另一方面又要"洗心退藏于密"（《系辞传上》）。可以说，《易传》深刻地洞察到了主体性的人在天地人三才的宇宙结构中所处的矛盾境地。从某种意义上说，《易传》的生命哲学的根本任务就在于解决这个矛盾，使得从自然中来的人，重新回归自然，实现天人合一。

第五节　《易传》的道德哲学

从以上我们谈到的《易传》的宇宙论与生命哲学可知，在《易传》看来，这个世界的基本结构是天地人三才。人从天地自然而来，虽为万物之一，但以其生命的主体性而高于其他物类，得与天地并列为三才。人处天地之间，能"财（裁）成天地之道，辅相天地之宜"（《泰·大象传》），参赞天地之化育，这是人的生命主体性的集中表现。

毫无疑问，要参与并且辅助天地自然的变化发展，人必须具备认识和把握天地自然的能力。在《易经》的时代，上古先民就已经从纷繁复杂的认知活动中认识到了"认知"本身的重要，并且在思想中提炼出了表示"认知"的范畴——"知（智）"。《临》卦六五爻辞就说："知临，大君之宜，吉。"国君以"知（智）"来君临天下、治理百姓，就是合适的、吉利的。《易传》则进一步指出，做臣下的更要以"知（智）"来辅佐君王成事。《坤》卦六三爻辞有"或从王事，无成有终"语，《坤·小象传》解道："或从王事，知光大也。"意思是人臣当以其光辉宏大之"知（智）"随从君王行事。不过《易传》关注的并不是对具体某事某物的认知，而是对天地自然之整体和根本性存在之认知。比如，要"知变化之道"（《系辞传上》），"知来物"（《系辞传上》）。"来物"就是事物未来发展的样子，会有什么新的事物产生，要能预知。要能预知来物，就要"知几"（《系辞传下》），知道事物在隐微的端倪状态会往哪个方向发展。《易传》的认知对象与目标是非常根本、宏大而又高远的,它要求"知幽明之故"(《系辞传上》)、"知死生之说"(《系辞传上》)、"知微知彰,知柔知刚"(《系辞传下》)、"知至"(《乾·文言传》)、"知终"(《乾·文言传》)、"知通塞"(《节·小象传》)、"知进退存亡"(《乾·文言传》)、知"存亡吉凶"(《系辞传下》)。幽明、死生、存亡之类,涉及到事物的终极存在;吉凶之类,涉及到人类的价值取向。这些问题都是哲学上具备根本性意义的问题。所以,《易传》的认知不是一般意义上的对于具体事物的认知,而是试图从根本上把握事物存在本身,以便解决天下所有的问题。也就是说,易道之"知(智)"试图"范围天地之化而不过,曲成万物而不遗"(《系辞传上》),试图实现"知周乎万物而道济天下"(《系辞传上》),并且"断天下之疑"(《系辞传上》)。能"周乎万物"与"断天下之疑"之"知",显然不是一般的具体而客观的知识性认知,而是智慧本身,是"道"。智慧是以"道"而不是以具体事物为认识对象的。《易传》也正是在这个意义上来推崇"知"的:

> 易,其至矣乎!夫易,圣人所以崇德而广业也。知崇礼卑,崇效天,卑法地。天地设位,而易行乎其中矣。(《系辞传上》)

这段话的意思是说,易的道理是最高的道理,圣人用这最高的道理来尊崇道德和推广事业。人的智慧是很崇高的,礼法规范是很卑下的。崇高效法的是天,卑下效法的是地。天地定位了,易的道理也就在其中流行开来了。要透彻理解这段话,有以下几个问题要弄清楚。

其一,德与知(智)的关系问题。在这里,德得到尊崇,知也得到尊崇,其实"德"与"知"就是一体的,它们都来自于对天的效法,而天是崇高的。在宋代道学里,有理学的"道问学"与心学的"尊德性"之争,其实就是"知识"与"道德"之争。这个争论也可以说贯穿于中国哲学史的始终。但由于中国传统中的认知并非如西方哲学史中那样是具体的客观的知识论意义上的认知,所以"尊德性"与"道问学"两者之间虽然在表面上有非常大的区别和冲突,而实际上最终都无不归之于"尊德性",从而使中国哲学史形成了区别于西方哲学史的一个鲜明的特色,那就是伦理道德的传统。而《易传》正是这个特色在理论上的源头之一。《易传》认为，知，表现为智慧，它要认识的是天道。因为天道是万物变化发展的总根源，所以把握这个总根源就把握了一切。《系辞传下》说："穷神知化，德之盛也。"认识和把握事物变化发展的神妙莫测的境地，也就是人的理性所认识和把握不到的境地，这就是大德了。于是在终极的意义上，知识走向了它的反面，不用把对象当作对象了，只能去体认，去顺应天道，去合乎天道，在行为中把天道实践出来。能做到这个境地的人就是大德之人，于是知识就成了道德。所以《易传》讲的智慧从最终的意义上讲就是道德智慧。这深刻地影响了中国哲学的传统。

其二，德与业的关系问题，也就是道德与事业的关系问题。这个事业不是一般意义上的个人要成就的某种使个人获得名利和满足的事业，而是涉及天下百姓生活安宁的事业。《系辞传上》说："举而错（措）之天下之民谓之事业。"意思就是要把天道推广于天下之民，使天下之民都能顺应天道行事。崇德就是推崇天道，推崇天道就要推广天道，推广天道就要顺应天道，顺应天道就要效法天道。所以"崇德"属于"效天"的范畴。而最能表现对天道的效法的是地道。人应该像地道那样效法天道，所以在"广业"的层面属于"法地"的范畴。天地是一体的，所以德与业也是一体的。天道一定会体现在地道中，所以道德一定要体现在人们和谐共存的"事业"中。而在《易传》看来，使人们和谐共存的直接因素就是"礼"了。每个人都能按礼法规范行事，各行己事，互不相妨，自然就和谐共存了，就像地上的事物纷繁复杂却又各从其类，按照自然规律和谐共存一样。

其三，知与礼的关系问题。"知"是道德智慧，"礼"是道德规范。道德智慧从属于天，道德规范从属于地。也就是说，德、知是同一类范畴，从属于天；业、礼是同一类范畴，从属于地。这里说"知崇礼卑"，那是不是在知与礼之间有一个价值判断，"知"是高尚的，"礼"是卑下的，"知"更重要，"礼"没那么重要？其实不是这样的。因为知从属于天，礼从属于地，所以"知崇礼卑"的原因是"天尊地卑"（《系辞传上》）。可是很多人认为"天尊地卑"本身就是一个价值判断,它导致了男尊女卑、阶级贵贱的观念。其实在中国传统社会中表现出来的具体价值判断意义上的尊卑贵贱是人类社会本身在其发展中形成的,是本原观念进入现实层面的异化。在本原的意义上,《易传》所谓尊卑贵贱只是表达天在上、地处下这样一个显而易见的事实,属于事实判断,而不是价值判断。天地必须共同作用才能生成万物,它们虽有分工的不同,但在重要性上是一样的。

由此可知,在《易传》看来,人类社会的道德规范来自于对天地之道的效法。"天地设位,而易行乎其中矣。"只要把握好了天地之道,易的最高道理即道德智慧就可以在人类社会中实现出来。这就是《易传》的道德哲学。人类社会道德的最终根据不在人类社会自身,而在天地之中。而因为天地人三才合一,人类社会也来源于天地,所以从根本的意义上讲,在天地之中其实也就在人类社会自身之中。从属于天道的是道德本体,从属于地道的是道德工夫,本体与工夫有不同又合为一体。这就是《易传》道德哲学的主要内容。下面我们详细地来了解一下这样一种道德哲学。

《说卦传》开篇是这样两段话:

> 昔者圣人之作《易》也,幽赞于神明而生蓍,参天两地而倚数,观变于阴阳而立卦,发挥于刚柔而生爻,和顺于道德而理于义,穷理尽性以至于命。(《说卦传》)

> 昔者圣人之作《易》也,将以顺性命之理。是以立天之道曰阴与阳,立地之道曰柔与刚,立人之道曰仁与义。兼三才而两之,故《易》六画而成卦。分阴分阳,迭用柔刚,故《易》六位而成章。(《说卦传》)

这两段话道出了《易传》道德哲学之形上本体的精义。圣人为什么要立卦生爻作《易》?就是为了"和顺于道德而理于义,穷理尽性以至于命"。这里的"道德"不是后世伦理道德意义上的"道德",而是指"天道"与"天德"(《乾·文言传》)。"天道"是根本,"天德"是"天道"的体现,这个体现是说把"天道"引向"德性"方面来表示,它依然是形而上的,不是形下的具体道德品质。所以，这里的"道德"虽然不是具体的伦理道德，却是具体的伦理道德的形上根据。也就是说，这里的"道德"正是道德本体，道德本体源于"天道"。顺从于天道才能理清人的"仁义"之道。"理于义"的"理"不是一个哲学术语，而是一个一般的动词，是清理、理清、理解的意思；"义"指仁义，即《说卦传》下文所说的"人道"的具体内容。而"穷理尽性以至于命"正是由人道上达天道在理论上的具体展开。由人道上达天道，也就是把握人道在天道上的根据。要找到这种根据，就要穷究作为人道的具体表现的"仁义"之理，并进一步透彻理解人性、物性，以至于"天命"。万物的本性都来自于"天"之所"命"，是为"天命"。"天命"即天的规定和赋予，也就是说，天规定和赋予了万事万物各自的本性。这与《中庸》首章"天命之谓性"的观念是完全一致的。天对人性、物性的"规定和赋予"就如同"命令"一般不容违抗。违抗天命就是违背人性、物性。人性、物性不可违，只能"顺"，所以《易传》说要"顺性命之理"，"顺性命之理"才能合乎"天道"。这又与《中庸》所谓"率性之谓道"的观念是一致的。①朱熹注"率"为"循"。②循，就是"顺"的意思。

《易传》认为，圣人之所以要分立天地人二才之道而又"兼"之，正是为了"顺性命之理"。天地人三才之道各有具体表现，是为"分"；又统一以天道为最终根据，是为"兼"。人类万物各有其性，是为"分"；又都源自"天命"，是为"兼"。人类万物要"各正性命"（《乾·彖传》），是为"分"；性命各正又都由于"乾道变化"（《乾·彖传》），是为"兼"。"乾道"即"天道"。

在中国哲学发展史上，"天道"的观念比"天命"的观念后起。《尚书·商书·汤誓》说："有夏多罪，天命殛之。"夏朝末年的成汤就是以"天命"为号召伐桀的。"天命"最初就指政权的合法性，意味着世俗政权的合法性来自于"天"之所"命"。到商王朝将为周人所灭时，商纣王还在认为自己的统治"有命在天"（《尚书·商书·西伯戡黎》）。赋予"天"以能

①《易传》与《中庸》在一些根本性的观念上是一致的，大体体现了同一时代的思想，因而合称为"易庸之学"是有一定道理的。
②（宋）朱熹：《四书章句集注》，北京：中华书局，1983年，第17页。

"命令"的功能,当是融合了古老的"帝"的观念的结果。"帝"是人格神,能施赏罚,能发号施令。周灭商之后,政权可以更替,天命可以改变之类的观念稳固下来。这就是所谓的"惟命不于常"(《尚书·周书·康诰》)、"天命靡常"(《诗经·大雅·文王》)。但是"天命"又根据什么来转移呢?根据"德性",即"皇天无亲,唯德是辅"(《尚书·周书·蔡仲之命》)。可见,在周初的时候,就把"德性"的观念注入了"天命"之中。政权合法性意义上的"天命"中,"德性"是对王者的要求,后来慢慢发展为对每个人的要求,每个人都应该以自己的"德性"来秉受各自的"天命"。可见,"天命"有宗教性的因素。宗教性的观念是任何民族在走向文明之初都具有的观念,只不过不同民族在走出宗教性观念上有迟速之异。中国很早就关注到这个世界的自然性,"天道"观念的产生就体现了走出宗教性观念的要求。春秋早期邓曼说:"盈而荡,天之道也。"(《左传》庄公四年)这个"天道"就是指的日月星辰自然运行的规律。后来子产所谓的"天道"也是指的天文自然现象。"道"的本义是路,可以引申为事物必须遵循的轨道,也就是事物自身运行的规律。而从"事物必须遵循"的意义上讲,后起的"道"或"天道"的观念是可以包涵"天"、"天命"以及"天命"所要求的"德性"之类的观念的。而较早地实现这些观念之融合的正是《易传》。《易传》把这些观念融合起来,创立了道德形上学的思想基础。

"形上"、"形下"之分始自《易传》,"形而上者谓之道,形而下者谓之器"(《系辞传上》)。形,形体,指有形体可感的事物。有形体可感的事物都是我们身边可经验到的事物,这就是"器"。《系辞传上》说:"在天成象,在地成形,变化见矣。"又说:"见乃谓之象,形乃谓之器。"我们身边有形可感的自然事物是从属于地的,它们形体的变化是由于天象的变化。比如风云雷电之类从属于天,它们无形体可感,却有象可循。地是效法于天的。天象所显示的变化,影响了地上事物的变化。比如,四时天气的变化是无形而有象的天象的变化,地上自然事物随四时变化而发生生死荣枯之类的形体变化。因而无形的天象乃地上有形事物变化的根据。这"无形而有象"的存在就是"形而上者"。因为它是地上事物存在的根据、变化的原因,所以"形而上者"就是"道",它从属于"天",具有超越的性质。这是一套自然的形上学。但《易传》的思想并没有止于此处,只要我们进一步具体而深入地了解这套自然形上学的内容,就会发现它必然地走向了道德的形上学。

《系辞传上》说:

> 一阴一阳之谓道,继之者善也,成之者性也。(《系辞传上》)

阴阳之道就是"天道"。《说卦传》就是把三才之道的"天之道"界定为"阴与阳"的,地道的"柔与刚",人道的"仁与义"都是承继天道阴阳而来,顺从效法天道。因而万物只要是顺从效法天道,就是"善"的,否则就为"恶"。"恶"是由于违背天道造成的,顺从天道就必然会是"善"的。而且这种来自于天道的善自然而然地就会在万物的本性中得以完成和实现。也就是说,万物的本性来自天道自然,天生就是善的。人为万物之一,因而人性也来自天道自然,也是天生就是善的。"天道既构成了人道的历史前提,又表现为形而上的根据;人的价值创造被理解为天道的延续(继之者善也),而人格则被视为形而上之道在个体中的展开(成之者,性也)。"①这看上去是一种自然人性论,其实不然。

《说卦传》明确地说"立人之道曰仁与义",结合这里的"继善成性"说,意思很明显,这里的"仁义"之德属于"道"的层次,它是继天道阴阳而来并与之相合的,它实现和完成于人性之中。也就是说人的本性就是仁义之德。所以,在《易传》看来人性不是指人的自然性,而是指人的德性。人的德性是来自于天道自然的。《诗经》的时代,人们就认为人天生就喜欢美德。《诗经·大雅·烝民》谓:"天生烝民,有物有则。民之秉彝,好是懿德。"意思是不仅仅受天命的王者要讲美德,民众也要讲美德。民众喜欢美德是天生的,这种喜欢美德的能力来自于天。因为民众皆由天生,就跟天生一物必有一物的原则和天性一样,民众的原则和天性,就是

---

① 杨国荣:《善的历程:儒家价值体系的历史衍化及其现代转换》,上海:上海人民出版社,1994年,第127页。

喜欢美德。《诗经》还只是说人喜欢美德的能力来自于天,《易传》则进一步明确地将美德、善性说成源自于天道。天道,显然比天就更具抽象意味,更往"形而上"发展了。概言之,人道源于天道,人性源于天命,人的道德以及对道德的喜爱、信仰的力量与源泉都来自于"天"、"天道"、"天命"。这是《易传》道德哲学的根本观念之一。

卡西尔认为:"在几乎所有伟大的宗教中,都发现了制约所有事件的普遍时间秩序与同样主宰所有事件的外在的正义秩序之间的相同关系——天文宇宙与伦理宇宙之间的相同关联。"[①]而与其他宗教文明不同的是,在《易传》的道德哲学中,所谓的"天文宇宙与伦理宇宙之间的相同关联"即"天人合一"只是理论上的基础性观念之一,它进一步认为"伦理宇宙"是来源于"天文宇宙"的。

以三才统一的宇宙结构为前提,《易传》以"仁义"为核心内容的人道、人性是通过顺从和效法天地之道而形成的,人也必须通过顺从和效法天地之道来使自身在这个宇宙中获得存在的位置。这里的天地之道正是对"天道"本原的展开,乾为天,坤为地,《易传》是通过乾坤易简之理来论说天地之道的:

> 乾知大始,坤作成物。乾以易知,坤以简能。易则易知,简则易从。易知则有亲,易从则有功。有亲则可久,有功则可大。可久则贤人之德,可大则贤人之业。易简,而天下之理得矣。天下之理得,而成位乎其中矣。(《系辞传上》)

"乾知大始",正是天的功能,创始之功;"坤作成物",正是地的功能,完成之功。天凭什么来创始万物呢? 凭"易"的道理。地凭什么来成就万物呢? 凭"简"的道理。天地之道"容易"且"简单",万物才容易把握和顺从。天道才容易亲附,地道才容易收其载物之功。易于亲附,天道才可以永久存在;有载物之功,地道才可以不断扩大。贤人顺从效法天地

---

① [德]卡西尔:《神话思维》,黄龙保等译,北京:中国社会科学出版社,1992年,第129页。

之道，效法天道以进德，效法地道以修业。德日进，则人往亲附之；业日广，则能"容民畜众"（《师·大象传》）。实际上，对于人道而言，"仁"就是法天的"易"的道理，"义"就是法地的"简"的道理。因为以仁心爱人，是以人往亲附之；因为以道义相规，是以能容民畜众。易简之理具有根本性的意义，把握了它们，就可以把握天下之理，把握了天下之理，人就可以找到和安顿他在这个宇宙中的位置。"天地之大德曰生，圣人之大宝曰位。何以守位？曰仁。何以聚人？曰财。理财正辞、禁民为非，曰义。"（《系辞传下》）圣人就是依靠"仁"与"义"来守住他在这个生生不息、变动不居的宇宙中的地位的。圣人是人格的最高境界，是榜样，每个人都应该效法圣人以仁义来守住自己的位，以仁义道德为自己的生命，是为道德生命。牟宗三先生认为："'乾以易知，坤以简能。'这是孔门义理，从《易传》讲的儒家道德形上学，最难讲但最重要的两句话。"[1]乾坤易简之理是从形而上的根源处说的，"最根源的地方最容易最简单"[2]，仁义道德在根源处就是"易"而"简"的。

但是，《易传》同时也认识到，根源处的"易简"并不意味着现实流行过程中的易简，相反，现实中是充满"险"与"阻"的。所以《系辞传下》说：

> 夫乾，天下之至健也，德行恒易以知险。夫坤，天下之至顺也，德行恒简以知阻。（《系辞传下》）

简言之，易简之德行属于道德本体的形上范畴，险阻之情则属于道德工夫的形下范畴。正因为有险阻之情，所以才有道德修养的必要。而道德修养又必须以形上的易简为根据，最终回归到易简的境界。易简与险阻，本体与工夫，形上与形下，本是二而一、一而二的关系，不可截然分开。就道德而言，形上本体不可能停留于易简，它必须下贯于现实人生，体现在人的现实生活中，人必须在现实的道德实践中，通过遏恶扬善之类的修养工夫，来实现道德本体，达到道德的本原境界。就人的道德源

---

① 牟宗三：《周易哲学演讲录》，上海：华东师范大学出版社，2004年，第44页。
② 牟宗三：《周易哲学演讲录》，上海：华东师范大学出版社，2004年，第45页。

自天道而言,道德本体从属于天道。就天道可以涵括地道而为天地之道而言,道德本体可以涵括道德工夫。道德工夫从属于地道,道德本体从属于天道,本体与工夫有不同又合为一体,是二而一、一而二的关系。牟宗三先生从天地乾坤的原则论证了《易传》道德哲学中道德本体与道德工夫的关系,他说:"乾是创造性原则,是体。我们本身不是乾道,我们是要把这个乾道表现在我们的生活中,把这个'体'体现到我们的生命中来,这就要通过一个实践的工夫,这个实践的工夫统统是坤道。""坤是终成原则。法坤是照我们人生的修养之道讲,取法于坤就是做道德的修养工夫,道德的实践都是坤道。如何能成为圣贤君子呢? 就是要法坤,取法于坤道。"①

在《易传》的作者看来,《易经》的每一卦都可以从道德修养工夫的角度来理解。《系辞传下》以举例的方式,三次集中谈到九个卦的道德涵义,以九卦为修德之基,是谓"三陈九卦之德"。正如唐孔颖达《周易正义》所言:"六十四卦悉为修德防患之事,但于此九卦最是修德之甚,故特举以言焉。"②下面是首陈九卦之德:

> 是故履,德之基也;谦,德之柄也;复,德之本也;恒,德之固也;损,德之修也;益,德之裕也;困,德之辨也;井,德之地也;巽,德之制也。(《系辞传下》)

《履》卦的卦名"履",长沙马王堆帛书《周易》作"礼"。《说文》云:"礼,履也。"《尔雅·释言》云:"履,礼也。"履、礼古音同。《序卦传》说:"物畜然后有礼,故受之以履。"《系辞传下》说:"履以和行。"因为"礼之用,和为贵"(《论语·学而》),所以履可以使人们言行和谐。这都是以履为礼,礼是道德行为的基础,故曰"履,德之基也"。要做到遵礼而行,必须有谦虚的德性。谦虚是道德的柯柄,即人必须谦虚乃能执德而行,骄

---

① 牟宗三:《周易哲学演讲录》,上海:华东师范大学出版社,2004 年,第 22 页。
② (唐)孔颖达:《周易正义》,载(清)阮元校刻《十三经注疏(附校勘记)》上册,北京:中华书局,1980 年,第 89 页。

傲则必失德而不能执德。要做到执德不失并施用于日常行为,就必须回复到源自天地自然之道的人性本来之善,把握到人性本来之善,就是把握了道德的根本。把握了道德的根本,还必须以恒心坚守,才能使德性稳固。"恶"是动摇德性的因素,所以必须减损恶念恶行,改正错误,这就叫"损,德之修也"。除了减损不善,还应该从正面扩充善念善行,这就叫"益,德之裕也"。"困,德之辨也。"辨,分别。李鼎祚《周易集解》引郑玄说:"遭困之时,君子固穷,小人穷则滥。德于是别也。"所以说,困境是检验德性的准绳。德行不能只是个人的行为,还必须有益于他人,应该像井水一样,自我不断更新又养人无穷。所以,有德性的人应该居于像井那样的地方。巽,是申明号令的意思。"巽,德之制也。"也就是说,进入社会,道德不能仅仅依靠个人内心来维持,还必须以向社会反复申明的号令、规范和制度来维系。

这九卦之德看上去有些散乱无章,实则有其系统。礼与谦这两种德行是道德展开于人类社会最基本的表现,亦是每一个体进入社会而能表现出德性的最基本的表现。它们都很具体,两者之间又具有相关性。孟子就认为:"辞让之心,礼之端也。"(《孟子·公孙丑上》)辞让之心就是谦让之心,就是对人表达敬意。《谦·象传》更是把谦敬之德理解为贯通天地人神的大原则。《礼记》开篇即说:"毋不敬,俨若思,安定辞。""毋不敬"是本,能做到"敬"自然思俨辞定。所以郑玄说:"礼主于敬。"[1]宋人范祖禹说:"经礼三百,曲礼三千,一言以蔽之,曰:毋不敬。"[2]礼是社会和谐发展的基础,孔子一生即以恢复周礼为职志。但是礼不能只是外在的礼仪形式,所以孔子说:"礼云礼云!玉帛云乎哉?乐云乐云!钟鼓云乎哉?"(《论语·阳货》)礼固然需要玉帛钟鼓等礼器来建立一套规矩,但礼的本质不在于外在的礼器与规矩,而在于内心的"敬意",要把内心的"敬意"自觉而真诚地表现出来,不是"假敬",则又必须进一步深入到内在的

---

[1] (清)孙希旦:《礼记集解》卷一,北京:中华书局,1989年,第3页。
[2] (清)孙希旦:《礼记集解》卷一,北京:中华书局,1989年,第4页。

"仁"与"义"。而"仁义"正是《说卦传》所规定的三才之道中"人之道"的根本内涵。孔子说:"人而不仁,如礼何? 人而不仁,如乐何?"(《论语·八佾》)《礼记·郊特牲》说:"礼之所尊,尊其义也。"《礼记·经解》说:"朝觐之礼,所以明君臣之义也。"仁,是人的道德情感,义,是人的道德价值,都内在于人心,是人性之本,是天生善的,它需要人返回到自己的内心去认识和把握。所以,道德就应该由外而内地去寻找它内在的根据,所以说:"复,德之本也。"《蹇·大象传》主张"反身修德",《复·象传》主张"复,其见天地之心",都是在讲返回"德之本"的问题。这也是儒家道德的一个基本思路,即"反身而诚"、"尽心、知性、知天"(《孟子·尽心上》)的内在超越的思路。这在孟子那里获得理论上的建立和完善,在宋儒那里获得充分的发展。所以,《履》《谦》两卦所表示的道德乃道德的基本表现,《复》卦所表示的道德乃道德的根本路径。

其它六卦之德又可大分为"持身"与"涉世"两类。马其昶认为:"履以持身,谦以涉世,履与谦皆所以复其性命之本。此三者进德之大端也。恒、损、益三卦,申言持身之道。困、井、巽三卦,申言涉世之方。"①《困》卦之德似乎以归入"持身"为妥,或者以《困》卦之德兼涉持身与涉世两方面。困境可以检验一个人德性之有无与厚薄。身处困境,重在自持,不为物诱,不为事摧,是为"持身"。而困境乃为世俗所起,身处困境,即是身处世俗,且往往视其与人交接之度而辨其德,是为"涉世"。《损》《益》二卦之德在自持之道中具有特殊的意义。马王堆帛书《易传·要》篇记载孔子读易,"至于损益一(二)卦,未尝不废书而叹"。以朱熹为代表的宋儒特别看重《大象传》对损益二卦之德的陈述。"损",是控制自身的情绪和克制自己的欲望,是为"惩忿窒欲";"益",是扩充自身的善念善行,改正自身的过错,改正过错亦是善的增益,是为"见善则迁,有过则改"。一正一反,一积极一消极,可以囊括道德自修的基本内容。具备了损益

---

① (清)马其昶:《重定周易费氏学》,载《续修四库全书》第 40 册,上海:上海古籍出版社,2003年,第 494 页。

二德,持恒与处困就都有了坚实的基础。所以说,《损》《益》二卦之德是"持身"的核心。

我们也可以用"持身"与"涉世"两个方面来概括整个《易传》的道德修养工夫。它与曾子所理解的夫子一以贯之之道——"忠恕"(《论语·里仁》)亦为相通。朱熹将"忠恕"理解为"尽己之谓忠,推己之谓恕"①。尽己即是持身,推己即是涉世。关于道德修养工夫,《易传》里还有更高明和深刻的概括,即乾坤二卦的《大象传》所谓"自强不息"与"厚德载物"。两者亦可以从"持身"与"涉世"两方面来理解,"自强不息"是持身,"厚德载物"是涉世。王夫之就非常看重"自强不息"与"厚德载物"两类德性,乃以之为道德修养工夫之纲领。他说:"六十二象自乾坤而出,象有阳,皆乾之阳也;象有阴,皆坤之阴也。学易者所用之六十二德,皆修己治人之事。道在身心,皆'自强'之事也;道在民物,皆'载物'之事也。'自强不息'非一德,'厚德载物'非一功。以'自强不息'为修己之纲,以'厚德载物'为治人之本,故曰:'乾坤者,其易之门户。'道从此而出,德从此而入也。"②

真正把每一卦都很明确地从道德修养工夫方面作出解读的是《易传》中的《大象传》。此篇所言道德修养的主体是君子、先王、后、大人、上之类的贵族、执政者,不是指一般士人。据金春峰先生统计,此篇很明确是讲政治伦理(旁涉经济、文化、军事等方方面面)的共 38 个卦,一般意义上谈执政贵族道德修养的共 26 个卦③。其所涉 64 个方面的道德修养,亦可归为持身尽己方面的"自强不息"与涉世待人方面的"厚德载物"两类。前者如《蒙》卦的"果行育德",《讼》卦的"作事谋始",《小畜》卦的"以懿文德",《否》卦的"以俭德辟难,不可荣以禄",《大有》卦的"遏恶扬善,顺天休命",《随》卦的"向晦入宴息",《大畜》卦的"多识前言往行,以

---

① (宋)朱熹:《四书章句集注》,北京:中华书局,1983 年,第 72 页。
② (清)王夫之:《周易大象解》,载《船山全书》第一册,长沙:岳麓书社,1988 年,第 698 页。
③ 金春峰:《〈周易〉经传梳理与郭店楚简思想新释》,北京:中国言实出版社,2004 年,第 40—41 页。

畜其德"，《颐》卦的"慎言语，节饮食"，《大过》卦的"独立不惧，遁世无闷"，《咸》卦的"以虚受人"，《恒》卦的"立不易方"，《大壮》卦的"非礼弗履"，《晋》卦的"自昭明德"，《家人》卦的"言有物而行有恒"，《蹇》卦的"反身修德"，《损》卦的"惩忿窒欲"，《益》卦的"见善则迁，有过则改"，《震》卦的"恐惧修省"等等。后者如《师》卦的"容民畜众"，《比》卦的"以建万国，亲诸侯"，《履》卦的"辩上下，定民志"，《泰》卦的"财成天地之道，辅相天地之宜，以左右民"，《同人》卦的"以类族辨物"，《谦》卦的"衰多益寡，称物平施"，《蛊》卦的"振民育德"，《临》卦的"教思无穷，容保民无疆"，《观》卦的"省方观民设教"，《噬嗑》卦的"明罚勅法"，《贲》卦的"以明庶政，无敢折狱"，《剥》卦的"上以厚下安宅"，《明夷》卦的"以莅众，用晦而明"，《解》卦的"赦过宥罪"，《夬》卦的"施禄及下，居德则忌"，《井》卦的"劳民劝相"，《渐》卦的"居贤德善俗"，《旅》卦的"明慎用刑，而不留狱"，《中孚》卦的"议狱缓死"等等。概言之，《大象传》的道德修养工夫，从持身尽己方面来说，涉及自强、节俭、制欲、多识、谨慎、独立、谦虚、守礼、持恒、反身、改过、迁善、敬畏等方面的德行；从涉世待人方面来说，涉及宽容、重民、裕民、尚贤、平等、明法、教化、轻刑等方面的德行。因为《大象传》道德修养的主体是贵族执政者，所以在涉世待人方面以政治、经济、文教等为主要内容。从这些内容中我们又可以看到，它实际上是儒家"仁政爱民"主张的一种体现。这方面的道德修养工夫较少地具备推广到一般民众道德生活中的性质，而持身尽己方面的道德修养则很容易推广到所有人的道德实践中。《易传》的道德修养理论更多地偏向于政治伦理意义上的统治者的修养，它没有《大学》"自天子以至于庶人，壹是皆以修身为本"那样的理念。《易传》的道德哲学，在道德本体论上，其道德主体是可以普遍涵括所有人的；但在道德工夫论上，其道德主体有其特指，而不具备普遍性。中国传统的道德工夫论，其道德主体有一个由特指到遍指的发展过程，这个过程在理论上的最终完成要到宋代儒学。

《易传》的道德哲学，无论是道德本体论还是道德工夫论，都是由极具中国特色的思维方式建构起来的。最重要的有两种思维方式：系统的整体思维方式，观象进德的思维方式。

关于系统的整体思维方式，我们在上文论述"《易传》的宇宙论"时已经谈到了，但只是在《易经》的卦爻画结构和《易传》的宇宙结构的意义上来理解其系统性和整体性。而传统的系统的整体思维方式不仅仅体现在宇宙论，也体现在本体论上。成中英先生认为中国人的宇宙观是宇宙与本体的合一。他说："中国哲学从《易经》哲学开始，就把宇宙与本体合为一体。宇宙即本体，本体即宇宙。……这个本体化的宇宙和宇宙化的本体还包括了人的生活世界。天、地、人是合一的，人永远贯穿在天地之间，成为参与天地的一个活动力量和创造力量。"[1]宇宙与本体的合一，正由于人贯穿其间，是参与天地的"一个活动力量和创造力量"。人的这种参与天地的力量使得宇宙结构各要素之间呈现出一种自觉的系统相关性与整体一致性，使得这个系统的整体充满着生命的力量，生生不息。而在《易传》的思想里，人的生命的力量并不在于来自于自然的自然生命的力量，而在于其道德生命的力量。人是把自身的道德生命融入到整个天地之间，从而使得整个天地之间在道德的意义上系统化与整体化。所以，我们也可以说，这个宇宙本体同时也是一个道德本体。这是与西方哲学自古希腊开始就产生的自然哲学、自然本体的思路很不一样的。并且这种道德本体下贯于道德工夫之中，使人在道德实践中时时处处都能感受到人与天地、宇宙是一个系统的整体，呈现出一种天人合一的状态。

在《易传》道德哲学的道德工夫思想中，有一种对后世哲学伦理思想影响极大的思维方式，就是观象进德的思维方式。《系辞传上》主张"君子居则观其象而玩其辞"，又主张君子要"进德修业"（《乾·文言传》）。我们在上文已经讨论过，"修业"其实是"进德"的扩展。"观其象"指的是观卦爻之象，"玩其辞"指的是研玩体会卦爻辞的意味。卦爻辞本就是通过观卦爻之象而写下的，而卦爻之象又是圣人通过观天地人之象而创制的，所以"象"的本原在天地自然。"易者，象也；象也者，像也。"（《系辞传

---

[1] 成中英：《论中西哲学精神》，上海：东方出版中心，1991 年，第 334 页。

下》)可以说,《周易》的一切思想都是在这个"象"的基础上形成起来的。因为在《易传》的观念中,这个宇宙是以道德为本体的宇宙,所以这个"象"也往往是与某种"德"紧密相关的,它就象征着某种"德",使得人们在观察和玩索象征着天地自然之德的卦爻之象中实现德性上的进步,和道德生命上的完善,这就是所谓的"观象进德"。

"观象进德"的思维方式在《大象传》中体现得最为明显也最典型。《大象传》对每一个卦的解读都非常简洁,并且有统一的体例。往往是先解释卦象所象征的自然之象,然后君子看到这种自然之象有所感悟,从而在德性上获得某种进步。比如《蒙·大象传》如此解释《蒙》卦:"山下出泉,蒙;君子以果行育德。"程颐解释道:"山下出泉,出而遇险,未有所之,蒙之象也。若人蒙稚,未知所适也。君子观蒙之象,以果行育德:观其出而未能通行,则以果决其所行;观其始出而未有所向,则以养育其明德也。"①《蒙》卦的卦象是上艮下坎,艮为山,坎为水,所以此卦有山下涌出泉水之象。相对于大江大河而言,泉水的力量还很小,往往会在流的过程中遇到险阻,难以通畅,也难以预知它会往哪个方向流。人也是如此,在幼小的时候力量尚小,在成长过程中会遇到很多艰难,难以知道成长的方向。所以君子看到这样的景象,想到这样的问题,就应该"果行育德",即在遇到困难时应该果决而行,在不知所向时应该从根源处培育自身内在本有的德性,这样才不会为外物所诱而迷失方向,才能坚持做正义道德的事情。《大象传》通篇都是这个思维方式,也是《易传》道德哲学的根本思维方式之一。

"观象进德"的思维方式,先观天地自然之象,后谈人效法以求道德的进步,先观天道后谈人道,先观天文后谈人文,"观乎天文以察时变,观乎人文以化成天下"(《贲·彖传》),"推天道以明人事"②,实际上是通过"把人类外在的世界拉进来,在人类生命内部,心灵内部看世界……把外

---

① (宋)程颐:《程氏易传》,引自梁韦弦《〈程氏易传〉导读》,济南:齐鲁书社,2003年,第73页。
② (清)永瑢、纪昀等:《四库全书总目·易类》,北京:中华书局,1965年。

在的自然界以艺术、道德的精神点化了,成为富有'美'、'善'的价值世界……以道德人格的高尚处理这个道德世界"①,从而实现宇宙三才在道德本体上的统一,使整个宇宙成为一股活泼泼的具有审美意义的道德生命的洪流。

---

① 方东美:《原始儒家道家哲学》,台北:黎明文化事业股份有限公司,1983 年,第 131 页。

第十三章 《管子》与稷下学宫的学术

本章主要介绍《管子》一书。因《管子》的成书与战国中、后期齐国以"稷下学宫"为学术中心而展开的"百家争鸣"的学术大讨论有关,因而在介绍《管子》之前,先概述代表了"中国古代的思想自由和百家争鸣"(白奚语)的"稷下学"。学者们多认为,"稷下学"的主流是"黄老道家",这一点不仅在《管子》书中有明显的体现,而且随着上世纪70年代"黄老帛书"(部分学者认为它们是汉人著录过但后来失传了的《黄帝四经》,本章姑且采用这一说法)的出土,包括《管子》在内的有关"黄老道家"学术脉络的研究成了人们关注的学术焦点。又因《黄帝四经》连同《老子》一起被一些学者们认为是"黄老学派"的奠基之作,其成书年代也被论证为早于《管子》①,因而很可能是包括《管子》在内的"稷下学"的思想源泉之一,所以本章最后部分也会大略介绍《黄帝四经》的基本内容。

第一节 稷下之学

刘向《别录》说:"齐有稷门,齐之城西门也,外有学堂,即齐宣王所立

---

① 白奚:《稷下学研究——中国古代的思想自由与百家争鸣》,北京:生活·读书·新知三联书店,1998年,第97—114页。

学宫也。故称为稷下之学。"自公元前374年齐桓公田午创立稷下学宫，至公元前221年秦灭齐稷下学宫终结①，该学宫作为齐国的学术中心，曾延集天下学者名士，极盛时(齐宣王在位期间)达数百人，其中有七十余人被封为上大夫，如邹衍、邹奭、淳于髡、田骈、慎到、接子、季真、兒说、环渊、田巴、鲁仲连、颜斶、王斗等；曾游学稷下的还有宋钘、尹文、孟轲、荀卿等。"稷下学"，一般指法家与道家学者慎到、彭蒙、田骈、接子、环渊、宋钘、尹文等。稷下学的特点之一，是学者们聚徒讲学，各著书言治乱之事，但基本上"不治而议论"，与政治权力结构保持一定的距离。稷下学的特点之二，是相互争鸣，兼容互补。

稷下学者慎到、彭蒙、田骈、接子、环渊、宋钘、尹文之属，或强调任法，或强调禁兵寝攻，或强调"仁义礼乐、名法刑赏"并用，然皆把"道"看作是超越法律、法规之上的规律、法则，要求用理性化的成文法则管理社会，使社会更加符合人们追求富裕安定的愿望。这一派崇"公"而去"私"，随顺万物，不追求智巧。"公而不当(党——引者注)，易而无私；然无主，趣物而不两，不顾于虑，不谋于知，于物无择，与之俱往。"(《庄子·天下》)其次，他们亦主张"齐物"论，认为万物皆有所可，有所不可，只有大道才是无所遗漏。再者，他们皆重道而"尚法"。但其所谓"道"，不是庄子学派心目中的"道"，其所谓"法"，亦不是后期法家成熟的"法"，故被讥为"尚法而无法"(《荀子·非十二子》)，"其所谓道非道"(《庄子·天下》)。而这正好也反衬出了作为稷下学之主流的黄老道家的主要特点——道法结合。

道法结合思想大背景下的稷下学者们对"道"和"法"有了更为丰富和具体的理解。这在《管子》书中体现得淋漓尽致。

第二节 《管子》

现存《管子》一书是刘向编定的。《汉书·艺文志》著录《管子》八十

---

① 据白奚：《稷下学研究——中国古代的思想自由与百家争鸣》中"稷下大事表"，见该书第303页。

六篇,入道家。《史记·管晏列传》张守节《正义》引刘歆《七略》:"《管子》十八篇,在法家。"这十八篇可能是刘向校定前的传本。今本《管子》目录仍存八十六篇,其中十篇有目无文,实存七十六篇。《管子》一书内容复杂,近代以来,学者们对此书各篇的分类及各篇作者、派属的争论颇多。至今,学者们认为,《管子》一书多篇仍有相关性,其中以《牧民》为核心,有相当一些篇目成为一个系统,反映了管仲及其学派的治国理念,兼采礼与法,很可能是齐国推崇管仲的学者们编写的①,有儒、道、法家相杂的倾向。也有学者认为,《管子》一书有些篇目反映的是齐国稷下学宫的学者们的思想,是道家与法家的著作。②

《管子》一书内容的丰富庞杂恰是稷下学宫百家争鸣的结果。除了齐国本土丰富的思想文化资源可资利用之外,稷下学宫还吸引了当时天下列国的饱学之士前往聚徒讲学,著书立说,进而相互辩难,切磋琢磨,这当然也为学者们增益见闻、开拓视野创造了极好条件。另有学者如白奚则从齐国本土文化面对外来文化的"入侵"和挑战时而被迫"自卫"这个视角来看《管子》的成书,他认为,"面对如潮水般涌入的异国思想文化","许多齐国本土学者不甘于这种喧宾夺主的局面,于是,如何接受外来思想文化的挑战,弘扬齐国固有的思想文化,使其始终保持齐国特色,与外来思想文化争夺稷下学宫中的主导地位,便成了摆在他们面前的紧

---

① "《管子》一书的主体是战国百家争鸣时期一批尊崇管仲的齐国佚名学者的集体创作,是齐国本土思想文化的汇集与结晶。"白奚:《怎样读〈管子〉》,载《中华读书报》,2017 年 2 月 15 日。

② 有关《管子》的校释,可参考(清)戴望的《管子校正》(北京:中华书局,《诸子集成》本),郭沫若、闻一多、许维遹的《管子集校》(北京:科学出版社,1956 年),赵守正的《管子注译》(南宁:广西人民出版社,1982 年),谢浩范、朱迎平的《管子全译》(贵阳:贵州人民出版社,1996 年),姜涛的《管子新注》(济南:齐鲁书社,2006 年),等等。有关《管子》的研究,可参考任继愈主编的《中国哲学发展史》(先秦卷)中的"管仲学派"章,白奚的《稷下学研究——中国古代的思想自由与百家争鸣》中的"稷下齐地之学的代表作品《管子》"章,张固也的《〈管子〉研究》(济南:齐鲁书社,2006 年),张连伟的《〈管子〉哲学思想研究》(成都:巴蜀书社,2008 年),等等。另:早在上世纪 80 年代就已经有《管子》英译本(W. A. Richett, *Guanzi: Political, Economic and Philosophical Essays from Early China. A Study and Translation*, Princeton Uni. Pr., 1985.)可资参考。

迫课题",因而他们把目光投向了大英雄管仲,"共同创作了《管子》一书"。① 这个说法用来解释《管子》一书为何托名管仲所作是有一定说服力的,但却也很容易掩盖一个思想史上基本的事实,即不同思想文化之间的碰撞和融合恰恰是精神翻新的真正动力和源泉。②

在集聚了天下学者百家争鸣之稷下学大背景下产生的《管子》,应该被视为彼时中国思想文化的一个综合陈列,而非仅仅代表齐国的学术成就,因为《管子》书中的丰富内容远远超出了因循守旧、固执陈说的思想"自卫"。这可以从如下三个方面体现出来:第一,《管子》"法治"思想周详而深刻;第二,《管子》书中有四篇专论"精气"的奇文;第三,阴阳与五行两大思想符号系统在《管子》书中有合流的轨迹。下文将就此三方面展开介绍,以见《管子》书之内容宏富。

一、《管子》"法治"思想之周详而深刻

《管子》书中有非常丰富的政治、经济、军事思想等等,内容显得相当庞杂。但其中心论述涉及"法治","以《任法》、《明法》、《法法》、《君臣》(上下)、《立政》、《七法》、《版法》、《法禁》、《重令》等篇为主。这些篇章在全书中所占比例最大。"③战国时期主流学术人物和团体的中心关怀都是"治国",而"治国"则离不开对"法"的理解和运用。《管子》也不例外。

> 夫不法(废)法则治。法者,天下之仪也,所以决疑而明是非也,百姓所县(悬)命也。(《禁藏》)

> 圣君任法而不任智,任数而不任说,任公而不任私,任大道而不任小物,然后身佚而天下治。(《任法》)

① 白奚:《稷下学研究——中国古代的思想自由与百家争鸣》,北京:生活·读书·新知三联书店,1998年,第218—219页。
② 任继愈主编的《中国哲学发展史》中"管仲学派"章的说法——"《管子》书很可能就是不曾掺杂稷下先生著作的管仲学派的论文集"——是值得商榷的。见氏著《中国哲学发展史》(先秦卷),北京:人民出版社,1983年,第354页。
③ 白奚:《怎样读〈管子〉》,载《中华读书报》,2017年2月15日。

法立令行,故群臣奉法守职,百官有常。法不繁匿,万民敦悫,反本而俭力。故赏必足以使,威必足以胜,然后下从。(《正世》)

如上文所引,《管子》书中论"法治"效用的言辞比比皆是。管子学派重法,以法为民众百官行为的标准与规范,但也强调,君主、百官与民众与法的关系并不相同:"夫生法者君也,守[维护]法者臣也,法于法[遵照法律]者民也。"(《任法》)对君主而言,重要的是其尊贵的地位,因此对君主要从而贵之。虽然如此,法为群体社会共同遵守的行为规范,君主亦不例外。此派主张"君臣上下贵贱皆从法",君主治国应"使法择人,不自举也;使法量功,不自度也"。(《任法》)法为规矩方圆,治国必赖此规矩方圆。圣人能够制定法,但不能舍此规矩而治理国家。无法,则民将无所措手足。"夫法者,上之所以一民使下也;私者,下之所以侵法乱主也,故圣君置仪设法而固守之。"(《任法》)法的功能在齐一民众之行为,便于统一号令。"威不两错,政不二门,以法治国,则举措而已。"(《明法》)

但是,管子学派对以刑罚为主要内容的法治的局限性,有清醒的认识。其曰:"刑罚不足以畏其意,杀戮不足以服其心。"(《牧民》)外在强制性的规范并不足以驯服人心,那么怎么办呢?《管子》认为应采取两个方面的措施。一方面,在立法上,君主必根据普遍的人情之好恶。"人主之所以令则行、禁则止者,必令于民之所好,而禁于民之所恶也。"(《形势解》)"夫民必得其所欲,然后听上。"(《五辅》)所以,立法必得顺乎民心。由此,《管子》提出要"利民、富民、取于民"的原则,谓"得人之道,莫若利之"(《五辅》);"治国之道,必先富民"(《治国》)。另一方面,管子学派并没有因此忽略道德教化的作用。其称礼、义、廉、耻为"国之四维";"四维张则君令行,教训成俗而刑罚省";"四维不张,国乃灭亡"(《牧民》)。与"四维"相应的才是"常令"、"官爵"、"符籍"、"刑法"等法治手段的"四经"。"四维"与"四经"相辅以治国,乃说明道德名法是相通的,均为人们行为的规范与仪度。这里,《管子》是主张利义并重,礼法并施的。其曰:"必先顺教,万民乡风"(《版法》);"变俗易教,不知化不可"(《七法》)。

就顺乎民心与"四维"的关系,管子学派认为前者是更为重要的。利为民之所欲,顺民心即是要尽量满足人民的这种欲望,所谓"利民、富民"是也。至于礼、义、廉、耻,则是以一定的物质条件为前提的:

> 凡有地牧民者,务在四时,守在仓廪。国多财则远者来,地辟举则民留处,仓廪实则知礼节,衣食足则知荣辱。(《牧民》)

要治理好国家,首先要发展经济,使财富增长,富民富国。国家政治的安危主要在人心之顺逆。所以,《管子》的顺民心之意即是顺民心之所欲而不强民心之所恶。民欲富则富之,民欲安则安之。物质生活改善了,还要加强教化,促进社会道德的进步。无论是"四维"、"四经"还是顺民心,在管子学派都是为了"牧民"。顺民心之目的在"为之用者众也"(《法法》),最终是为"尊君"治国。

据以上论述我们可见,在"法治"问题上,《管子》书中蕴含了对儒家思想的吸收和超越。司马迁批评法家"严而少恩",说法家"不别亲疏,不疏贵贱,一断于法",这样的后果是"亲亲尊尊之恩绝矣"(《史记·太史公自序》)。时值"法律面前人人平等"之观念日益深入人心的今天,司马迁的批评已经没有力度。而真正提纲挈领把握了儒法思想对峙中儒家所欲指陈之法家根本弊端的,则见于《汉书·艺文志》:"及刻者为之则无教化,去仁爱,专任刑法而欲以致治,至于残害至亲,伤恩薄情。"真正的法治,并不意味着"无教化,去仁爱"而一味刻板的"专任刑法"。

不同于三晋法家(以韩非为代表)的"机械"和"苛酷",《管子》兼采儒家之长处,正可见于其虽主"法治",但又深明在政治生活中不能忽视对"政教关系"的思考。正如上文已经论及的,《管子》强调"教化"的独特意义。"政"与"教"的目的都在于"治国",但是"政教相似而殊方"。"政令"必系于"权力"和"刑罚",而"教化"则若"秋云之远"、"夏云之起"、"皓月之静",或"流水之荡荡","使人思之",化育人于自觉奋发之中。(参见《管子·侈靡》)梁启超《管子评传》云:"以秋肃之貌,而行春温之心,斯则管子之志也。"《管子》重法但却有孔子般的"春温之心",这似乎也可以从另一个侧面印证《论语》中孔子对管仲的激赏。①

另外,也正如上文已经论及的,《管子》在吸收儒家长处时,也针对儒家的"性善论"和"义利之辩"提出了与之不同的独特务实的看法。法治的必要性正在于清醒的看到了人类实际社群生活中可能出现的一切混乱和堕落,同时也承认了人"趋利避害"以满足其可能不断膨胀的欲望的合理性。这不能不让我们想到"稷下学"最后的大师荀子,也正好可以帮助我们厘清"荀学"得以产生的思想史背景。这里必须强调的是,《管子》和《荀子》书中所指陈的人性可能呈现的各种"恶相"乃世所共知共见,孔、孟并非不知(孔、孟"辙环天下",于世道人心见闻丰富);孔、孟所谓之"性善"和管、荀等人所力陈之"性恶"并不是一个层面的话语和问题,借着《管子》一书的兼容和宏富,我们也正好可以来廓清一下有关"人性"的各种争执以及与之相关的"义利之辩",此处暂不细论(详见其它相关章节)。惟管子治国的务实态度和措施,深得法治精神之精髓,不得不重点表彰,以见其精彩。

此外,在本章的开头我们就已经指明,要把《管子》放在黄老道家这个大的思想史框架中去研读,以见其"道法结合"的鲜明特点。《管子》论"法治"不惟有对儒家思想的吸收和超越,更为突出的则在于对道家思想的吸收和超越,正如白奚所指出的,"《管子》在道法结合、以道论法的理论模式上进行的探索最多,贡献也最大。"而且,"这种理论模式代表了战国中后期学术思想发展的大方向。"②

> 明王在上,道、法行于国。(《法法》)
>
> 百姓揖睦,听令道、法以从其事。(《任法》)
>
> 明君之重道、法而轻其国。(《君臣上》)

---

① 此处论述参考了白奚《稷下学研究——中国古代的思想自由与百家争鸣》(北京:生活·读书·新知三联书店,1998年)中论述《管子》的"礼法并用,注重民心河道德教化"小节,见该书第229—234页。

② 白奚:《怎样读〈管子〉》,载《中华读书报》2017年2月15日;另参见白奚:《稷下学研究——中国古代的思想自由与百家争鸣》,北京:生活·读书·新知三联书店,1998年,第225—227页。

事督乎法，法出乎权，权出乎道。(《心术上》)

由此可见，《管子》书中常常道、法并提。"从道家学说发展的角度来看，道法结合、以道论法的理论模式把道家的'道论'应用于现实中的法治实践，是对道家学说的一个重大开拓，避免了道家学派因只谈抽象的哲理而在'皆务为治'的百家争鸣中被边缘化。"①正因如此，《管子》之所谓"道"，有不同于一般作为道家之代表的《老子》和《庄子》之处。例如，《老子》"小国寡民"，管仲辅佐齐桓公则"广土众民"；《老子》书中说"法令滋彰，盗贼多有"，《庄子》也揭露国家政权把持者乃是盗国的大盗，而《管子》则怀抱着治理天下国家的政治理想，积极推动与"道"相应的"法治国家"的建设，这是《管子》有别于以"养生"为主的"自然道家"的地方，而凸显了其"黄老道家"的特色，同时也丰富和深化了其所谓"道"与"法"的内涵。据上文所述，"法"乃"道"在政治生活中的显用，道法结合，相辅相成，故而也是二者内在的应有之意。因此，"不动以为道，齐以为行"的"避世之道"(《侈靡》)为管子所不取，因为如此则"不可以进取"，管子则崇尚"与时俱往"的进取精神。

根据以上分疏，我们似乎可以说作为齐国"稷下学"之"集大成"的《管子》，其"法治"思想中融会贯通了儒家、道家等学说的精粹，故而避免了所谓"纯粹"的儒家、道家等学说中可能出现的各种偏颇，显得格外的周正圆融。但是，《管子》一书有关"法治"的内容，是否也可以从另外一个侧面启发我们重新去看待先秦学术史，进而去思考，包括儒、道、法在内的所谓"九流十家"的提法是否太机械了？再者，从董仲舒时代开始，政治上所谓"独尊"之"儒"难道就是与其他"诸子百家"相对立、不相容的？具体地说，先秦哪家哪派又没有谈"天"论"道"呢？我们是否应该以更为宏阔的眼光，去感触先秦时代中国人的精神律动，而不是斤斤计较于所谓学派之间的异同？在这个意义上，所谓"黄老道家"的提法也只是一个权宜的引子，以便我们能逐步地深切体认中国先秦"天道文化"浑厚

---

① 白奚:《怎样读〈管子〉》,载《中华读书报》,2017 年 2 月 15 日。

磅礴的精神"整劲"所在。

二、旷世奇文"《管子》四篇"

现存《管子》书中《心术》上下、《白心》、《内业》四篇,以"精气"说为中心所涉及的、甚为独特的有关"内圣外王"(此一提法未见有学者援用,或显突兀,但确实能概括这四篇的实质内容,详见下文)的学问格外引人注目。[①] 因其内容上有相贯通之处,自成一体,学界认为是同一学派,即本书所说的稷下学派所写,简称"《管子》四篇"。关于这四篇的具体作者,有学者认为是宋钘、尹文,有学者则认为是慎到、田骈,目前尚未有定论。[②] 1973 年出土的《黄帝四经》"与《管子》尤其是《心术》等篇有太多的相似之处,这二者之间的内在联系引起学者们极大的兴趣"[③],同时再次激发了有关这四篇的年代和作者问题的讨论。

《管子》四篇的作者继承、深化了中国先秦"天道文化"中广泛存在的有关"道"与"气"的思想,进一步明确地讲"道"即"精气"。所谓"精气"即最精细的气。《内业》篇说:"精也者,气之精者也。"精也是气,是气之精粹、精致的部分。

> 凡物之精,比(或作"化")则为生。下生五谷,上为列星;流于天

[①] "《管子》四篇"之奇,也可从以下事实看出:该"四篇"虽然很早就引起了古人的关注,但是古人或者"好取儒家心性之说"(例如宋代晁公武就据此四篇猜测管子"亦尝侧闻正心诚意之道",见晁公武撰、孙猛校正《郡斋读书志校正》,上海:上海古籍出版社,1990 年,第 491 页)与之比附,或者目之为道学,皆不得要领,有无处安置,且无从消化之虞。这一点正好可以和上文的论述相契合,即现代一般学者面对先秦文献(尤其是哲学性很强的文本)的研究思路在根本上可能是有问题的。

[②] 自上世纪三四十年代以来,"《管子》四篇"的成文年代和作者问题是《管子》研究中的一大热点,罗根泽、日本学者武内义雄、蒙文通、郭沫若(他认为"《管子》四篇"是宋钘、尹文的遗著,这一说法长期影响了国内学者对这"四篇"的解读,但今天已基本不被接受)、朱伯崑、裘锡圭等人都有相关讨论。参见张固也的《论〈心术〉等篇的著作年代》,载《〈管子〉研究》,济南:齐鲁书社,2006 年,第 275—286 页;张连伟的《〈管子〉四篇问题的由来》,载《〈管子〉哲学思想研究》,成都:巴蜀书社,2008 年,第 172—178 页。

[③] 张固也:《〈管子〉研究》,济南:齐鲁书社,2006 年,第 276 页;另参见张连伟:《〈管子〉四篇与黄老之学》,载《〈管子〉哲学思想研究》,成都:巴蜀书社,2008 年,第 205—213 页。

地之间,谓之鬼神;藏于胸中,谓之圣人;是故名气。杲乎如登于天,杳乎如入于渊,淖乎如在于海,卒乎如在于己(当作"山")。是故此气也,不可止以力,而可安以德;不可呼以声,而可迎以音(当解为"意")。(《内业》)

这段话的意思是,万物因精气而生而成,五谷、星辰都是精气的产物。"鬼神"在这里是喻指精气流行变化的鬼斧神工。精气怀藏于胸中,才能成为圣人。精气运行不息,充盈于天地山川之间。对于每个人来说,这种气,不能以强力阻止它,倒是可以用德来安定它;不能以声音召唤它,倒是可以用意念来迎接它。

"四篇"的作者认为,"气"与"道"都是"至大"与"至小"的统一。《心术上》篇说:"道在天地之间也,其大无外,其小无内。"《内业》篇也说,"灵气"是"其细无内,其大无外"的。这即是说,精气是万物的最细微的单位,又充塞于天地之间,形成宇宙、万物。"道满天下,普在民所"(《内业》),无处不在,无时不有。"道""虚而无形","遍流万物而不变","万物皆得以然,莫知其极"。(《心术上》)这是作者对世界之统一性的体认。作者还进一步以气来解释生命、意识的起源与人们的精神活动,指出:"气,道(通)乃生,生乃思,思乃知,知乃止矣。"(《内业》)人们的思想、智慧也是精气运动的产物。

"四篇"作者从"天地之大观"中体认"道"(这是先秦时代诸子思想的普遍出发点),说"天之道虚,地之道静"(《心术上》),主张人应当法天地之道而虚静其心,以求得对万物的正确认识,提出"静因之道"的心性修养论。

> 无为之道,因也。因也者,无益无损也。(《心术上》)
>
> 因也者,舍己而以物为法者也。感而后应,非所设也;缘理而动,非所取也。(《心术上》)

"舍己"而"无为",尽量排除主观设想与盲动,才能"以物为法",真正实践"感而后应"的"静因之道"。"四篇"的作者认为,面对万物的纷扰,人应加强修养,使内心虚静、专一:

天之道虚,地之道静。虚则不屈,静则不变,不变则无过,故曰:不伐。洁其宫,开其门。宫者,谓心也,心也者,智之舍也,故曰宫……门者,谓耳目也。耳目者,所以闻见也。(《心术上》)

《心术上》中说:"心之在体,君之位也。""心"居君位。人们修养好心灵,去掉杂念,保证心总是处于君位,才能制耳目之官以接万物,使认识的门户不会被阻塞,即所谓"洁其宫,开其门"。① "道"是虚的,"心"也应该是虚的。"虚者,无藏也。"(《心术上》)这是说,认识主体对于所知没有主观成见与情感好恶。虚而后能静。所谓"静",就是"毋先物动,以观其则,动则失位,静乃自得"(《心术上》);"静则得之,躁则失之"(《内业》)。有了冷静的态度,才能获得有关事物及其规律的正确认识,急躁妄动则不能达到目的。作者指出:"血气既静,一意专心,耳目不淫,虽远若近。"(《内业》)"专于意,一于心,耳目端,知远若近。"(《心术下》)虚静使得内心平静、专一,集中注意力,聚精会神。《管子》四篇关于"心"之虚静、专一的思想,也容易让我们想起《庄子》、《孟子》以及后来的《荀子》等书中的相关论述。此点再一次提醒我们,不可脱离开为诸子百家所共享的、中国先秦"天道文化"这个更为浑厚的大渊源,而割裂地去考量各家各派的学说,这样的后果是亡失古书精义,甚至无法进入先秦诸子的思想脉络。②

---

① 另,《内业》篇把人的静定之心比作"精舍";针对日常生活中的动乱之心而言,修养的功夫要落实在"敬除其舍"上。白奚在论述"四篇"之"精气理论"时,对此说之甚详。参见白奚:《稷下学研究——中国古代的思想自由与百家争鸣》,北京:生活·读书·新知三联书店,1998年,第222—225页。

② 因为先入为主的各种偏见而读不懂古书的现象比比皆是,试举一二例:荀子在《解蔽》篇中描述"大人""虚壹而静"进而"大清明"的内心境界,有学者解释说"这里的'大人'指统治者,荀况总希望他的政治哲学思想为统治者所采用"(见胡家聪:《稷下争鸣与黄老新学》,北京:中国社会科学出版社,1998年,第93页),这种解释实在是错失根本;另有学者把《管子·内业》中的"抟气如神,万物备存"说成是一种"企图驾驭万物的自我感觉",进而展开说"奇怪的是,何以古人一旦习静养气,往往就会油然产生一种个人骎骎乎凌驾天地而控驭万物的虚幻感觉呢?"并把这种感觉看成是"一种特殊的气功心理现象",说"在气功静坐中,真气流转,百脉畅通,从而神完气足,身心欣悦,觉得天下事无不可为,无不易为,导致精神上的自我夸大,自我膨胀"。(见张荣明:《中国古代气功与先秦哲学》,上海:上海人民出版社,2011年,第205页。)这里,中国古代学术中的精髓部分被该学者视为"自我夸大,自我膨胀"。

《管子》一书貌似庞杂，但其对"心"的见解却十分细致而深刻，这不仅仅集中见于"四篇"之中，而且散见于《管子》全书。例如，《枢言》中强调，道之在人者乃"心"，"圣人用其心"，混混沌沌的，"纷纷乎若乱丝"，但又似乎总能理出个头绪；而"众人之用其心"，则逃不出"爱憎德怨"的藩篱。在《侈靡》篇中，"阳者进谋，几者应感"的说法更是表明，在《管子》那里积极主动的谋略和通过洁净身心而实现的随感而应（直觉）都得到了重视，从而可以丰富我们对"静因之道"理解。这也反过来启示我们，《管子》"四篇"固然称奇，但也不应把它们从《管子》书中割裂出来，只有这样我们才能从宏观上把握《管子》乃彼时中国学术的一部"百科全书"，虽然搜罗不全，结构也比较混乱（毕竟乃后人所汇编，不是现代意义上的系统化专著），但至少提醒我们，要用新的眼光去看待先秦学术史。

"《管子》四篇"与其他篇章的内在关联，促使我们去面对《管子》一书内容上的"整体性"，这一点突出的体现于它以"黄老道家"的风格表达了对"内圣外王"之学的理解。"内圣外王"一语初见于《庄子·天下》，后世往往用来说明儒家学术之宗旨。"内圣外王"之学的实质，在于凸显内心修养的学问与政治活动的内在联系。在这个意义上，"黄老道家"也是"内圣外王"之学的代表（后文论及《黄帝四经》时会再次涉及）。《管子》一书的政治、经济、军事等思想之所以不是空泛的"肤论"，而且它强调国君、人主要有德，公正无私，因民之心，因物之性，因天时地利等等，是有着深刻的哲学基础的，就在于全书是以道家道论思想（主要体现于对"心"的细致而深刻见解）为理论基础。白奚指出："《管子》精气论将通过内心修养而'得道'的学说运用于政治理论。"[①]故而《管子》所谓"心道"可以自然地类比于"君道"。正如《七臣七主》篇中所说："一人之治乱在其心，一国之存亡在其主。"再者，为君之道要崇尚"无为"，以静制动，这样才能最恰切的统领百官，使其各尽其职，也正如一人之心要静定，这样才

---

① 白奚：《稷下学研究——中国古代的思想自由与百家争鸣》，北京：生活·读书·新知三联书店，1998年，第225页。

能"无为而制窍",使四肢百骸各得其所,顺遂安康。[①]

这些线索都提醒我们,"四篇"所代表的乃是《管子》的"心学",但是作为"内圣"之基的"心学"却不局限于此"四篇",而是通贯全书,并且与其它有关"外王"的论述相为表里。

三、"阴阳"与"五行"在《管子》书中合流的轨迹

《管子》一书之内容,其特别醒目精彩处,除了刚刚讨论过的以"四篇"为代表的"精气"理论之外,还有以《幼官》《四时》《五行》《轻重己》四篇为代表的阴阳五行思想。"学术界对《心术》等四篇的研究历来比较重视,成果颇丰,而对《幼官》等四篇的研究相比之下却显得较为冷落,不仅专门的论文寥寥无几,而且涉及于此的亦不多见。"白奚认为,"《幼官》等四篇在中国思想史上的地位相当重要,作为中国传统思维框架的阴阳五行模式就是在这几篇中定型的。"[②]因此,白奚在其《稷下学研究》一书中详细地梳理了阴阳与五行这两大思想符号系统在《管子》那里合流的轨迹。

《管子》书中有一类文章如《乘马》《势》《形势解》等,只涉及"阴阳"而不见"五行",另有一类文章如《水地》《地员》等则与之相反,只涉及"五行"而不见"阴阳";然而,在《宙合》《七臣七主》《揆度》《禁藏》《侈靡》等文章中,则出现了"关键的变化","它们在阐发阴阳思想的同时,开始容纳五行思想,令五行思想与阴阳思想并行,甚至试探着将二者结合起来"[③],如《侈靡》篇中说"阴阳进退,……天地之精气有五"等等。因此,阴阳与五行这两大思想符号系统在《管子》中的合流显现出一个生动的

① 《管子》所代表的黄老道家的这些见解,我们在秦汉时期的许多文献中都可以发掘出来,比如上述说法不能不让人联想到孟子所强调的"先立其大者";"四篇"中的"精气说"可与以《黄帝内经》为代表的中医理论相互发明。先秦学术虽显"杂乱无章"但其实"浑融一体",或许是《管子》给我们最大的启示。

② 白奚:《稷下学研究——中国古代的思想自由与百家争鸣》,北京:生活·读书·新知三联书店,1998年,第234页。

③ 白奚:《稷下学研究——中国古代的思想自由与百家争鸣》,北京:生活·读书·新知三联书店,1998年,第237页。

轨迹。这是有着巨大的思想史价值的。

阴阳五行两大思想符号系统究竟合流于何时,这是学术史上要解决的重要问题。在以往的学术探讨中,一般认为清晰可见的合流或实现于董仲舒,或实现于《吕氏春秋》,或实现于《淮南鸿烈》,或实现于战国末期的邹衍。与《管子》书中其它篇章或只论阴阳,或只论五行,或仅仅若隐若现的并提阴阳五行之不同(详见上文),《幼官》、《四时》、《五行》、《轻重己》四篇"通篇都是阴阳五行思想,他们是比较成熟的阴阳五行家作品,并各自配成了以五行相生为序的大同小异的宇宙图式。这些图式的配成标志着阴阳与五行合流的实现。"[①]

阴阳五行是最具有中国韵味的符号系统,成了后世以易学和中医为代表的、几乎所有传统学术的最典型的表达工具。但是,现代学者似乎很难再进入其内在理路。一般有关阴阳五行的介绍,站在狭隘的所谓科学主义或理性主义的立场,表现出多是不解和无奈;而"同情的理解"则又往往呈现为观念或事物的"堆砌"和"比附"。究竟如何显发阴阳五行符号系统中所蕴含的深沉的哲学意味,仍然是现代学者要去攻克的学术难关,不可等闲视之,更不可怀着所谓"哲学发展史"的成见视古人为肤浅和幼稚。在这方面,《管子》则给我们提供了更为源头性的资料,其弥足珍贵亦于此可见。[②]

第三节 《黄帝四经》

稷下学派中部分推崇老子学说的学者把老子的思想与法家思想加

① 白奚:《稷下学研究——中国古代的思想自由与百家争鸣》,北京:生活·读书·新知三联书店,1998年,第239页。另,谢浩范、朱迎平认为:"《周易》论阴阳而不及五行,《尚书·洪范》论五行而不言阴阳,《管子》中的《幼官》、《四时》、《五行》、《轻重己》诸篇则将阴阳和五行结合起来,将五行配于四时,并将时令、方物以至治国、用兵之道都与四时、五行相联系,论述了'阴阳至运'、'五行相生'、'天人感应'等思想。"(氏著《管子全译》"前言",贵阳:贵州人民出版社,1996年,第5页。)
② 张连伟《〈管子〉哲学思想研究》(成都:巴蜀书社,2008年)中有专章讨论"《管子》阴阳五行思想",可资参考。见该书第68—102页。

以整合而使道家向应用方面发展,并且把自己的著述托名于黄帝。于是,后人把他们称为"黄老学派"。但是,据传世文献,黄老学派的具体格局和发展脉络却并不易理出,因而上述关于稷下黄老之学的说法,也只能说是思想史上的假设。①

1973年,湖南长沙马王堆出土了二十余组帛书,其中两组是后代一直流传不断的《老子》的两个不同传抄本,被称为《老子》帛书甲、乙本。在《老子》帛书乙本前有四篇后代未见流传的佚书,即《经法》、《十六经》(或称《十大经》、《经》)、《称》和《道原》。此四篇佚书最开始被称为"马王堆《老子》乙本卷前古佚书",但因其书大旨颇类《老子》,出土时又和《老子》乙本为一组,且书中又称道黄帝(其实只有《十六经》直接提及黄帝》),遂被诸多学者认为是西汉时期为司马迁所提及的"黄老"、"道家"学术系统中的"黄帝之书"。这一发现使黄老道家的面目变得清晰了许多。考古学界认为它们就是《汉书·艺文志》记载但已失传的《黄帝四经》(更为谨慎者则称其为"黄帝书"或者"黄老帛书")。学界一般认为,《黄帝四经》是战国黄老之学的作品。它与帛书《老子》乙种合卷,正好说明两者有某种联系,当然也进一步印证了黄老思潮在汉初的盛行。②

《黄帝四经》和《老子》一起并提,被看作是"黄老之学"的奠基之作,是有着清晰可见的理据可寻的。此二书有颇多类似之处。首先,《黄帝四经》的很多表述方式与《老子》相近,如"实穀不华,至言不饰,至乐不

---

① 韩国学者金晟焕的《黄老道探源》是一个非常好的尝试,其视野宏阔,关注的是先秦两汉学术整体,并未局限于稷下学之黄老道家。参见《黄老道探源》,北京:中国社会科学出版社,2008年。

② 有关《黄帝四经》的释文和研究可参考:余明光《黄帝四经与黄老思想》,哈尔滨:黑龙江人民出版社,1989年;谷斌《黄帝四经今译·道德经今译》,北京:中国社会科学出版社,1996年;白奚《稷下学研究——中国古代的思想自由与百家争鸣》中的"稷下的主流学派黄老之学"章,北京:生活·读书·新知三联书店,1998年;魏启鹏《马王堆汉墓帛书〈黄帝书〉笺证》,北京:中华书局,2004年;荆雨《自然与政治之间——帛书〈黄帝四经〉政治哲学研究》,长春:东北师范大学出版社,2007年,等等。《黄帝四经》目前已经有英文、荷兰文、日文(部分)等译本。参见雷敦和《关于马王堆黄帝四经的版本和讨论》,载《道家文化研究》第18辑,北京:生活·读书·新知三联书店,2000年。

笑"(《称》),让我们想起《老子》书中的"信言不美"、"善者不辩"、"智者不博"等语。就思想层面而言,《黄帝四经》贵雌尚柔(如《经·雌雄节》),也一如《老子》。当然,最为根本的理由则在于,《黄帝四经》中的"道"论亦颇类于《老子》。和《老子》一样,《黄帝四经》以"道"为本源,建立起宇宙论。《道原》称:

> 恒无之初,迥(洞,即通)同大(太)虚。虚同为一,恒一而止,湿湿梦梦,未有明晦。神微周盈,精静不熙。故末有以,万物莫以。故无有形,大迥无名。天弗能覆,地弗能载。……万物得之以生,百事得之以成。人皆以之,莫知其名;人皆用之,莫见其刑(形)。一者其号也,虚其舍也,无为其素也,和其用也。

这个"恒无之初",上博楚简中为"恒先之初"。恒先之初是存在的,就是"道"。"道"为"虚"为"一",无形无名,万物却"得之以生",万事却"得之以成",它是宇宙世界的终极本原。《黄帝四经》这类说法,均类近《老子》。依这样的"道",如何用世,如何为治呢?《经法·道法》称:

> 虚无有,秋毫成之,必有形名。形名立,则黑白之分已。故执道者之观于天下也,无执也,无处也,无为也,无私也。是故天下有事,无不自为形名声号矣。形名已立,声号已建,则无所逃迹匿正矣。

"道"是"虚"的,得"道"者也应"虚无有",即没有任何主观执着,一切行事均依从于"形名"。所谓"形名"即是法家所讲的"循名责实":每个个人接受什么职位(名),就应该承担什么责任(实、形);上级官员或国君只依其职位(名)与业绩(实、形)是否相符,审核属下的是非优劣,不加任何主观的喜好。《经法》这里所说的"形名立,则黑白之分已",即指这种"循名责实"的审核方式。

"形"与"名"、"职位"与"责任",是以法令条文的形式公布于众的,是故以"道"治国实即以"法"治国。于此可征《黄帝四经》黄老道家的特点:

> 道生法。法者,引得失以绳,而明直者也。[故]执导者,生法而

弗敢犯也,法立而弗敢废[也]。(《经法·道法》)

　　法度者,正之至也。而以法度治者,不可乱也。……精公无私
而赏罚信,所以治也。(《经法·君正》)

　　这些说法都明确认定,要以"法"作为唯一准绳治理国家。"道生法"
者,即谓"执道者"唯依法行事,不添加任何个人的好恶。显见,黄老学实
为以道家融摄法家形成的一个思潮。这种融摄一方面取道家清净无为
的思想作为基本理念,另一方面使法家的某些措施作为治国的必要手段
得以实行。此点可以和上文所论之《管子》相互发明。

　　总之,稷下黄老学派主张"道"是万物之本,无所不在,"道"表现为支
配事物的法则和规律,只有顺应自然,因循法则和规律,才可以化"道之
无为"成"法之有为"。他们的政治主张体现了法家之学,而哲学基础却
与《老子》思想想通。

　　《黄帝四经》与《老子》一样,将养生、治国、用兵融为一体,体现了
黄老道家的显著特点(这也是我们考察《老子》与《庄子》之不同的重要
切入点)。其"内圣"(养生)与"外王"(治国、用兵)两个维度是二而一、
一而二的相辅相成的关系。其网罗式、类比式的言说方式立足于阴阳
范畴,"凡论必以阴阳明大义"(《称》),认为"万物负阴而抱阳"(《老
子》),强调从阴阳、牝牡、刚柔等等可以无穷引申的对待关系中"得天
之微"(《经·观》)。[①]

　　联系上文已经讨论过了的《管子》,我们还可以看到,后来黄老道家
的发展演化,不惟在于"五行"思想符号系统的融入,也体现于其在阴阳
范畴的基础上而展现出来的"时"的观念的丰富性。《老子》并未明确言
及"时",而《黄帝四经》和《管子》(以及《易传》等其它有黄老道家气息的
众多先秦两汉文献)中则处处见"时"。如《管子》书中说"时者得天"、"天
以时使"《枢言》、"以时事天"、"变其(之)美者应其时"(《侈靡》),《黄帝四

[①]《荀子·解蔽》:"微者,精妙之谓也";《吕氏春秋·大乐》:"道也者,至精也。"又,请参见魏启
　　鹏:《马王堆汉墓帛书〈黄帝书〉笺证》,北京:中华书局,2004 年,第 102 页。

经》中说"当天时,与之皆断,当断不断,反受其乱"(《经·观》)等等,此等"时论"俯拾皆是。"时"者"四时"也;"四时"者,大化之流行也。四时变化似乎人所共喻,司空见惯,但"天地不可留","化故从新","天地若夫神之动","化变者也,天地之极也"(《管子·侈靡》)的微妙神奇及其与人类生命活动谜一样的内在关联,则是中国古代哲学所极力要在人的心中去唤醒去复苏的。也只有这样,我们才能理解,黄老道家为什么要强调阴阳刑德与"四时"的联系(政治上的赏善罚恶一如天地在四时变化中的生杀予夺),以及其它方方面面与"天时"有关的论述。

如上所述,《黄帝四经》和《老子》有许多共同点,都体现了黄老道家的特点,但是《黄帝四经》也有一些思想,为《老子》所无,而且对照鲜明。一个很突出的例子就在二者对待"争"的见解不同。《老子》强调"不争之德",而《黄帝四经》尽管承认"作争者凶",但也明确了,"不争亦毋(无)以成功"(《经·五正》、《经·姓争》)。魏启鹏说这一思想"是对老子思想的修正和发展","在传世先秦诸子书中亦罕见"。[1] 面对动荡不安的天下大势,在大臣阉冉的启发下,黄帝认识到不惟治理天下,即使是养生也不能无争,因为"怒若不发,浸廪(浮)是为痈疽"(《经·五正》)。[2] 但是,即使认识到了战争局面不可避免,在对蚩尤的战争发动之前,黄帝还是过了三年"静修"以求实现"自知"的"隐居"生活。

此处有两点值得特别关注,从中我们可以以小见大,看出包括《黄帝四经》在内的黄老道家思想在整个中国文化中价值。

其一,黄帝和蚩尤之"争"的必要性虽然得到了承认,但黄老道家融合道法,其"养生以经世"的根本特点(黄帝在战争前的"隐居"和"静修")依然清晰可见,这不能不让人去思考,它和"修身以治国"的儒家理念之间的内在联系。汉武帝之后,尤其是朱熹将《礼记》中的《大学》篇特别表彰出来之后,"修身以治国"虽然成为整个中国政教文化之基石,但是没

① 魏启鹏:《马王堆汉墓帛书〈黄帝书〉笺证》,北京:中华书局,2004 年,第 116、140 页。
② 魏启鹏的疏解是"如果怒气被长期压抑不发,浸蚀蔓延就形成毒疮",见氏著《马王堆汉墓帛书〈黄帝书〉笺证》,北京:中华书局,2004 年,第 123 页。

有"养生以经世"的"砥砺"和"颉颃","修身"之"身"恐怕会失去其"血肉"而被完全"道德化"。"养生"时刻提醒人回归到本己的"血肉之身",体认"精神生活"的"身体渊源",而这其实也是大学"修身"的应有之意,可惜为后世所忽略。由此可见,黄老道家在中国文化中的意义在于,它总是能在不经意间昭示世人去思考政治生活("外王")与精神生活("内圣")之间的内在联系,去唤醒过度沉溺在"文化"之中的人去回归"自然"。

其二,黄老道家也在处理类似于儒家道统中的"革命天理化"问题,而这也是与"内圣外王"相关的一个问题。《黄帝四经》中有关于黄帝对蚩尤战争过程前前后后的描述,可以和《尚书》中的汤、武革命对观。两个文本对"革命"的"天理化"为什么处理得如此"用心"？这种态度其实和近现代社会中"革命热情"很不一样。两个文本对黄帝革命和汤、武革命的反复铺陈、再三申辩,其实是在努力地面对一个在如火如荼的革命中常常被刻意忽视的关键问题:每一政权之建立与运作都带着不可避免的"恶"？① 这一疑问逼人直面政治、国家的"另一张脸",对于现代民众积极参与对国家政权的批判和监督,对于当下的中国不断完善自由、民主国家的建设是有警示意义的。

《黄帝四经》的出土激发了学界对黄老道家的研究热情,为以黄老道家为脉络更为深入地梳理中国文化提供了新的视角,其对我们现代人重新契入中国文化,进一步理解自身、完善自身,过一种更为真诚的精神生活是有重大意义的。

---

① 《易传》与黄老道家的关联多有学者提及。此处,与"革命"有关的疑问也可以帮助我们进一步理解,《系辞上传》中"聪明睿智,神武不杀者"一语,针对的其实就是"革命"、"政治"生活中的杀戮而言。"外王"何其不易,也正可反证"内圣"之迫切,故而《易传》此章中频言"洗心"(帛书作"佚心",两者皆通)、"斋戒","退藏于密"以"神明其德言"。

第十四章　《礼记》中的哲学思想

　　《礼》，在西汉时是五经之一，被称为《礼经》。《礼经》的一些内容是针对士阶层的，又被称为《士礼》。晋以后，《礼》、《礼经》、《士礼》之名被《仪礼》之名所取代。我们今天看到的《仪礼》十七篇，只是《礼》流传下来的一部分。根据《史记》、《汉书》的《儒林传》，鲁高堂生传《士礼》十七篇。在传衍中，经萧奋、孟卿、后仓、戴德、戴圣等学者整理，就有了今本《仪礼》。古人一般以《仪礼》为经，《记》则是解释经的传。如：《仪礼》有《士冠礼》、《士昏礼》、《乡饮酒礼》、《乡射礼》、《燕礼》、《聘礼》、《丧服》，《礼记》则有《冠义》、《昏义》、《乡饮酒义》、《射义》、《燕义》、《聘义》、《丧服小记》等，足见《记》的功用在于解经。其他各篇，不外乎修身化俗之道，别嫌防微之方，虽然不尽与《仪礼》相比附，所论都是治身治国之理。

　　《礼记》是儒家文献的辑录，有《大戴礼记》与《小戴礼记》两种，是汉代礼家抄录、整理诸《记》的集结。大戴是戴德，小戴是戴圣，汉宣帝时期人，是叔侄俩。《大戴礼记》原有八十五篇，现存四十篇。《小戴礼记》仍为四十九篇，其中《曲礼》、《檀弓》、《杂记》篇分上下，实为四十六篇。晋陈邵《周礼论序》说戴德删古礼二百零四篇为八十五篇，戴圣删《大戴礼》为四十九篇，清代学者通过考证认为此说不可信，因为二戴《礼记》篇目重复多，文字有异，很可能是依古本各自删定而成。二戴《礼记》的各篇，有的来自他们的老师后仓《曲台记》的内容(《汉志》有《后氏曲台记》九篇),但更多的是从多种《记》中抄合而成的。这些《记》流传于春秋末期至汉代,在西汉宣帝以前也被称为《礼》。①《大戴礼记》很重要,可惜这一书没有《小戴礼记》那么幸运。

1993 年 10 月湖北荆门郭店一号楚墓发掘出来,1998 年初步整理出版之后,以及 2000 年以来上博楚简整理出版之后,人们逐渐发现战国楚简中有很多与《礼记》相同、相近、相类似、可互证互通的材料。目前学者们倾向于认为《礼记》诸篇都是先秦时期的作品,有的篇目在流传过程中掺入了汉代人的少量的文字。可以参阅王锷《〈礼记〉成书考》、吕友仁《〈礼记〉研究四题》、丁鼎《礼记解读》等书。

论者以为,《礼记》诸篇章,"绝大部分形成于先秦时代,是由孔子的弟子、门人、后学传下来的,但流传中有所修改和增补。其修改有的牵扯到内容,有的则在传习中以当时之语述之,只字句有所变化而已。不能因为这部书中个别篇章产生于秦汉以后,即以全书为秦汉以后的著作。"②故我们把有关《礼记》的讨论放在先秦卷。

关键问题是《礼记》各篇章产生的时代与作者是谁?《礼记》的诠释,宜以各篇章为单位,原因在于《礼记》成书复杂,各篇内容十分丰富,以各篇,最好以各章为单位,比较具体。当然,《礼记》毕竟是一部经典,仍然可以统合而言之。

本章重点讨论《王制》、《礼运》、《大学》、《中庸》、《乐记》等篇,故先说说这几篇的时代与作者。在《礼记》四十九篇中,《王制》是第五篇,《礼运》是第九篇,《乐记》是第十九篇,《中庸》是第三十一篇,《大学》第四十二篇。

关于《王制》的写作时代与作者,众说纷纭,莫衷一是。郑玄认为在

---

① 参见杨天宇:《〈礼记〉简述》,载《礼记译注》,上海:上海古籍出版社,1997 年,第 11—14 页;吕友仁:《〈礼记〉研究四题》,北京:中华书局,2014 年,第 13、18 页。本章关于《礼记》的引文及解释,多从杨天宇《礼记译注》,特此致谢。
② 赵逵夫:《〈礼记〉成书考》"序",载王锷《〈礼记〉成书考》,北京:中华书局,2007 年,第 15 页。

战国时,孟子之后。任铭善对郑说加以论证,认为是篇出于战国末期的深受孟子影响的儒者。卢植认为《王制》是汉文帝时博士所作,孔颖达认为《王制》作于秦汉之际。任铭善驳斥卢植、孔颖达说甚为有力。① 钱玄、杨天宇都支持郑玄、任铭善说。② 王锷则认为《王制》成于战国中期,在《孟子》之前。③ 我们取郑玄、任铭善说。

关于《礼运》的写作时代与作者,任铭善认为是子游记孔子之言,也有后人窜入的文字。④ 杨天宇认为此篇受战国末阴阳五行思想影响,可能是秦、汉时期的作品。⑤ 王锷认为,《礼运》全篇是孔子与子游讨论礼制的文字,主体部分是子游记录的,大概写于战国初期,在流传过程中约于战国晚期掺入了阴阳五行家言,又经后人整理而成为目前我们看到的样子。⑥ 我们取任铭善、王锷说。

如此看来,《礼运》、《王制》文本大体上定型于战国末期,基本上是儒家关于理想社会及圣王时代理想制度的讨论,其中有些制度对后世的制度建设发生过作用,有些理想社会的描述则启发了廖平、皮锡瑞、康有为、孙中山、毛泽东等。

关于《大学》的写作时代与作者。《大学》为宋代儒者推崇备至,成为"四书"之一。二程以《大学》为"孔氏之遗书"。朱熹认为《大学》首章是"孔子之言,而曾子述之。其传十章,则曾子之意而门人记之也。"(《大学章句》)今人李学勤结合马王堆帛书和郭店楚简的《五行》,认为朱子之说很有道理。王锷认为朱子、李学勤的看法很有根据,认定该篇是战国前期的作品。⑦

---

① 任铭善:《礼记目录后案》,济南:齐鲁书社,1982年,第11—14页。
② 钱玄、钱兴奇编:《三礼辞典》,南京:江苏古籍出版社,1998年,第243—244页;杨天宇:《礼记译注》,上海:上海古籍出版社,1997年,第192页。
③ 王锷:《〈礼记〉成书考》,北京:中华书局,2007年,第184—188页。
④ 任铭善:《礼记目录后案》,济南:齐鲁书社,1982年,第23—25页。
⑤ 杨天宇:《礼记译注》,上海:上海古籍出版社,1997年,第362页。
⑥ 王锷:《〈礼记〉成书考》,北京:中华书局,2007年,第241页。
⑦ 参见王锷:《〈礼记〉成书考》,北京:中华书局,2007年,第59—62页。

关于《中庸》的写作时代与作者。《史记·孔子世家》曰:"子思作《中庸》。"《汉书·艺文志》著录"《子思》二十三篇",班固注:"名伋,孔子孙,为鲁缪公师。"东汉郑玄说:"名曰《中庸》者,以其记中和之为用也。庸,用也。孔子之孙子思伋作之以昭明圣祖之德。"(《礼记正义》卷五二引)南朝梁沈约指出,《礼记》中的"《中庸》、《表记》、《坊记》、《缁衣》,皆取《子思子》"(《隋书·音乐志》引)。子思的著作已佚,"今可见而能确定者,惟此四篇耳"①。此四篇文风一致,多次引证《诗经》。当然,今本《中庸》在传衍过程中被后人附益,其修改写定当在战国中晚期,但其中的一些思想观点却源于子思。《中庸》中的"今天下车同轨、书同文、行同伦","载华岳而不重"等文字显然讲的是秦统一以后的事。《中庸》自宋仁宗、高宗提倡,二程、朱子等大儒详加注订,朱熹将它与《大学》、《论语》、《孟子》合为"四书",便大行于天下。郭店楚简中有《鲁穆公问子思》、《五行》、《缁衣》等篇,以上诸篇是与子思子有密切关系的资料。

关于《乐记》的写作时代与作者,本章谈礼乐处再详说。

笔者对《礼记》的关切或诠释有这样几个重点:第一,《礼记》中所蕴含的终极性与宗教哲学的内容及其意义;第二,《礼记》中所蕴含的生态环保伦理的内涵与意义;第三,《礼记》中所蕴含的儒家政治社会哲学与社会治理方面的内容及其意义;第四,《礼记》中所论述的礼和乐是什么,两者的关系如何;第五,《礼记》中所蕴含的道德哲学,即修养身心性情、培养君子人格的内涵与意义。

第一节 《礼记》中的终极信仰与天人关系

一、"礼"的宗教性与超越性

关于"礼"的社会学起源,《礼运》详述了"夫礼之初,始诸饮食"云云,

---

① 张舜徽:《汉书艺文志通释》,武汉:湖北教育出版社,1990年,第100页。张氏在同页又说:"《太平御览》卷四百三引《子思子》曰:'天下有道,则行有枝叶;天下无道,则言有枝叶。'即《表记》文,足证沈约说可据。推之其他佚篇,亦当多在两戴《礼记》中,但不易识别耳。"

指出礼起于俗，与人们的衣食住行、葬祭活动方式有密切联系。由于葬礼、祭礼的仪式与意义本身涉及养生送死，事奉天神上帝，与神灵相沟通、相往来，因此关于"礼"的起源、发展、过程的讨论，肯定要追溯到"礼"的根源与根据。关于"礼"的终极根源与根据，《礼运》则假孔子之口回答言偃之问，谓"礼必本于天，殽（效）于地"：

> 孔子曰："夫礼，先王以承天之道，以治人之情，故失之者死，得之者生。《诗》曰：'相鼠有体，人而无礼。人而无礼，胡不遄死。'是故夫礼，必本于天，殽于地，列于鬼神，达于丧、祭、射、御、冠、昏、朝、聘。故圣人以礼示之，故天下国家可得而正也。"（《礼记·礼运》）

这里指出，"礼"是前代圣王禀承天之道，用来治理人情的，以"礼"治天下国家是十分重要的。"礼"根据于"天"，效法于"地"，具有神圣性。这里肯定了"礼"的形上根据，比荀子的"礼有三本"说更加重视终极性。《礼运》又指出，规范有序、庄严肃穆的祭祀，用以迎接上天之神与祖宗神灵的降临；祭礼的社会功能可以端正君臣，亲和父子兄弟的恩情，整齐上下关系，夫妇各得其所，"是谓承天之祜"，这即承受了上天的赐福。

《礼运》指出："故先王秉蓍龟，列祭祀，瘗缯，宣祝嘏辞说，设制度，故国有礼，官有御，事有职，礼有序。"即先王持各种蓍草、龟甲，依次安排各种祭祀，埋下币帛以赠神，宣读告神和祝福的文辞，设立制度，使国有礼制，官有统系，事有专职，礼有秩序。接着指出：

> 故先王患礼之不达于下也，故祭帝于郊，所以定天位也；祀社于国，所以列地利也；祖庙，所以本仁也；山川，所以傧鬼神也；五祀，所以本事也。故宗祝在庙，三公在朝，三老在学，王前巫而后史，卜筮瞽侑皆在左右。王中心无为也，以守至正。故礼行于郊而百神受职焉，礼行于社而百货可极焉，礼行于祖庙而孝慈服焉，礼行于五祀而正法则焉。故自郊、社、祖庙、山川、五祀，义之修而礼之藏也。（《礼记·礼运》）

这是孔子讨论先王通过各种祭礼，使礼下达于民众。这里也反映了我国古代有巫觋传统，诸先王本人就是最高祭司，又兼社会事务的领袖。天子在郊外祭祀皇天上帝，以确立天的至尊地位。在国都中祭祀社神，用以歌颂大地的养育之功。祭祀祖庙，体现仁爱。祭祀山川，用以敬礼鬼神。祭祀宫室的五祀神，用以体现事功。因此设置宗人与祝官在宗庙，三公在朝廷，三老在学校，天子前有巫官后有史官，卜人、筮人、乐官等都在左右，天子居中，无为而治，持守正道。因此在郊区祭祀天帝，天上群神都随上帝享祭而各受其职。祭祀社神，大地的各物资物产可以尽其用。祭祀祖庙，父慈子孝的教化可以施行。祭祀五祀，从而整饬各种规则。所以，从郊天、祀社、祭祖、祭山川至五祀，就是修养与坚守礼义。

> 是故夫礼，必本于大（按：即"太"）一，分而为天地，转而为阴阳，变而为四时，列而为鬼神。其降曰命，其官于天也。夫礼必本于天，动而之地，列而之事，变而从时，协于分艺。其居人也曰養（应为"義"），其行之以货力、辞让、饮食、冠昏、丧祭、射御、朝聘。（《礼记·礼运》）

"太一"指天地未分时混沌的元气，至大无垠。礼在总体上必以"太一"为根本。"太一"分离而为天地，转化为阴阳，变动为四时。四时更迭运转，在天地间布列了主管生成万物的种种鬼神。"太一"的气运降临到人世间就叫做"命"，"太一"对万物的主宰在于"天"。礼必根据于"天"与"天理"，运用于大地，分布于众事，并随四季而变化，配合十二月来制定事功的标准。礼在人叫做义，而礼的实行是通过财物、体力、谦让、饮食、冠礼、婚礼、丧礼、祭礼、射礼、御礼、朝觐礼、聘问礼等表现出来。

据《王制》，天子巡守时要拜五岳。巡视东方，要到泰山烧柴祭天，望祭山川。天子还要考察诸侯对山川之神是否祭祀，不祭祀就是不敬，就要削减其封地。对宗庙不顺的就是不孝，对不孝的国君要降其爵位。天子外出之前，要祭上帝、社神、祢庙。诸侯外出之前，要祭社神与祢庙。

从礼仪中抽绎出来的"礼"的新观念，淡化了宗教的意味，特别是许多道德观念，几乎都是由礼加以统摄的。徐复观先生从《左传》、《国语》

中找到很多资料,特别是关于"敬"、"仁"、"忠信"、"仁义"等观念,与"礼"紧密地联系在一起。徐复观先生进而指出,春秋时代以"礼"为中心的人文精神的发展,将古代宗教人文化了,使其成为人文化的宗教。他说:"第一,春秋承厉、幽时代天、帝权威坠落之余,原有宗教性的天,在人文精神激荡之下,演变而成为道德法则性的天,无复有人格神的性质。""此时天的性格,也是礼的性格。""第二,此时的所谓天、天命等,皆已无严格地宗教的意味,因为它没有人格神的意味。"①他认为,春秋时代诸神百神的出现,大大减低了宗教原有的权威性,使诸神进一步接受人文的规定,并由道德的人文精神加以统一。

我们认为,尽管如此,从以上材料看,天、天命等仍有宗教、人格神的意味。先秦儒家祭祀最重视的是祭天祭地,祭天地就是追本溯源,尊重其所自出,在这层意义上,"天地"即人的父母。"天地"有着价值本体意涵,又具有宗教性意涵。从《礼运》、《王制》等文本看,这些篇的作者仍认为"天神"是至上神,对天神的崇拜要重于对地神的崇拜,然后就是对山川诸神的崇拜。除祭祀至上神与自然神灵外,还要祭祀祖宗神灵。这里反映出人文化的"礼"仍具有的"宗教性"与"超越性"。"宗教性"与"超越性"是不同的而又有联系的两个概念。通过读《礼记》,我们从精神信仰的层面肯定儒学具有"宗教性"。"天"是人文之"礼"最终的超越的根据。

二、人道与天道相贯通

同时,《礼记》诸篇,尤其是《中庸》,又特别强调人性、人道与天道的贯通。《中庸》开宗名义指出:"天命之谓性,率性之谓道,修道之谓教。"这是全篇的纲。意思是说,上天所赋予人的叫做"本性",遵循着本性而行即是"正道",使人能依其本性而行,让一切事合于正道,便叫做"教化"。《中庸》以天道为性,即万物以天道为其性。人与万物的性是天赋的,这天性之中有自然理,即天理。这实际上是说,天赋予人的是善良

① 徐复观:《中国人性论史·先秦篇》,台北:台湾商务印书馆,1987年,第51—52页。

的德性。"率性之谓道","率"是循的意思,率性是循其性,而不是任性。一切人物都是自然地循当行之法则而活动,循其性而行,便是道。一切物的存在与活动,都是道的显现。如就人来说,人循天命之性而行,所表现出来的便是道。如面对父母,便表现孝。人因为气质的障蔽,不能循道而行,所以须要先明道,才能行道,而使人能明道的,便是教化的作用。一般人要通过修道明善的工夫,才能使本有之性实现出来。

《中庸》又曰:"喜怒哀乐之未发,谓之中;发而皆中节,谓之和。中也者,天下之大本也;和也者,天下之达道也。致中和,天地位焉,万物育焉。""中节"的"中",是符合的意思,"节"即法度。情感未发之前,心寂然不动,没有过与不及的弊病,这种状态叫"中"。"中"是道之体,是性之德。如果情感抒发出来能合乎节度,恰到好处,无所乖戾,自然而然,这就叫做"和"。"和"是道之用,是情之德。"中"是天下事物的大本,"和"则是天下可以通行的大道,谓之"达道"。君子的省察工夫达到尽善尽美的"中和"之境界,那么,天地安于其所,运行不息,万物各遂其性,生生不已。以上性、道、教的关系与"致中和"的理论,背景是对至上天神天道的终极性的信仰与信念。

关于天与人、天道与人道的关系,《中庸》是以"诚"为枢纽来讨论的。"诚"是《中庸》的最高范畴。"诚"的本意是真实无妄,这是上天的本然的属性,是天之所以为天的根本道理。"诚者,天之道也;诚之者,人之道也。诚者不勉而中,不思而得,从容中道,圣人也。诚之者,择善而固执之者也。"天道公而无私,所以是诚。"诚之者",是使之诚的意思。圣人不待思勉而自然地合于中道,是从天性来的。普通人则有气质上的蔽障,不能直接顺遂地尽天命之性,所以要通过后天修养的工夫,使本具的善性呈现出来。这是经由求诚而最后达到诚的境界的过程。

求诚的工夫是:"博学之,审问之,慎思之,明辨之,笃行之。"这是五种方法。广博地学习,详细地求教,谨慎地思考,缜密地辨析,切实地践行,这"五之"里面就包含有科学精神。《中庸》还强调"人一能之己百之,人十能之己千之"的学习精神。

《中庸》认为,由至诚而后明善,是圣人的自然天性;而贤人则通过学习、修养的功夫,由明德而后至诚。由诚而明,由明而诚,目的是一样的,可以互补。"自诚明谓之性,自明诚谓之教。诚则明矣,明则诚矣。唯天下至诚,为能尽其性。能尽其性,则能尽人之性。能尽人之性,则能尽物之性。能尽物之性,则可以赞天地之化育。可以赞天地之化育,则可以与天地参矣。"只有天下至诚的圣人,能够极尽天赋的本性,于是能够兴养立教,尊重他人,极尽众人的本性,进而尊重他物,极尽万物的本性,使万物各安其位,各遂其性。既如此,就可以赞助天地生养万物。这使得人可以与天地鼎足而三了,人的地位由此彰显。这也是首章"致中和,天地位焉,万物育焉"的意思。人体现了天道,即在道德实践中,见到天道性体的真实具体的意义。从上我们也不难看出《中庸》的天人合德的思想:天赋予人以善良本性,即天下贯而为人之性;人通过修养的工夫,可以上达天德之境界。由天而人,由人而天。《中庸》贯通"天道"与"人道"的"诚"以及对"诚"与"明"的讨论在中国哲学史上有典范意义。

第二节 《礼记》中的生态伦理思想

一、天地生物

"天地"是万物之母,一切皆由其"生生"而来。"天地和同,草木萌动"(《礼记·月令》),"和故百物皆化"(《礼记·乐记》),"草木"、"百物"的化生都是以"和"为条件的。"天地不合,万物不生"(《礼记·哀公问》),"天地合而后万物兴焉"(《礼记·郊特牲》),天地是万物化生的根源,生态系统的"生生大德"就是借"天"、"地"两种不同力量相互和合、感通而实现的。

《礼记·乐记》曰:"天地相荡,鼓之以雷霆,奋之以风雨,动之以四时,暖之以日月,而百化兴焉。如此则乐者天地之和也。"《礼记》通过对"天地"生物与四时的描述,认为"乐"是"天地之和"的体现;反而观之,

"天地"通过雷霆、风雨鼓动宇宙间的阴阳二气而四时无息地展现其"生生大德"的景象，又何尝不是宇宙间最壮丽动人的生命交响的演奏！

《中庸》有言："故至诚无息。……天地之道，可壹言而尽也：其为物不贰，则其生物不测。……今夫天，斯昭昭之多；及其无穷也，日月星辰系焉，万物覆焉。今夫地，一撮土之多；及其广厚，载华岳而不重，振河海而不泄，万物载焉。今夫山，一卷石之多；及其广大，草木生之，禽兽居之，宝藏兴焉。今夫水，一勺之多；及其不测，鼋鼍、蛟龙、鱼鳖生焉，货财殖焉。"天地日月星辰是无限的宇宙，天地之间有山河大地，是一个大的具有无限性的生态空间系统，草木禽兽等万物在其中蕃衍，生生不息。这是人类赖以生存其间的一个大的生命共同体。

儒家对生态系统"生生大德"的认识，对"天"（阳）、"地"（阴）"和以化生"的认识，都是很深刻的。生态系统是一个不断创生的系统，这是儒家对"天地"这个大的生态居所的深切感悟，这在今天已经成为环境伦理学的普遍共识。

在"天人合一"理念下，"天"是一切价值的源头，而从"生物"而言，天、地往往须并举，且很多时候举"天"即统摄着"地"。所以，我们也可以说"天地"是生态系统中一切价值的源头。儒家有着人与万物一体同源的共同体悟，唯有如此，人才可能对万物都持有深切的仁爱、关怀，将整个天地万物都看作是与自己的生命紧紧相连的。在这种价值来源的共识之上，儒家的生态伦理可以建立范围天地万物的生态共同体，将生态系统真正视为人与万物共生、共存的生命家园。《礼运》指出：

> 故人者，其天地之德，阴阳之交，鬼神之会，五行之秀气也。故天秉阳，垂日星；地秉阴，窍于山川。
>
> ……
>
> 故人者，天地之心也，五行之端也，食味，别声，被色而生者也。故圣人作则，必以天地为本，以阴阳为端，以四时为柄，以日、星为纪，月以为量，鬼神以为徒，五行以为质，礼义以为器，人情以为田，

四灵以为畜。以天地为本，故物可举也。以阴阳为端，故情可睹也。以四时为柄，故事可劝也。以日、星为纪，故事可列也。月以为量，故功有艺也。鬼神以为徒，故事有守也。五行以为质，故事可复也。礼义以为器，故事行有考也。人情以为田，故人以为奥（犹主也）也。四灵以为畜，故饮食有由也。（《礼记·礼运》）

这里肯定了宇宙生态各层次中，人处在较高的层次；人体现了天地的德性，阴阳的交感，鬼神的妙合，荟萃了五行的秀气；人是天地的心脏，五行的端绪，是能调和并品尝各种滋味，创造并辨别各种声调，制作并披服各色衣服的动物。尽管人是万物之灵，但人仍从属于生态系统之整体。因此，圣人制作典则，必以天地大系统为根本，以阴阳二气交感为起点，以四时所当行的政令为权衡，以日、星的运行来纪时，以十二个月来计量事功，以鬼神为依傍，以五行的节律为本位，以礼义为器具，以人情为田地，以四灵为家畜。

因此，人在天地之中一定要尊重山川、动物、植物等。这种尊重与敬畏，通过祭祀山林川泽加以表达：

天子祭天地，诸侯祭社稷，大夫祭五祀。天子祭天下名山大川，五岳视三公，四渎视诸侯。诸侯祭名山大川之在其地者。天子、诸侯祭因国之在其地而无主后者。（《礼记·王制》）

二、因时取物

《礼记》强调，礼是符合时令，配合地的物产的。人取用动植物，依据于不同季节有不同的生物，不同的地理环境有不同的物产。

礼也者，合于天时，设于地财，顺于鬼神，合于人心，理万物者也。是故天时有生也，地理有宜也，人官有能也，物曲有利也。故天不生，地不养，君子不以为礼，鬼神弗飨也。居山以鱼鳖为礼，居泽以鹿豕为礼，君子谓之不知礼。故必举其定国之数，以为礼之大经，礼之大伦，以地广狭，礼之薄厚，与年之上下。是故年虽大杀，众不

匡惧,则上之制礼也节矣。(《礼记·礼器》)

可见制礼与行礼的原则是不违背自然的原则,故一定时空条件下不适于生长的物产,君子不用来行礼,鬼神也不会享用。以本地希罕的动物作为礼品,这种人是不懂礼的。行礼须以本国本地的物产,根据土地的大小、年成的好坏,量力而行。

《礼记·月令》有言,"(仲春之月)安萌芽,养幼少","毋竭川泽,毋漉陂池,毋焚山林";"(孟夏之月)继长增高,毋有坏堕,毋起土功,毋发大众,毋伐大树"。人们取用动植物,必须考量时间,不可以在生长期、繁衍期滥砍滥杀,不砍伐小树,不射杀幼鸟兽与怀孕的兽,否则就是不孝:

> 曾子曰:"树木以时伐焉,禽兽以时杀焉。夫子曰:'断一树,杀一兽,不以其时,非孝也。'"(《礼记·祭义》)
>
> 孟春之月……命祀山林川泽,牺牲毋用牝。禁止伐木。毋覆巢,毋杀孩虫、胎、夭、飞鸟,毋麛,毋卵。(《礼记·月令》)

《王制》论述天子、诸侯田猎的礼,绝不能斩尽杀绝,竭泽而渔,如"田不以礼曰暴天物。天子不合围,诸侯不掩群。""草木零落,然后入山林。昆虫未蛰,不以火田。不麛,不卵,不杀胎,不夭夭,不覆巢。"

《礼记·郊特牲》:"故天子牲孕弗食也,祭帝弗用也。"怀胎的牲畜,即便是天子也不得食用,郊祭的时候也不用,这都是对"天地"生养万物的礼敬。

《王制》又说:"林麓川泽以时入而不禁。"此与《孟子》"泽梁无禁也"相类。"不禁"是不禁止老百姓进入林麓川泽取用动植物,但要注意时令。这里当然考虑到人取用的可持续性,但仍不止于此意。《礼记》诸篇都隐含着礼制秩序与自然节律的一致性,《礼记·月令》将春夏秋冬四季又各自分别出孟、仲、季三个时段,按不同季节时段详细规定了有关祭祀活动、农业生产、资源取用、政令发布的内容,这些都需要有相关的具体部门去执行完成。

从这里我们可知儒家以礼法保护生态资源有三个重要的内容:

（1）禁止灭绝性砍伐、捕猎；（2）保护幼小生命；（3）重"时"。禁止灭绝性砍伐、捕猎很好理解，因为这种行为与"天地"的"生生大德"背道而驰。保护幼小生命则与儒家重"养"的思想有关，"天地"生万物则必又养育之，此乃天道之自然，"天地养万物"（《易传·象》）。

三、取用有节

《礼记·乐记》："是故先王之制礼乐也，非以极口腹耳目之欲也，将以教民平好恶而反人道之正也。"饮食等礼节的制定不是为了满足人的欲望，而是为了让人返归"人道之正"。儒家有关生态保护的礼乐观念既是遵从天地的生养之道，也出于对人性物欲进行节制的目的。

儒家以"天地"为人与万物之祖，对"天地"的尊崇有着强烈的宗教性情怀，这是对它生养万物的敬畏、礼拜。先秦儒家一向认为生态资源是天地所赐，他们对此充满了虔敬的感情，《礼记·曲礼》："岁凶，年谷不登，君膳不祭肺，马不食谷，驰道不除，祭事不县。大夫不食粱，士饮酒不乐。"年岁不好的时候，儒家对饮食就特别要求节制，以体恤"天地"生养万物之不易。

儒家是人类中心主义者吗？由上可知显然不是。儒家是主张生态系统存在客观内在价值的，人有人性，物有物性，甚至人性中有神性，物性中也有神性。儒家对生态系统的价值判断基于"天地"对万物赋形命性的认识，万物在被缔造的"生生"过程中，都被赋予了"形"与"性"，这种赋予是普遍的、无遗漏的，差异只是阴阳创化的不同，然而无物不出于创化。从"天地"创生的赋形命性的普遍性去作价值的判断，价值自然不仅仅限于有机的生命体，万物和人一样具有客观的内在价值。因此，在儒家那里，"天地"的这种创生是具有价值本体论的意义的。事实上，先秦儒家对万物都是关爱的，而且是从其所具的内在价值去确定这种爱的，因为万物的内在价值都是"天地"所赋予的，与人的内在价值本同出一源。当然，万物的内在价值是有差异的。

古代中国的生态环保意识是被逼出来的。中国是自然灾害多发、频发的国家,据邓云特(拓)《中国救荒史》、竺可桢《历史上气候之变迁》等书,古代中国的自然灾害,如水、旱、蝗、雹、风、疫、霜、雪、地震等从未间断过,平均每半年即罹灾一次,其中水、旱灾平均每两年一次。古中国的灾荒状况不断,政府与社会不能不以应对灾荒作为主要职能之一,由此也积累了赈灾的方略,如赈济、调粟、养恤、除害、节约、蠲缓、巫术仪式等。

《礼记》中有很多灾害、疗救记忆的信息。据唐启翠研究,《礼记》中有关记载的文字段落,大旱及祈雨的记载凡十处,蝗疫之患一处,风雨水患两处,雪霜冰雹一处,日食一处。①

我们看几则材料:"岁旱,穆公召县子而问然,曰:'天久不雨',吾欲暴尪而奚若? 曰:'天久不雨,而暴人之疾子,虐,毋乃不可与?''然则吾欲暴巫而奚若?'曰:'天则不雨,而望之愚妇人,于以求之,毋乃已疏乎?'"(《礼记·檀弓下》)鲁国遇大旱,穆公举行了一些禳灾仪式,试图祛旱祈雨,但没有应验,于是他想要暴晒尪者与巫者,让上天怜悯他们而降雨,就此请教县子。尪者是脊柱弯曲、面部向天的残疾人,巫是沟通人神的女性神职人员。儒者县子批评穆公,阻止了暴晒残疾人与女巫的非人道行为,但赞同了穆公为了求雨而罢市的设想。因祈雨不灵,鲁穆公拟处罚巫师,在西方人类学史上也有相似的例子。人间遇到自然灾害,巫师、祭司以巫术干预后仍不起作用,他们要承担责任,受到处罚。②

《月令》的"月"是天文、天时,其"令"是政令、政事。先秦时人认为王者必须承"天"以治"人",所以设计一套依"天文"而施行"政事"的纲领,其实是一种"王制"。"古代的天文知识曾被应用于阴阳五行说,故此月令亦可视为依据阴阳五行说而设计的王制,不过重点是放在天子身上。施行这种王制的天子,必居于明堂以施政,故此月令,又可称为'明堂月

---

① 唐启翠:《礼制文明与神话编码:〈礼记〉的文化阐释》,广州:南方日报出版社,2010年,第271—273页。
② 详见杨雅丽:《〈礼记〉语言学与文化学阐释》,北京:人民出版社,2011年,第13—14页。

令'或'王居明堂礼'。"①儒家坚持从礼的层面认识生态保护问题有重要的意义,他们的很多主张在后世被纳入到律法中,对生态资源的保护起到了切实的作用,如云梦秦简《田律》、汉代《使者和中所督察诏书四时月令五十条》中都有保护生态的律法条款,与《礼记·月令》主张非常接近。

《王制》有关节约粮食、储备粮食以防灾的"耕三余一"政策,是基于历史经常的一种荒政,防患于未然:

> 祭,丰年不奢,凶年不俭。国无九年之蓄曰"不足",无六年之蓄曰"急";无三年之蓄,曰"国非其国"也。三年耕,必有一年之食;九年耕,必有三年之食。以三十年之通,虽有凶旱水溢,民无菜色,然后天子食,日举以乐。(《礼记·王制》)

必须预防灾荒,使国家有足够的粮食储备。没有九年的储备叫"不足",没有六年的储备叫"急",没有三年的储备叫"国不成其为国"。三年的耕种,定要余存一年的粮食;九年的耕种,定要余存三年的粮食。以三十年来看,即使有大旱灾大水灾,老百姓也不会挨饿。这样天子才能安心用膳,日日听音乐。

先秦儒家以礼乐理顺生态资源,主要有三条原则:(1) 人要生存不得不对生态资源有所取用,但应当顺应生态系统的生养之道,做到有理("顺于鬼神,合于人心")、有节("合于天时,设于地财"),人类不能为了一己之私去日益竭尽天地之材,此其一。(2)《礼记·乐记》:"是故大人举礼乐,则天地将为昭焉。天地欣合,阴阳相得,煦妪覆育万物。"以礼乐精神关照生态问题,就意味着对天地之道的清醒认识("天地将为昭焉")。"天地"默然运作而万物化成,因此,对于生态系统的保护,人类最有效的策略是尽可能少的去干预其完善自足的生养之道,只要人不去破坏生态环境,"天地"自然会让万物生化不已、充满生机,此其二。(3)《礼记·乐记》:"揖让而治天下者,礼乐之谓也。暴民不作,诸侯宾服,兵革

---

① 王梦鸥注译:《礼记今注今译》(修订版)上册,台北:商务印书馆,1984 年,第 255 页。

不试……大乐与天地同和,大礼与天地同节。和故百物不失。"生态问题的彻底解决("百物不失")并不只是一个生态问题,它在根本上也是一个政治问题,它需要人类的共同协作与努力,人类如果自身不能和睦共处,导致战争四起、社会动荡,那么讲生态保护只能是一种奢望,此其三。

《礼记》对生态系统的认识是在容纳天、地、人、神诸多要素的"天地"概念下展开的,这是一种整体论、系统论的观念,以"和"为条件的不断创生是他们对这个生态系统的根本认识。他们对"天地"的创生现象持有价值判断的观念,肯定天地万物皆有内在价值,要求一种普遍的生态的道德关怀,而他们对人性、物性的辩证认识又同时清楚地表明了一种生态伦理的等差意识,或曰不同伦理圈层的区分意识。儒家在从工具价值的立场取用生态资源的同时,并不忽视动植物等的内在价值。从儒家"天人合一"的理念看,生态伦理作为一种新的伦理范式其确立的基础必须建立于对人性的重新反思之上。①

第三节 《礼记》中的社会政治学说

一、宗法制度

从诸篇来看,《礼记》作者关于财产、权力的分配与再分配的制度诉求,主张的仍是西周的宗法封建制,即王静安先生总结的封邦建国制、宗庙祭祀制、嫡长子继承制、同姓不婚制等。礼制所维护的当然是统治阶级的财产与权力的继承秩序。尽管如此,对于下士及庶民,对社会的最不利者在经济与政治权力等方面的诉求,《礼记》作者亦有一定的呼应。

我们先看《礼记》记载、反映、诉求的宗法制度。《丧服小记》曰:

> 别子为祖,继别为宗,继祢者为小宗。有五世而迁之宗,其继高祖者也。是故祖迁于上,宗易于下。尊祖,故敬宗;敬宗,所以尊祖

---

① 参见崔涛、郭齐勇:《先秦儒家生态伦理思想探讨》,载邓正来主编《中国社会科学辑刊》2010年6月夏季卷,上海:复旦大学出版社,2010年,第1—17页。

祢也。庶子不祭祖者，明其宗也。庶子不为长子斩，不继祖与祢故也。……庶子不祭祢者，明其宗也。（《礼记·丧服小记》）

不仅天子，而且诸侯也由嫡长子继承君位，庶子为卿大夫，分出去另立新宗，为新宗的始祖，这叫"别子为祖"。新宗世代也由嫡长子继承，百世不改，永为新宗的大宗，这叫"继别为宗"。别子的庶子又分出去另立新宗为士，士又由其嫡长子继承，为其同父兄弟所宗，是为小宗，这叫"继祢者为小宗"。有超过五代就当迁徙的宗，即是上继高祖的玄孙之子。父亲是嫡子，是宗庙祭祀的主持者，如果其嫡长子死了，要为嫡长子服斩衰三年之丧，因为嫡长子是继承父祖的正体。如父亲是庶子，不为自己的嫡长子服斩衰三年之丧，因为不是继承祖和父的正体。庶子不得主持祖庙的祭祀，也不得祭祀父庙，也是为表明主祭权在宗子。这就是一层层大宗与小宗的区别。尊敬祖先，所以尊敬宗子；尊敬宗子，也是表明尊敬祖、父。《大传》中也有与上引《丧服小记》相似的内容，论宗统，即大宗与小宗的关系与尊祖敬宗的意义。

所有丧服、祭祀制度，背后是财产与权力的继承制度，丧服、祭祀是其表征。当然，权力继承或分配也很复杂，有宗统与君统两个不同范畴。在宗统的范围内，行使的是族权不是政权，族权是决定于血缘身份而不决定于政治身份；与宗统相反，在君统范围内，所行使的是政权，不是族权，政权是决定于政治身份而不决定于血缘身份。这两者既有联系又有区别。

前面说过，丧服制是宗法制的具体化。丧服依亲疏差等有斩衰、齐衰、大功、小功、缌麻的区别。斩衰是五服中之最重者。斩指衣裳边不缝，衰指上衣。衣裳用最粗三升布。子为父，父为长子，妻为夫，臣为君服，时间三年。在三月葬后，服逐步减轻，二十七月丧毕。齐衰，齐指衣裳边侧缠缝，用四升布。服期不同，如父卒为母，母为长子服齐衰三年，此外有服三月的。一般说，大功九月，小功五月，缌麻三月，也很复杂。

《大传》："服术有六：一曰亲亲，二曰尊尊，三曰名，四曰出入，五曰长幼,六曰从服。"这是服丧的六条原则:一是因亲爱自己的亲属而服,二是表示尊敬尊贵者而服,三是依据对于嫁到本家族的异姓女子的称谓而服,四是依据女子出嫁或未嫁而服,五是根据长幼关系而服,六是因从服关系而服。

《大传》:"上治祖祢,尊尊也;下治子孙,亲亲也;旁治昆弟;合族以食,序以昭穆。别之以礼义,人道竭矣。"意思是:对上整治好祭祀祖与父的次序,体现尊敬尊贵者的原则;对下整治好子孙们的远近亲疏的关系,体现亲爱血缘亲属的原则;从旁整治好同族兄弟的亲属关系;会合族人举行食儿,按照昭穆关系排列族人的次序。依据礼义来区别各种关系,人伦的道理就在这里了。

丧服制度体现的观念,以亲亲与尊尊最为重要。《丧服小记》:"亲亲,尊尊,长长,男女之有别,人道之大者也。"为父母服丧,为祖父、曾祖、高祖服丧,为兄弟与旁亲服丧,对其中的男人与妇女都要体现出区别来,这是人所应遵循的大原则。其中,男女之有别的原则,反映了社会的进化,特别是家庭、婚姻制度的变化。金景芳先生说:"我认为男女有别就是实行个体婚制。因为实行个体婚制以前,是实行群婚制,知有母不知有父,既谈不到夫妇,也谈不到父子。"①可见礼制是父权制的产物。

《大传》又说:"自仁率亲,等而上之,至于祖;自义率祖,顺而下之,至于祢。是故,人道亲亲也。亲亲故尊祖,尊祖故敬宗,敬宗故收族,收族故宗庙严,宗庙严故重社稷,重社稷故爱百姓,爱百姓故刑罚中,刑罚中故庶民安,庶民安故财用足,财用足故百志成,百志成故礼俗刑,礼俗刑然后乐。"亲爱亲属因此尊重祖先,尊敬祖先因此尊敬宗子,尊敬宗子因此团结族人,团结族人因此宗庙庄严,宗庙庄严因此社稷得以保重,保重社稷因此爱护百姓,爱护百姓因此刑罚公平,刑罚公平因此民众安定,民众安定因此财用充足,财用充足因此满足各种愿望,因此礼俗教化成功,

---

① 金景芳:《谈礼》,载陈其泰等编《二十世纪中国礼学研究论集》,北京:学苑出版社,1998年,第2页。

天下安乐。这就是当时儒者的由家而国,由亲推至非亲,由贵族而平民的社会治理的设计。

二、社会民生

关于宗法制度下老百姓的经济、政治权益,是我们所特别关心的问题。这里首先是对后世的土地制度极有影响力的"一夫授田百亩"的制度设计。"制农田百亩",即制度规定一个农夫受田百亩。百亩土地按肥瘠分类,上等土地一个农夫可供养九人,次一等的可供养八人,依次递减为七人、六人、五人。庶人在官府任职者的俸禄,依这五等农夫的收入区分等差。诸侯的下士的俸禄比照上等土地的农夫,使他们的俸禄足以代替他们亲自耕种所得。中士的俸禄比下士多一倍,上士的俸禄比中士多一倍,卿的俸禄是大夫的四倍,君的俸禄是卿的十倍。俸禄显然是有差等的,但农夫有农田是最基本的生活保障。

《礼记》中有对社会弱者予以关爱与扶助的制度设计。关于养老制度,《王制》曰:

> 凡养老,有虞氏以燕礼,夏后氏以飨礼,殷人以食礼,周人修而兼用之。五十养于乡,六十养于国,七十养于学,达于诸侯。
>
> 有虞氏养国老于上庠,养庶老于下庠;夏后氏养国老于东序,养庶老于西序;殷人养国老于右学,养庶老于左学;周人养国老于东胶,养庶老于虞庠,虞庠在国之西郊。(《礼记·王制》)

上古虞夏殷周都有养老之礼,《王制》作者肯定综合前代的周制,强调实行养老礼的礼仪制度,也有专家说是对大夫及士庶人为官的退休者实行分级养老制。关于五十岁以上老人(包括平民)享受的优待,《王制》曰:

> 五十异粮,六十宿肉,七十贰膳,八十常珍,九十饮食不离寝,膳饮从于游可也。……五十始衰,六十非肉不饱,七十非帛不暖,八十非人不暖,九十虽得人不暖。五十杖于家,六十杖于乡,七十杖于

国,八十杖于朝。……五十不从力政,六十不与服戎,七十不与宾客之事,八十齐衰之事弗及也。(《礼记·王制》)

这里的"不暖""不饱"句显然与《孟子》相似。《王制》又说,三代君王举行养老礼后,都要按户校核居民的年龄。年八十的人可以有一个儿子不服徭役;年九十的人全家都可以不服徭役;残疾、有病,生活不能自理的人,家中可有一人不服徭役;为父母服丧者,三年不服徭役;从大夫采地迁徙到诸侯采地的人,三个月不服徭役;从别的诸侯国迁徙来的人,一年不服徭役。

关于对待鳏寡孤独与残疾人等社会弱者,孟子曰:"老而无妻曰鳏,老而无夫曰寡,老而无子曰独,幼而无父曰孤。此四者,天下之穷民而无告者。文王发政施仁,必先斯四者";"居者有积仓,行者有裹(囊)粮";"内无怨女,外无旷夫。"(《孟子·梁惠王下》)

《王制》几乎重复孟子之说,指出:

少而无父者谓之孤,老而无子者谓之独,老而无妻者谓之矜,老而无夫者谓之寡。此四者,天民之穷而无告者也,皆有常饩。(《礼记·王制》)

"常饩",即经常性的粮食救济或生活补贴。又说:"喑、聋、跛、躃、断者、侏儒,百工各以其器食之。"对于聋、哑及肢体有残疾、障碍的人则有供养制度,即由国家养活。国家则以工匠的收入来供养他们。又曰:"庶人耆老不徒食",即老百姓中的老人不能只有饭而无菜肴。又曰:"养耆老以致孝,恤孤独以逮不足",即通过教化,形成风气,引导人民孝敬长上,帮助贫困者。

关于安居,《王制》曰:"司空执度度地居民。山川沮泽,时四时,量地远近,兴事任力。凡使民,任老者之事,食壮者之食。"司空负责丈量土地使民居住。如果是山川沼泽地,要观察气候的寒暖燥湿,并测量土地的远近,来确定居邑与水井的位置,然后兴建工程。凡使用民力,让他承担老年人能干的活,而供给壮年人的粮食。关于民居,不同地区的人及少数民族都有不同的风俗习惯，可以因其俗而教，但不要改变。"凡居民，量地以制邑，度地以居民。地、邑、居民，必参相得也。无旷土，无游民，食节事时，民咸安其居，乐事劝功，尊君亲上，然后兴学。"这里说的是安置人民的居处，要根据地理条件、居邑建制、居民多少来调节，使之相称。没有旷废的土地，没有无业游民，节制饮食，遵守农时，可以使民众安居乐业。

关于土地、赋税与商业政策：《王制》说：

> 古者公田藉而不税，市廛而不税，关讥而不征，林麓川泽以时入而不禁，夫圭田无征，用民之力岁不过三日，田里不粥，墓地不请。(《礼记·王制》)

古时借助民力耕种公田而不征收民的田税；贸易场所只征收店铺税而不征收货物税；关卡只稽查而不征税；开放山林河湖，百姓可按时令去樵采渔猎；耕种祭田不征税；征用民力一年不超过三天；田地和居邑不得出卖；墓地不得要求墓葬区以外的地方。在《孟子》、《荀子》中都有类似材料。

涉及政治参与权、受教育权的有关选拔人才的制度，亦是中华文化优秀传统的一部分。《王制》对庶民中的人才的选拔、任用并授以爵禄予以肯定，并规定了步骤：

> 凡官民材，必先论之，论辨，然后使之。任事，然后爵之；位定，然后禄之。

> 命乡论秀士，升之司徒，曰选士。司徒论选士之秀者而升之学，曰俊士。升于司徒者，不征于乡；升于学者，不征于司徒，曰造士。乐正崇四术，立四教，顺先王《诗》《书》《礼》《乐》以造士。春秋教以《礼》《乐》，冬夏教以《诗》《书》。王大子、王子、群后之大子、卿大夫、元士之嫡子、国子之俊选，皆造焉。凡入学以齿。将出学，小胥、大胥、小乐正简不帅教者，以告于大乐正，大乐正以告于王。王命三公、九卿、大夫、元士皆入学；不变，王亲视学；不变，王三日不举，屏

之远方……。大乐正论造士之秀者,以告于王,而升诸司马,曰进
士。(《礼记·王制》)

这里讲的是选士制度。各乡考察优秀人才,上报司徒,叫选士。司徒再
考察选士中的优秀者,升于太学,叫俊士。选士、俊士均不服徭役,叫造
士。乐正以《诗》《书》《礼》《乐》四种学术来培养人才。王太子、王子、诸
侯的太子、卿大大和元士的嫡子,及俊士、选士,都要学习这四种课程。
入学后按年龄安排课程。将毕业时,小胥、大胥、小乐正检举不遵循教育
的子弟,上报大乐正,大乐正上报给王。王命三公、九卿、大夫、元士到学
校去帮助教育这些子弟。如果不改变,王亲往学校视察,或三天用膳不
奏乐,或把不遵循教育者摒弃到远方。大乐正考察造士中的优秀者,报
告给王,把他们提拔到司马属下,叫进士。

《王制》又说:"司马辨论官才,论进士之贤者,以告于王而定其论。
论定然后官之,任官然后爵之,位定然后禄之。大夫废其事,终身不仕,
死以士礼葬之。有发,则命大司徒教士以车甲。"司马辨别、考察、任用人
才,考察进士中的优秀者,报告给王,由王下定论。然后委任官职,出任
官职后授予爵位,爵位定后发给俸禄。大夫放弃职责的,终身不能再做
官,死后以士礼埋葬。有战事,则命大司徒对士训练车甲之事。

关于各行各业技艺者的考察与任用,《王制》说:"凡执技、论力:适四
方,赢股肱,决射御。凡执技以事上者,祝、史、射、御、医、卜及百工。凡
执技以事上者,不贰事,不移官,出乡不与士齿;仕于家者,出乡不与士
齿。"考察力士、技艺者,并派他们到各地去。对于为王服务的技艺者,
祝、史、卜、医生、弓箭手、驾车人及各种工匠,不可从事专业之外的事业,
也不任官职,在乡在大夫家可按年龄与士排列位次,出了乡则不可。

三、德法并重

关于社会治理,《礼记·乐记》提出德教为主的礼乐刑政四者相互补
充的方略:

> 是故先王之制礼乐,人为之节。衰麻哭泣,所以节丧纪也。钟鼓干戚,所以和安乐也。昏姻冠笄,所以别男女也。射乡食飨,所以正交接也。礼节民心,乐和民声,政以行之,刑以防之,礼乐刑政四达而不悖,则王道备矣!(《礼记·乐记》)

古代礼乐刑政的配制,礼乐是文化,有价值。"礼"是带有宗教性、道德性的生活规范。在"礼"这种伦理秩序中,亦包含了一定的人道精神、道德价值。"礼"的目的是使贵者受敬,老者受孝,长者受悌,幼者得到慈爱,贱者得到恩惠。在贵贱有等的礼制秩序中,含有敬、孝、悌、慈、惠诸德,以及弱者、弱小势力的保护问题。

> 太上贵德,其次务施报。礼尚往来:往而不来,非礼也;来而不往,亦非礼也。人有礼则安,无礼则危,故曰'礼者,不可不学也'。夫礼者,自卑而尊人,虽负贩者,必有尊也,而况富贵乎?富贵而知好礼,则不骄不淫;贫贱而知好礼,则志不慑。(《礼记·曲礼上》)

这一交往原理包含如下内容:以德为贵,自谦并尊重别人,讲究施惠与报答,礼尚往来。无论富贵或贫贱,都互相尊重,互利互惠。这里提到对负贩、贫贱等弱者的尊重和对等的施报关系。过去我们对"礼不下庶人"的理解有误,据清代人孙希旦的注释,"礼不下庶人"说的是不为庶人制礼,而不是说对庶人不以礼或庶人无礼制可行。古时制礼,自士以上,如冠礼、婚礼、相见礼等都是士礼,庶人则参照士礼而行,婚丧葬祭的标准可以降低,在节文与仪物诸方面量力而行。

在社会治理上,儒家重视道德教化,同时重视法治。《王制》中也有刑罚制度的记录与设计。我这里只指出一点,即在审案、判案、处罚过程中如何审慎、认真,避免冤案,严格程序及对私人领域的保护问题。

关于司寇听讼治狱的法规与审理案件的程序,《王制》曰:

> 司寇正刑明辟,以听狱讼。必三刺,有旨无简不听,附从轻,赦从重。凡制五刑,必即天论,邮罚丽于事。凡听五刑之讼,必原父子之亲,立君臣之义,以权之;意论轻重之序,慎测浅深之量,以别之;

悉听聪明,致其忠爱,以尽之。疑狱,泛与众共之;众疑,赦之。必察小大之比以成之。成狱辞,史以狱成告于正;正听之,正以狱成告于大司寇;大司寇听之棘木之下,大司寇以狱之成告于王;王命三公参听之,三公以狱之成告于王;王三宥,然后制刑。凡作刑罚,轻无赦。刑者,型也。型者,成也,一成而不可变,故君子尽心焉。(《礼记·王制》)

这是说,司寇负责审查刑律,明辨罪法,以审理诉讼。审案时一定不能草率,要再三探讯案情。对于有作案动机而无犯罪事实的不予受理,对于从犯从轻量刑,对于曾宽赦而重犯的人则从重处理,定罪施罚一定要符合事实。审判案件中,要从体谅父子的亲情,确立君臣关系的大义的角度来权衡,要考虑犯罪情节的轻重程度,审慎分析,区别对待,要充分发挥聪明才智,奉献忠良爱民之心,来彻查案情。有疑问的案件,要广泛地同大家商量、讨论;众人疑不能决的,则赦免嫌疑人。审判案件要参考同类大小案件的已有案例来定案。经过审理核定嫌犯的供辞后,史把审案结果报告给正;正又审理一番,再把结果报告大司寇;大司寇在外朝棘树下再审理一番,然后把结论报告给王;王命三公参与审理;三公再把审案结果报告给王;王又对罪犯多次提出宽宥的理由,然后才判定罪刑。凡制定刑罚,人易犯的轻法不作赦免的规定。刑是成型的意思,人体一旦受刑成型就不可改变了,因此君子审理案件不能不十分尽心。

关于夷夏关系,《王制》指出:

凡居民材,必因天地寒暖燥湿,广谷大川异制。民生其间者异俗:刚、柔、轻、重、迟、速异齐,五味异和,器械异制,衣服异宜。修其教不易其俗,齐其政不异其宜。中国、戎夷五方之民,皆有性也,不可推移。东方曰夷,被发文身,有不火食者矣;南方曰蛮,雕题交趾,有不火食者矣;西方曰戎,被发衣皮,有不粒食者矣;北方曰狄,衣羽毛穴居,有不粒食者矣。中国、夷、蛮、戎、狄,皆有安居,和味,宜服,利用,备器。五方之民,言语不通,嗜欲不同,达其志,通其欲,东方

曰寄,南方曰象,西方曰狄鞮,北方曰译。(《礼记·王制》)

《王制》作者的这些看法,表明多元一体的中国形成过程之中,多民族融合是一个主流,儒家主张尊重不同地理环境下生长的不同性状的族群的生活习惯与民族性格。"修其教不易其俗,齐其政不异其宜"的方针在今天仍有现代意义。

《礼记·王制》中有关理念与制度安排中,体现了中国先民的原始人道主义,体现了中华民族以"仁爱"为核心的价值系统与人文精神。其中,有不少制度文明的成果值得我们重视。如有关应对灾荒、瘟疫,予以组织化救助的制度,有关对老弱病残、鳏寡孤独、贫困者等社会弱者的尊重与优待的制度,都是极有人性化的制度,且后世在理论与实践上都有发展,这都有类似今天的福利国家与福利社会的因素。有关颁职事及居处、土地、赋税、商业的制度与政策中对老百姓权利与福祉的一定程度的关注与保证,有关小民的受教育权与参与政治权的基本保障,有关对百姓施以道德与技能教育的制度,有关刑律制定与审判案件的慎重、程序化与私人领域的保护方面等,也都涉及到今天所谓社会公平正义的问题。只要我们用历史主义的观点去省视,同样是在等级制度中,以我国先秦与同时代的古希腊、古印度、古埃及的政治文明相比照,则不难看出中国政治哲学理念与制度中的可贵之处,这些资源至今还有进一步作创造性转化的价值与意义,希望国人不要过于轻视了。

《礼运》作者认为,政治权力之根源在天、天命,即"政必本于天"。

> 故政者,君之所以藏身也。是故夫政必本于天,殽以降命。命降于社之谓殽地,降于祖庙之谓仁义,降于山川之谓兴作,降于五祀之谓制度:此圣人所以藏身之固也。(《礼记·礼运》)

这里讲国政本于天理,要效法天理来下达政令。政令要符合地德,也要符合人的道德。

《礼运》开篇有关"大同之世"的社会理想是中国人的理想。"大同"之世与"小康"之世不同,这一理想包含着最高的政治正义的追求:

> 大道之行也,天下为公,选贤与能,讲信修睦。故人不独亲其亲,不独子其子,使老有所终,壮有所用,幼有所长,矜寡孤独废疾者,皆有所养;男有分,女有归;货恶其弃于地也,不必藏于己;力恶其不出于身也,不必为己。是故谋闭而不兴,盗窃乱贼而不作,故户外而不闭,是谓大同。(《礼记·礼运》)

这是儒家所设想的远古时期"天下为公"的"大同"之世,也可以说是古代中国人的梦想:天下为人民所公有,选举贤能的人来治理社会,人与人之间讲求信用,和睦相处。人们不只爱自己的双亲,不只抚养自己的子女,而使所有老年人都得到赡养,壮年人有工作做,幼儿能得到抚育,年老丧夫或丧妻而孤独无靠的人及残疾人都能得到照顾与优待;男人都有自己的职分,女子都能适时婚嫁;爱惜财物、民力,但绝不据为己有。因此,阴谋诡计不能得逞,盗窃和乱臣不会产生,外出不用关门,这就是大同社会。这就是"天下一家"、"中国一人"的社会理想。

儒家主张满足人民的基本公正合理的要求,强调民生,制民恒产,主张惠民、富民、教民,缩小贫富差距,对社会弱者、老弱病残、鳏寡孤独和灾民予以保护。其推行的文官制度、教育制度,为平民、为农家子弟提供了受教育及参与政治的机会。其天下大同、天下为公的社会理想与社会正义观、公私义利观是历代儒生的期盼,也是他们批判现实的武器。这一思想的前提是:一、人民是政治的主体;二、人君之居位,必须得到人民之同意;三、保民、养民是人君的最大职务。这即是"王道""仁政"。

第四节 《礼记》中的礼乐文明论

礼乐文明是孕育儒家的文化土壤。礼乐文明早于儒家的正式诞生。夏、商都有礼,西周礼乐制度完备。但西周的典章制度、礼仪规范,大都经过孔子之后的儒家改造、重塑、整理。杨宽先生《西周史》考证了西周春秋的乡遂、宗法、文教等各种制度、社会结构、贵族组织等,可见"三礼"及诸经典所说,确有其实,当然其中也有儒家的理想化、系统化的成分。

儒家与礼乐文明是密不可分的。徐复观先生说："通过《左传》、《国语》来看春秋二百四十二年的历史，不难发现在此一时代中，有个共同的理念，不仅范围了人生，而且也范围了宇宙；这即是礼。如前所述，礼在《诗经》时代已转化为人文的表征。则春秋是礼的世纪，也即是人文的世纪，这是继承《诗经》时代宗教坠落以后的必然发展。此一发展倾向，代表了中国文化发展的主要方向。"①

《昏义》说："夫礼，始于冠，本于昏，重于丧祭，尊于朝聘，和于乡射，此礼之大体也。"礼之重大类别，如冠、婚、丧、祭、朝、聘、乡、射等，都有其具体含义。冠礼在明成人之责；婚礼在成男女之别，立夫妇之义；丧礼在慎终追远，明死生之义；祭礼使民诚信忠敬，其中祭天为报本返始，祭祖为追养继孝，祭百神为崇德报功；朝觐之礼，在明君臣之义；聘问之礼，使诸侯相互尊敬；乡饮酒之礼在明长幼之序；射礼可以观察德行。总之，这些古礼综合了宗教、政治、伦理、艺术、美学的价值，对于稳定社会，调治人心，提高生活品质都有积极意义。

礼包括礼义与礼数。礼数指礼仪条文，礼义指附着在礼仪条文上的意义与功能。黄侃先生的《礼学略说》特别强调"有礼之意，有礼之具，有礼之文"，也即礼的意义、礼的器具、礼的仪节的分别。他引用《郊特牲》所说"礼之所尊，尊其义也。失其义，陈其数，祝史之事也。故其数可陈也，其义难知也"云云，指出礼的仪节、礼数背后的意义更为重要。比如"三年之丧"，"原非过情，而毁之者不知礼意也。"又引《檀弓》子游回答有子"丧之踊"之问，言"礼道"之文，认为"丧礼有不可妄訾者"，"观此则《丧礼》仪文无不具有微意，后世虽不能尽行，而不可以是非古人也。"②季刚先生指出礼的细节中蕴含圣人微旨，其意在"远别禽兽，近异夷狄"。这就是今人所谓"文明"或"人文"。他所谓"礼具"指各种礼器，礼学中要辨

① 徐复观：《中国人性论史·先秦篇》，台北：商务印书馆，1987年，第47页。
② 黄侃：《礼学略说》，载陈其泰等编《二十世纪中国礼学研究论集》，北京：学苑出版社，1998年，第27页。

其名物。"三《礼》名物必当精究,辨是非而考异同,然后礼意可得而明也。"①他所谓"礼文"指"节文度数"。他指出:"丧虽主哀,祭虽主敬,苟无礼物、威仪以将之,哀敬之情亦无所显示矣。夫七介以相见,不然则已悫。三辞三让而至,不然则已蹙。礼有摈诏,乐有相步,皆为温藉重礼也。礼之失则或专重仪文而忘其本意,故传以为讥。"②礼具、礼文都很重要,不能偏废、减损,正是在细节中才能体会出礼意,但吾人又不能沉溺于礼具、礼文。相比较而言,礼意,即其中蕴含的价值更为重要。总之,一方面,仪式仪节很重要,人而无仪亦不可以行礼;另一方面,仪文度数只是礼之粗迹。

传统社会有关礼的系统与功能,还有一些讲法,例如讲礼防、礼治、礼制、礼教等。礼防即礼坊,《坊记》的坊,通"防",取堤防之意。"礼者,因人之情而为之节文,以为民坊者也。"礼防民邪辟,使情感欲望的表达有所节制,达到适中。礼治的治,有水治,有刀制,以礼治国是水治的治,涵盖面广,而礼制则是刀制的制,强调了制度、体制的层面,与礼中包含的成文与不成文的法有关。礼乐刑政四者协调配置,总体上叫礼治。礼教则凸显了礼之教化的层面,礼教又与乐教相配合,是礼文化中最重要的内容。礼教的积极意义现在被人们开始重视起来,当然还很不够。至于乐,则没有乐防的说法了。当然,乐也是礼乐刑政四种治理社会的方法之一,主要是乐的教化作用,也可叫礼乐之治。礼乐礼乐,还是礼为中心,乐为补充,当然是重要的补充。

礼乐文化中有知识系统,有价值系统,有信仰系统。知识系统即礼乐之器具、仪节等。价值系统即礼乐之意或礼义,如仁、义、礼、智、孝、悌、忠、信、诚、敬、恕、廉、耻、勇等,或如君仁臣忠、父慈子孝、夫义妇顺、兄友弟恭、朋友有信等。徐复观讲,从礼仪中抽绎出来的"礼"的新观念,

---

① 黄侃:《礼学略说》,载陈其泰等编《二十世纪中国礼学研究论集》,北京:学苑出版社,1998年,第 27 页。
② 黄侃:《礼学略说》,载陈其泰等编《二十世纪中国礼学研究论集》,北京:学苑出版社,1998年,第 29 页。

淡化了宗教的意味,特别是许多道德观念,几乎都是由礼加以统摄的。《左传》、《国语》中很多资料,特别是关于"敬"、"仁"、"忠信"、"仁义"等观念,是与"礼"紧密地联系在一起。关于礼中的信仰系统,本章第一节已经论述过了。

一、《乐记》的成书问题

以下我们集中谈乐,主要介绍《乐记》。

《乐记》是《礼记》的第十九篇,也是比较特殊的一篇。其特殊性一来体现在主题内容的相对独立,二来也体现在后世儒者对其关注的程度上。① 本章,我们就通过对"《乐记》的成书问题"、"《乐记》的主旨和'乐'的概念意义"、"'乐'如何成就德性教化"和"'礼乐'关系"等四个问题的解释,对《乐记》这个经典篇章做一个简单的介绍。

作为《礼记》的一篇,《乐记》的撰写、编定过程同样复杂。学术史对《乐记》成书的讨论很多,观念的不同最先来自于史书中对《乐记》之成书的两段内容有出入的记载:

> 周衰俱坏,乐尤微眇,以音律为节,又为郑卫所乱,故无遗法。汉兴,制氏以雅乐声律世在乐官,颇能纪其铿锵鼓舞,而不能言其义。六国之君,魏文侯最为好古,孝文时得其乐人窦公,献其书,乃《周官·大宗伯》之《大司乐》章也。武帝时,河间献王好儒,与毛生等共采《周官》及诸子言乐事者以作《乐记》,献八佾之舞,与制氏不相远。其内史丞王定传之,以授常山王禹。禹,成帝时为谒者,数言其义,献二十四卷记。刘向校书,得《乐记》二十三篇,与禹不同,其道浸以益微。(《汉书·艺文志》)②

> 窃以秦代灭学,《乐经》残亡。至于汉武帝时,河间献王与毛生

---

① 比如,宋儒朱熹对《乐记》兴趣甚厚,有过《〈乐记〉动静说》的讨论。参见《朱子全书》卷六十七,上海:上海古籍出版社,2002年,第3263页。
② (汉)班固:《汉书》,北京:中华书局,1983年,第1712页。

等共采《周官》及诸子言乐事者，以作《乐记》。其内史丞王定，传授常山王禹。刘向校书，得《乐记》二十三篇，与禹不同。向《别录》有《乐歌诗》四篇、《赵氏雅琴》七篇、《师氏雅琴》八篇、《龙氏雅琴》百六篇。唯此而已。《晋中经簿》无复乐书，《别录》所载，已复亡逸。案汉初典章灭绝，诸儒掇拾沟渠墙壁之间，得片简遗文，与礼事相关者，即编次以为礼，皆非圣人之言。《月令》取《吕氏春秋》，《中庸》、《表记》、《防记》、《缁衣》皆取《子思子》，《乐记》取《公孙尼子》。(《隋书·音乐志》)①

根据《隋书·音乐志》所记沈约的奏答来看，从"《乐经》残亡"到"以作《乐记》"，到"刘向校书，与禹不同"、"已复亡逸"，再到"《乐记》取《公孙尼子》"，有过三种不同版本的《乐记》前后问世。如此一来，除刘向《别录》所载《乐记》"亡逸"无考之外，今本《乐记》可能有两个来源：其一，是《汉书·艺文志》和《隋书·音乐志》都有记载的"武帝本"《乐记》，是汉武帝时期"河间献王与毛生等"以"《周官·大宗伯》之《大司乐》章"为纲，收集编撰先秦典籍中的相关讨论而形成；其二，是《隋书·音乐志》单独记录的汉初编成《礼记》本中的《乐记》部分，而"《礼记》本"的《乐记》可能是直接脱胎于战国后期存世的《公孙尼子》②一书。"武帝本"《乐记》与"《礼记》本"《乐记》来历的差异，便形成了今本《乐记》成书问题的争议。加之今本《乐记》之文本内容同时与《荀子·乐论》、《史记·乐书》有许多相似处，其与《荀子·乐论》相近的部分，使《乐记》文本有了明显的荀子后学

---

① 此段为《隋书·音乐志》引梁朝学者沈约之奏答，参见(唐)魏征等：《隋书》，北京：中华书局，1973年，第351页。

② 《公孙尼子》一书现已佚失，而根据文献记载，唐代虞世南《北堂书钞》、马总《意林》、徐坚《初学记》、李善《文选注》等都引用过《公孙尼子》之语，或可说唐代学者见过《公孙尼子》一卷本。又，唐代张守节《史记正义》云："《乐记》者，公孙尼子次撰也。"如此看来，沈约"奏答曰《乐记》取公孙尼子"应是言有实据的。另，"六艺略之乐类记《乐记》二十三篇；诸子略之儒家类记《公孙尼子》二十八篇；杂家类《公孙尼》篇"。参见(汉)班固：《汉书》，北京：中华书局，1983年，第1721、1725、2741页。

的影子①,而与《史记·乐书》内容的重合,则使《乐记》由"河间献王与毛生等"收集编撰的说法更可靠。总之,文本内容的相似性,对我们判定今本《乐记》的成书来源带来新的困扰。

随着近年出土文献的相关研究,《乐记》的成书问题有了新的解决办法。虽然《公孙尼子》一书现已亡逸,然而郭店出土的楚简《性自命出》篇,其前三十六支简重在论"乐",恰能与今本《乐记》相互印证。② 我们或可以说今本《乐记》的主体思想在战国后期便已形成,而全书(篇)的段落编订完成应该还是靠"河间献王与毛生等"集中完成。这种看法虽不能给《乐记》的成书问题一个定论,却也不妨碍我们对《乐记》文本思想进行深入地研究,同时也可以兼顾《汉书·艺文志》"共采《周官》及诸子言乐事者以作《乐记》"和《隋书·音乐志》"《乐记》取《公孙尼子》"的记载。

二、《乐记》的主旨和"乐"的涵义

讨论《乐记》的成书问题,是为了更好地理解《乐记》的思想,而有关成书问题的说明,也引出汉儒编写《乐记》的目的和宗旨。我们再看《汉书·艺文志》这句话:

> 周衰俱坏,乐尤微眇,以音律为节,又为郑卫所乱,故无遗法。汉兴,制氏以雅乐声律世在乐官,颇能纪其铿锵鼓舞,而不能言其义。③

周代的"乐"、"乐教"传统在经历春秋战国的纷乱之后,已经衰坏。这种衰坏既包括"音律"等技艺层面失去规范,更包括"乐"的本质意义失传,

---

① 公孙尼子本就是荀子的弟子,今本《乐记》与《荀子·乐论》相似处也可以说是与《公孙尼子》相似之处。

② "'性感于物而生情',强调乐有教化的作用,可以陶冶性情",参见李学勤:《重写学术史·郭店简与〈乐记〉》,石家庄:河北人民出版社,2001 年,第 264 页。

③ (汉)班固:《汉书》,北京:中华书局,1983 年,第 1712 页。孔颖达注《乐记》时亦有此句,曰:"周衰礼废,其乐先微,以音律为节,有为郑、卫所乱,故无遗法。汉兴,制氏以雅乐声律,世为乐官,颇能记其铿锵鼓舞,而不能言其义。"见(清)孙希旦撰,沈啸寰、王星贤点校:《礼记集解》(全三册),北京:中华书局,1989 年,第 975 页。

直接导致汉代乐官"不能言其(乐)义"。所以,汉儒希望通过编写《乐记》,从传统文献的蛛丝马迹中重建"乐"的形象、意义与价值。鉴于这种编纂的目的,有学者就说《乐记》中呈现的思想繁杂,对于法家、道家、杂家的礼乐观点都有征引。[①] 然而,这种观点流于表面现象,并没有看到《乐记》在讨论"乐"、"乐教"等问题时,在观念和论述上的统一性。下面,我们就通过解释《乐记》中"声"、"音"、"乐"等概念的意义,看看汉儒如何通过《乐记》"言乐之义",从这个侧面展现《乐记》思想体系的完整性和语言使用的准确性。

《乐记》开门见山地给出了对"声"、"音"、"乐"等概念的定义,文见:

> 凡音之起,由人心生也。人心之动,物使之然也。感于物而动,故形于声。声相应,故生变;变成方,谓之音。比音而乐之,及干戚、羽旄,谓之乐。[②]

"声"、"音"、"乐"等三个概念层层递进,其最初一层概念就是"声"。照《乐记》的解释,所谓"声"就是"生而静"的人心感受外物后产生的振动。推进一步,将这些看似杂乱、却能"相应"的"声",依照某种规范(即"成方")的变化交织在一起,便形成了"音"。再把不同的"音"排列起来,配合舞蹈、动作有顺序地表演所形成的艺术形式才是"乐"。

通俗地讲,《乐记》所谓的"声",包括一切独立的声响。无论这一声响是人为发出,还是自然界发出而被人感知,都包含其中。将这些"声"有规律地排列起来就是"音"。这其中的规律可以表现为"音律",也可以表现为"旋律"、"节奏",甚至"音韵"。换言之,"声"经过规律的规范后,

---

① 如杨振良认为:"《乐记》一文,吾人一方面处处可见儒家'礼乐不可斯须去身','礼有报而乐有反','所以官序贵贱各得其宜','所以示后世有尊卑长幼之序'。一方面又可见道家之语:'乐者,天地之和也','礼者,天地之序也','大乐与天地同和',并又采取'阴阳五行'的宇宙观,将代表'音乐'之五声、六律,配以四时、五方……另外,'王后乐'的思想又是对《墨子·三辩》中'事成功立,无大后患,因先王之乐,又自作乐'说的继承。参见杨振良:《〈礼记·乐记〉音乐观初探》,载台湾花莲师范学院《教育学术论文集》,第 1093 页。
② (清)孙希旦撰,沈啸寰、王星贤点校:《礼记集解》(全三册),北京:中华书局,1989 年,第 976 页。

可以成为"曲调",可以成为"语言",也可以成为"诗辞"。如果再将这些"乐曲"、"诗辞"等按照某种设计(情节)排列起来演奏,辅助以舞蹈、动作等肢体语言加以生动表现,便形成了"乐"。从这个角度看,《乐记》里说的"乐"和我们日常说的"戏剧"更为接近。①

我们说《乐记》的概念使用具有准确性,在《乐记》对"声"、"音"、"乐"等概念上亦有所体现。"声"、"音"、"乐"等概念不仅在其定义过程中具有明晰性,亦在其使用中具备确定性。我们简单列举《乐记》中的三段文字对照说明:

> 钟声铿,铿以立号,号以立横,横以立武。君子听钟声则思武臣。石声磬,磬以立辨,辨以致死。君子听磬声则思死封疆之臣。丝声哀,哀以立廉,廉以立志。君子听琴瑟之声则思志义之臣。竹声滥,滥以立会,会以聚众。君子听竽笙箫管之声,则思畜聚之臣。鼓鼙之声讙,讙以立动,动以进众。君子听鼓鼙之声,则思将帅之臣。(《乐记·魏文侯篇》)

> 宽而静、柔而正者宜歌《颂》,广大而静、疏达而信者宜歌《大雅》,恭俭而好礼者宜歌《小雅》,正直而静、廉而谦者宜歌《风》,肆直而慈爱者宜歌《商》,温良而能断者宜歌《齐》。夫歌者,直己而陈德也。《乐记·子夏问乐篇》

> 宾牟贾侍坐于孔子,孔子与之言及乐,曰:"夫《武》之备戒之已久,何也?"对曰:"病不得众也。""咏叹之,淫液之,何也?"对曰:"恐不逮事也。""发扬蹈厉之已蚤,何也?"对曰:"及时事也。""武坐致右宪左,何也?"对曰:"非武坐也。""声淫及商,何也?"对曰:"非《武》音也。"(《乐记·宾牟贾篇》)

---

① "乐'(古乐、雅乐),当以历代圣王功绩的历史情景为主题,以圣王德性生命的展开历程为宗旨,通过语言、诗辞、曲调、操作表演等方式,在舞台上构建起一个脱胎于历史情景的意义世界。"参见王顺然:《从"曲"到"戏":先秦"乐教"考察路径的转换》,载《儒学的当代理论与实践——汤一介思想国际学术会议论文集》,深圳,2016 年 11 月。

引文一选自《乐记·魏文侯篇》，此一段之论述注重对"声"及其象征内容之关系的说明。既然"声"是一切声响之总称，那么，乐器之声自然也是"声"中一类。乐器之创造是为了满足人对声音之音响效果（比如，烘托、表现特定的氛围等）的需要。可以说，"钟"、"丝"、"竹"、"鼓"等乐器之制造，主要是为了促进听者的联想效果。引文二选自《乐记·子夏问乐篇》，此一段之论述偏向"音"与实践工夫之关系的描述。"音"是"声"有规律地编织，"诗辞"、"乐曲"皆是"音"的一种表现。师乙对歌诗（即诗辞配以乐曲而演唱）的论述，是解释歌诵、咏叹不同的诗辞对人心、情感之疏通产生不同的效果。而最后一段引文选自《乐记·宾牟贾篇》，其记录内容正是宾牟贾向孔子请教《武》乐的一段话。既然是在讨论"乐"，便不是局限在"声"、"音"之上。孔子对《武》乐的解释重在《武》乐之情节表现所映射之"武王伐纣"之历史情境上，即使提及音律、乐曲之事，也会点明"声"、"音"之别。

综上，我们可以说《乐记》对"声"、"音"、"乐"等概念有清晰的定义与明确的说明。通过这些概念的确定，《乐记》已初步地勾勒出先秦"乐"的基本结构。

三、"乐"的德性教化功能

那么，这种具备现代"戏剧"形态的"乐"又是如何成为个人修身、道德教化的手段呢？下面，我们来看看《乐记》如何解释这个问题。

《乐记》对"乐"的教化能力先有一个整体的评价，见曰：

> 是故乐在宗庙之中，君臣上下同听之则莫不和敬；在族长乡里之中，长幼同听之则莫不和顺；在闺门之内，父子兄弟同听之则莫不和亲。（《礼记·乐记》）

"乐"的教化是以"和"字为核心。"和"之意义可以因"乐"表演环境的不同而产生不同表现，如君臣是"和敬"、长幼是"和顺"、父子兄弟是"和亲"。"和"字落在"乐"中可以转出两层最基本的意义——与"天地"和、与"伦常"和。

所谓与"天地"和,便是说"乐"之律制、规范都要符合天地之秩序,《乐记》有正反两种表述:

> 夫古者,天地顺而四时当,民有德而五谷昌,疾疢不作而无妖祥,此之谓大当。然后圣人作为父子君臣,以为纪纲。纪纲既正,天下大定。天下大定,然后正六律,和五声,弦歌诗颂,此之谓德音;德音之谓乐。(《礼记·乐记》)

> 是故清明象天,广大象地,终始象四时,周还象风雨。五色成文而不乱,八风从律而不奸,百度得数而有常。小大相成,终始相生。倡和清浊,迭相为经。(《礼记·乐记》)

前者是正着说,因循着"天地顺而四时当"的秩序,才有了六律,才有了五声,才能配合着乐器、诗辞构成"乐"。而后者则是反着说,"乐"中之表象、表现、演绎都应该象征着天地合理的秩序。这一正一反便是强调了"乐"与"天地"相和的含义,也将"乐"引向了与"天地"相和的"美"。

所谓与"伦常"和,便是说"乐"之主旨、意向都要符合人伦之道德,《乐记》亦有正反两种表述:

> 今夫古乐,进旅退旅,和正以广。弦匏笙簧,会守拊鼓,始奏以文,复乱以武,治乱以相,讯疾以雅。君子于是语,于是道古,修身及家,平均天下。此古乐之发也。(《礼记·乐记》)

> 乐者德之华也。金石丝竹,乐之器也。诗言其志也,歌咏其声也,舞动其容也。(《礼记·乐记》)

前者取自《乐记·魏文侯篇》,是说古之君子借助"乐"的演奏对自身形成道德之熏陶,借助"乐"塑造修身以至均平天下的人格理想。而后者则是强调"乐"是君子用表达自家道德修养感受的途径,君子可以通过"乐"包含的不同艺术形式表达心志、情怀,也将"乐"引向了与"伦常"相和的"善"。

如此一来,"乐"中之"和"对赏乐者所形成之教化、熏陶便落在"美"和"善"两个面向。因循"天地"秩序一路,"和"表现于"乐"之表演中便是

"美"。与此相应,因循"人伦"纲常一路,"和"表现于"乐"之主旨中便是"善"。再以《武》乐为例,《武》乐是以周武王伐纣的历史情景为主题,以武王德性生命的展开历程为宗旨,通过语言、诗辞、曲调、操作表演等方式,在舞台上构建起一个脱胎于商末周初之历史情景的意义世界。如此一来,《武》乐恢弘之篇章、精彩之表演、绚丽之舞台、整齐之舞蹈等等都属于"美"之一面,而《武》乐讲述武王伐纣之思考、行为,周公辅佐一步步制礼作乐的艰辛等等便属于"善"之一面。对受众而言,观赏《武》乐便获得了"美"的熏陶,反思《武》乐便获得"善"的滋养。同时,"美"、"善"两端以人心相通,又形成相互夹持、相互修养的过程。我们不妨看看《乐记》中的说法,文见:

> 夫民有血气心知之性,而无哀乐喜怒之常,应感起物而动,然后心术形焉。(一)是故志微、噍杀之音作,而民思忧。(二)啴谐、慢易、繁文、简节之音作,而民康乐。(三)粗厉、猛起、奋末、广贲之音作,而民刚毅。(四)廉直、劲正、庄诚之音作,而民肃敬。(五)宽裕、肉好、顺成、和动之音作,而民慈爱。(六)流辟、邪散、狄成、涤滥之音作,而民淫乱。(《礼记·乐记》)

"音(乐曲)"是通过其效果,先对人性之"血气心知"的一面产生影响,这种"血气心知"之"性"一旦表现出来,便会形成"心"的一种表现形式,故而《正义》曰:"人由血气而有心知,故'血气'、'心知'连言之,其性虽一,所感不恒。"①"性"之"血气心知"一面容易受到外物的引动,例如乐曲中高亢的声音、激烈的旋律,会很容易使人激动、活跃。乐曲作为外物,可以通过不同的效果引动"血气心知"之"性",从而形成对"心"的不同表现。《乐记》总结"音"之不同效果主要有六种,可以引动人心产生六种不同变化一一与之对应。先人观察到"音"对人心影响之多样性和对应性,便强调:"先王本之情性,稽之度数,制之礼义,合生气之和,道五常之行,

---

① (汉)郑玄注,(唐)孔颖达疏:《礼记正义》,北京:北京大学出版社,2000年,第1316页。

使之阳而不散,阴而不密,刚气不怒,柔气不慑,四畅交于中,而发作于外,皆安其位,而不相夺也。"(《乐记》)也就是说,想要使"乐"产生恰当的教化,就要借助合适的"音"。而其中所谓"恰当",便要考虑到"乐之教化"是要在不同的影响表现中择取有针对性的效果对受众进行熏陶,使其性情趋于平和。

除了"音(乐曲)"的形式外,"乐"中的其它艺术元素也可以对受众产生教化、熏陶的作用,"歌(诗)"①便是常见的一种形式,《乐记》记曰:

> 子贡见师乙而问焉,曰:"赐闻声歌各有宜也,如赐者,宜何歌也?"师乙曰:"乙贱工也,何足以问所宜? 请诵其所闻,而吾子自执焉:宽而静、柔而正者宜歌《颂》,广大而静、疏达而信者宜歌《大雅》,恭俭而好礼者宜歌《小雅》,正直而静、廉而谦者宜歌《风》,肆直而慈爱者宜歌《商》,温良而能断者宜歌《齐》。夫歌者,直己而陈德也。……明乎商之音者,临事而屡断,明乎齐之音者,见利而让。临事而屡断,勇也;见利而让,义也。有勇有义,非歌孰能保此?"(《礼记·乐记》)

子贡问师乙说:"我听说唱诵诗歌要因循个人的性情,(那您说说)像我(子贡)这样的人,应该怎么选歌?"《正义》孔疏曰:"是欲令师乙观己气性,宜听何歌也。"②子贡之问,也是间接地让师乙点评一下他的人品性格。故而,师乙答道:"我就是一个普通的乐师,怎敢品评您的得失、给您指点方向? 但我倒是听说一些方法,您还是自己决定吧。"师乙继而说明了六种性情与其对应适宜的六种唱诵内容,单就"广大而静、疏达而信者宜歌《大雅》"一句而言,《正义》谓:"广大,谓志意宏大而安静。疏达,谓疏朗通达而诚信。《大雅》者,歌其大正,故性广大疏达,直歌《大雅》,但广大而不宽,疏达而不柔,包容未尽,故不能歌《颂》。"一个人之性情有"广大、疏达"的特点正是《大雅》之歌所表现的特点,人之性情与诗歌相

---

① "诗辞"与"乐曲"同属"音"之一层,参见前文对"声"、"音"、"乐"概念的说明。
② (汉)郑玄注,(唐)孔颖达疏:《礼记正义》,北京:北京大学出版社,2000年,第1337页。

符,表演时更容易表达诗歌中的情感,反过来看,诗歌中的情感也最能够引发人之性情中相应的感动,这一正一反、相辅相成便成了修身的方法。当然,同样作为"音"之一种,"诗辞"、"歌诵"、"乐曲"等都需要通过恰当的选择,才能有针对性地给受众施以适当的教化。

以上所举只是"音"这一层对人性之教化、熏陶,与之相应,"声"、"乐"两层亦有教化功用。总而言之,《乐记》对"声"、"音"、"乐"三者对受众的教化熏陶有一个明确的区别:

> 乐者,通伦理者也。是故知声而不知音者,禽兽是也;知音而不知乐者,众庶是也。唯君子为能知乐。是故审声以知音,审音以知乐,审乐以知政,而治道备矣。是故不知声者不可与言音,不知音者不可与言乐。(《礼记·乐记》)

"声"、"音"、"乐"的教化作用直接对应于不同道德修养工夫的层面上:君子知"乐",便要统筹安排那些掌管"乐"的官员,以演奏、表现出"乐"的主旨;众庶知"音",则只关心诗辞、乐曲的效果,获得韵律的美感;禽兽知"声",就只能辨别声音的高下参差。反过来看,"声"能提高受众的辨识能力,"音"能提高受众的审美感受,而"乐"对于受众而言,才是获得道德教化的主要途径。每一位修习"乐教"的人,受"乐"中不同艺术形式的熏陶,对"美"、"善"都有了不同程度的体贴,获得不同程度德性修养的培养,使得"乐"之教化浸润其德性生命之中。

四、"礼"与"乐"的关系

正是因为"乐"表现出对个人道德修养、实践工夫有针对性的指引能力,方才有了"乐"在"移风易俗"、德育百姓的用途,"乐以成教"也自"客观性"走向了"普遍性",故《乐记》谓:"乐也者,圣人之所乐也,而可以善民心,其感人深,其移风易俗,故先王着其教焉。"正因为"乐"可以善民心,先王就将"乐"与"礼"配合形成一套切实可行的制度用以归正"人伦纲纪"。那么,《乐记》又是如何从"乐"的角度解释礼乐的关系呢?

首先，从客观形式来看，"礼乐"具有相对独立的"器"、"文"形式，《乐记》曰：

> 故钟鼓管磬，羽龠干戚，乐之器也。屈伸俯仰，缀兆舒疾，乐之文也。簠簋俎豆，制度文章，礼之器也。升降上下，周还裼袭，礼之文也。（《礼记·乐记》）

"乐"有乐器、乐仪、乐之规范，"礼"也有礼器、礼仪、礼之规范。故而，从形而下的角度看，"礼"、"乐"相互独立各具章法。

其次，从教化之工夫、境界等方面看"礼乐"，其关系便有互补且统一的特质。例如，《乐记》有言：

> 乐也者，动于内者也。礼也者，动于外者也。故礼主其减，乐主其盈。礼减而进，以进为文。乐盈而反，以反为文。礼减而不进则销，乐盈而不反则放，故礼有报而乐有反。（《礼记·乐记》）

> 穷本知变，乐之情也；着诚去伪，礼之经也。礼乐偩天地之情，达神明之德，降兴上下之神，而凝是精粗之体，领父子君臣之节。（《礼记·乐记》）

礼乐之工夫教化是一内一外、相互夹持。如前段所说，主于内的"乐"当不断丰富，旨在不断启发、唤醒内心仁爱之情；而主于外的"礼"当不断减损，旨在使人更加便宜地遵循其规范。"礼"在外，朝着不断消减的方向令人易于不断努力遵循；"乐"在内，朝着不断丰富的方向令人易于复归本性。有"礼"就使施报相得，有"乐"就使本末相彰，《乐记》也说"仁近于乐，义近于礼"，其所指便是"礼乐"这种内外夹持之工夫。这种内外夹持的作用在后一段话中再进一步、明确地说明："乐"既然是一种"返本"的工夫，将这种工夫推进便是"穷本知变"；"礼"既然是一种"减损"的工夫，将这种工夫推进便是"着诚去伪"。于内，可见天理下贯之性；于外，可知人伦道德之理。"礼乐"并用的工夫，可达到内外兼修的效果，如《乐记》曰：

> 故乐也者,动于内者也。礼也者,动于外者也。乐极和,礼极
> 顺,内和而外顺,则民瞻其颜色而弗与争也,望其容貌而民不生易慢
> 焉。故德辉动于内,而民莫不承听。理发诸外,而民莫不承顺。
> (《礼记·乐记》)

我们可以看到"礼乐"动内外之说是针对君子自我修身工夫而言,修习
"礼乐"之工夫者,其面容、气象乃是内外相和,令人心生敬意。有"礼乐"
修身的君子,普通百姓看到他的面色就不和他相争,看到他的容貌就不
会产生轻慢的情绪。

当然,"礼乐"作为一种内外夹持的工夫、教化,并非一种强制性的命
令。《乐记》看到了这一点,并认为"礼"、"乐"、"刑"、"政"之结合才是真
正的治道:

> 礼节民心,乐和民声,政以行之,刑以防之,礼乐刑政四达而不
> 悖,则王道备矣。(《礼记·乐记》)

《乐记》此句便是对"礼"、"乐"、"刑"、"政"之结合所形成之治道的描述。
"礼"重在"节",即用来节制民心之乱;"乐"重在"和",即用来统一民声之
杂;依靠政治制度来推行治国之纲纪;依靠刑罚来防止出格的行为。
"礼"、"乐"、"刑"、"政"四者相结合而互有优长,强制性的手段还是依靠
"刑"、"政"的辅助。这四者结合所形成的教化,就是《乐记》描述的"礼义
立,则贵贱等矣;乐文同,则上下和矣;好恶着,则贤不肖别矣;刑禁暴,爵
举贤,则政均矣。仁以爱之,义以正之,如此,则民治行矣。"一个有"礼"、
"乐"、"刑"、"政"相配合的社会,就是"王道"之治。这样一个社会的状
态,自然应该是有"仁爱"、有"天理",更有处罚不义的刑罚,所以说"王道
备"则"民治行"。

"礼乐"的密切关系,一方面解释了《礼记》中为何有《乐记》一篇的存
在,另一方面也反应了"乐"之为教是落实于周代社会生活之中,而非仅
仅是一个纯粹的构想、孤立的存在。这就要求我们在理解《乐记》、理解
周代"乐教"传统时,将相关文段与其他传统文献结合起来看。例如,与

"乐"的创作相关的有"采风"制度,与"乐"的表演相关的有"乐官"制度,与"乐"的教育相关的有"学校"制度。以上这些周代社会的政治、文化制度,又在《周礼》、《礼记》、《春秋左传》、《国语》、《吕氏春秋》、《史记》等经典文献的相关篇章内有所记录,这些相关的段落反过来又和《乐记》相呼应,形成一个以《乐记》的思想体系为核心、反映先秦"乐教"传统和社会风俗的文化系统。在这个大背景下,我们再阅读《乐记》这短短数千字的经典篇章,便可深刻地体会《乐记》丰富的思想内涵。

第五节 《礼记》中的道德修养论

一、《大学》的修己治人

《礼记》中的《大学》,即王阳明所谓"古本《大学》",不是朱子重新整理、调整章节并补了一传的《大学章句》本。《大学》体大思精,以人为根本,以培养君子为目标。《大学》的道理,福国利民,又是人人成就功业、立身行道的根本指南。

《大学》的三纲领:"大学之道,在明明德,在亲民,在止于至善。"这里有三个"在",是递进的关系。大学即做大人之学,讲个人修身成德,和谐家庭,逐渐扩大到治国平天下的道理。"明明德",即不断地彰明人自己内在的光明的德性(仁义礼智信等),培养自己高尚的道德。人的德性是天赋予人的,人人都有的,不过并非人人都能自觉。"亲民",即亲和百姓,以百姓的好恶为好恶,爱护民众,也就是"治国"。程子、朱子讲"亲民"为"新民",即除旧布新,洗汰旧的不良的习惯,刷新自我,革新人民的精神面貌。王阳明则讲"亲民",强调爱百姓。"止于至善",追求最高最完美的意境,达到尽善尽美的境界。以上为《大学》的"三纲领"。

> 知止而后有定,定而后能静,静而后能安,安而后能虑,虑而后能得。物有本末,事有终始。知所先后,则近道矣。(《礼记·大学》)

"止",所达到的地方(或境界),人应当行其所当行,止其所当止。这里说,明白了要达到的境界,然后志向就能立定。志向确定了,然后心意才能宁静。心灵不浮躁,不妄动,然后情感才能安和。情性安和了,然后对事物才能详细考察。思虑周详了,然后处理事物才能恰当。此句讲:通过止、定、静、安、虑的修养工夫,能得到大学之道,得其所止。事物有根本与枝节,结局与开端。人应把握学问修养的主次先后、轻重缓急,即可接近大学之道,也就是至善之道。

三纲领从主体与客体、对己与对人两方面阐明大学之道。"明明德"是对己而言,彰明德性,培养仁德。"新民"是对人而言,不断以自己之德教化人民。目的是"止于至善",使人人能明辨善恶、是非、义利,达到大学的崇高理想。

《大学》的八条目:

> 古之欲明明德于天下者,先治其国;欲治其国者,先齐其家;欲齐其家者,先修其身;欲修其身者,先正其心;欲正其心者,先诚其意;欲诚其意者,先致其知;致知在格物。(《礼记·大学》)

古代想要把光明的德性彰明于天下的人,首先要治理好他自己的国家。要治理好自己的国家,首先要整齐他自己的家族。要和谐、团结自己的家族,首先要修饬他自己。过去的家族很大,家族内矛盾复杂,要摆平很不容易,这就要有牺牲与奉献,特别是主持家政的治家者,包括其长子长媳等人的牺牲与奉献,这就要修养自身。要修整自己本身,首先要端正他自己的心。要端正自己的心灵,首先要诚实他自己的意念。要诚实自己的意念,首先要充实他自己的知识。要充实自己的知识,在于穷究事物的原理。这里的"格物、致知、诚意、正心、修身、齐家、治国、平天下",就是《大学》的八条目,即八个步骤,一环扣一环,环环相扣。"八条目"的枢纽是修身,修身是中心环节。格、致、诚、正、修,是道德修养的内圣学;齐、治、平,是建功立业的外王学。

> 物格而后知至,知至而后意诚,意诚而后心正,心正而后身修,身修而后家齐,家齐而后国治,国治而后天下平。自天子以至于庶

人，壹是皆以修身为本。其本乱而末治者，否矣。其所厚者薄，而其所薄者厚，未之有也。此谓知本，此谓知之至也。(《礼记·大学》)

这是前面所讲八条目的逆推。壹是，即一切。厚，丰厚，引申为重视。薄，淡薄，引申为轻视。所厚者，即"本"也，指修身。所薄者，即"末"也，指身外之物，包括齐家、治国、平天下。这是说，从天子到普通百姓，一心所要行的，应当都是把修养自己作为根本。本已乱，末就不能得则治理。本立则道生，本乱则国乱。应该重视的是修身，切勿本末倒置，把修身放在末位。这就叫做知道根本的道理，这就是道德之知的极至。

以上是《大学》的总论，首论三纲领，次论八条目。其中也论及达到至善境界的方法与次序(知止、定、静、安、虑、得)，以及三纲领与八条目的关系。对内修己，格、致、诚、正、修，都是明德之事，不断达到至善的境界。对外治人，齐、治、平，都是新民之事。孙中山先生说欧美的政治文化还不如我们的政治哲学系统完备，所举的例子就是《大学》讲八条目的这一段话。他说："把一个人从内发扬到外，由一个人的内部做起，推到平天下止。像这样精微开展的理论，无论外国什么政治哲学家都没有见到，都没有说出，这就是我们政治哲学的知识中独有的宝贝，是应该要保存的。"[1]孙先生没有平面化地理解"内圣"—"外王"结构，试图揭示以"修身"为本位的由内省心性到外王事功的道德——政治学说仍有其现代意义，这是十分深刻的认识。有的论者认为由内圣(道德修养)推到外王(建功立业)，不合逻辑。这的确不符合形式逻辑，不宜于平面地、表层地顺推与逆推；但深层地说，这里确实含有一种深厚的生命理性或生命逻辑或生存体验。《大学》德化政治的八目，对治世者的道德素养的强调，完全可以与当代法治社会的要求相结合。现代法治不能没有伦理共识作为背景与基础，然而伦理共识离不开伦理传统。

《大学》强调修身为本，其中的工夫，首在"诚意正心"：

---

① 广东省社会科学院历史研究室等编：《孙中山全集》第九卷，北京：中华书局，1986年，第247页。

> 所谓诚其意者，毋自欺也。如恶恶臭，如好好色，此之谓自谦。故君子必慎其独也。小人闲居为不善，无所不至，见君子而后厌然，揜其不善而著其善。人之视己，如见其肺肝然，则何益矣！此谓诚于中，形于外，故君子必慎其独也。曾子曰："十目所视，十手所指，其严乎！"富润屋，德润身，心广体胖，故君子必诚其意。（《礼记·大学》）

这里讲，所谓诚实自己的意念，就是不要自欺。如"恶恶臭"，要像厌恶臭恶的气味一样。如"好好色"，要像喜爱美好的容貌一样。这就是说，首先要使自己心安。"自谦"，谦通"慊"，即自我满足。"慎其独"，根据朱熹的注释，"独者，人所不知而己所独知之地"。慎独之学，在儒家是一种自我修身的功夫，求善去恶，谨而慎之。君子独处时也十分谨慎，而小人在闲居时，什么不好的事都做得出来，等看见了君子才"厌然"，即掩饰躲藏，把不好的掩盖起来，把好的显露出来。其实，别人看他，正像看透他身体内的肺肝一样，躲藏掩盖又有何益呢？这说明，内心真实的意念，必然要表现在外面。所以君子必须谨慎，在独自一人才知道的地方也严格自律。曾子说："十只眼睛一齐向他看着，十只手一齐向他指着，这是多么严峻呀！"财富可以装饰房屋，德行才能装饰人身。心底无私天地宽，身体也安舒了。"胖"是舒泰安乐的样子。诚意的工夫在于慎独，而慎独的要领，在于胸中坦荡。君子坦荡荡，小人长戚戚。很多事情，与其事后遮掩，何不慎之于开始呢？所以君子必须诚实自己的意念。

《大学》修身工夫又强调"日新其德"：

> 汤之《盘铭》曰："苟日新，日日新，又日新。"《康诰》曰："作新民。"《诗》曰："周虽旧邦，其命惟新。"是故君子无所不用其极。（《礼记·大学》）

商汤在盥洗盆上刻有铭文警告自己："苟日新"，意即如每天能洗干净自己身上的污垢，那就应当天天清洗。此句以沐浴自新，比喻道德日进。"日日新，又日新"，谓精诚其意，修德无已。"苟日新，日日新，又日新"的意思是，诚然有一天能够获得新的进步，就要一天一天都有新的进步,还要再继续天天有新的进步。《康诰》说:振作精神,使商朝遗民改过自新,成为新民。《诗经·大雅·文王》说:"周虽是一个古老的邦国,但文王能够禀承上天之所命,革新进取。"所以君子用尽全力,不断奋斗。这一章讲道德的力量,以古人自新用力之勤,勉励我们进德修业,从近处小处下手,远处大处着眼,切忌好高骛远。《大学》强调道德的内在性、自主性与道德的感召力。

《大学》接着引用《诗经》说,国都所管辖的城区与郊区,广大千里,都是民众的止归、居所。又说,小小的黄鸟选择山丘角落里的丛林为止归。孔子解释说,黄鸟尚且知道选择自己的栖息地,难道人反而不如鸟么?作为人,一定要会选择。不仅要学会择业、择邻、择友,而且要学会选择自己的居处。我们应当选择居住在仁德中,以此为美。不选择仁德的境界,能算是智慧的人吗? 人的归乡与居所,应当是仁、敬、孝、慈、信等至善的境界!《诗经》又说,德行深远的文王呀,真是持久光明地致敬于他所向往的境界呀!

> 为人君,止于仁;为人臣,止于敬;为人子,止于孝;为人父,止于慈;与国人交,止于信。(《礼记·大学》)

做人君的归止在仁,做人臣的归止在敬,做人子的归止在孝,做人父的归止在慈,与都城中的熟人及陌生人交往,归止在信。仁、敬、孝、慈、信是传统文化核心的价值理念。

儒家讲"修己"与"治人"是有区别的。修己主要是对管理者的要求,不能用于治人。对管理层的君子而言,必须做到正己爱人,修身为本,推己及人,博施于民而能济众,泛爱众。然而对普通老百姓而言,则要体谅、宽容。王者,治世的君子,不仅首先要修德正自身,作为万民的道德楷模,而且要实现德政,设立学校,用礼乐文明、儒家经典教化百姓,使得人人懂得羞耻,且自觉生命的意义与价值。

二、《中庸》的成己成物

《中庸》强调修身的"五达道"与"三达德":"故君子不可以不修身;思

修身,不可以不事亲;思事亲,不可以不知人;思知人,不可以不知天。"这是说,治国君子不可不讲修身;想修身,不可不侍奉双亲;要侍奉双亲,不可不懂尊贤爱人;要懂尊贤爱人,不可不懂天理。本书托孔子之言,指出五伦为五达道,即人人共由之路,普遍之道;智慧、仁爱、勇敢为三达德,即实践五条大路的三种方法。"天下之达道五,所以行之者三。曰:君臣也,父子也,夫妇也,昆弟也,朋友之交也,五者天下之达道也。知(智)、仁、勇三者,天下之达德也,所以行之者一也。"(《礼记·中庸》)通过五伦关系的实践过程来修身,也即是通过日常生活来修养自己。

"所以行之者一"的"一",是指的"诚",即落在诚实、至诚上。在这一修身过程中,培养君子的三大美德:智、仁、勇。孔子说:"仁者不忧,智者不惑,勇者不惧。"本书又引用孔子的话说:"好学近乎知(智),力行近乎仁,知耻近乎勇。知斯三者,则知所以修身;知所以修身,则知所以治人;知所以治人,则知所以治天下国家矣。"喜好学习,接近智德;力行实践,接近仁德;懂得羞耻,接近勇德。这里指的是大智大勇大仁。智不是要小聪明,勇不是鲁夫莽汉,仁不是小恩小惠。根本上是要修身,此是内圣,治国平天下是外王事功。这与《大学》的主张是一致的,由内圣贯穿到外王。为政者懂得修养自己,才懂得治国平天下。

《中庸》肯定成己与成物,极高明而道中庸,"诚者自成也;而道自道也。诚者物之终始,不诚无物。是故君子诚之为贵。诚者非自成己而已也,所以成物也。成己,仁也。成物,知(智)也。性之德也,合外内之道也,故时措之宜也。"这里是讲人道。意思是说,诚是自己所以能实现、完成、成就自己,而道是人所当自行之路。诚是使物成其始终的生生之道,没有诚也就没有万物了。所以君子把诚当做最宝贵的东西。诚一旦在自己心中呈现,就会要求成就自己以外的一切人一切物。当人的本性呈现,即仁心呈现时,就从形躯、利欲、计较中超脱出来,要求向外通,推己及物,成就他人他物。仁与智,是人性本有的,扩充出来,成己成物,即是兼物我,合外内。人之本性圆满实现,无所不通,举措无有不宜。

凡俗生活中有高明的境界。《中庸》提出了"尊德性"与"道问学"的统一、平凡与伟大的统一："故君子尊德性而道问学,致广大而尽精微,极高明而道中庸,温故而知新,敦厚以崇礼。"既保护、珍视、养育、扩充固有的善性仁德,而又重视后天的学习、修养;既有远大的目标,而又脚踏实地,不脱离凡俗的生活世界,在平凡的日常生活中,在尽伦尽职的过程中追求真善美的合一之境,实现崇高。冯友兰先生自题堂联:"阐旧邦以辅新命,极高明而道中庸"。高明的境界离不开凡俗的生活,就在凡俗的生活中实现。

三、成德之教与道德之治

《礼记》中有关人的教养与人格成长,特别是君子人格的养成的智慧,体现了儒教文明的特色。儒家教育是多样、全面的,其内核是成德之教,其目的是培养君子,成圣成贤,其方法是用礼乐六艺浸润身心,以自我教育与调节性情心理为主,其功能在于改善政治与风俗,其特点是不脱离平凡生活,达到知行合一、内外合一。在当代建设现代公民社会,培养平民化的自由人格的过程中,尤其需要调动儒家修养身心与涵养性情的文化资源。忠信是礼的基本精神,义理则是规矩仪式:

> 先王之立礼也,有本有文。忠信,礼之本也;义理,礼之文也。无本不立,无文不行。(《礼记·礼器》)

> 故礼义也者,人之大端也,所以讲信修睦,而固人之肌肤之会,筋骸之束也;所以养生送死,事鬼神之大端也;所以达天道、顺人情之大窦也。故唯圣人为知礼之不可以已也。故坏国、丧家、亡人,必先去其礼。(《礼记·礼运》)

《礼运》强调礼对于人的人格成长与治理国政的重要性。礼的功用首在治理人情,"故圣人修义之柄,礼之序,以治人情。故人情者,圣王之田也,修礼以耕之,陈义以种之,讲学以耨之,本仁以聚之,播乐以安之。"(同上)这里强调礼为义之实,义为仁之节,仁是义之本,肯定"治国不以礼,犹无耜而耕也;为礼不本于义,犹耕而弗种也;为义而不讲之以学,犹种而弗耨也；讲之于学而不合之以仁，犹耨而弗获也；合之以仁而不安之以乐，犹获而弗食也；安之以乐而不达于顺，犹食而弗肥也。"(同上)

《礼运》对于人的界定，如前所述，是把人放在天地之中的。尽管人是天地之最秀者，但人是具有终极信仰的人，人是在自然生态序列中的人。同时，人又是治理的主要对象(即"人情以为田，故人以为奥也")。这里对人的界定，是以礼义、仁德为中心的，而人应当是道德的人。这里也强调了治国之本，正是礼，而礼的规范中，重要的是道德仁义的精神。

《王制》亦强调道德教化，指出司徒之官的使命是节民性与兴民德，推行六礼、七教、八政，强调"节民性"与"兴民德"，肯定人文教化，发挥退休官员、乡下贤达的作用，运用射礼、乡饮酒礼等，通过习礼对民众、青年进行持续不断的教化：

> 司徒修六礼以节民性，明七教以兴民德，齐八政以防淫，一道德以同俗，养耆老以致孝，恤孤独以逮不足，上贤以崇德，简不肖以绌恶。(《礼记·王制》)

司徒修习六礼(冠、婚、丧、祭、乡饮酒和乡射礼)，来节制民众的性情，讲明七教(父子、兄弟、夫妇、君臣、长幼、朋友、宾客等伦理)来提高人民的德行，整顿八政(饮食、衣服、技艺、器物品类、长度单位、容量单位、计数方法、物品规格等制度和规定)来防止淫邪，规范道德来统一社会风俗，赡养老人来诱导人民孝敬长上，抚恤孤独的人来诱导人们帮助贫乏的人，尊重贤能的人以崇尚道德，检举、摒除邪恶，实在是屡教不改的人，再摒弃到远方。由此可见，王制就是道德之治。

在人与天道、人与自然、人与社会、人与人的交往关系，以及人自身的身心关系方面，儒家《礼记》有极其重要的资源。儒家强调主体性，特别是道德的主体性，但儒家的人己、人物关系是交互主体性的，成己、成人、成物等是仁心推扩的过程。这对今天的人生修养、人际交往与文明对话有其积极意义。

中国哲学的突破，人的觉醒的特点在于，并不斩断人与宗教神灵、自然万物的联系，人是宗教神性意义的天的产儿，人又是自然生态中的成员，这是连续性、整体性的中国哲学的题中之义。人特别是道德的人，人的道德性尤表现为在对自然物取用上的反思性，反思贪欲、占有欲，使人更加肯定动植物自身的价值，成为宇宙大家庭中自觉维护生态伦理的成员。人的道德性表现在社会治理上，则更加尊重庶民大众的权益，予不利者以最大的关爱，并有更多制度的保障，促成社会的和谐。这里包含了教育公平之于政治公平的基础性，促使阶级阶层间的合理流动，保证一定意义上的社会公正。这些都是礼学的真义。

人是有终极信念的人，人是自然大家庭与社会大家庭的成员，这都可以归结于人是有礼义仁德的人。君子对上天，对自然天地必须有敬畏之心，对社会底层的人应当有恻隐之心。人需要在人与天、地、人、物的关系中不断反思、治理、调节自身，更好地定位自己，不至于如西方近代以降，人不断自我膨胀，妄自尊大。

礼是宗教、社会、政治、法律、伦理、道德之综合体，我们从以上几个维度对《礼记》做出的诠释，尽可能使礼的一些要素创造性转化、创新性发展为现代社会与人的积极要素，为现代社会所用。

第十五章 郭店、上博楚简的思想

第一节 郭店楚简、上博楚简略说

一、简 介

20 世纪 70 年代以来,我国有诸多出土材料的重大发现,如 1973 年末至 1974 年初湖南长沙马王堆汉墓出土的帛书,1975 年湖北云梦睡虎地出土的秦简,1993 年湖北荆门郭店楚墓出土的竹简(以下简称郭店简),1994 年上海博物馆从香港文物市场购回的楚简(以下简称上博简)、2008 年入藏清华大学的清华简等。① 下面主要介绍郭店简与上博简。

1993 年 10 月,考古工作者在今湖北省荆门市郭店村郭店一号楚墓 M1,发掘出一批竹简,共计 804 枚。其中,有字简 730 枚,共计 13000 多字,用楚文字书写。郭店楚简包含多种先秦古籍,其中《老子》、《太一生水》、《语丛四》等三种,被认为是道家学派著作,其余多为儒家学派著作。这些文献绝大多数都是首次出现,意义重大,被鉴定为国家一级文物。

---

① 此外,近年新出现的重要简牍材料还有北京大学藏秦简、汉简,岳麓书院藏秦简,安徽大学藏楚简等。近两年发掘的西汉海昏侯墓也出土了大批简帛,内容尚待刊布。

郭店楚简的发现,为古文字学、早期中国哲学、思想史、简册制度和书法艺术等方面的研究,提供了宝贵的文献资料。

地不爱宝。就在郭店楚简发掘的翌年(1994 年)春,香港文物市场上出现一批用战国楚文字书写的竹简。上海博物馆得知这一消息后,在时任馆长马承源先生的主持下,通过斥资收购和接受捐赠的途径,共得简片 1200 余枚(部分为残简),经整理辨认,有 35000 余字,共计 80 余篇文献。上博楚竹书经过整理后,由上海古籍出版社出版,迄今已出版 9 册。从 2001 年到 2007 年,按照每年一册的频次出版,共刊 7 册。第 8、9 册则于 2011、2012 年出版。其余未刊布竹书内容,尚待后续整理出版。上博楚简内容十分丰富,牵涉面比郭店简更广,涉及到历史、哲学、宗教、文学、音乐、礼仪、军事等内容,具有重要的文献学意义和思想史价值。除此之外,上博楚简中的部分文献可与郭店楚简的部分内容相参证①,更加增强了这批竹简的研究价值。

众所周知,传世先秦文献因秦始皇"焚书坑儒"等文化浩劫,又经汉代学者编辑整理,已非原貌。② 长期以来,资料的缺乏给学术研究带来困难。试举一端,一般认为孔子修春秋、补易传、删诗书、兴礼乐,为中华文明早期典籍的整理作出了开创性的贡献。但在孔子殁后,从孔门后学曾子、子思等到孟子,长达一个世纪的历史,基本属于一片空白,被学界形容为"失落的片段"。③ 而这段时间,又处于被思想史界誉为"黄金时代"的春秋战国之际,因此这段时期的出土资料,具有格外重要的价值。

郭店简、上博简的公布,被学界认为有助于重现这一"失落的片段"。孔门后学曾子、子思等长期以来缺乏可靠文献材料的关键人物,在这两批竹简中出现了内容比较丰富的材料(郭店简甚至出现了《鲁穆公问子

---

① 例如上博简《性情论》与郭店简《性自命出》、上博简《缁衣》与郭店简《缁衣》内容大致相同。
② 竹简的保存,还受到地理、气候等因素的影响。出土简帛多发现于两种环境:一种是极湿,如马王堆帛书及诸批楚简等;一种是极干,如居延汉简等。
③ 有学者认为这段时间,大约是公元前 467—前 334 年。见曹峰:《出土文献可以改写思想史吗?》,载《文史哲》,2007 年第 5 期,第 38 页。

思》),为相关的研究提供了便利。

在一定程度上恢复思想史的原貌,仅仅是这两批竹简的价值之一,它们所激起的波纹,已经扩散至文献学、学术史、思想史等众多领域。从横向来说,郭店简与上博简的内容包罗万象,相关研究可从政治、伦理、诗歌、礼仪、音乐、军事等方面展开,研究向度多样。从纵向来说,《五行》、《缁衣》、《性情论》等重要文献,为梳理先秦文献的历史衍变提供了非常重要的材料。另外如儒道对比、儒家人性论前史、孟荀差异等诸子学内部聚讼纷纭的问题,也得到了更清楚的揭示和较为稳妥的解答。

简而言之,郭店简与上博简,以诸多前所未见的新材料,为一些长期以来无从解决的思想史难题,提供了全新的参照。本章以儒家简研究为主,道家简只涉及《恒先》。当然,前面《老子》研究专章涉及到竹简《老子》。

二、研究现状

如果粗略以郭店简的公布年份(1998)为起点,以 2006 年哈佛燕京学社与武汉大学传统文化中心联合举办的"新出楚简国际学术研讨会"为中界①,郭店简与上博简的研究,大体可分为 1998—2006 年、2007 年迄今两个阶段。前一阶段,大体属于文献整理;后一阶段,大体属于文献阐释与发挥。前一阶段,主要从考据学、文献学、历史学角度展开,后一阶段,主要从学术史、思想史展开。当然,这两个阶段的划分,只是大体而言。事实上,有相当一部分研究,是同时结合文献整理与思想研究的。

简文整理公布后,数以百计的海内外学者发表了数量极其丰富的论文、专著,极大地推动了楚简、特别是书籍类楚简的研究,使其蔚为显学,在海内外都有广泛影响。下面分而言之。

---

① 此次盛会由哈佛燕京学社与武汉大学中国传统文化研究中心等单位联合举办,来自美、日、德、俄、韩、加拿大、比利时、匈牙利、马来西亚、新加坡等国家和中国大陆、港台地区共 100 余名学者共襄盛举,提交论文 80 余篇。其中海外汉学家 50 余位,超过半数。此次会议较为集中、深入地研讨了郭店简和上海博物馆藏战国楚竹书这两批楚简。详见刘体胜:《"新出楚简国际学术研讨会"会议综述》,载《中国哲学史》,2006 年第 4 期。

郭店楚简①：

（一）文献整理。主要是厘定楚简文字，并涉及音读训诂、版本校勘等。主要有：魏启鹏《楚简〈老子〉柬释》（万卷楼出版社，1999年）；刘信芳《荆门郭店竹简老子解诂》（台北艺文印书馆，1999年）；彭浩《郭店楚简〈老子〉校读》（湖北人民出版社，2000年）；陈伟《郭店竹书别释》（湖北教育出版社，2002年）；刘钊《郭店楚简校释》（福建人民出版社，2003年初版，2005年再版）；廖名春《郭店楚简老子校释》（清华大学出版社，2003年）；李零《郭店楚简校读记》（增订本）（中国人民大学出版社，2007年）；陈伟等著《楚地出土战国简册［十四种］》（经济科学出版社，2009年）；丁四新《郭店楚竹书〈老子〉校注》（武汉大学出版社，2010年）；武汉大学简帛研究中心、荆门市博物馆编著《楚地出土战国简册合集（一）·郭店楚墓竹书》（文物出版社，2011年）等。

以论文集、研究专号的形式出版的研究成果有：由《中国哲学》编辑部和国际儒联学术委员会编的《中国哲学》第20辑为"郭店楚简研究专辑"，第21辑为"郭店简与儒学研究"专辑，1999年、2000年由辽宁教育出版社出版；陈鼓应主编《道家文化研究》第17辑，亦为郭店楚简专号，由生活·读书·新知三联书店1999年出版；香港中文大学张光裕主编、台湾"中研院"史语所袁国华合编《郭店楚简研究》第一卷《文字编》于1999年出版，由台北艺文印书馆印行；台湾辅仁大学哲学系编辑、陈福滨主编《本世纪出土思想文献与中国古典哲学研究论文集》上下两册，1999年由辅仁大学出版；武汉大学中国文化研究院等于1999年10月主编《郭店楚简国际学术研讨会论文汇编》第一、二册，后整理为《郭店楚简国际学术研讨会论文集》，2000年由湖北人民出版社出版。②

---

① 廖名春整理了1999年8月至2000年4月郭店楚简的相关研究成果：《郭店楚简论著目录（上、中、下）》（修订版），载 http://www.bamboosilk.org/Mlhc/Lzsy/Liaominchun5.htm。

② 1999年10月15—18日，武汉大学中国传统文化文心联合哈佛燕京学社、国际儒学联合会、中国哲学史学会、湖北省哲学史学会，召开郭店楚简国际学术会议，会议成果丰厚，结集成若干巨册。参见郭齐勇：《郭店楚简的研究现状》，载《郭店楚简国际学术研讨会论文汇编》第一册，武汉：武汉大学，1999年，第323—335页。

此外,有一些连续出版的专业集刊集中了许多关于郭店简的研究成果,主要有:中国社会科学院简帛研究中心编《简帛研究》,目前已经出版十余辑,由广西师范大学出版社出版;复旦大学出土文献与古文字研究中心编《出土文献与古文字研究》,目前已出版六辑,由上海古籍出版社出版;武汉大学简帛研究中心编《简帛》,目前已出版 13 辑,由上海古籍出版社出版;清华大学出土文献研究与保护中心编《出土文献》,目前已出版 8 辑,由中西书局出版。

(二)文献阐释与研究。

A. 内部研究。以简文内容为主题的研究。例如丁原植《郭店竹简老子释析与研究》(万卷楼出版公司,1999 年 4 月增订版);崔仁义《荆门郭店楚简〈老子〉研究》(科学出版社,1998 年);[美]顾史考《郭店楚简先秦儒书宏微观》(台湾学生书局,2006 年;上海古籍出版社 2012 年版);陈慧、廖名春、李锐等《天、人、性:读郭店楚简与上博竹简》(上海古籍出版社,2014 年)等。

B. 外围研究。把郭店简与思想史、哲学问题以及政治、礼制等其他领域联系起来的拓展性研究。例如丁四新《郭店楚墓竹简思想研究》(东方出版社,2000 年);郭沂《郭店竹简与先秦学术思想》(上海教育出版社,2001 年);欧阳祯人《先秦儒家性情思想研究》(武汉大学出版社,2005年)、《从简帛中挖掘出来的政治哲学》(武汉大学出版社,2010 年);杨华《新出简帛与礼制研究》(台湾古籍出版公司,2007 年);梁涛《郭店竹简与思孟学派》(中国人民大学出版社,2008 年);陈来《竹帛〈五行〉与简帛研究》(生活·读书·新知三联书店,2009 年);刘信芳《出土简帛宗教神话文献研究》(安徽大学出版社,2014 年);曹峰《近年出土黄老思想文献研究》(中国社会科学出版社,2015 年);高华平《楚简文字与先秦思想文化》(中国社会科学出版社,2016 年)等。

上博楚简:

(一)文献校释与整理。如李零《上博楚简三篇校读记》(万卷楼图书有限公司,2002年);苏建州《〈上博楚竹书〉文字及相关问题研究》(万卷楼图书有限公司,2008年);季旭昇主编《〈上海博物馆藏战国楚竹书(一)〉读本》(北京大学出版社,2009年),《〈上海博物馆藏战国楚竹书(二)〉读本》(万卷楼图书有限公司,2003年),《〈上海博物馆藏战国楚竹书(三)〉读本》(万卷楼图书有限公司,2005年);丁四新《楚竹书与汉帛书〈周易〉校注》(上海古籍出版社,2011年);董珊《简帛文献考释论丛》(上海古籍出版社,2014年);孙飞燕《上博简〈容成氏〉文本整理及研究》(中国社会科学出版社,2014年)等。

(二)文献阐发与研究。如曹峰《上博楚简思想研究》(万卷楼图书有限公司,2006年);[日]浅野裕一《上博楚简与先秦思想》(万卷楼图书有限公司,2008年);虞万里《上博馆藏楚竹书〈缁衣〉综合研究》(武汉大学出版社,2009年);晁福林《上博简〈诗论〉研究》(商务印书馆,2013年)等。

此外,还有部分学者的论文集也涉及到郭店简与上博简的研究。限于篇幅,这里仅列具有代表性的几种:裘锡圭《中国出土古文献十讲》(复旦大学出版社,2004年);廖名春《出土简帛丛考》(湖北教育出版社,2004年);饶宗颐《饶宗颐新出土文献论证》(上海古籍出版社,2005年);杜维明编《思想·文献·历史:思孟学派新探》(北京大学出版社,2008年);王中江《简帛文明与古代思想世界》(北京大学出版社,2011年);徐少华《简帛文献与早期儒家学说探论》(商务印书馆,2015年)等。

简帛研究无国界。海内外学者共同在这一领域开展研究,各种研究方法和观点相互交流、搏动。海外汉学家也出版了不少相关的著作,如[美]艾兰、[英]魏克彬编,邢文编译《郭店〈老子〉:东西方哲学的对话》(学苑出版社,2002年),提出了一些具有比较哲学视野的话题。[美]夏含夷《重写中国古代文献》(上海古籍出版社,2012年),里面收录了夏氏一些代表性的文章,如《出土文献的编辑及其对传世文献研究的启示》等。[美]顾史考《郭店楚简先秦儒书宏微观》(上海古籍出版社,2012年),则是汉学家群体中一部比较专业而深入的简帛研究著作。

三、研究面向

随着新出土文献整理与研究工作的推进，新出土文献"改写"思想史的问题，又被提上日程。早在上世纪 70 年代马王堆帛书出土之后，学界就对这一问题展开过讨论。① 郭店楚简和上博楚简问世后，为这一问题的讨论提供了更多的素材。目前学界取得的基本共识是，出土文献并不足以完全改写思想史和哲学史，但可以检验、修正、润色思想史上的一些看法和结论。

以此为基点并结合目前的研究现状，我们认为，郭店简和上博简的研究面向、视角是相当丰富且多样的，至少有以下几个方面值得论述：

（一）出土简帛与经学

第一，孔子与六经，特别是与《易》的关系。关于孔子与《易》的关系，《史记·田敬仲完世家》与《孔子世家》指出"孔子晚而喜《易》"，"韦编三绝"。近代以来，很多学者都怀疑史迁之说。马王堆帛书《易传》却为史迁提供了佐证。《要》篇云："夫子老而好《易》，居则在席，行则在囊"、"孔子繇《易》"。郭店简《语从一》则说"《易》所以会天道人道也"。结合帛书《易传》与郭店简，我们可以理解孔子对《周易》的创造性诠释。另外，简帛中发现的子思、公孙尼子等七十子后学的资料，亦与《易传》相会通。

第二，《诗经》与《书经》。关于"诗言志"，上海博物馆藏战国楚竹书《孔子诗论》有："孔子曰：'诗无吝志，乐无吝情，文无吝言。'"本篇论诗，特别强调《诗》之情感抒发及其与初民之性的关系，主张报本反始，导情入礼："……情爱也。《关雎》之改，则其思益矣……孔子曰：吾以《葛覃》得氏初之诗，民性固然。见其美，必欲反，一本夫葛之见歌也……"《孔子诗论》涉及《诗经》篇名六十篇。此外，《孔子诗论》与《论语》中保留的孔子

---

① 上世纪 70 年代末期，高亨、杨宽、庞朴等先生，对马王堆帛书与现存文献之间的关系，有所论述。80 年代后期，易学热兴起，学界多从思想史的角度，解读马王堆帛书，由此引发一些儒道互补、道家为中国哲学主干等学术热点问题。

关于《诗》的论述相映成趣。而郭店简《缁衣》以诗证说，引《诗》凡二十三条。《五行》引《诗》证言论事，简本引《诗》凡七条，帛书本引《诗》凡十七条。

至于《书经》，简帛中还发现了一些《书》的佚文。其中引《书》既有见于今文经，又见于古文经，还有不见于今存古文经《尚书》之佚《书》。郭店简《缁衣》还引了《祭公之顾命》，引文见于《逸周书·祭公》。一直以来，古代都有怀疑《古文尚书》的人，朱熹乃首次怀疑《古文尚书》，明代梅鹜、清代阎若璩、惠栋等著作几乎使《古文尚书》成为定谳。但简帛佚籍的发现，有助于《诗》《书》研究的深化。

第三，礼乐文明。我们对于三礼和礼乐文明已经相当陌生。《论语》中有"齐衰"，根据杨伯峻先生的理解，齐衰是用熟麻布做的丧服，其下边缝齐。斩衰，则是用粗而生的麻布做的丧服，左右和下边都不缝齐，这是最重的丧服。郭店简《六德》出来后，又涉及到这些问题。《六德》涉及丧服处，先讲斩衰，有"疏斩布，绖，杖"之语，继讲齐衰，有"疏衰，齐，牡麻绖"之语。李学勤对此有很好的辨别与研究。[①] 除此之外，简帛中还有大量关于礼、乐的内容，有助于我们重新发现礼乐文明。

第四，大小传统。与经典研究相对应的是数术方技的研究，如近几十年大量出土的流传于民间的《日书》等，属于民间文化传统，但确乎是上述经学等精英文化的背景和基础。经学是集宗教、伦理、政治于一身的学问，它不是突兀产生的，其基础、源泉正是社会习俗、民间信仰。阴阳五行、数术、方技之类与古代人的世界观、哲学形上学和科学技术密切相关，与大雅之堂上的六经也有着不解之缘。我们将会看到，下一步人们研究的兴奋点正是数术与经学、数术与形上学的关系问题。

第五，经学史研究的重点与难点。重点有：1. 简书《归藏》、简书《周易》、帛书《易传》的特点及其与今本之比较；2. 简帛中所见《尚书》类文献考释；3. 竹书《孔子诗论》之意义与诗教之研究；4. 简帛中所见礼学材料、

---

① 李学勤：《郭店楚简〈六德〉的文献学意义》，载武汉大学中国文化研究院编《郭店楚简国际学术研讨会论文集》，武汉：湖北人民出版社，2000年，第19—20页。

乐论及礼教、乐教之研究；5.简帛所涉及孔子与七十子问题、汉简《论语》、上海博物馆藏孔子与七十子佚书；6.简帛中透显的思孟学派及思孟五行学说研究。

难点有：第一，经学史的问题。六经佚文及相关文献的出土，使我们有更多材料研究六经及经学的问题，与此相关，可以进一步梳理孔子与七十子后学对经学的具体发展。第二，思孟学派及《中庸》前史的讨论和先秦心性论、性命天道关系问题。第三，出土简帛中大量《日书》、卜筮祭祷文献文物与古代社会民间宗教观的讨论。第四，出土文献研究与华夏文明发展道路问题的关联。

（二）出土简帛与中国经学的诠释传统

1. 经—传、经—说、经—解形式的开放性与创造性。儒家经典的开放性不仅在于容许新的经典出现，而且在于容许不同的解释并存。经—传、经—说、经—解的方式，并非是封闭的、教条的。简帛文献的发现，不同程度地印证了这一点。诠释者对于经，除解释字、词、文句之外，重要的还在于疏释文献，点明内在理路，发挥微言大义。

2. 以人为本位与以道德为中心的经典诠释。中国经典诠释的特点，不在于语言文字的铺陈、雕凿和知识系统的建构，而在于与圣贤对话，与圣贤相契，去感受、领悟经典，并力图实践，使之内在化。以人为本位，以道德为中心，是中国经典诠释的根本。这在简帛中也得到充分反映。

郭店简中的资料表明，孔子、七十子及其后学继承前哲，创造发挥的圣、智、仁、义、礼、忠、信、敬、慈、孝、悌、反己、修身、慎独等观念，至迟在战国中期已流布并影响到荆楚之地。如《六德》以"圣、智、仁、义、忠、信"为根本；《五行》强调"仁、义、礼、智、圣"；《尊德义》肯定"尊仁、亲忠、敬庄、归礼"；《忠信之道》说明忠是"仁之实"，信是"义之期"；《唐虞之道》重视"爱亲尊贤"，仁义并举。与后世儒学略有不同的是，《五行》的作者提倡"听德"、"视德"，前者为"聪"，后者为"明"，强调"圣"、"智"二行。所谓"圣"，是闻而且知君子之道。所谓"智"，是见（视）而且知贤人之德。闻知、见知都是体验之知。不过，这些篇目都强调，"仁爱"是亲爱亲人的推广。《五行》："不悦不戚,不戚不亲,不亲不爱,不爱不仁。""颜色容貌温,变也。以其中心与人交,悦也。中心悦焉,迁于兄弟,戚也。戚而信之,亲[也]。亲而笃之,爱也。爱父,其攸爱人,仁也。"①"攸"在这里是"进"或"继"的意思。

原始儒家以爱亲为仁,尊贤为义,或者说,仁是"爱亲"的推广,义是"尊贤"的推广,认为二者可以互补。《语丛》中的一些言论重申孔子的教诲,把"仁"规定为"爱人"、"爱善",又把"义"规定为"善之方"、"德之进"、事之"宜"。又以丧为仁之端。"丧,仁也。义,宜也。爱,仁也。义处之也,礼行之也。""爱亲则其方(杀)爱人。"②《唐虞之道》:"爱亲忘贤,仁而未义也。尊贤遗亲,义而未仁也。"③《语丛一》:"[厚于仁,薄]于义,亲而不尊。厚于义,薄于仁,尊而不亲。"④以上关于"仁、义"关系的界定,既爱亲又尊贤,既源于血缘亲情,又突破了血缘亲情,修订了亲亲、尊尊的原则,实为非常值得肯定的儒家伦理价值观念。

《六德》对夫妇、父子、君臣三伦六位的规定,强调各行其职,对内讲仁德,对外讲义德。"父圣,子仁,夫智,妇信,君义,臣忠。圣生仁,智率信,义使忠。""仁,内也。义,外也。礼乐,共也。内立父、子、夫也,外立君、臣、妇也。"⑤在这里"立"字即"位"字。《语丛一》视君臣关系为朋友关系。《语丛三》认为,臣之于君,"不悦,可去也;不义而加诸己,弗受也。"⑥以上可以视为父慈子孝、君义臣忠、夫敬妇顺的原型。在君臣关系上,既

---

① 荆门市博物馆编:《郭店楚墓竹简》,北京:文物出版社,1998年,第150页。以下所引郭店楚简内容均依此本,仅注编者、书名、页码。引文中,方括号内为补字,圆括号内为前字的正读,据裘锡圭先生按语。有个别字句和标点略有改动。

② 荆门市博物馆编:《郭店楚墓竹简》,第211页。"方"字,有学者认为应该释读为"杀",即"爱亲则其杀人",见陈伟等编《楚地出土战国简册(十四种)》,北京:经济科学出版社,2009年,第258页。

③ 荆门市博物馆编:《郭店楚墓竹简》,第157页。

④ 荆门市博物馆编:《郭店楚墓竹简》,第197页,3—5行。将第77、82、79三简重排形成此句。《礼记·表记》:"厚于仁者薄于义,亲而不尊;厚于义者薄于仁,尊而不亲。"又,郭店简关于仁、义的界定与《中庸》"仁者人也,亲亲为大;义者宜也,尊贤为大"相一致。

⑤ 荆门市博物馆编:《郭店楚墓竹简》,第188页。

⑥ 荆门市博物馆编:《郭店楚墓竹简》,第209页。

有很强的血缘情感,又体现了士人的自由精神,不悦可去,不义弗受。

郭店儒家简在总体倾向上以仁爱为中心,并举仁义,视仁、义为忠、信的实质与目标,视忠君、爱民为孝、悌之拓展,视敬为礼之内核。孝悌、忠信、礼敬都与仁义有关。只是未能如《中庸》、《孟子》那样强调"诚"。但郭店简强调了"信","诚"是"信"的发展结晶。

以上略举一斑,下面将对竹简文本做一些分析和阐释。

第二节　郭店儒家简与孟子心性论

郭店儒家简有较丰富的人性天命说的内容。人的性情,禀赋自天。神秘的天道天德是人道人性的终极根据。肯定人的情气和内在生命有为善的趋势,以情言性,即心言性,是楚简与《孟子》的相同之点。在存心养性、仁内义外的问题上,二者有所区别。孟子对他以前的心性论作了理论的提升和推进。理解"情"与儒家道德形上学的内在关系是至关重要的。"四端七情"恰恰是天人之际的纽带。性善论既是道德理性普遍主义的提扬,又不排斥情、才、气性。在心志的引导下,道德情感可以成为道德行为的力量。

郭店楚简大大丰富了先秦心性论的资料,因此格外引起学术界的重视。但目前有一种说法,似乎郭店楚简是主情的,而《孟子》是排情的,孟子至当代新儒家的"天命"的道德形上学的阐释,需要重新考虑等等。①本书不同意这一看法,而将郭店楚简心性论看作是孟子心性论的前史,力图梳理其间的内在联系。

一、楚简之人性天命说

郭店儒家简诸篇并不属于一家一派,将其全部或大部视作《子思

---

① 李泽厚:《初读郭店竹简印象记要》,载《世纪新梦》,合肥:安徽文艺出版社,1998 年,第 201—210 页。

子》①，似难以令人信服。笔者不是把它作为某一学派的资料，而是把它大体视作孔子、七十子及其后学的部分言论与论文的汇编、集合，亦即某一时段(孔子与孟子之间)的思想史料来处理的。《孟子·告子上》记载的告子"生之谓性"、"仁内义外"的主张，孟子弟子公都子总结的彼时流行的人性论的诸种看法，例如告子之"性无善无不善"论、可能属于世硕的"性可以为善，可以为不善"论、无名氏之"有性善，有性不善"论，在楚简中都得到充分反映。前述第二种看法所以说可能是(或接近于)世硕的，根据是王充的《论衡·本性》。王充说世硕主张"性有善有恶"，至于人趋向善或恶，取决于所养，即后天的环境、教育的影响。据王充说，宓子贱、漆雕开、公孙尼子等都主张性有善有恶。世硕的"所养"之说，在楚简与《孟子》中都有反映。

楚简中除了强调后天人为教育的内容外，还有很多关于以血气、爱欲、好恶等来描述人性的说法，认为喜、怒、哀、悲、乐、虑、欲、智等皆源于性。以上均得到各位论者的充分注意，故不赘引。但是，楚简中是不是完全找不到"性善论"的根芽、资源呢？楚简中是不是完全没有涉及"性与天道"的问题呢？人们现在很看重《性自命出》以情气释性的内容，这无疑是重要的。但该篇在以"喜怒哀悲之气"和"好恶"来界定"性"的同时，申言此性是天命的，是内在的，实际预涵了此能好人的、能恶人的"好恶"之"情"即是"仁"与"义"的可能，"仁""义"是内在禀赋的内容。如此诠释，会不会犯"诠释过度"的毛病呢？我们认为不会。请看《性自命出》是怎么说的："喜怒哀悲之气，性也。及其见于外，则物取之也。性自命出，命自天降。道始于情，情生于性。始者近情，终者近义。知情者能出之，知义者能入之。好恶，性也。所好所恶，物也。善、[不善]，□也，所善所不善，势也。凡性为主，物取之也。"②这里所脱的三字，裘锡圭先生补了"不善"二字，剩下一字，疑是"性"。

① 姜广辉：《郭店楚简与〈子思子〉》，载《哲学研究》，1998 年第 7 期。
② 荆门市博物馆编：《郭店楚墓竹简》，第 179 页。

这里的确有"性有善有不善"的意思,至于经验事实上、人的行为表达上究竟是善还是不善,依赖于客观外在力量的诱导、制约等。但这里并没有完全排拒"情气"好恶中的"善端",这就为后世的性善论埋下了伏笔。以上整句的意思是说,人性的禀赋来自天之所降的命。此与生俱来的好好恶恶的情感偏向,就是人之所以为人的特质。好恶是内在本能,也就是内蕴的喜怒哀乐之气。人的情绪情感的表达,是由对象化的事物引起的,是表现在外的。质朴的好恶之心所引发、所牵动、所作用的对象虽然是外在的客观的物事、现象、力量、动势等等,但内在的主宰或主导,还是天命所降之人性。人性脱离不了情气,且附着于情气之上,但性与情气仍有区别。请注意,情气不仅仅指自然情欲,也指道德情感。尔后孟子着力发挥的,正是天赋的道德情感,并由此上升为道德理性。

《性自命出》强调通过观看《大夏》、《韶》、《大武》之舞乐,听闻古乐之声,陶冶情操,修养自己,庶几可以"反善复始"! 从反善复始、原始反终的立场回过头去看前引该篇的"始者近情,终者近义,知情者能出之,知义者能入之",则不难体会此处两"情"字即是"仁"这种情,此处的"始终出入",其实即是指的仁与义的对举。本始的、最贴近人之禀赋的、能表达、推广出来的性情是什么呢? 恰恰是爱亲之仁! 达成的、实现出来的、能使之进入的是什么呢? 恰恰是"恶不仁"之义。以下紧接着说的"好恶,性也",在一定的意义和范围之内,是说的能好人,能恶人,"好仁而恶不仁"。天所赋予的初始之善,人之自然的切近之情是亲爱亲人! 该篇接着说:"笃,仁之方也。仁,性之方也。性或生之。忠,信之方也。信,情之方也。情出于性。爱类七,唯性爱为近仁。智类五,唯义道为近忠。恶类三,唯恶不仁为近义。所为道者四,唯人道为可道也。"这里很明显地把"好恶"之性点醒了出来。

在众多的爱中,笃诚的爱、真情真性是仁爱。当下的、发自内心的爱近乎仁,此即"好好";当下的、厌恶不仁的情感或行为近乎义,此即"恶恶"。仁义忠信是人道之最重要的内涵,盖出之于天赋的性情。《语丛三》:"爱亲,则其方[杀]爱人。""丧,仁也。义,宜也。爱,仁也。义处之也,礼行之也。""丧"为仁之端,此也是以情来说性,说仁,犹如孟子以"恻隐"说仁之端。可见,在先秦自然人性论之中,"情"的内涵之一,指的是仁爱之情,这也是人性之一,而不在人性之外。

让我们再来看一看《五行》:"不悦不戚,不戚不亲,不亲不爱,不爱不仁。""颜色容貌温,变也。以其中心与人交,悦也。中心悦[焉,迁]于兄弟,戚也。戚而信之,亲[也]。亲而笃之,爱也。爱父,其(攸)爱人,仁也。""攸"在这里是"进"或"继"的意思。这也是性情学说。如果说郭店儒简是所谓"主情",那么此处人心之"悦、戚、亲、爱、仁"正是其所主之"情"。它是从哪里来的呢?按《五行》终始德圣之说,人道来自天道,人善来自天德:"[君]子之为善也,有与始,有与终也。君子之为德也,[有与始,无与]终也。金声而玉振之,有德者也。金声,善也;玉音,圣也。善,人道也;德,天[道也]。[唯]有德者,然后能金声而玉振之。"按,"德""善"之论是《五行》的中心和主线,是抽象的、高层次的。相应地,其下一层次是"圣""智"之论。① 《孟子·万章下》的"金声玉振"的"智圣"之论,即来源于此。孟子仁义礼智四端之说,与《五行》有直接联系。

就"德"、"善"这一层说,《五行》开篇即分别指出"仁、义、礼、智、圣","形于内谓之德之行","不形于内谓之行"。"形于内谓之德之行",属于"德,天道也",是神性意义的天德流行,形之于、贯注于人心的内容,也即是人的禀赋。"不形于内谓之行",属于"善,人道也",是人的道德行为。楚简《五行》又说:"德之行五和谓之德,四行和谓之善。善,人道也;德,天道也。"这也是分成两层说的。仁、义、礼、智、圣,是人心得之于天道的,或者说是天赋于人的、内化于人心之中的,可形可感,可以实现的。这五种德行内在地和谐化了,就是天道之德。其表现在外的仁、义、礼、智之行为,相互和合,就是人道之善。这里有天与人之分,分而后合。

就"圣""智"这一层说,"闻君子道,聪也。闻而知之,圣也。圣人知

---

① 详见邢文:《〈孟子·万章〉与楚简〈五行〉》,载《郭店楚简研究》(《中国哲学》第 20 辑),沈阳:辽宁教育出版社,1999 年,第 228—242 页。

天道也。知而行之，义也。行之而时，德也。见贤人，明也。见而知之，智也。知而安之，仁也。安而敬之，礼也。圣、智，礼乐之所由生也，五[行之所和]也。""聪明圣智"之说见于《中庸》。圣智之论源出于子思，当不会有大误。楚简《六德》也以"圣、智、仁、义、忠、信"为核心。就一般情况而言，听德为聪，视德为明。由"聪"出发，闻而知君子之道为"圣"；由"明"出发，见而知贤人之德为"智"。按马王堆帛书《五行》："道者，圣之藏于耳者也。闻而知之，圣也。闻之而[遂]知其天之道也，是圣矣。圣人知天之道。"①"圣、智"是相对于前述之"德、善"来说的。通过闻之于圣人来接近天道。帛书《五行》比起竹简本略有改动，曰："[君子]无中心之忧则无中心之圣，无中心之圣则无中心之悦，无中心之悦则不安，不安则不乐，不乐则[无]德。"②可见君子内心之中忧乐好恶、道德情感（它可以化为道德实践的力量），是源于闻而知之之"圣"，源于天道、天德的。《五行》德、善、圣、智之说，完全是道德形上学的内容，自然成为孟子的思想来源。其中：天道—德—圣—五行之和，是先验的道德哲学层面；人道—善—智—四行之和，是经验的伦理学层面。

就世俗伦理层面而言，郭店楚简《六德》、《成之闻之》诸篇，仍不忘天、天德和圣的依托，以寻找其最终的根据。如《六德》把父德称为"圣"，子德称为"仁"，"父圣，子仁，夫智，妇信，君义，臣忠。圣生仁，智率信，义使忠。"血缘伦理有其天命根据。《成之闻之》："天降大常，以理人伦。制为君臣之义，著为父子之亲，分为夫妇之辨。是故小人乱天常以逆大道，君子治人伦以顺天德。"此处以上天的普遍法则作为君臣、父子、夫妇三伦，即社会秩序的依据与背景。该篇亦认为，君子之道可近求之于己身而远证之于天德："唯君子道可近求而可远措也。昔者君子有言曰：'圣人天德'曷？言慎求之于己，而可以至顺天常矣。"圣人天德不远乎吾人，近从修己中理会，远则符合于天常。这就是天上秩序与人间秩序的

---

① 国家文物局古文献研究室编：《马王堆汉墓帛书》（壹），北京：文物出版社，1980年，第21页。
② 国家文物局古文献研究室编：《马王堆汉墓帛书》（壹），北京：文物出版社，1980年，第17页。

关系。

《语丛一》在"凡物由无生"之后，不断重复"有天有命，有物有名"。又曰："有生有智，而后好恶生。""有天有命，有地有形，有物有容，有家有名。""有物有容，有□有厚，有美有善。""有仁有智，有义有礼，有圣有善。"这一系列的排比句完全可以与《老子》媲美。其中道德的天命论的内容也非常值得关注。

总之，楚简有较丰富的人性天命说的内容，是孔子"性与天道"的发展。仁义礼智，来自人与生俱来的好恶之情（好仁与恶不仁）。人性的获得性遗传，与神秘的天道有关。天人之间，情为枢纽。此种性情，禀赋自天。天道天德是人道人性的终极根据。"性自命出，命自天降"，"始者近情，终者近义"，"反善复始"，"丧为仁端"，仁义礼智圣"形于内谓之德之行"，"德之行，五和谓之德"，"德，天道也"，"善，人道也"，"天降大常，以理人伦"，"有天有命，有仁有智，有义有礼，有圣有善"，等等命题，毋宁是由《诗》、《书》、孔子走向孟子道德形上学的桥梁。

二、楚简与《孟子》的思想联系与区别

上节其实已经说了二者的主要联系与区别，本节再说三点。首先，"情气为善"。如上文所说，楚简主张情气有为善的趋势，如前引《五行》由颜色容貌温，谈到中心悦，进而戚、亲、爱、仁的一段，又如《语丛二》"爱生于性，亲生于爱"等，即是从情出发，以情气之善言性。《性自命出》视真情为真性、性善，"凡人情为可悦也。苟以其情，虽过不恶；不以其情，虽难不贵。苟有其情，虽未之为，斯人信之矣。未言而信，有美情者也。未教而民恒，性善者也。"不言而信，不教而恒，指民众生来就有的淳朴的美情、善性。孟子从来不排斥情、才、气性。《孟子·告子上》："乃若其情，则可以为善矣，乃所谓善也。若夫为不善，非才之罪也。"孟子认为照着人的特殊情状去做，自可以为善。他肯定天生资质，情、才、气性的为善，主张"可欲之谓善"。至于人在现实上的不善良，不能归罪于他的禀赋、资质。孟子主张善在情才之中、生命之中。《孟子·尽心下》："口之

于味也,目之于色也,耳之于声也,鼻之于臭也,四肢之于安佚也,性也,有命焉,君子不谓性也。"这里讲的是实然之性,孟子承认之,但指出实然之性能否实现,自己作不了主,依赖于命运,因此君子不认为这是天性的必然,不去强求。相反,在另一层面上,仁、义、礼、智、圣之于父子、君臣、宾主、贤者、天道来说,在现实性上虽仍属于命运,但在应然层面却是具有普遍性的天性之必然,君子不认为"仁之于父子,义之于君臣"等等是属于命运的,而应努力顺从天性,求得实现。孟子强调了人性之当然,区别了人之所以异于禽兽的性征,对包括楚简在内的孟子之前的人性论论说,是一次巨大的飞跃。

其次,"即心言性"、"存心养性"。这是楚简诸篇与《孟子》的又一条可以联系的纽带。楚简文字构造十分奇特,心字旁很多,如"身心"为"仁"、"我心"为"义"、"直心"为"德"、"既心"为"爱"、"谷心"为"欲"、"訢(即欣)心"为"慎"等等。不仅如此,楚简有大量言心的资料。《性自命出》开篇就说:"凡人虽有性,心亡奠志,待物而后作,待悦而后行,待习而后奠。"奠即定。这是强调以心来衡定情绪,心志定,性则不为外物所诱动。又说,人虽然有性,但如心不去作用,性情也不能表现出来,而心又依赖于"志"。又说,天生的好恶,其发于外则是情,情合于度就是道。又说:"其性相近也,是故其心不远。""四海之内其性一也,其用心各异,教使然也。"故该篇又讲"心术":"凡道,心术为主","君子身以为主心",此为人道根本,而内容则是以《诗》《书》《礼》《乐》之教来调治,来养心、怡情、养性。该篇又提出"求心"这一命题:"凡学者求其心为难,从其所为,近得之矣,不如以乐之速也。""虽能其事,不能其心,不贵。求其心有伪也,弗得之矣。"这里讲通过乐教求心,求心要诚不能伪等等。关于求心之方,以下还讲了很多,都具有理性主义的趋向。

孟子以心善言性善,以"心"来统摄自然生命的欲望,超越了告子的"生之谓性"之说。楚简之中,既有告子的"生之谓性"之说,又有"即心言性"、"存心养性"的萌芽,为孟子作了思想准备。如简书关于心志静定的看法,与孟子"志壹则动气,气壹则动志"的"志气"统一观就有一定的联系。孟子不仅不排斥气,反而提出"善养"其气的观念,以意志为统率,使志与气相辅相成。楚简提出"养性者,习也",虽然强调的是习行实践有益于养性,但毕竟提出了"养性"的观念,为孟子"存其心,养其性,所以事天也"作了铺垫。楚简"求其心"的思想与孔子"操则存,舍则亡"和孟子"求则得之,舍则失之","求其放心"相近,均强调心的自觉,以礼乐养心养性。无论是以习行来养性还是以存心来养性,其实都肯定了内在生命的善、禀赋的善,并以此为前提。禀赋的善,当然与人们经验事实上的善恶行为完全属不同的层次,但楚简的作者与孟子都肯定心的主导,以此"求""存"与生命才情在一起的善,从应然落实到实然中来。孟子更强调"性由心显"。

第三,"仁义内在"与"仁内义外"的纠缠。"仁义内在"是孟子思想的主脑。孟子的"仁义礼智根于心","仁义礼智,非由外铄我也,我固有之也,弗思耳矣"的思想,在楚简《五行》"仁、义、礼、智、圣"五德学说中可以找到根芽。如前所述,"形于内"的"德之行"与"不形于内"的"行"是有区别的。那么,与"仁"一样,"义"作为禀赋,是天生的,是内在的;作为行为,则是外显的。楚简《五行》又把仁视为义、礼的源头,指出"仁,义礼所由生也",仁为内容,义礼是仁的展示和表现。在楚简中,多处提到"仁内义外"的思想。如《六德》:"仁,内也。义,外也。礼乐,共也。内位父、子、夫也,外位君、臣、妇也。"意指宗族之内讲仁德,宗族之外讲义德。《语丛一》:"仁生于人,义生于道,或生于内,或生于外。""人之道,或由中出,或由外入。由中出者,仁、忠、信;由[外入者],□、□、□。"(后三字疑为义、智、礼。)同样讲"仁内义外",《六德》讲的是伦理的层次分别,《语丛一》中的上述语录讲的是道德哲学的问题,但只是限于"人之道"的层次,并没有涉及"天之道"的层次。

检视孟子与告子关于义内义外的论辩,告子认为人的自然本能的情欲、爱悦中,不包含"义"的普遍性规定。孟子则相反,认为人的道德普遍性的规定,例如"义",乃内在于"敬长"等等人的自然爱悦的本能;仁义等

"达之天下"的普遍性道德原则,源于人的自然情感的本能生活。① 孟子心性论的高明处及其与楚简的区别就在这里。

二者的联系还有很多,例如孟子的"大丈夫"精神,孟子论"时"、论"禅让"、论"五伦"等,都可以从楚简中找到源头和根据。孟子关于"大体"与"小体"的思想,与帛书《五行》有密切的关系。例如帛书《五行》之《说》的部分,提出"心贵",视心为"人体之大者"、"君",即先验的道德本体,四行之和则为"小体"等等。② 帛书《五行》较竹书《五行》更接近于《孟子》。

三、"情"与道德形上学

郭店简诸篇所透露出来的继《诗》、《书》、孔子之后的"性与天道"的学说,是孟子心性论的先导和基础。天为人性之本,是道德行为之所以可能的终极根据和价值源头。至于以情释性、指性为情之说,更是孟子前的主要传统,不唯告子、世硕如此。"生之谓性"、"仁内义外"说,为孟子的道德形上学提供了论辩前提和背景,为孟子学的登台预作了准备。孟子以扬弃的方式继承了告子学说。

理解"情"与儒家道德形上学的内在关系是至关重要的。郭店楚简提到"七情",也有了"四端"的萌芽,孟子进而以"不忍人之心"释仁,以恻隐、羞恶、恭敬(或辞让)、是非的"四端之心"诠释、界定道德理性仁、义、礼、智。"四端七情",尔后成为宋明及其后中朝日儒家讨论的焦点。儒家道德形上学是建立在道德情感之上的,而不是排情的,相反,它力图使道德情感成为道德实践的内在动力。孟子的性善论既是道德理性普遍主义的提扬,又不排斥情、才、气性。当然,他强调大体与小体的关系,强调道德主体、道德意志的引导,调节并转化情、才、气性。这是儒家道德形上学既超越又内在的反映与表现。康德道德哲学竭力避免情感(包括

---

① 参见李景林:《教养的本原——哲学突破期的儒家心性论》,沈阳:辽宁人民出版社,1998年,第228—229页。
② 参见魏启鹏:《德行校释》,成都:巴蜀书社,1991年,第95—96页。

道德情感)的渗入,强调道德理性的纯粹。孟子心性论,乃至宋明心性论则与此相反,统摄了先验的与经验的两层。东方道德哲学家都注意"四端""七情"的关系及情感的作用与调节,讲志与气的培养,是极有意义的。同样是目的论的、义务论的伦理学,与西方大不一样。现代西方哲学界有反本质主义思潮,因此美国汉学家安乐哲等人讨论孟子性善论,反对将西方本质主义的解释强加给孟子,指出孟子之"性"是一个关系的、力动的、创造性活动的"成就"概念,这就重视了孟子人性的重"情"等非本质主义的一面。卜爱莲不太同意安乐哲的说法,强调孟子肯定了"共同人性"。孟子有"人心之所同然"之说,并不否定"共同人性"和道德理性的普遍性,相反,非常成功地建树了道德形上学体系。刘述先教授在评论这场讨论时指出:中国思想不必非此即彼,人在成就上的殊异、情感上的多姿多态与禀赋上的共同,并不构成必然的矛盾。孟子也不否定人在经验、实然层面的善善恶恶现象,只是他的思想高于前人一筹,提升到先验、应然层面讲性善。① 在一定意义上,孟子的性善之"善",不与"恶"对,而是超乎善恶对待之上的。郭店楚简丰富了我们对孟子心性论之前史的理解,实在是重要的思想史料。由此我们也更能感受到孟子的伟大,对孟子心性论亦可以作出更多、更深入的诠释。

第三节　郭店楚简《性自命出》的心术观

　　上节"郭店儒家简与孟子心性论"针对有的学者说郭店简完全没有性善论的内涵和郭店简主情、孟子排情等论而发②,梳理郭店简与《孟子》的联系与区别,重点阐发郭店简中的儒家道德形上学的内容。前文虽涉及到情气、情性与心志等关系,然限于篇幅,未能充分展开。本节重点讨

---

① 参见刘述先:《孟子心性论的再反思》,载《当代中国哲学论:问题篇》,美国八方文化企业公司,1996年。
② 拙文《郭店儒家简与孟子心性论》,载《武汉大学学报》,1999年第5期,乃针对李泽厚和陈来二先生文而发。李文《初读郭店竹简印象记要》,载《世纪新梦》,合肥:安徽文艺出版社,1998年;陈文《郭店楚简之〈性自命出〉篇初探》,载《孔子研究》,1998年第3期。

论郭店简之身心关系问题。

长沙马王堆汉墓帛书公布之后，关于战国诸子百家之身心关系的讨论，有了长足的进步。笔者研读过庞朴、李学勤、裘锡圭、杜维明、魏启鹏、池田知久、杨儒宾、黄俊杰诸教授的有关论著①，获益匪浅。而关于"性—情（欲）—气—形（体、身）—心（志）—神（精）"之间复杂的互动关系，郭店简诸篇有不同程度的涉及，较为集中的是《性自命出》和《五行》。我们先解读《性自命出》篇。

一看到"心术"，我们很自然联想到学术界聚讼不已的《管子》四篇中的"心术"。在那里，"心术"指"心"体认"道"的方法和途径。按《礼记·乐记》和《汉书·礼乐志》"夫民有血气心知之性，而无哀乐喜怒之常，应感起物（《汉书》无此二字）而动，然后心术形焉"，"心术"既是心与物、心与身交互作用的途辙、状态和方法，也是养心、用心的过程和方略。而中国思想没有心物、身心之绝对二分，因此讨论"心术"不能不涉及到心思、心志、形、气、容色、行为、习性、物事等等。从目前整理的《性自命出》文

---

① 主要参考文献有：

　a）庞朴：《帛书五行篇研究》，济南：齐鲁书社，1980年。

　b）李学勤：《〈管子·心术〉等篇的再考察》，载《管子学刊》，1991年第1期；又见李著《古文献丛论》，上海：远东出版社，1996年。

　c）裘锡圭：《稷下道家精气说的研究》，载《道家文化研究》第二辑，上海：上海古籍出版社，1992年；《马王堆〈老子〉甲乙本卷前后佚书与'道法家'》，载《中国哲学》第二辑，北京：生活·读书·新知三联书店，1980年。俱见裘著《文史丛稿》，上海：远东出版社，1996年。

　d）杜维明：《存有的连续性：中国人的自然观》、《孟子思想中的人的观念：中国美学探讨》，俱见杜著《儒家思想——以创造转化为自我认同》，台北：东大图书公司，1997年。

　e）魏启鹏：《〈德行〉校释》，成都：巴蜀书社，1991年。

　f）［日］池田知久：《马王堆帛书〈五行篇〉所见身心问题》，载《马王堆汉墓研究文集》，长沙：湖南出版社，1994年。

　g）杨儒宾主编：《中国古代思想中的气论及身体观》，台北：巨流图书公司，1993年。其中有池田知久上文，黄俊杰《马王堆帛书〈五行篇〉"形于内"的意涵》，杨儒宾《支离与践形——论先秦思想里的两种身体观》等文。

　h）杨儒宾：《儒家身体观》，台北："中央研究院"中国文哲研究所筹备处，1996年11月初版，1999年4月修订一版。这是作者多年研究儒家身体观的主要成果之结集，对儒家身体观的理论和史料作了系统诠释，对孟子、荀子、公孙尼子、思孟五行、《管子》及宋儒之"心——气——形"说，均有独到的分析。

本来看,该篇开始讲性之所从出,性、命、天、道、情、气之关系,性、习、情、礼、心、物之关系,内、外、出、入之关系等,强调好恶之情性以外在物事为投射对象,而心志为其机关,为其主导。第9—12简:"凡性,或动之,或逆之,或交之,或厉之,或出(绌)之,或养之,或长之。凡动性者,物也;逆性者,悦也;交性者,故也;厉性者,义也;出(绌)性者,势也;养性者,习也;长性者,道也。"①这就是说,对于人之禀性来说,感应、激荡它的是外在物事,因应、顺从它的是欢快愉悦之事,教育、培养、更易它的是有原因、有目的性的后天人为②,磨砺、锤炼它的是"义"德之行;客观情势、位势是表现、展示它的舞台,习行、训练是养育、培植它的土壤,大道则是帮助、增进人之性的法宝。该篇指出"道始于情,情生于性",这是说人道(主要是礼)源于喜怒哀悲等自然生命的情气、情实,但道必然要高于情气、情实。该篇第14、15简:"道者,群物之道。凡道,心术为主。道四术,唯人道为可道也。其三术者,道之而已。"③"道"统领种种色色的现象、事物,即天地万物万事之总相、总过程、总法则,它并不在外。"道"与人对"道"的把握和体认密切相关,也就与"心"认识、体悟"道"的方法、途径及养心、用心的方法相关。因此,"凡道,心术为主",这就是说,"心术"对于参赞道和体悟道来说,至关重要。这可以说是人的主体性的建立,涉及到心与身、心与物的关系。第41、42简再次重申:"所为道者四,唯人道为可道也。"④"道"有四方面的内容,从上下文看,指心术、诗教、书教、礼乐之教。

可见"心术"是理解道、弘大道的不二法门。对于人事之道而言,"心术"就更为重要了。《性自命出》关于"心术"的主要内容有如下几个方面。

---

① 荆门市博物馆编:《郭店楚墓竹简》,第179页。
② 关于"交性者,故也"和下文中"道四术","其三术者,道之而已",我参考了李零、赵建伟等先生说。赵文:《郭店竹简〈忠信之道〉、〈性自命出〉校释》,载《中国哲学史》,1999年第2期。"交",一般释为"教",裘锡圭先生说,"交"字是"室"字之讹,读为"实"。
③ 荆门市博物馆编:《郭店楚墓竹简》,第179页。
④ 荆门市博物馆编:《郭店楚墓竹简》,第180页。

一、以心志导情气

从第1、2简看,性、情、心都是"气"。在本篇中,"无定志"之"心",属于血气的范畴,有知觉反应;而"有志"之心,带有意志力,具有"心之官则思"的性质。性、情与"喜怒哀悲之气"的关联,大体言之,性是"未发"状态,情是"已发"状态。喜怒哀悲之气涵于体内,未曾作用时是"性";此气感物而动,表现于外则是"情"。第1、2简:"凡人虽有性,心无定志,待物而后作,待悦而后行,待习而后定。喜怒哀悲之气,性也。及其见于外,则物取之也。"[①]血气之"心"感物而动,随波逐流,依靠"习"(即后天习行、训练)才能有所定。意志之"心"则不然,有指导定向的作用:"金石之有声,□□□□□虽有性,心弗取不出。凡心有志也,亡与不□□□□□独行,犹口之不可独言也。"[②]

这一段文字,前六字缺,李零补为:"弗扣不鸣,凡人"[③]。后五字缺,李零补为:"可。人之不可";廖名春补为"可。心之不可"[④]。"心弗取不出"之"心"字,赵建伟认为是衍字。[⑤] 但从上下文看,未必是衍字。这里讲的是"心取",与前文所说的"物取",在形式上一样,在性质上则有别。整句话是说:金石有声,不敲则不响;人虽有与生俱来的好善恶不仁之性,心不导向则实现不出来。心有意志,有指向性,对于身之活动,不可能不参与。没有心志的参与和指向,身不能行,口不能言。身能行、能

---

① 荆门市博物馆编:《郭店楚墓竹简》,第179页。"心无定志"、"待习而后定",其中"定"字,有学者认为应为"奠",备一参考。

② 荆门市博物馆编:《郭店楚墓竹简》,第179页。

③ 此六字,庞朴补为"棰弗击不鸣;凡人",见《孔孟之间——郭店楚简的思想史地位》,载《中国社会科学》,1998年第5期;赵建伟据《庄子·天地》补为"弗考不鸣;凡人",见注[4];李零补为"弗扣不鸣。人之",见《郭店楚简校读记》,载《道家文化研究》第17辑,北京:生活·读书·新知三联书店,1999年,第504页。

④ 此据李零《郭店楚简校读记》,见上注末条。廖名春说见余谨于国际简帛研究中心网上发表的《清华大学简帛讲读班第三次研讨会综述》。

⑤ 赵建伟:《郭店竹简〈忠信之道〉、〈性自命出〉校释》,载《中国哲学史》,1999年第2期,第36页。

言,是与心志整合的结果。"心有志也,无与不可",是本篇关于身心关系的一种说法,凸显了意志之心对人之行、言的主导作用。当然,另一方面,离开了身形,心亦不能实现其指向。如廖名春所补,心之不可独行。

　　本篇第42—44简谈"用心"、"用智"、"用情"、"用身"、"用力"所应注重的方面。"凡用心之躁者,思为甚。用智之疾者,患为甚。用情之至者,哀乐为甚。用身之弁(便)者,悦为甚。用力之尽者,利为甚。"在这里,作者其实区分了意志之心和思虑之心。前者以"用心"标举,后者以"用智"涵括。我试作译文如下:运用德性之心,最不安、最躁动的莫过于价值抉择了;使用思虑之智,最有力度的,表现在面对祸患的考量;情感的表达,莫过于听诵哀乐;身体的安适,莫过于趋向怡悦;力气的耗尽,莫过于谋取私利。"目之好色,耳之乐声,或(左从月)舀之气也,人不难为之死。"[1]"或(左从月)舀"即"郁陶",指心初悦(或忧)而未畅的状态。[2]耳目声色的追求,人之身体内的郁陶之气,常常驱使人为之赴死(如俗语中的"人为财死")。这一段讲的是,面对声色、利欲、悲痛、欢乐,郁陶状态的情气发用,引起人们患得患失,心智不安。心智不安是形身与心灵互动所致。心灵不安而要求其所安,因此,下一段即讲要有"柬柬之心"和"恒怡之志",从形身和心灵两面,求其心定身安。(关于"柬柬之心"和"恒怡之志",详下。)本篇提出"反己修身"的原则。第56—57简:"闻道反己,修身者也……修身近至仁。"[3]听闻人间道义,反求之于自己,反求之于心,以心志导情气,端正自己的形身,庶几接近于仁德。

二、以礼乐之教养性培气

　　《性自命出》不单单讲以心志导情气,因为作者深知情气可以迷惑心志,造成一体两面之不安及身心的躁动。因而,该篇"心术"之最重要者,

---

① 荆门市博物馆编:《郭店楚墓竹简》,第180页。
② 详见刘钊:《读郭店楚简字词札记(一)》,载《郭店楚简国际学术研讨会论文汇编》第一册,武汉:武汉大学,1999年。
③ 荆门市博物馆编:《郭店楚墓竹简》,第181页。

是修身与修心的双彰,以此求得心定身安。这正是孔子"修己安人"之道的落实。在这里,作者首先强调的是"教"。第14—18简:"《诗》、《书》、《礼》、《乐》,其始出皆生于人。《诗》,有为为之也。《书》,有为言之也。《礼》、《乐》,有为举之也。圣人比其类而论会之,观其先后而逆训之,体其义而即度之,理其情而出入之,然后复以教。教,所以生德于中者也。"①按,"逆训"即"迎顺","义"即"宜","即度"即"节度"。这里强调《诗》、《书》、《礼》、《乐》四教的重要性,尤其是礼乐之教。心术之道是从哪里来的呢? 来源于人文教化、文化传统。在该篇作者看来,圣人制礼作乐以调节人间秩序、伦序等级,礼乐是圣人有意为端正人们的行为举止而制定的。这就要节制人们情气的发用,使之合宜,理顺人们的情感、情绪,然后加以教化,使道德慢慢地内在化,即"生德于中"。这里的重心是以礼乐来调节情气,养性培情,修身修心。

《性自命出》发挥孔子"人而不仁如礼何,人而不仁如乐何"(《论语·八佾》)和"礼云礼云,玉帛云乎哉;乐云乐云,钟鼓云乎哉"(《论语·阳货》)的教导,从"心术"的角度,集中讨论礼教、乐教的功能。概而言之,以礼教修外(形、身),以乐教治内(心),礼教端正身形,乐教陶冶心灵。但礼教、乐教都要促成身心的一致,声、情、气、性、形、神之合一。

第20—21简:"至容貌,所以度节也。君子美其情,贵其义,善其节,好其容,乐其道,悦其教,是以敬焉。"②这里肯定容貌之端庄、行止合符仪节的重要性。真诚的聘问、祭祀之礼,要求致礼者身与心的和谐一致,礼与义的完满统一。第22—24简:"笑,礼之浅泽也。乐,礼之深泽也。凡声,其出于情也信,然后其入拨人之心也厚。闻笑声,则侃如也斯喜。闻歌谣,则舀(陶)如也斯奋。"③较之礼仪,乐教有更深厚的影响。真情之声,能深深地拨动人的心弦。谛听、吟诵、观看、欣赏《韶》、《夏》、《赉》、

---

① 荆门市博物馆编:《郭店楚墓竹简》,第179页。
② 荆门市博物馆编:《郭店楚墓竹简》,第179—180页。此句据裘按补改。
③ 荆门市博物馆编:《郭店楚墓竹简》,第180页。"侃"字释读参看黄杰《据清华简〈系年〉释读楚简二则》,载简帛网(www.bsm.org.cn),2011年12月27日。

《武》之乐舞，可以收敛身心，健康地抒发情感。正声雅乐，启导人们返回人性本始的善（"反善复始"），振奋正气。第28简："凡古乐龙心，益乐龙指。"①综合李零、赵建伟的校读，"龙"为"动"，"益"为"淫"，"指"为"嗜"②，即古乐打动人心，淫乐挑逗嗜欲。又，《韶》《夏》，颂舜禹的古乐，《赉》《武》，颂武王之乐，是后来增益之乐，故为"益乐"。"龙"训"和"。廖名春等认为，此处指古乐可以和心，益乐可以和指。第29—31简："凡至乐必悲，哭亦悲，皆至其情也。哀、乐，其性相近也，是故其心不远。哭之动心也，浸杀，其刜恋恋如也，戚然以终。乐之动心也，浚深郁陶，其刜则流如也以悲，悠然以思。""浸杀"，即渐次衰减。央（右边有立刀旁），即烈，训为甚。人性相近，其心不远。哭泣、乐音都能动人之心弦，悲戚和欢乐随着体内之气变化、转移，移情之于心，引起人们的沉思。第31—33简："凡忧思而后悲，凡乐思而后忻。凡思之用心为甚。戁（叹），思之方也。其声变则其心变，其心变则其声亦然。吟，游哀也。噪，游乐也。啾，游声[也]。呕，游心也。"③此段文字后半依李零改定。"戁"，李读为"叹"。"游"，李释为"流"，即流露之意。④ 忧思、乐思，是思虑之心对情气之心的提升，反过来加深了悲欢的内涵，辅助了意志之心。音声的变化与心境的变化相互缠绕，相互影响。浅唱低吟，或高歌唱和，均可抒发心志，养性怡情，足见乐教可以促成情气与心灵的互动，并且比礼教更契入内心。这里着重讲声、音、情、气、心思、性格、身形、容色的连续性、整体性，犹如气流，由内而外，由外而内。

礼教、乐教的目的，如前所引，乃"所以生德于中者也"。仪态、音声都要是真情实感的流露，出于心又深入于心，护持、培养道德意志、情感。

---

① 荆门市博物馆编：《郭店楚墓竹简》，第180页。
② 李零：《郭店楚简校读记》，载《道家文化研究》第17辑，北京：生活·读书·新知三联书店，1999年，第505、509页。赵建伟：《郭店竹简〈忠信之道〉、〈性自命出〉校释》，载《中国哲学史》，1999年第2期，第37页。
③ 荆门市博物馆编：《郭店楚墓竹简》，第180页。
④ 李零：《郭店楚简校读记》，载《道家文化研究》第17辑，北京：生活·读书·新知三联书店，1999年，第506、509页。

礼教用以端正容貌和行为举止，"是以敬焉"，让君子以严肃、庄敬、和乐的生命投入社会人事；乐教"其出于情也信，然后其入拨人之心也厚"，变化气质，调整心境。礼容通过正衣冠、正身形来正心，乐事通过抒情怀、修内心来正身，礼容、乐事又都是协和身心的手段。这也是《性自命出》的"心术"之重要内容。

三、内外交修，心身互正

《性自命出》的身心观，是身心的一体观，也是修身养心的互动观。下篇首章，第36—38简："凡学者求其心为难，从其所为，近得之矣，不如以乐之速也。虽能其事，不能其心，不贵。求其心有伪也，弗得之矣。人之不能以伪也，可知也。不过十举，其心必在焉。察其见者，情焉失哉？"①此章认为，学习圣贤人格的方便取径是乐教。通过音乐教化，人们不会停留在外在形式或现象上模仿，而可以从内心感悟圣贤内在的仁德，做到身心不二，我之心与圣贤之心相贯通。这里来不得半点伪饰。孔子讲"不二过"，透过一个人待人接物的外在表现，无须对其行为作多次观察，便可知他内心的情状。

这实际上就提出了"内外交修"的课题。《性自命出》的作者为君子的修养开示了许多门径、方法。如第37—40简："□，义之方也。义，敬之方也。敬，物之节也。笃，仁之方也。仁，性之方也；性或生之。忠，信之方也。信，情之方也；情出于性。"②这是围绕内心之仁的展开，是对孔子"为仁之方"所做的注脚。孔子强调"言忠信，行笃敬"（《论语·卫灵公》）、"仁者，其言也切"（《论语·颜渊》），"君子义以为质，礼以行之，逊以出之，信以成之"（《论语·卫灵公》）。总起来说，孔子主张的君子人格是内在之"仁"、"诚"、"忠"、"信"与外在颜色、容貌、辞气、仪态的统一。

---

① 荆门市博物馆编：《郭店楚墓竹简》，第180页。此章文字，据裘锡圭按语、李零《校读》径改成此样。
② 荆门市博物馆编：《郭店楚墓竹简》，第180页。又据李零《郭店楚墓竹简校读记》，载《道家文化研究》第17辑，北京：生活·读书·新知三联书店，1999年，第506页。

第 44—46 简："有其为人之节节如也,不有夫柬柬之心则采。有其为人之柬柬如也,不有夫恒怡之志则缦。人之巧言利辞者,不有夫诎诎之心则流。"①节节,中规中矩之貌。柬柬,李零读为"謇謇",指诚信之貌。缦,即慢,傲慢。诎,讷言。孔子说"人而不仁如礼何,人而不仁如乐何"(《论语·八佾》),"巧言令色,鲜矣仁"(《论语·学而》),"文质彬彬,然后君子"(《论语·雍也》),本章指出人在身形外貌、行为举止上符合礼节,而没有笃实敦厚之心,就是文胜其质,就会使内在仁心和道德意志渐渐消蚀。一个人油嘴滑舌,轻慢矜夸,没有诚朴之心,就会流荡失守。本篇反对伪诈、虚情假意、文过饰非,认为谨慎是行仁之方,肯定真诚淳朴的可贵。第 59—60 简:"凡悦人勿吝也,身必从之,言及则明举之而毋伪。"②此处也是强调以心导身,身体力行,言行一致。

最后一章,对本篇身心统一观作出了总的概括。本章发挥孔子的人生理想和"吾与点也"的洒脱气象,指出,君子要做到"身"、"行"、"状"、"貌"和"心志"的契合无间,既有"三军可夺帅也,匹夫不可夺志也"的担当精神,又有淡泊、谦逊、宽容、博大的胸襟,思虑深沉、真挚,还要有温文尔雅、笃诚庄敬的容色,并且尽可能做到,在欢悦、忧患、怒嗔时保持节制,避免过分耗费体内之气。最后,第 65—67 简:"君子执志必有夫广广之心,出言必有夫柬柬之信。宾客之礼必有夫齐齐之容,祭祀之礼必有夫齐齐之敬,居丧必有夫恋恋之哀。君子身以为主心。"③所谓"身以为主心"是强调以端正身形来端正吾人之心,或者说"以身正心"。居恭色庄是用以涵养心性,端正内心的。修内与修外,正心与正身,于此达到完满的统一。

综上所述,《性自命出》是以儒家身心观为内容,以探讨"心术"为中心的一篇文章,它区分了"无定志"的血气情感之"心"、有定志的道德意

---

① 荆门市博物馆编:《郭店楚墓竹简》,第 181 页。又据李零《郭店楚墓竹简校读记》,载《道家文化研究》第 17 辑,北京:生活·读书·新知三联书店,1999 年,第 506、510 页。

② 荆门市博物馆编:《郭店楚墓竹简》,第 181 页。又据李零《郭店楚墓竹简校读记》,载《道家文化研究》第 17 辑,北京:生活·读书·新知三联书店,1999 年,第 507 页。

③ 荆门市博物馆编:《郭店楚墓竹简》,第 181 页。又据李零《郭店楚墓竹简校读记》,载《道家文化研究》第 17 辑,北京:生活·读书·新知三联书店,1999 年,第 511 页。

志之"心"和介乎二者之间的思虑之"心",认定"心有志也,无与不可",即意志之心对人的身体活动的参与、指向,对人之身、形、状、貌、情、气的主导作用。它又暗示情气之心、思虑之心与意志之心是为"一心",相互影响、激荡,肯定声音、情气、物欲、身形的反作用,因而人总是有所不安。而要求得心定身安,则必须辅以礼乐,用来调节情气,协和身心,建立主体性,接引外物。礼、乐都要求身心的一致,但礼教侧重于端正身形,乐教侧重于陶冶心灵。所谓君子的人格形象,是内在"仁"、"诚"、"忠"、"信"与外在颜色、容貌、辞气、仪表的统一。这就要内外交修,身与心的相互端正。该篇强调礼乐之教的目的是辅弼、帮助人们,让道德在人们的内心扎下根来("教所以生德于中者也"),端正身形对于护持心志有很大作用("身以为主心"),且以"古乐动心",终而"闻道反己","修身近至仁"。要之,该篇反复探讨声音、容色、仪表、情气、身形、心思、德性之有张力的统一,由内而外,由外而内,浑然一体。此即《性自命出》的"心术"观。

第四节　郭店楚简《五行》的身心观与道德论

按郭沫若对《管子》四篇的研究,"心术"即"心之行","术"与"行"同指"道路"。[①]《性自命出》讲"心术"、"心之行",《五行》讲"德之行",二者有密切关系。按,从字源上看,"德"字从直从心,楚简上"德"字就写成"悳"。然而"直"是"循"之本字,那么,"德"即"心之循",也即"心之行"。[②]"德之行"岂不成了"心之行之行"了吗? 简言之,"德之行"就是心灵流行的路径、现象和方法。

竹简《五行》显然属于儒家,与子思学派有关系。[③]《五行》与《性自命

① 参见郭沫若:《宋钘尹文遗著考》,载《青铜时代》,北京:人民出版社,1954年。
② 参见杨儒宾:《儒家身体观》,台北:"中央研究院"中国文哲所筹备处,1996年,第269页。
③ 参见庞朴:《竹帛〈五行〉篇比较》,载《中国哲学》第20辑,沈阳:辽宁教育出版社,1999年,第221—227页。李学勤:《从简帛佚籍〈五行〉谈到〈大学〉》,载《孔子研究》,1998年第3期。

出》有一些区别。大略地说,《五行》不是从社会层面一般地讲养心、用心的方法,而是凸显其中更重要的层面,更强调道德的内在性和道德的形上性。在这个意义上,"德之行"与"心之行"乃同中有异者。

一、五德形于内,德气流于外

《五行》首章第1—4简:"五行:仁形于内谓之德之行,不形于内谓之行。义形于内谓之德之行,不形于内谓之行。礼形于内谓之德之行,不形于内谓之[行。智形]于内谓之德之行,不形于内谓之行。圣形于内谓之德之行,不形于内谓之德之行。"①"形"在这里是动词。特别请注意,上引这段话最后"德之"二字并非衍文。这里强调的是,第一,"圣"与仁、义、礼、智有所区别,它形不形之于内都是"德之行"。第二,仁、义、礼、智、圣并不在外,通过身体力行、道德实践,这些德目返流之于内心,成为君子内在的德性。这样一种心灵的流向("心之行"),与《性自命出》所说的"生德于中"相类似,但更哲学化,这就是仁、义、礼、智、圣的内化。

请注意,"德之行"与"行"是相区别的,又是相统一的。这是"下学上达"的两种流向,是形上形下的双向撑开,是内圣外王的有区别、有张力的统一。儒家的身心观至此而大变。就"心"来说,有"内收"(形之于内的"德之行")和"外扩"(流之于外的"行");就"气"、"身"来说,内收、外扩都必须凭借"德气"和"身"、"体",并且由于"气"的作用,在"身"、"体"上有不同反映。"气"、"身"也反过来制约"心"、规定"心"。

该篇第4—5简:"德之行,五和谓之德,四行和谓之善。善,人道也。德,天道也。"②"德之行""五和"谓之"德","四行""和"谓之"善"。仁、义、礼、智、圣的和合,是形上之天道;仁、义、礼、智的和合,是形下之人道。前者"诚于中",后者"形于外"。前者是与天道相连的道德心性,属超越层面;后者是与社会礼俗相连的道德实践层面。为什么说"德,天道"的

---

① 荆门市博物馆编:《郭店楚墓竹简》,第149页。
② 荆门市博物馆编:《郭店楚墓竹简》,第149页。

层面是形而上的呢？关键的问题是"圣"，此为五行之所和的枢纽。我们可以想象，"圣"属土德，居中，仁、义、礼、智四德如金、木、水、火，居四方。居中者与居四方者不可作同一平面理解。按，第18—19简指出，为善的层面（四行）是心与身"有与始，有与终"的过程，而为德的层面（五行）是心与身"有与始，无与终"的过程，即心超越身的过程。第19—20简有"金声玉振"之说，指出："金声，善也；玉音，圣也。善，人道也；德，天道也。"第26—27简："闻君子道，聪也。闻而知之，圣也。圣人知天道也。"第28—29简："圣智，礼乐之所由生也，五行之所和也。"①第28简，"智"，整理者认为属下读，实应改属上读。圣人是理想人格，圣德是超越之境，圣智是神契之知。圣人与现实人之间有时空的阻隔，不能相互看见，而只能凭听觉与心灵来感通。四行好比铜钟的"金声"，五行好比石磬的"玉音"。金声玉音组合方式是有分有合的，玉音象征的是人心与天道的贯通。我想这是礼乐文明背景下儒家道德形上学的特殊表达方式。这是我对五行和合为形而上之天道的总的说明，细的分析详见下文。

以下我们看到，与《性自命出》一样，《五行》也大讲"忧""思""悦""安""乐"，但这是在超越的层面、圣智的层面讲的。第二章第5—6简："君子无中心之忧则无中心之智，无中心之智则无中心[之悦，无中心之悦则不]安，不安则不乐，不乐则无德。"②读者无不重视"中心"二字。"中心"也就是"内在之心"，关于"中心"与"外心"，下面还有专门论述。据邢文的研究，竹简《五行》之经与帛书《五行》经说的区别，乃在于竹书是以"圣智"为主线贯穿全篇的，帛书经部文序的改动，则使这一中心线索稍显模糊。③换言之，上句所说的"中心"之智、忧、悦等是最高的智慧，是理性的愉悦，是超善恶的忧乐，是内在的极至之安。这是圣贤的境界。

就君子人格而不是就圣贤人格来说，则既要五德的内化，还必须注意"时行之"。第三章第6—9简："五行皆形于内而时行之，谓之君[子]。

① 荆门市博物馆编：《郭店楚墓竹简》，第150页。
② 荆门市博物馆编：《郭店楚墓竹简》，第149页。
③ 参见邢文：《郭店楚简〈五行〉试论》，载《文物》，1998年第10期。

士有志于君子道谓之志士。善弗为无近("近",陈伟释为"忻"),德弗志不成,智弗思不得。思不清(帛书"清"为"精",此读为"精")不察,思不长[不得,思不轻]不形。不形不安,不安不乐,不乐无德。"①君子、志士在人道(善)的层面要有所作为,有道德实践,才庶几近道;在天道(德)的层面,则是道德的知、情、意的内化。该篇接着说道德的"仁思"、"智思"、"圣思"与五德内化的关系,似乎是说道德理性思考、道德体验与体悟的明觉精察和玄冥契合,对于善行实践的提升,终而促使五德形之于内。于是君子获得与圣贤境界一样的终极性的安乐。

二、仁之思,智之思,圣之思

以下反复讨论"不仁,思不能清(精)","不智,思不能长(长与短相对)","不圣,思不能轻"。该篇引证《诗·召南·草虫》和《诗·小雅·出车》,指出:不仁不智的人,未见君子时,忧心不能惙惙;既见君子,其心不能愉悦。不仁不圣的人,未见君子时,忧心不能忡忡;既见君子,其心不能诚服。《性自命出》未见如此这般细腻地铺陈心之"思"的文字。

第一,"仁之思"——精细。所以说"精",是精细的德气充盈、流行的特征。"仁之思"与身体相连。设身处地,体贴入微,关心他人的忧乐和民间的疾苦,与他人同忧同悦,实为孔子之忠("己欲立而立人,己欲达而达人")和恕("己所不欲,勿施于人")的展开。因此,"仁之思"不仅是心之思,也是体之行,是内化的德气流于颜面和四肢。这是与身行浑然一体的"心思"。第五章第 12—13 简:"仁之思也精,精则察,察则安,安则温,温则悦,悦则戚,戚则亲,亲则爱,爱则玉色,玉色则形,形则仁。"②仁者爱人,这就是温润如玉的仁者气象。读这一章,我们很自然地背诵出孟子的话:"君子所性,仁义礼智根于心,其生色也睟然,现于面,盎于背,

---

① 荆门市博物馆编:《郭店楚墓竹简》,第 149 页。
② 荆门市博物馆编:《郭店楚墓竹简》,第 149 页。

施于四体,四体不言而喻。"①"睟然",朱注为"清和润泽之貌"。"仁之思"是身与心的交流,内的积淀和外的呈现的同时完成。又,《成之闻之》第24简:"形于中,发于色,其錫也固矣,民孰弗信?"②这句话可与上引各条材料互参。

第二,"智之思"——长久。很有意思,心之"智思"与身体的一个器官——眼睛及其功能相连。通过眼睛,时时发现贤人,可以获得长久不忘、刻骨铭心的心思,使我们进入德性的"明"。"明智"是何等的智慧呢?查本篇第6、15、16、17章,我们恍然大悟:有眼不识泰山,是睁眼瞎。"心""目"之功能,是让你有意识地、随时随地地"见贤思齐"。"未尝见贤人,谓之不明。""见贤人而不知其有德也,谓之不智。""见贤人,明也。见而知之,智也。"③原来,有意识地发现贤人的品格,很大程度上是通过贤人的身教(身体语言),这亦与"礼"有关。"智之思"是以目接贤人之身行、礼仪之后的反思。此与治躬之礼教有关,与衣服容貌有关。"明智"是善于发现贤人,向贤人学习的智慧,也是"明明"——明了发掘内心德性的智慧。需要注意的是,自己的修养到了一定的境界,就善于发现周围的人的优点与长处,即"三人行必有我师焉",即"见贤思齐"。发现了贤人的美德,自己也能产生温润的玉色。乃至我们的颜面出现玉色,表明智德已内化于心。

第三,"圣之思"——轻盈。《中庸》引《诗经·大雅·烝民》:"德輶如毛"。輶,古时一种轻便的车,引申为轻。郑玄:"言化民常以德,德之易举而用其轻如毛耳。"圣人不以声色化民,其德行很轻,好比毫毛。人们很难见到圣人,有时空的阻隔,但可以凭借气或音乐与之联系。因此,"圣之思"与我们身体的另一器官——耳朵及其功能相连。"聖"字从耳。君子要有听德,善于听闻、明了、学习、仿效远古圣人的榜样。"未尝闻君

---

① 《孟子·尽心上》。"睟然"二字旧从下读,此从周广业、杨伯峻的读法。详见杨伯峻:《孟子译注》,北京:中华书局,1984年,第309—310页。
② 荆门市博物馆编:《郭店楚墓竹简》,第168页。
③ 荆门市博物馆编:《郭店楚墓竹简》,第150页。

子道,谓之不聪。""闻君子道而不知其君子道也,谓之不圣。""闻君子道,聪也。闻而知之,圣也。"①及至我们的耳际充满美好的玉音,表明圣德已形之于内心。如果说"智之思"与礼教有关的话,那么"圣之思"则与乐教有关。"圣之思"是以耳听闻古乐、传闻和应对言语之后的反思,即通过口传、心传来化民,万民对身以载道的圣人气象予以体认。这种圣听、圣思,是对于超越天道的谛听和冥契,是一种精神性的直觉体验。

所谓"圣之思也轻",主要是指内求于心,反求诸己,操之则存,舍之则忘。《孟子·尽心上》:"孟子曰:'求则得之,舍则失之,是求有益于得也,求在我者也。求之有道,得之有命,是求无益于得也,求在外者也。'"《孟子·告子上》:"心之官则思,思则得之,不思则不得也。此天之所与我者。""故苟得其养,无物不长;苟失其养,无物不消。孔子曰:'操则存,舍则亡;出入无时,莫知其乡。'惟心之谓与?"《荀子·不苟》:"夫诚者,君子之所守也,而政事之本也。唯所居,以其类至;操之,则得之;舍之,则失之。操而得之则轻,轻则独行;独行而不舍,则济矣。"从上下文来看,荀子讲养心莫善于诚,唯仁之为守,唯义之为行,顺命而慎其独,不诚则不独,不独则不形。这即是说,"至诚"即是"唯仁之为守,唯义之为行"。不到止于至诚的地步不能慎其独(专一于内),不能慎独则其德不能形见于外。道德之思,反求诸己,抓住了就存在,探求就会得到,因为所探求的对象在我本身之内。关于"操而得之则轻",杨倞注曰:"持至诚而得之则易举也。"王先谦、梁启雄都认同此注,并以专精沉默的诚、养心修身克己自律来释"独"。足见"至诚"、"慎独"是"圣之思",也是体验、接近圣人的"思"。

闻而知之,见而知之,都是身体的体验之知,还要转入另一种体知——实践之知——知而行之,知而安之,安而行之,行而敬之,于此方能有仁德、义德、礼德。这也就是通过四体向外扩充,向外实行了。可见,在五德内收(形于内)的同时,德之气充盈于身体的各部位,并施之于

① 荆门市博物馆编:《郭店楚墓竹简》,第150页。

体外,形见于外。

如前所述,"五行皆形于内而时行之",既形之于内,又流之于外,是一个过程的两个方面。《五行》重点叙述了一心之"三思"——仁之思、智之思、圣之思,心通过道德体验的明觉精察或聪明圣智,使内在的精神性的道德呈现于、流动于人的情感、颜面、四体。此处的"三思",借助于体、眼、耳,其德性内化的外部表征则是玉色与玉音。"三思"程度有所不同,"圣之思"与天道相接。

三、"中心"与"外心"

楚简《五行》对形于内的"中心"与发于外的"外心"的讨论亦格外引人注目。

> 君子亡中心之忧则亡中心之智,亡中心之智则亡中心[之悦],亡中心[之悦则不]安,不安则不乐,不乐则亡德。(第5、6简)

> 颜色容貌温,变也。以其中心与人交,悦也。中心悦焉,迁于兄弟,戚也。戚而信之,亲[也],亲而笃之,爱也。爱父,其攸爱人,仁也。(第32、33简)

> 中心辩然而正行之,直也。直而遂之,肆也。肆而不畏强御,果也。不以小道害大道,简也。有大罪而大诛之,行也。贵贵,其等尊贤,义也。(第33—35简)

> 以其外心与人交,远也。远而庄之,敬也。敬而不懈,严也。严而畏之,尊也。尊而不骄,恭也。恭而博交,礼也。(第36、37简)①

"中心"是内在之心,是"德之行五和谓之德";"外心"是内心的发用,是"四行和谓之善"。与前引简书第5、6简相对应的帛书《五行》经部,还有一句:"君子无中心之忧则无中心之圣,无中心之圣则无中心之悦,无中心之悦则不安,不安则不乐,不乐则[无]德。""忧"即"思",指深深的思

---

① 荆门市博物馆编:《郭店楚墓竹简》,第149—150页。

虑。忧思又与仁爱之心相连,因此"中心之忧"与"仁之思"相对应。相应地,"中心之智"与"智之思"对举,"中心之圣"与"圣之思"对举。仁之思、智之思、圣之思都是"中心"之思,依次递进。"中心之悦",是内在的愉悦,超越世俗苦乐之外的安乐。

楚简《五行》的逻辑很有意思,让我们对照以上引文的四段:第一段连同帛书的补充,是"中心"与天道的契合。第二段,由内在的仁心、愉悦出发,把诚挚的亲爱亲人(父母兄弟)的感情推扩出去,关爱他人,这个过程就是仁。这是仁德的内收与外扩。第三段,由内在的理智、分辩出发,区分直曲、是非、善恶、大道小道、贵贱、贤不肖,这个过程就是义。这是义德的内收与外扩。第四段,把内在的道德的知、情、意发用出来,与人交往,在交往过程中产生庄敬、严畏、恭敬之心,并实践一定的仪节,这个过程就是礼。与身形相连的礼仪是内在性的仁、义、礼德的外在化。所以我认为,竹简《五行》的"心"是近于子思、孟子的意味的。当然,前引《荀子·不苟》的论述也有相近处,但荀子在确认人性本初的质实上与《五行》不同,当然更与孟子不同。

请注意,以上所引第二段其实是说的"仁者人也,亲亲为大"。第三段是说的"义者宜也,尊贤为大"。第四段是说的"亲亲之杀,尊贤之等,礼所生也"。这几句话合起来,不正是《中庸》所记载的孔子答哀公问政的一段话吗?

关于"内心"与"外心",《语丛一》第 20、21、25 简:"天生百物,人为贵。人之道也,或由中出,或由外入。""由中出者,仁、忠、信。由[外入者,礼、乐、刑。]""……生德,德生礼,礼生乐,由乐知刑。"[①]从《五行》和上引《语丛一》诸简来看,仁义忠信显属内在,礼乐刑政则属外在。这与子思、孟子的思想相一致,而与告子的"仁内义外"思想不同,亦与楚简《六德》的思想有区别。《六德》第 26、27 简:"仁,内也。义,外也。礼乐,共

---

① 荆门市博物馆编:《郭店楚墓竹简》,第 194 页。又参见李零《郭店楚墓竹简校读记》,载《道家文化研究》第 17 辑,北京:生活·读书·新知三联书店,1999 年,第 532 页。

也。"①《五行》、《语丛一》强调道德的内在性与主体性，对举"中心"、"外心"，肯定二者的一致和区分，把形式化的礼乐和刑政作为内心的发用。

竹简《五行》区分"内心"与"外心"，表明作者认识到"心"的功能是复杂的，与"天道"、"圣"境界相连的体验是内在之心的体验。在一定意义上，此"心"是可以暂时地摆脱形躯之累的，这就与下面我们将要说到的"独"、"舍体"可以联系起来。"内心"与形上、超越之"心"可以相连，亦可与"外心"相连。我们不妨以下图表示：

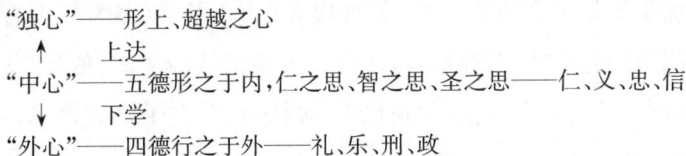

"独心"——形上、超越之心
↑　　　上达
"中心"——五德形之于内，仁之思、智之思、圣之思——仁、义、忠、信
↓　　　下学
"外心"——四德行之于外——礼、乐、刑、政

四、心与形体的"一"与"独"

竹简《五行》还论及心与耳目鼻口手足的关系。该篇第 45—46 简："耳目鼻口手足六者，心之役也。心曰唯，莫敢不唯；诺，莫敢不诺；进，莫敢不进；后，莫敢不后；深，莫敢不深；浅，莫敢不浅。和则同，同则善。"②这里区分了"心"与"心之役"，肯定了人的主体性，肯定了心志的统摄作用，又强调了"心"与"耳目鼻口手足"的整合、协调。《五行》的身心观，一方面抬高"心"之"独"，一方面又说明"心"的均平、专一，"心"与"耳目鼻口手足"等形躯、形体的整一与合一。该篇在引述了《诗经·曹风·鸤鸠》"淑人君子，其仪一也"（仪，指义或宜）之后说："能为一，然后能为君子，[君子]慎其独也。""君子慎其[独也]。君子之为善也，有与始，有与终也。君子之为德也，[有与]始，无与终也。金声，而玉振之，有德者也。金声，善也；玉音，圣也。善，人道也；德，天[道也]。"③引《诗经》以鸤鸠抚育幼雏说明用心均平专一，这里比喻"心"与"心之役"的关系。在为善

---

① 荆门市博物馆编：《郭店楚墓竹简》，第 188 页。
② 荆门市博物馆编：《郭店楚墓竹简》，第 151 页。
③ 荆门市博物馆编：《郭店楚墓竹简》，第 149—150 页。方括号中的字，据帛书《五行》补。

（人道）的层面，心与形体（耳目鼻口手足）是始终合一的，这样才能把仁、义、礼、智"四行"实现出来。至于在为德（天道）的层面，心与形体（耳目鼻口手足）由合一又走向分离（"慎其独"之"独"），走向超越神圣层面。王念孙说《中庸》之"慎独"的"慎"字当训为"诚"。此亦可以把"慎其独"释为"诚其独"。

　　以后在帛书《五行》的"说"中，更发展了"独"与"一"的思想，引入了"一"与"多"、"体"与"舍体"的概念，解说者推进了原本的思想，也使原本的意思更加明朗化了："能为一者，言能以多[为一]。以多为一也者，言能以夫[五]为一也。""慎其独也者，言舍夫五而慎其心之谓[独]，[独]然后一。一也者，以夫五为一也。""独也者，舍体也。""君子之为善也，有与始，有与终，言与其体始，与其体终也。君子之为德也，有与始，无[与终。有与始者，言]与其体始。无与终者，言舍其体而独其心也。"[1]帛书《五行》是说，心为"一"，五官四体为"多"，正因为心能独，即超越于五官四肢，故能对五官四肢均平（不偏不倚）、专一，进而能统摄之。这个意思与《荀子·解蔽》的"虚壹而静"相类似。所谓"一"，指内心精诚专一。所谓"独"，指舍弃形体。帛书对"独"的解释，指心思、情感的内在性，所举例子为外在的丧服、丧礼之于内在的至哀，如《论语·子张》所说的"丧致乎哀而止"。内在性的体验到一定的程度，则消解了耳目鼻口手足的牵累，进于精神性的玄冥之境。也就是说，君子在人道（善）的层面，其心与形体是始终整合在一起的，因为道德行为必须通过形体实现出来；君子在天道（德）的层面，其心与形体则由合一走向区分，此心通过剥离形体而神圣化了。换言之，道德行为表现于外，心与形体始终是协调的。道德理念形之于内，道德修养的境界由人道进至天道，则要舍弃形体。池田知久先生认为，帛书《五行》的意义说明了"心"对身体诸器官的支配性和"德"完成时对身体性、物质性的超越。"借着解开来自'体'的束缚，升华至一种世界精神或绝对理性为止，通过这些阶段，然后获得人的真正的

――――――――

[1] 魏启鹏：《德行校释》，成都：巴蜀书社，1991年，第29—32页。

主体性,可以说这是高扬主体性的哲学。"①

　　本书的看法是,帛书《五行》的"德之行"是德气流行的理论,仍然是以"形于内"与"流于外"、"心"与"身"的合一为基础的。没有"心"之气与"耳目鼻口手足"等身形之气的合一,就没有道德实践,没有道德实践的人道之善,就不可能有"心"的精神化,超越升华为天道之德。德气流行的模式是:内收(形于内,心对身的"一")—外扩(流于外,心与身的"和")—再内收外扩(通过仁之思、智之思,心与身进一步"和",心与体始,与体终,具体实践仁德、义德、礼德)—再内收(通过圣之思等,达到终极性的安乐,心对身的"独"及"舍体"),循环往复。

　　楚简《五行》之经尚没有如帛书《五行》之说,发展成完备的"仁、义、礼、智、圣"五种德气说,也没有明确的提出"舍体"方式,对于形体的精神化和精神的形体化没有充分论证,但都有了萌芽。

　　郭店简身心观在除《性自命出》、《五行》之外的各篇中也有所体现。例如《缁衣》第8、9简:"子曰:民以君为心,君以民为体。心好则体安之,君好则民欲之。故心以体法,君以民亡。"②传世本《缁衣》可参:"民以君为心,君以民为体。心庄则体舒,心肃则容敬。心好之,身必安;君好之,民必欲之。心以体全,亦以体伤[废];君以民存,亦以民亡。"③君民关系在此姑无论,仅就心体关系而言,显然有心导体,体从心,体全心亦全,体伤心亦伤之意。此亦为与《五行》类似的心身(体)的合一观。

　　又如《语丛一》第45—52简:"凡有血气者,皆有喜有怒,有慎有庄。其体有容,有色有声,有嗅有味,有气有志。凡物有本有卯,有终有始。容色,目司也。声,耳司也。嗅,鼻司也。味,口司也。气,容司也。志,

---

① [日]池田知久:《马王堆帛书〈五行篇〉所见身心问题》,载《马王堆汉墓研究文集》,长沙:湖南出版社,1994年,第58页。
② 荆门市博物馆编:《郭店楚墓竹简》,第129页。释文中"心以体法","法"或为"废",参见陈伟编《楚地出土战国简册(十四种)》,北京:经济科学出版社,2009年,第163页。
③ (清)孙希旦撰:《礼记集解》,北京:中华书局,1989年,第1329页。

心司。"①这就是说,凡人都有血气,都有心知,有喜怒哀乐,亦有敬畏慎惧。身形之体的各种器官有不同功能,色、声、嗅、味乃眼、耳、鼻、口(舌)之功能,面容感受外物之气,亦显现体内之气。心的功能则是立志有恒,指导各种身形器官。以上有关血气、体容、声色、气志等内容与《性自命出》相类似。《语丛二》的主要内容亦与《性自命出》相类似,特别是涉及到喜、乐、悲、慢、忧、哀、惧、爱、欲及礼、敬、耻、廉、忠等,均与身体血气和"心之行"有关,兹不赘述。

综观郭店简之身心观,主要以《性自命出》的"心之行"和《五行》的"德之行"为典型。② 这两篇都集中讲"心术"。其中值得我们重视的基本思想是通过"身心合一"达到"天人合一"。其"心术"之道,不仅通过礼乐治心、治身,促使身心互正,而且通过人道之善的实践,最终升进到超越的"圣"、"独"、"德"之境,即天人冥合之境。礼乐之教通过身体语言(身教)和口传、心传深入人心。对身形、仪态的重视和身心之互正,表明人之身体并不仅仅是生物性的身体。身心的相互凭藉展示了精神性的人的全面性,而不是生物性的人的片面性。德形之于内又达之于外,是伴随身心的整合而不断产生的过程。不仅心志指导身形的意义重大,而且心之"思"并非知性之知,而是德性之知,是仁之思、智之思和圣之思,是外心、中心、独心的层次序列。

郭店简对儒家的身心观的论述还是初步的。对身体不只是生理的、实践活动的,而且是道德精神的主体,身体本身即是融合精神形体为一体的"道体"之说,还没有完整系统的体认,但已有了萌芽。在郭店简中,形体的精神化和精神的形体化因缺乏系统的"气论"和"体论"未能得到

---

① 荆门市博物馆编:《郭店楚墓竹简》,第 195 页;又参见李零《郭店楚墓竹简校读记》,载《道家文化研究》第 17 辑,北京:生活·读书·新知三联书店,1999 年,第 533 页。

② 有关《性自命出》的身心观,另请见拙文《郭店楚墓简身心观发微》,载武汉大学中国文化研究院编《郭店楚简国际学术研讨会论文集》,武汉:湖北人民出版社,2000 年,第 198—209 页;有关郭店楚简儒家文献与孟子学的关系,另请见拙文《郭店儒家简与孟子心性论》,载《武汉大学学报》,1999 年第 5 期。

充分论证。只有到《孟子》，才有系统的"德气"说与"德体"论，使儒家的道德的身心观得以圆成。

郭店简关于"心"与"思"的几种表述，关于志与气关系的讨论，关于礼乐教化促使形身与心灵互正的思想，都可以在《孟子》、《荀子》及《管子》四篇中得到印证。《孟子》的"生色"、"践形"、"养气"、"志—气"、"大小体"、"尽心"诸说与《五行》的血缘关系比较亲近。《荀子》社会性的礼乐化的身体观、治气养心说与《性自命出》也有相关性，但《荀子》对社会主体、认知主体之"天君"的提扬，则是质的飞跃。《荀子》中有关"大心""养心""大清明""虚壹而静"的看法，与《五行》《孟子》也有相关性。《管子》四篇的内心修养法和道、精、气、神的观点与郭店简、思孟学派相近，其静因之道则取自道家。

第五节　传世文献与竹书中的"五行"与"圣智"

一、汉代五行图式的启发

关于思孟五行，汉代典籍中仍能找到一些佐证。《史记·乐书》结尾："太史公曰：夫上古明王举乐者，非以娱心自乐，快意恣欲，将欲为治也。正教者皆始于音，音正而行正。故音乐者，所以动荡血脉，通流精神而和正心也。故宫动脾而和正圣，商动肺而和正义，角动肝而和正仁，徵动心而和正礼，羽动肾而和正智。故乐所以内辅正心而外异贵贱也；上以事宗庙，下以变化黎庶也。琴长八尺一寸，正度也。弦大者为宫，而居中央，君也。商张右傍，其余大小相次，不失其次序，则君臣之位正矣。故闻宫音，使人温舒而广大；闻商音，使人方正而好义；闻角音，使人恻隐而爱人；闻徵音，使人乐善而好施；闻羽音，使人整齐而好礼。夫礼由外入，乐自内出。"（《史记》卷二十四）

清人梁玉绳怀疑《乐书》，以为"此乃后人所补，托之太史公也"，并引徐氏《测议》，谓上引"太史公曰""是截旧文为之"（《史记志疑》卷十五）。

梁、徐的怀疑是否有据，不敢说，如果是截自旧文，哪是何种旧文？我看，这段文字至少与思孟五行有关，当然使用了汉代人的模型。

《乐书》明确标举"仁、义、礼、智、圣"，并把这五种德性与五音相配合，又以五音协和、陶冶五脏之气，以端正身心，唤发德气。这段文字又明确以"圣"作为五行之中心。这都与《五行》简帛本、《性自命出》简本相合。按郑玄《洪范注》，"行者，言顺天行气也。"《乐书》以乐音感通体内德气，以德气顺天而行，实行出来。五行与乐的关系，在简帛《五行》中都有明确的表示。简书云："金声而玉振之，有德者也。""圣智，礼乐之所由生也，五[行之所和]也。和则乐，乐则有德，有德则邦家兴。"①《五行》与《乐书》都肯定乐者天地之和，乐的特征是和合，亦肯定音乐有陶冶内心的功能，能使人超凡脱俗，亦有治世之功能，能协和邦家。不过，简帛《五行》没有像《乐书》那样，把"仁、义、礼、智、圣"五行与五音、五脏作图式化的比拟。

按《乐书》及《左传·昭公元年》、《昭公二十五年》之注疏，我们不妨绘制下表：

五行	仁	礼	圣	义	智
五音	角	徵	宫	商	羽
五脏	肝	心	脾	肺	肾
五方	东	南	中	西	北
五性	木	火	土	金	水

这种图式显然与汉代人的思维模式有关，不过并不违背简帛《五行》。仁义礼智四行之所和是人道之善，仁义礼智圣五行之所和是天道之德。圣德居中，君位，宫音，土德。圣德含容四德。《白虎通·礼乐》："土谓宫，宫者含也，容也，含容四时者也。"按《月令》注："声始于宫。宫

---

① 荆门市博物馆编：《郭店楚墓竹简》，第150页。

数八十一,属土者,以其最浊,君之象也。季春之气和则宫声调。"《钟律书》:"宫,中也,居中央,畅四方,唱始施生,为四声纲也。"圣德有包含、为主、和谐、生生之意蕴,是无疑的。

　　土德为五行之主。《淮南子·坠形》:"音有五声,宫其主也;色有五章,黄其主也;味有五变,甘其主也;位有五材,土其主也。""宫为音之主",又见《国语·周语》。"五声莫贵于宫","五行最贵者土","土为五行之主",又见于《月令》、《春秋繁露》、《太玄》、《白虎通》。《白虎通·五行》:"五行之性,土者最大。苞含万物,将生者出,将归者入,不嫌清浊,为万物母。""土味所以甘何? 中央者,中和也,故甘,犹五味以甘为主也。"

　　按,《春秋繁露·五行五事》以"貌、言、视、听、思"五事配五行"木、金、火、水、土"。"思"的地位即《乐书》"圣"的地位。董氏《繁露》发挥的是《尚书·洪范》的"五行""五事",只是五行的排列次序略为不同。《繁露》把"思"释为"容",即包容、宽容之意,以"容作圣",释《洪范》的"睿作圣"。

　　扬雄《太玄·玄数》以"仁、义、礼、智、信"配五行"木、金、火、水、土"。"信"的地位为中央,属土。"五五为土,为中央,为四维,日戊巳,辰辰戌丑未,声宫,色黄,味甘,臭芳,形殖,生金,胜水,时该,藏心。存神,性信,情恐惧,事思,用睿,为(从手)圣,徵风,帝黄帝,神后土,星从其位……"以上《玄数》的解释,更全面地表达了"土"行的中心地位和生长、繁殖的意义。当然,"圣"在这里是"思曰睿""睿作圣"的重复,与思孟五行的"圣"有了区别。

　　《白虎通》卷四《五行》、卷八《性情》亦以"仁、义、礼、智、信"五性配五行,同于《太玄》。以五脏配五性,"五脏,肝仁,肺义,心礼,肾智,脾信也",则同于《乐书》。其中,信(诚、专一)的地位更加肯定。又,《白虎通》卷七《圣人》:"圣者,通也,道也,声也。"这种解释,也可以用来解读思孟五行的"圣"德。

　　以下我们把《繁露》、《太玄》、《白虎通》的大体相同的图式制成下表:

五性	仁	礼	信	义	智	扬、班
五行	木	火	土	金	水	董、扬、班
五事	貌	视	思	言	听	董、扬
五音	角	徵	宫	商	羽	董、扬、班
五脏	肝	心	脾	肺	肾	班
五脏	脾	肺	心	肝	肾	扬
五方	东	南	中	西	北	董、扬、班

我们必须注意的是,《太玄·玄数》的五脏配制与《白虎通》略为不同,它以脾属木,肝属金,肺属火,肾属水,心属土。另要注意的是,《繁露》并没有以五性(仁、义、礼、智、信)配五行。

贾谊《新书·六术》:"人有仁、义、礼、智、圣之行,行和则乐,与乐则六,此之谓六行。"贾谊深知五行之多样统一并生成新的要素的道理。由五行之和合生成六行,表明五行模式的"生生"观念。[1]

综上所述,我们略可得出以下结论:第一,《史记·乐书》保留了思孟五行,堪称一绝。其所保留的根据虽很难考订,即使是司马迁以后的人据旧文所补,至少也反映出汉代甚至汉以后,仍有思孟"仁、义、礼、智、圣"五行学说在流行。其说以宫音喻圣德,以五音之和合喻五行,强调了德气在个体身心的运行,凸显思孟五行学说的"和"与"生"的意蕴。《新书·六术》也与《乐书》相似,表达了上述意蕴。第二,依据《洪范》五行的"思曰睿"、"睿作圣",董仲舒把居于中央地位的"思"行,进而把"圣"释为宽容、包容。第三,《太玄》、《白虎通》正式把五德"仁、义、礼、智、信"以"五性"的名义列入图式,"信"取代了"圣"、"思",居于中央的地位。"信"

---

[1] 关于贾氏《新书》与《五行》、《六德》的关系,详见李学勤《郭店楚简与儒家经籍》,载《中国哲学》第20辑,沈阳:辽宁教育出版社,1999年,第18—21页。又请见氏著《郭店楚简〈六德〉的文献学意义》,载武汉大学中国文化研究院编《郭店楚简国际学术研讨会论文集》,武汉:湖北人民出版社,2000年,第17—21页。

原本即是"诚","诚"乃具有神秘性,如《中庸》之"诚"。但汉以后,"仁、义、礼、智、信"的"信"作为德目之一,渐渐消解了其神秘天道意义。第四,汉代五行说把五行释为五种气,把五行间的关系看成是相生相克的关系,以"相生"为主、为常。处于中央地位的土德,更具有主导、容摄、综和、统和、生成新的东西的意味,《白虎通》直接释"圣"为"通、道、声",这些解释及汉代五行图式,反过来对我们理解思孟五行的"圣"、"圣德"、"圣智"很有帮助。

二、传世文献中的聪明圣智

　　无论是在传世文献中,还是在简帛《五行》中,"圣智"总是与"聪明"联系起来用的。

　　传世文献中有"高上尊贵,不以骄人;聪明圣智,不以穷人"。这句话出自批评思孟五行的《荀子·非十二子》。《荀子·宥坐》:"子路曰:'敢问持满有道乎?'孔子曰:'聪明圣智守之以愚,功被天下守之以让。'"由此可知,"聪明圣智"的连用,至迟源于孔子。帛书易传《缪和》也记载了孔子类似的话,只是"聪明圣智"变成"聪明睿智","圣"与"睿"相通。《荀子·劝学》又云:"积善成德,而神明自得,圣心备焉。"以上材料都可以反证"圣智"所具有的神秘体验的内涵。

　　当然,与竹帛《五行》的"圣智观"最接近的是《中庸》与《孟子》。《中庸》三十二章:"苟不固聪明圣智达天德者,其孰能知之?"全句是《中庸》的核心,强调至诚者能"经纶天下之大经,立天下之大本,知天地之化育",这是只有圣人才能做到的。"肫肫其仁,渊渊其渊,浩浩其天",意即圣人以极其诚恳的态度,面对天下,高深静穆,胸襟广大。如此聪明圣哲,能通达天德,即启导出天赋我人的道德。前一章,即《中庸》三十一章:"唯天下至圣,为能聪明睿智,足以有临也;宽裕温柔,足以有容也;发强刚毅,足以有执也;齐(斋)庄中正,足以有敬也;文理密察,足以有别也。"——恰如庞朴先生所说,这里正是指的圣、仁、义、礼、智。① 不过，"文理密察"的"智"，尚不能称为"圣智"之"智"。相对于知识理性（知识之知）或世俗伦理理性（道德之知）而言，"圣智"是对于天道之体验的智慧。《五行》中的"智"有文理密察的"智"，也有超文理密察的"智"。

让我们再来读《孟子》："人之有德慧术知者"。（《孟子·尽心上》）德、慧、术、知，是有分别的。正如孟子对于人，有"天民"、"大人"、"事君"、"安社稷"的分别一样，只有"圣人"或"天民"才有体悟、接近天道的智慧。正是在这种意义下，子贡才说："学不厌，智也；教不倦，仁也。仁且智，夫子既圣矣。"（《孟子·公孙丑上》）"圣"是仁智的统合和对仁智的超越。

对于"圣智"最典型的表达，应当是《孟子·尽心下》："可欲之谓善，有诸己之谓信，充实之谓美，充实而有光辉之谓大，大而化之之谓圣，圣而不可知之之谓神。""圣人"能感化、和合、改变、造就、生成长养出新的事物、新的氛围、环境与局面，具有莫大的力量——人文教化的力量，人心归服的力量，感召力、凝聚力等等。"圣人"就有这种智慧，它可以达到神秘莫测的境界，固而谓之"神"。这正是孟子所说的"智，譬则巧也；圣，譬则力也。"（《孟子·万章下》）"圣智"之不可测度与神奇，谓之"巧"；"圣德"之化成天下的力量，谓之"力"。譬犹射箭，达到百步之外，是你的力量，射中靶子，却是你的神奇。

孟子说："仁之实，事亲是也；义之实，从兄是也；智之实，知斯二者弗去是也；礼之实，节文斯二者是也；乐之实，乐斯二者，乐则生矣；生则恶可已也，恶可已，则不知足之蹈之手之舞之。"（《孟子·离娄上》）这里的仁、义、礼、智，是就社会道德而言的，"智"在这里主要是分辨、通晓以事亲、从兄为起点的仁、义及其社会推广。这里最值得注意的是"仁、义、礼、智"之后的"乐"。从智、礼之中体验到的这种快感、快乐，无法休止。这不仅是感性的快乐，也不仅是理性的快乐，恰似"孔颜乐处"，是超越了

---

① 庞朴：《竹帛〈五行〉篇校注及研究》，台北：万卷楼图书有限公司，2000年，第101—102页。

社会价值，"从心所欲不逾矩"的快乐。"乐"在这里也具有"和"、"生"之意，正是处于五行结构之中心位置者所具有的特性——包容、为主、和合、生生。因此我们不妨把这里的"仁、义、智、礼、乐"的"乐"看作是"圣"的指代。

孟子说：口、眼、耳、鼻和手足四肢对于美味、美色、悦耳之音乐、芬芳之气味和安逸舒服的爱好，是天性，但是否得到，却属于命运，因此君子不以此为天性的必然，不去强求——"性也，有命焉，君子不谓性也"。相反，"仁之于父子也，义之于君臣也，礼之于宾主也，智之于贤者也，圣人之于天道也，命也，有性焉，君子不谓命也。"（《孟子·尽心下》）庞朴于马王堆帛书《五行》发表之后，肯定"圣人"之"人"字为衍字，强化了不被人重视的朱子《四书集注》的"或曰：'人'衍字"的注文，肯定这里所说的就是"圣之于天道也"，肯定"五行"为"仁、义、礼、智、圣"。[①] 按孟子的原意，这里强调的是，"仁、义、礼、智、圣"能否实现，属于命运，但也是天性的必然，君子不认为是属于命运的，因而可以突破、超越于命运的限制，力求顺从天性，求其实现。这就包含有"知其不可而为之"的意味了。

清人戴震倒是有天才的体悟，其《法象论》曰：

> 是故生生者仁，条理者礼，断决者义，藏主者智，智通仁发而秉中和谓之圣；圣合天，是谓无妄。无妄之于百物生生，至贵者仁。是故仁得则父子亲，礼得则亲疏上下之分尽，义得则百事正，藏于智则天地万物为量，归于无妄则圣人之事。

这段解释易象的文字，又被他加以发挥，收入《原善上》，足见作者的重视和喜好。其中，戴震强调生生者为仁，生生而有条理为礼与义，"得乎生生者谓之仁，得乎条理者谓之智。至仁必易，大智必简，仁智而道义出于斯矣。"（《原善上》）戴震在这里的确是对"仁、义、礼、智、圣"五行的阐发。把"圣"界定为"仁智中和"、"智通仁发而秉中和"，是相当精辟的。

---

① 庞朴：《马王堆帛书解开了思孟五行说古谜》，载《文物》，1977 年第 10 期。现收入《竹帛〈五行〉篇校注及研究》，台北：万卷楼图书有限公司，2000 年。

其《原善中》对于"圣智"的体会极深:

> 天之道施,地之道受;施;故遍物也;受,故不有也。魄之谓灵,魂之谓神;灵也者明聪,神也者睿圣;明聪睿圣,天德矣。心之精爽以和,知明聪睿圣,则神明一于中正,事至而心应之者,胥事至而以道义应,天德之知也。是故人也者,天地至盛之徵也,惟圣人然后尽其盛。

戴震在这里是以宋明理学家的话语来解读"天德"和"天德之知"的。其实,"天德之知"正是"圣智"。宋明学术对于"德性之知"与"闻见之知"的讨论是可以参证的。

综上所述,从《荀子》、《中庸》,特别是《孟子》与戴震的《法象论》中,我们找到了有关"聪明圣智"与上达"天德"及"天德之知"的材料,这对我们理解思孟五行之本旨极有帮助。要言之,"圣"、"圣智"与聪明有关。"圣智"是一种"神明",是圣哲对天道、天德的体悟。"圣"有化成天下的力量,"圣智"则有鬼斧神工、神妙莫测的功能。"圣智"与一般伦理分辨之"智"("仁、义、礼、智、信"的"智")不一样,更不能等同于感知、认知或知识之"知"。当然,"圣智"是一种感通,是一种体知,必然与身体、容貌、闻见、聪明有关,但不能等同于感性或理性之知。对于"智",我们需要梳理层次;对于"圣智",我们不能把它下降到知识论的方面或者伦理学的方面来理解。刘信芳先生把"圣知"解释为知识。他说:"闻见是人的感觉,聪明是人的能力,圣知是人的知识。"[1]刘著以主客体之间的认识论来解读《五行》和"圣智",似有未妥。实际上,"圣智"是对本体的体悟,是对超越天道的冥契。这不是知识论涵盖得了的。

三、圣智与德圣

本章第四节曾指出:"'圣人'是理想人格,'圣德'是超越之境,'圣

---

[1] 刘信芳:《简帛五行解诂》,台北:艺文印书馆,2000 年,第 78 页。

智'是神契之知。现实人与圣人之间有时空的阻隔,不能用'目'见,只能凭'耳'听,凭心灵来感通,此亦即天人相通。"又说:"'圣之思'是以耳听闻古乐、传闻和应对言语之后的反思,即通过口传、心传,对身以载道的圣人气象予以体认。这种圣听、圣思,是对于超越天道的谛听和冥契,是一种精神性的直觉体验,是心灵感应。"①圣智表示人心与天道的贯通、感应,玉音表示圣人感化天下的广泛。

竹书《五行》反复论证"圣""智"的关系,如第二十二简至二十九简:

> 未尝闻君子道,谓之不聪。未尝见贤人,谓之不明。闻君子道而不知其君子道也,谓之不圣。见贤人而不知其有德也,谓之不智。见而知之,智也。闻而知之,圣也。明明,智也。虩虩,圣也。"明明在下,虩虩在上",此之谓也。闻君子道,聪也。闻而知之,圣也。圣人知天道也。知而行之,义也。行之而时,德也。见贤人,明也。见而知之,智也。知而安之,仁也。安而敬之,礼也。圣智,礼乐之所由生也,五[行之所和]也。和则乐,乐则有德,有德则邦家兴。文王之见也如此。

繁体"聖"字通"聲"、"聽",都有"耳"。按,帛书第 242—244 行:"不聪不明。聪也者,圣之藏于耳者也。[明也]者,智之藏于目者也。聪,圣之始也。明,智之始也。故曰:不聪明则不圣智,圣智必由聪明。圣始天,智始人;圣为崇,智为广。"②"智"德是见贤思齐,"圣"德是谛听、冥契天道。"明"是"智"的表征和起始,"聪"是"圣"的表征与起始,固而有"聪明圣智"之说。据简书第十四简关于"智之思"的表述,很显然是把"明""智"界定为身心合一地见贤思齐,乃至诚于中而形于外。那么,这种"见"而后"明"而后积淀为内在的"智"德并表现为"玉色"的过程,就不是近代认识论的所谓感性之知,尽管它并不排斥感觉、身形、容色。没有道

---

① 郭齐勇:《郭店楚简身心观发微》,载武汉大学中国文化研究院编《郭店楚简国际学术研讨会论文集》,武汉:湖北人民出版社,2000 年,第 203—204 页。
②《马王堆汉墓帛书》(壹),北京:文物出版社,1980 年,第 20 页。下引帛书据此。

德意识，就不可能有所"见"，甚至会视而不见，因此不能"明"，也不可能回复到内心，形成智德。同样，第十五至十六简关于"圣之思"的表述，则是把"聪""圣"界定为谛听圣人之道。这种"闻"而后"聪"而后积淀为内在的"圣"德并在耳际充满"玉音"的过程，也不是近代认知科学的感觉、知觉之类。因为假如没有道德意识，就不可能有所"闻"，甚至会充耳不闻，因此不能"聪"，也不可能回复到内心，形成圣德。所谓"君子无中心之忧则无中心之智"，"无中心之忧则无中之圣"更证明了这一点。按，"见"而后"明"，"闻"而后"聪"，乃由内心之"忧"引起，并非从所谓客观外物引起。又，其结果则是"不智不仁"。按帛书的解释，"不知所爱则何爱？言仁之乘知而行之。"可见这里讲的都是道德的知，而不是知识的知。

帛书《五行》在集中论述了"目而知之"、"譬而知之"之后，又论述了"鑯而知之"，第 343—344 行："鑯而知之，天也。鑯也者，赘数也。唯有天德者，然后鑯而知之。'上帝临汝，毋贰尔心'。上帝临汝，鑯之也。毋贰尔心，俱鑯之也。""鑯"，魏启鹏读为"仉"，取精谨深察之意。魏先生又谓"赘数"是持天地之数，而明变化、达性命之意。饶宗颐同意魏说，进一步释"仉"为极深研几。又说，"赘数"是指把握变化之数，即占筮者乃能通其变。庞朴则释"鑯"为機，指吉凶先兆。[1] 显然，"鑯而知之"，类似于"聪明圣智"，是具有天德良知的人的神秘体验。

帛书第 454—457 行，《德圣》残篇："圣，天知也。知人道曰智，知天道曰圣。圣者声也。圣者智，圣之智知天，其事化燿。其谓之圣者，取诸声也。知天者有声，知其不化，智也。化而弗之，德矣。化而知之，叕也。"这很可能是解释竹书《五行》第 4—5 简的："德之行五和谓之德，四行和谓之善。善，人道也。德，天道也。"

---

① 见魏启鹏：《简帛〈五行〉笺释》，台北：万卷楼图书有限公司，2000 年，第 129 页；饶宗颐：《从郭店楚简谈古代乐教》，载武汉大学中国文化研究院编《郭店楚简国际学术研讨会论文集》，武汉：湖北人民出版社，2000 年，第 6 页；庞朴：《竹帛〈五行〉篇校注及研究》，台北：万卷楼图书有限公司，2000 年，第 83 页。

由此可知，"圣"高于"智"，"德"高于"圣"。"仁、义、礼、智"四行和合生成"善"，属人道层面，对于人道的体悟、理解和分别叫做"智"。"仁、义、礼、智、圣"五行和合生成"德"，属天道层面，对于天道的体悟、理解，叫做"圣"。"圣"德与"圣人之智"或"圣智"是对宇宙本体、生命本体的体悟，是对超越天道的神契。不是"圣人之智"或"圣智"，而是贤者之"智"德，则属于对人道、社会层面的知。圣人与贤者的区别，以耳学习圣人与以目接近贤人的区别，聪与明的区别，在一定意义上就是"圣"德与"智"德的区别。耳与目、聪与明、圣与智的统合，则是"圣智"。

在这一定意义上，郭店简的五行观应当称为"圣智五行观"，因其重心是"圣"、"智"与"圣智"。比"圣"更高一层的是"德"，比"圣智"更高一层的是"德圣"。"德"是超越之境，"德圣"是对超越的体证、会悟。

如前所述，"五行"的本意即含有相生的观念，特别是居其中心之一行，兼有包容、统合、为主、生生诸意蕴。准此，我们可以推测思孟五行向上的发展是"仁、义、礼、智、圣、德""六行"。"圣"统合"仁、义、礼、智"，"德"统合以"圣"为中心的"五行"。按《德圣》："道者、德者、一者、天者、君子者，其闭塞谓之德，其行谓之道。""德"是宇宙、世界和人的一种潜在性、完满性、自足性。而"道"是"德"的一种展开、流行、实现。

如果说"五行"的向上发展是由"圣"而"德"，由"圣智"而"德圣"的话，那么，"五行"的向下发展则是社会道德层面的"六德"。郭店楚简《六德》是这样说的："何谓六德？圣、智也，仁、义也，忠、信也。圣与智戚[就]矣，仁与宜[义]戚[就]矣，忠与信戚[就]矣。作礼乐，制刑法，教此民尔，使之有向也，非圣智者莫之能也。"这里的"六德"就是指的"圣、智、仁、义、忠、信"，且圣与智、仁与义、忠与信"相辅相成"，"相辅互补"，"分出三组显示其结构性的意义"。①《六德》肯定制定礼乐刑法以规范民众

---

① 庞朴说"相辅相成"，丁原植说"相辅互补"与"结构性的意义"。庞文《六德篇简注》，见氏著《竹帛〈五行〉篇校注及研究》，台北：万卷楼图书有限公司，2000年，第183页。丁文《六德篇释析》，见氏著《郭店楚简儒家佚籍四种释析》，台北：台湾古籍出版有限公司，2000年，第209页。

的圣人才有"圣智"。在这里,"圣""智"既有分用,又有合用,同于《五行》。据徐少华《郭店楚简〈六德〉篇思想源流探析》①,《周礼·地官·大司徒》已明确指出"六德:智、仁、圣、义、忠、和"。

"五"与"六"的架构,或"五"与"六"之转,即由五行和合相生,而成六行的,有前引贾谊《新书·六术》的例证,郭店简《五行》与《六德》间的关系似与这种架构有关。《白虎通》的五性六情、五脏六府之说亦相类似。《六德》又以六德配六位,形成"父圣、子仁、夫智、妇信、君义、臣忠"的伦理学结构。

《五行》与《六德》的最大差别是,《五行》论述以天道观为背景的个体道德及其深层的道德形而上的问题,有极深的信仰、神性意义的成份,而《六德》只是五行向社会伦理面的推行。

关于《五行》竹帛之比较,庞朴、邢文等都有大文。② 庞、邢都认为,竹书《五行》的枢纽是"圣智",首先谈"圣智",把"圣智"作为最重要的原则,而帛书《五行》按仁义礼智圣的次序谈,有的地方取消了"圣"与"智"的关联,而且把"圣智,礼乐之所由生也"改变成"仁义,礼乐之所由生也"。邢文认为,竹书《五行》更接近子思之学,帛书《五行》却经过了子思后学的妄改。庞朴认为,从文理和逻辑来分析,帛书本的次序较为合理。

本书认为,从郭店竹书到马王堆帛书,儒家道德形上学的圣智观处于旁落、下移的过程中,汉代世传文献中"仁义礼智信"取代了"仁义礼智圣",特别是"信"之神秘性的"诚"意的逐步弱化,则表明这种天人圣智观或圣智五行观进一步处于消解的过程中。思孟五行正是因其哲学形上学的或终极信仰的诉求,被荀子及荀子前后的儒者视为不切实用,太过玄虚,终免不了湮灭的命运。从道家文献来看,郭店《老子》并无"绝圣"的主张,而帛书《老子》已有了"绝圣弃智"的主张。这亦从反面佐证了这一点。

---

① 武汉大学中国文化研究院编:《郭店楚简国际学术研讨会论文集》,武汉:湖北人民出版社,2005年,第375页。
② 庞朴:《竹帛〈五行〉篇比较》,见《竹帛〈五行〉篇校注及研究》,台北:万卷楼图书有限公司,2000年。邢文:《郭店楚简〈五行〉试论》,载《文物》,1998年第10期。

　　总而言之，与"聪明"相联的"圣智"是一种"神明"，是对"天德""天道"的体悟或神契，是体验、接近超越层的"天德之知"。切不可从知识论的视域，特别是主客对待的认识论的角度去理解思孟五行。思孟五行是具有终极信仰的、以天道观为背景的"天人圣智五行观"，蕴含着深刻的道德形上学的思想，其枢纽是"圣智"。五行间相互作用，居于中央的一行，具有包容、为主、统合、生生的意蕴。"五行"之和合而生长出"六行"。向上推，其最高天道超越层是"德"，对它的体验是"德圣"，即由"德"统合"仁义礼智圣德"六行；次高层是"圣"，对它的体验是"圣智"，即由"圣"统合"仁义礼智圣"五行，它是天赋的，或天德下贯在人心中的、内在性的道德的知、情、意；向下推，则展开为个体道德与社会道德和合的"圣、智、仁、义、忠、信"六德，或"善"统合的"仁义礼智"四行；再下推，则是社会伦理关系的六位、六职。

第六节　上博楚简《恒先》——道法家形名思想的佚篇

　　《上海博物馆藏战国楚竹书》第三册的《恒先》篇，是战国末年至汉初道法家论道的一篇论文，作者以道为背景，用以论政，肯定君道无为，强调审合形(事)名(言)。该篇主旨与《韩非子》、《吕氏春秋》、《淮南子》、《黄帝四经》(黄老帛书)的有关篇章相接近，特别与其中论道、原道的文字适相会通与补充。

　　《恒先》全篇共13支简，保存完好，由李零先生精心整理。李零先生的释文，如把异体字换成通行字、繁体字换成简体字，这一首尾完具的道家作品全文如下(字间数码字指竹简编号)①：

　　　　恒先无有，质、静、虚。质大质，静大静，虚大虚。自厌不自忍，或作。有或焉有气，有气焉有有，有有焉有始，有始焉有往者。未有

---

① 李零：《恒先释文考释》，载马承源主编《上海博物馆藏战国楚竹书》(三)，上海：上海古籍出版社，2003年，第287—299页。

天地，未1有作行，出生虚静，为一若寂，梦梦静同，而未或明、未或滋生。气是自生，恒莫生气。气是自生自作。恒气之2生，不独有与也。或，恒焉，生或者同焉。昏昏不宁，求其所生。翼生翼，畏生畏，悼生悲，悲生悼，哀生哀，求欲自复，复3生之生行，浊气生地，清气生天。气信神哉，云云相生。信盈天地，同出而异性，因生其所欲。察察天地，纷纷而4复其所欲。明明天行，唯复以不废。知既而荒思不殄。有出于或，性出于有，音出于性，言出于音，名出于5言，事出于名。或非或，无谓或。有非有，无谓有。性非性，无谓性。音非音，无谓音。言非言，无谓言。名非6名，无谓名。事非事，无谓事。详宜利主，採物出于作，焉有事不作无事举。天之事，自作为，事庸以不可更也。凡7多採物先者有善，有治无乱。有人焉有不善，乱出于人。先有中，焉有外。先有小，焉有大。先有柔，焉8有刚。先有圆，焉有方。先有晦，焉有明。先有短，焉有长。天道既载，唯一以犹一，唯复以犹复。恒气之生，因9言名先者有疑，亢（下加心）言之后者校比焉。举天下之名虚树，习以不可改也。举天下之作强者，果天下10之大作，其竆尨不自若作，庸有果与不果？两者不废，举天下之为也，无舍也，无与也，而能自为也。11举天下之性同也，其事无不复。天下之作也，无许恒，无非其所。举天下之作也，无不得其恒而果遂。庸或12得之，庸或失之。举天下之名无有废者，与天下之明王、明君、明士，庸有求而不虑？13

一、"恒先"与"道"的形上、超越、绝对、无限性

本竹书"恒先無有"之"先"字与"無"字字形上有明显差别。马王堆《黄帝四经》（又称《黄老帛书》或《黄帝书》）的原整理者因其中《道原》篇首"恒先之初"的"先"字字形与"無"字相近，以"恒先"为"恒無"，见1980年文物出版社《马王堆汉墓帛书（壹）》。陈鼓应先生著《黄帝四经今注今译》（台湾商务印书馆，1995年）亦用"恒無之初"。李学勤先生据同一帛

书图版前二行"柔节先定"句,定"恒无之初"为"恒先之初",并在 1985 年文物出版社出版之《马王堆汉墓帛书·道原》中公布。在此前后,余明光、魏启鹏先生等均释"恒无"为"恒先"。李零在此次竹书《恒先》释文中,同意李学勤"恒先为道"说,并进而指出"恒先是终极的先"。

本竹书第 1—3 简与帛书《道原》篇首数句有一定的理论联系。《道原》篇首:"恒先之初,迥同太虚。虚同为一,恒一而止。湿湿梦梦,未有明晦。神微周盈,精静不熙。故未有以,万物莫以。故无有形,大迥无名。天弗能覆,地弗能载。"①关于"恒"字,黄老帛书中多见,如恒先、恒一、恒常、恒事、恒位等等。《恒先》与帛书《道原》一开始都讲天地未形之前太虚的混混沌沌状态,"湿湿"即"混混",两书均用"梦梦"(即蒙蒙),均有"虚""静"的表述。《道原》"迥同太虚,虚同为一",《恒先》则谓"虚""虚大虚"。"迥同"是通同,无间隔的状态。至于"静",李零隶定为"靑",释为"静",李学勤释为"清",直接讲清、虚、一、大②。我以为还是依李零释"静"为好。无论是《恒先》所说的未有天地之前的"静""静大静""虚静""出生虚静,为一若寂,梦梦静同",还是《道原》"神微周盈,精静不熙",都是讲天地万物未形之前的太虚的至静至寂状态,也是讲终极的"道"体在没有作用、动作之前("未有天地,未有作行")的形态,讲"道"的根本特性即是静止、静谧。此处"静"比"清"好。参之通行本《老子》第 16 章"致虚极,守静笃","归根曰静"与第 26 章"重为轻根,静为躁君"等内容,可知"静"所反映的是超时空的"道"本体的绝待的与普遍的特性,圆满自足("自厌"),无为无言。而《老子》第 39 章"天得一以清"云云,是讲天、地、神、谷、万物离不开道,"清"只是道下的"天"得"道"之后的状况。"清"又是"气"的一个特性。所以,"静"与"朴""虚"等价,是直接表述整一未分

---

① 详见余明光等:《黄帝四经今注今译》,长沙:岳麓书社,1993 年,第 203 页。本书所引《黄帝四经》均据此书。湖南省博物馆与复旦大学出土文献与古文字研究中心新近编纂出版了《长沙马王堆汉墓简帛集成》(中西书局,2014 年),共 7 册,有《黄帝四经》的最新释文,读者可作为参考。
② 李学勤:《楚简〈恒先〉首章释义》,载简帛研究网(www.jianbo.org),2004 年 4 月下旬。

化的、未动作的、根源性的、超越性的"道"的。这里还有关于"**豐**"的释读。李零指出字形似"樸",但有区别,不妨释为"质"。李学勤、廖名春等释为"朴"①,李学勤认为可以释为"全","大朴"即是"大全"。方之《老子》第32章"道常无名。朴虽小,天下莫能臣之",第37章"吾将镇之以无名之朴。无名之朴,夫亦将不欲。不欲以静,天下将自定"等,似以释"朴"为上。首句三个"大"字,李学勤、廖名春释为"太",其实不必。此二字可互通,但《老子》凡言"大"字处亦不必改为"太",如"大道""大白""大音""大象"等,似仍如第25章"强为之名曰大""大曰逝"云云。

故首句似应为:"恒先无有,朴、静、虚。朴,大朴;静,大静;虚,大虚。"这句话并本体论与宇宙论一起说,是中国特有的"本体—宇宙论"的讲法,即现象世界的形而上的根据(就本体言)和根源、动力(就宇宙生成言)是"恒先"即"道"。"道"是"恒常""恒在""永恒"的普遍的,是永远遍在的、与现象界同在的那种存在,同时在逻辑上与时间上都是先在的,故说"恒先"。"恒先无有"句,"无"是动词。这四个字讲"恒先"与"有"的区别。即是说,"恒先"是"无"(名词),无形无名,是超乎"有"的。"恒先"是世界的本根、本体、本源、总动力,是在逻辑上独立于、超越于"有"的现象界之上,又在时间上早于有形天地万象之前的,是产生天地万象的母体。这种独立不改、浑朴、静谧、虚廓、无所不包的"道",是朴、静、虚的极至。与浑朴相对的是明晰与分化,与静谧相对的是活化与躁动,与无限虚空相对的则是有形有限的杂多、实有。在一定意义上,"道"就是"大朴"、"大静"、"大虚",即非分化、非运动、非实有、非有限性的整体。"大朴"等既是道之特性又是道之名相(强为之名)。《恒先》首句偏重于讲道的原始性、绝对性、无限性、先在性、超越性、终极性,是最高的哲学抽象,偏重于讲道之体。以下第二三句则讲道之用。当然体用并不能割裂。

---

① 李学勤:《楚简〈恒先〉首章释义》,载简帛研究网(www.jianbo.org),2004年4月下旬。廖名春:《上博藏楚竹书〈恒先〉简释》,载简帛研究网(www.jianbo.org),2004年4月下旬。

二、"或"(域)范畴及"域"与"恒气"之自生自作

"或"字全篇有 12 个：

第 1 简两个："或作。有或焉有气"；

第 2 简两个："而未或明、未或滋生"；

第 3 简两个："或，恒焉，生或者同焉"；

第 5 简一个："有出于或"；

第 6 简三个："或非或，无谓或"；

第 12—13 简两个："庸或得之，庸或失之"。

李零先生指出："'或'在简文中是重要术语。它是从'无'派生，先于'气''有'的概念，从文义看，似是一种界于纯无(道)和实有(气、有)的'有'('或'可训'有')，或潜在的分化趋势('或'有或然之义)。"①李零谨慎地表达了他的看法，又讲气从"或"生，"或"指将明未明、将生未生的混沌状态，又讲"或"属于"恒"，创造"或"的力量来自"恒"。廖名春、李学勤、朱渊清、李锐等将"或"释为"域"。② 廖名春认为，"或"即"域"之本字，即四方上下之"宇"，即空间，即《老子》第 25 章之"域中有四大"，又说《淮南子·天文训》"道始于虚廓，虚廓生宇宙，宇宙生气"，相当于《恒先》之"恒先无有"、"域作"、"有域，焉有气"。

关于第 2 简"而未或明、未或滋生"之两"未或"，笔者同意廖名春、李锐的看法，看作习语，视为"未有"，此处两"或"字不是哲学范畴的"域"。至于第 12—13 简的两"或"者，整理者并未视为哲学范畴，亦仍作"或"。

现在看来，可以作为哲学名相"域"的，有第 1、3、5、6 简的八个"或"字。我们依次来讨论。

第 1 简："自厌不自忍，域作。有域焉有气，有气焉有有，有有焉有

① 李零：《恒先释文考释》，载马承源主编《上海博物馆藏战国楚竹书》(三)，上海：上海古籍出版社，2003 年，第 288—290 页。
② 李学勤、廖名春文见前面注。朱渊青《"域"的形上学意义》、李锐《〈恒先〉浅释》两文均见简帛研究网(www.jianbo.org)，2004 年 4 月下旬。

始,有始焉有往者。"我认为,"域"是一个"场"或"场有",不仅是空间,而且是时间。这里说的意思是:"道"自圆自足、不变不动,同时也可以发作、自己运动,"道"之发动即为"域",亦是"域"之作兴。"域"在这里是"不自忍"、初发动的"道"。《老子》第25章讲"域中有四大",作为宇宙的"域"包涵了道、天、地、人。可见,"域"与"道"是可以互换互涵的,"域"是静止不动的"道"的发动状态。道之体、道之静为"道",道之用、道之动为"域"。有了"域"就有了时间、空间,有了时空就有弥沦无涯的气充盈其间,有了作为物质与精神之一般的"气",就有了作为现象世界的一般之"有"即总有、大有,这就标志着宇宙的开始,有了开始就有了周而复始、循环往复的运动。此即为:

道之用、动(域之作)→域→气→有→始→……(往复运动)

第2—3简:"气是自生,恒莫生气。气是自生自作。恒气之2生,不独有与也。域,恒焉,生域者同焉……3"。气是自己生成、自己运动,是本篇最重要的思想。前面说"域作",上文已解域之作即道之作,当然是道自己内在张力产生的运动,而不是超越上帝等外在力量之推动、使动。这里说的是,气也是如此,自生自动。气不是他生的,不是外在力量使然,甚至也不是道(恒)使它生使它动的。"恒气",李零说是终极原始之气、本原之气,可从。"恒气"就是"元气"。在这里,我们要注意本篇前三支简所说恒先、恒、道、域、恒气、气,基本上是等质等价的概念,在一个层次上。域、气、恒气,更好地表示出道(特别是道作兴时)的场域、场有、微粒、力量、能量、流动、化育的意涵,是这些意涵的抽象。《恒先》其实也是一篇"道原"或"原道",是对《老子》(特别是通行本第1章等)的阐发,必然涉及"道"的意涵及其表达,道与名的关系。本篇后半段直接说及名与言,其实在一开始就把"道"之别名指示了出来。从体而言,道是"独",可称为"恒"、"恒先",是静止的、寂然不动的;从用而言,道作兴、运动、实现之状况,感而遂通,则可称为"域"、"恒气"。"域"、"恒气"、"气"等则不是"独","不独,有与也"。它们相伴随而起,但它们也是"道",是"道"内在的不同能量相感相动使然,故都是自生的,不是他者使生的。域、元气是道的别名,是恒常恒在

的,亦可称为恒。故不能说是道、恒产生、化生出域、元气。要之:

道(道之体、静)──恒、恒先(圆满自足,寂然不动)

道(道之用、动)──域、恒气、元气(自生自动,感而遂通)

有关第5—6简的四个"域"字,说见下。

三、《恒先》之重心在于审合言事

第5—7简:"有出于域,性出于有,音出于性,言出于音,名出于5言,事出于名。域非域,无谓域。有非有,无谓有。性非性,无谓性。音非音,无谓音。言非言,无谓言。名非6名,无谓名。事非事,无谓事。详宜利主,採物出于作,焉有事不作无事举……7"。上文说到道、恒、域、恒气、元始之气是同一层次的、同一等级(形而上)的概念,是并列的非从属的,不存在道使之生的问题;域、恒气、元气只是道、恒的别号、别称。这里讲的却是"某出于某"的系列:

域→有→性→音→言→名→事……

域←有←性←音←言←名←事……

域之后显然是另一层次(形而下),在这一层次内有从属、派生的系统,没有前者就没有后者。"有"源出于"域"。"有"是万象大千世界(包括精神、物质、社会等)的抽象一般,并非具体之物。至于以下的性、音、言、名、事则是具体的个别的物事、事体、东西(特别是人)及其属性或特性、音乐或音声、言说或理论、名相或称谓、社会事务的相互关系等。这当是先秦思想家名实关系讨论的发展,一方面强调名相、名言、概念的自身同一性(某非某,无谓某),另一方面引申到社会人事管理上,含有循名责实、各当其位、各守其份的意蕴。这也是孔子以降正名思想之本旨。

《管子》的《九守》篇曰:"修(循)名而督实,按实而定名。名实相生,反相为情。名实当则治,不当则乱。名生于实,实生于德,德生于理,理生于智,智生于当。"《恒先》讨论名实关系,与《庄子》之"名者实之宾"和上引《九守》"按实而定名"的路数有一点不同,《恒先》在名实相生的基础上更强调名的规定性及名对实(事)的反作用。除《九守》与《恒先》一样有

"某生于某"的论式外,郭店楚简诸篇,特别是《语丛》四篇,有不少"某生某"、"某生于某"的论断。这里,我只想举《语丛一》之一例:"有生乎名。"

关于"性出于有","性非性,无谓性"。《恒先》在这里指物之性,也特指人的性情,道与人性的关系。相类似并可用来参考的材料,见《淮南子·原道训》:"形性不可易,势居不可移也。是故达于道者,返于清静;究于物者,终于无为。以恬养性,以漠处神,则入于天门。"又说:"嗜欲者,性之累也。"该篇提倡护持、反诸人的清净本性。《俶真训》亦有"圣人之学也,欲以返性于初,而游心于虚也;达人之学也,欲以通性于辽廓,而觉于寂漠也。"《泰族训》则主张因人之性予以教化、引导,"无其性,不可教训;有其性,无其养,不能遵道。"

关于"音出于性","音非音,无谓音"。《吕氏春秋》提倡正位审名,并以正音为譬。"五音之无不应也,其分审也。宫徵商羽角各处其处,音皆调均,不可以相违。"(《吕氏春秋·圜道》)该篇进而论证治国立官,各处其职。《淮南子》指出,丰富的乐音源于五音,五音又取决于处于中道之宫音。"有生于无,实出于虚,天下为之圈,则名实同居。音之数不过五,而五音之变,不可胜听也……故音者,宫立而五音形矣……道者,一立而万物生矣。"(《淮南子·原道训》)足见道与性、音之关系的讨论与名实、名形关系的讨论,在当时都很常见,且可以引向政治论说。战国末期、秦汉之际道法家习惯于这种方式。帛书《经法》之《名理》篇讲执道者虚静公正,"见正道循理,能举曲直,能举终始。故能循名究理。形名出声,声实调合,祸灾废立,如影之随形,如响之随声。"帛书统说形名声号,依此而定位并贯彻始终。

关于"言出于音,名出于言,事出于名。""言非言,无谓言。名非名,无谓名。事非事,无谓事。"言、名、事的关系,《韩非子》有一些讨论:"主道者,使人臣必有言之责,又有不言之责。"(《韩非子·南面》)指言与不言都必承担责任。"循名实而定是非,因参验而审言辞。"(《韩非子·奸劫弑臣》)"人主将欲禁奸,则审合形名;形名者,言与事也。""为人臣者陈而言,君以其言授之事,专以其事责其功。功当其事,事当其言则赏;功不当其事,事不当其言则罚。"(《韩非子·二柄》)"术者,因任而授官,循名而责实。"(《韩非子·定法》)受申不害影响,韩非说:"圣人执一以静,使名自命,令事自定。"(《韩非子·扬权》)又说:"道者,万物之始,是非之纪也。是以明君守始以知万物之源,治纪以知善败之端。故虚静以待,令名自命也,令事自定也。虚则知实之情,静则知动者正。有言者自为名,有事者自为形,形名参同,君乃无事焉,归之其情。"(《韩非子·主道》)。"名"字可以是名词,指名相,也可以是动名词,指言语所表达的,其内容指道理或名称。"形"即表现。在一定场合,"名"就是言,"形"就是事。在另外场合,形名泛指言事。"情"指真实状况,实情。"参同""参验""参合"指验证、检验、证明,使所表现(形)与所言说(名或言)相符合,或者形名指导社会实践。言自为名,事自为形,审合形名,结果是名至实归,名当其实,如此,君主才可能如"道"的品格,无为而治。这是道法家形名思想的要点。《恒先》篇显然是与这些思想可以相通的。又《吕氏春秋》曰:"正名审分,是治之辔已。故按其实而审其名,以求其情;听其言而察其类,无使放悖。夫名多不当其实,而事多不当其用者,故人主不可以不审名分也。"(《吕氏春秋·审分》)这都是一样的主张。当然,在帛书《黄帝四经》中,关于"形名"不再分开理解为"形"与"名",而是笼统指事物的表征,指言事、名号、政治法律制度,其所强调的是"形名"及其作用的重要性。在韩非那里也已有了这种意涵。

关于第6简"详宜利主,採物出于作,焉有事不作无事举。天之事,自作为,事庸以不可更也。"有了以上关于形名思想的讨论,这句话就比较好理解了。李零先生的解释,基本上是准确的。"有事"与"无事",见上引《韩非子》之《主道》的材料。《恒先》此句意即:详查审于事,得其所宜,利于主上。"採物"即礼制、政务诸事等,都是有为,乃有事,乃臣道,此与无事之君道不可同日而语。此外,"有事"即举名,以名举而责事。帛书《经法》之《道法》有"天下有事,无不自为形名声号矣。"又曰:"凡事无大小,物自为舍。逆顺死生,物自为名。名形已定,物自为正。"黄老帛书诸篇有物恒自正、形恒自定、名恒自命、事恒自定自施的思想,《道原》

的"授之以其名,而万物自定"尤为突出。

《恒先》第7简以下讲的天之事、人之事、治乱问题等等。第7—8简说天之事是自作为的、自然而然的,意思是人主、明君亦应效法,不可直接插手具体事务,反而搞乱了政事。此关乎人世之治乱。君道无为无事,臣道有为有事。如《淮南子》的《主术》所说,人主不劳形而功成,因天地之资而与之和同,因循而任下,责成而不劳,清静无为,清明不暗,虚心弱志:"名各自名,类各自类,事犹自然,莫出于己。"(《主术》)关于第8—9简的"先有中,焉有外。先有小,焉有大。先有柔,焉有刚"等,可参《淮南子》:"故得道者,志弱而事强,心虚而应当……恬然无虑,动不失时,与万物回周旋转……托小以包大,在中以制外,行柔而刚,用弱而强,转化推移,得一之道,而以少正多。""通于神明者,得其内者也。是故以中制外,百事不废。中能得之,则外能收之。中之得则五脏宁,思虑平。"(《淮南子·原道训》)除《原道》、《主术》外,《恒先》与《淮南子》的《精神》《齐俗》亦可相通。

第9简中"天道既载,唯一以犹一,唯复以犹复。"与帛书《十六经》《成法》篇"循名复一"的思想相接近。复一就是复道。

这里顺便指出,第10简"言名先者有疑,恶言之后者校比焉",疑仍是讲的审合名形、言事的。"校比"也有审合之意。

第10—13简,总体意思仍然是以虚御实,以静制动,以无为统有为,以无事统有事。这里指出,举天下之事,之作,之为,不要用强力,不要多干预,不主动地改变习俗,不主动去兴起、参与什么或废止、舍弃什么,"无舍也,无与也,而能自为也",使万事万物各安其位,各遂其性,各司其职,各守其份,自兴自舍,自主自为又不相妨碍。第13简"举天下之名无有废者",更加重名,即在道之下,以名统事,社会政务在名言制度下自然运转,反而不会紊乱。如此,言名、事务均不可废,天子、诸侯、士君子各行其道而能相辅相成。这些思想可与黄老帛书会通,但黄老帛书比《恒先》说得更明确、更丰富。

《恒先》与《太一生水》关系不大,《太一生水》主题是宇宙生成的图式,而《恒先》主要是论述道、名、言、事。当然,《太一生水》后半也涉及道、天、地、名、事等,讲天道贵弱。

《恒先》全篇布局与黄老帛书《道原》相似，由恒先、道谈起，由道的超越、普遍性、无形无名、独立不偶，讲到其对社会人事的统帅，推崇圣人无欲宁静的品格，得道之本，抱道执度，握少知多，操正治奇，以一天下。道是人间秩序、人的行为的形上根据。当然，帛书《道原》没有详论名言形事等，《恒先》与黄老帛书《经法》中的《名理》、《道法》篇更为接近。帛书的形名思想强调天下事物在名物制度下，自己按本性发展。值得注意的是，《恒先》并没有如《淮南子》与《文子》的《道原》那样铺陈，比较古朴；其形名思想也没有如《黄帝四经》那样展开，甚至没有提到"形"字。作者可能是归本黄老的道法家或形名学家，或者是"撮名法之要"的黄老道家，作品成书可能早于《淮南子》与《黄帝四经》。

近读简帛研究网站上庞朴先生的大文①，很受启发。庞先生在竹简编联上有改动，即把第8—9简排在第1—4简之后、第5—7简之前。全篇竹简排序改为：1—4、8—9、5—7、10—13。这种编排，颇费匠心，足资参考。

第七节　上博楚简有关孔子师徒的对话与故事

郭店与上博两批楚简为我们研究孔门七十子提供了很多资料。较早指出这一点的是李零先生。② 本书有关资料的引用，得益于诸多专家们在简帛网、复旦大学出土文献与古文字研究中心网等网站上发表的讨论。他们在原整理者的基础上，对文字的厘定、简序的调整等下了很大功夫，使得这些材料更可读、可用。关于七十子的生平与思想，李启谦先生《孔门弟子研究》一书有详细的探讨。③

周凤五先生、黄人二先生曾有郭店楚简《忠信之道》、《穷达以时》是《论语》有关章之"传"的说法④，拙文《上博楚简所见孔子为政思想及其与

---

① 庞朴：《〈恒先〉试读》，见简帛研究网（www. jianbo. org），2004 年 4 月下旬。
② 李零：《郭店楚简校读记》"前言"，北京：北京大学出版社，2002 年，第 4—5 页。
③ 李启谦：《孔门弟子研究》，济南：齐鲁书社，1987 年。
④ 周凤五：《郭店楚简〈忠信之道〉考释》，载《中国文字》新 24 期，台北：艺文印书馆，1998 年；黄人二：《郭店楚简〈穷达以时〉考释》，载《出土文献论文集》，台北：高文出版社，2005 年。

〈论语〉之比较》讨论了《季康子问于孔子》、《仲弓》、《从政》三篇与《论语》的关系,沿用并扩展了周、黄先生说,认为在一定意义上可以说上博简这三篇是《论语》有关章的传。[①] 此说当然还可以再讨论。但上博简中所涉孔子与七十子的资料,至少有一部分与《论语》中的某些章节具有相关性,有的似乎是其演绎与展开,扩展为较完整的、有场景的对话或故事。

梁静女士的《简帛文献与早期儒家研究》,伊若泊先生的《〈上博·五〉所见仲尼弟子子贡的言语与早期儒学史》,黄人二先生的《上博藏简(五)〈君子为礼〉与〈弟子问〉试释——兼论本篇篇名为〈论语弟子问〉与〈论语〉之形成和主要编辑时间》等论文从总体和细节上讨论这些问题,给我很多启发。[②] 这里在前贤与时贤研究的基础上,略评上博简中孔子与颜渊、子路、子贡等的对话或故事与经典的关系及其文本属性问题。不当之处,敬请指正。

一、孔子与颜回

颜回是孔子最钟爱的学生,孔门第一大弟子,不仅居德行科之首,也是十哲之首。孔门四科十哲:"德行:颜渊,闵子骞,冉伯牛,仲弓。言语:宰我,子贡。政事:冉有,季路。文学:子游,子夏。"(《论语·先进》)

上博简涉及孔颜师徒的篇目主要有第五册的《君子为礼》和第八册的《颜渊问于孔子》,分别由张光裕先生与濮茅左先生整理。[③]

先说《君子为礼》。此篇简残,公布之后,在编联与释文上有过一些讨论。兹在原整理者的基础上,综合何有祖、陈剑、周波、陈伟、徐少华、

[①] 详见郭齐勇:《上博楚简所见孔子为政思想及其与〈论语〉之比较》,载《哲学研究》,2007 年第 2 期。

[②] 详见梁静:《简帛文献与早期儒家研究》,载武汉大学简帛研究中心主编《简帛》第五辑,上海:上海古籍出版社,2010 年,第 339—360 页;伊若泊:《〈上博·五〉所见仲尼弟子子贡的言语与早期儒学史》,"2007 年中国简帛学国际论坛"会议论文,台湾大学,2007 年 11 月 10—11 日;黄人二:《上博藏简(五)〈君子为礼〉与〈弟子问〉试释——兼论本篇篇名为〈论语弟子问〉与〈论语〉之形成和主要编辑时间》,载《中国国家博物馆馆刊》,2011 年第 6 期。

[③] 马承源主编:《上海博物馆藏战国楚竹书》(五),上海:上海古籍出版社,2005 年,第 251—264 页;《上海博物馆藏战国楚竹书》(八),上海:上海古籍出版社,2011 年,第 137—166 页。

浅野裕一等人的讨论①,把此篇所涉颜回部分的相关内容换成现代汉字直接录于下:

> 颜渊侍于夫子,夫子曰:"回,君子为礼,以依于仁。"颜渊作而答曰:"回不敏,弗能少居也。"夫子曰:"坐,吾语汝。言之而不义,口勿言也;视之而不义,目勿视也;听之而不义,耳勿听也;动[之]而不义,身勿动焉。"颜渊退,数日不出。□□[问]之曰:"吾子何其惰也!"曰:"然,吾亲闻言于夫子,欲行之不能,欲去之而不可,吾是以惰也。"(此段综合徐少华、浅野裕一。)
>
> 颜渊侍于夫子,夫子曰:"回,独智人所恶也,独贵人所恶也,独富人所恶[也。]颜]渊起,去席曰:"敢问何谓也?""夫子:智而□信,斯人欲其[□智]也;贵而能让,斯人欲其□贵[也],富而……"(此段从陈伟。)
>
> 好。凡色毋忧、毋佻、毋怍、毋谣。毋……

第三段,我未引完。这一段因简残不知言论的主体,文字未能连贯,但估计主体仍是孔子,内容大体上说的是君子的颜色、容貌、身形的自重,视听言动的守礼。

综合《君子为礼》的前面这一部分(前三段),是孔子与颜回之间关于礼的对谈,孔子是主角,颜回是配角。前两段文字较完整,师生之间对谈的场景逼真,彼此的言行与身份相配,特别是学生礼貌周全。两段开始都是"颜渊侍于夫子",然后是夫子先说,接着是"颜渊作而答曰",或"颜渊起,去席曰"。

---

① 详见何有祖:《上博五〈君子为礼〉试读》,载简帛网(www.bsm.org.cn),2006年2月19日;陈剑:《谈谈〈上博(五)的竹简分篇、拼合与编联问题〉》,载简帛网,2006年2月19日;周波:《上博五札记(三则)》,载简帛网,2006年2月26日;陈伟:《〈君子为礼〉9号简的缀合问题》,载氏著《新出楚简研读》,武汉:武汉大学出版社,2010年,第246—247页;徐少华:《论〈上博五·君子为礼〉的编联与文本结构》,载丁四新主编《楚地简帛思想研究(三)》,武汉:湖北教育出版社,2007年,第70—78页;浅野裕一:《〈君子为礼〉与孔子素王说》,见氏著《上博楚简与先秦思想》第三章,台北:万卷楼图书有限公司,2008年。

从前面两段的思想内容上来看,其中心意思仍然是视、听、言、动不违礼义。读到这一故事,我们不难想起《论语·颜渊》首章:

> 颜渊问仁。子曰:"克己复礼为仁。一日克己复礼,天下归仁焉。为人由己,而由人乎哉?"颜渊曰:"请问其目。"子曰:"非礼勿视,非礼勿听,非礼勿言,非礼勿动。"颜渊曰:"回虽不敏,请事斯语矣。"(《论语·颜渊》)

与《论语》"颜渊问仁"章相同的是,《君子为礼》一开始也强调孔子主张以礼归仁,仁体礼用,守礼的根据在仁德之心。两者相同的还有颜回的回答,为"回不敏"或"回虽不敏"。两者不同的是,《君子为礼》把孔子说的"非礼勿视、听、言、动",改成了"不(符合)义"则不言、视、听、动。此文作者以"义"德为标准。"义"本指"合宜"、寓正当意涵,人之言行要以"义"为标准并不错,但仁、义、礼的关系略为复杂。

《君子为礼》的这个讲法显然不如《论语·颜渊》首章,因为人们当下的举手投足是否符合一定时空社会规范的"礼",很直接,容易实行与检验,然而要当下所有的言、视、听、动一律以是否符合"义"德为归,则不易实行,需费思量与衡虑。人们的言行是以"礼"为标准来得直接,还是以"义"为标准来得直接呢? 当然应是前者。《论语》讲外在的"礼"与内在的"仁"的关系甚有深意,其间有内在的紧张,守礼的过程即归仁的过程,然而《君子为礼》的下文并未扣紧作者一开始提出的仁礼关系即"君子为礼,以依于仁"的主题。

《君子为礼》以下讲颜子退而省思,十分谨慎。颜子杜门不出是"怠惰"吗? 不是,颜子说他是在反复思考老师的话,先想通了再去实行,在"欲行之不能,欲去之而不可"的状况下,表面上显得"惰"。颜渊的纠结在于,既要贯彻老师的话,又要想清楚如何去实践。这就展示了颜子"不违如愚"的特点[1],《君子为礼》中的颜子形象仍然是"不违如愚"的形象,

---

[1] 子曰:"吾与回言终日,不违,如愚。退而省其私,亦足以发,回也不愚。"(《论语·为政》)

甚至我们可以说,就是此章的印证或展开。颜回表面"愚",实则"不愚",在此变成了表面的"惰",实则"不惰"。

《君子为礼》的第二段是孔子颜回师徒谈"独智""独贵""独富"的问题,颜回仍是配角。我们认为"敢问何谓也?"后面的话应是孔子的话。此段反映的是孔子主张"均富""均贵",推己及人,希望"智"者有"信","贵"者有"敬","富"者好"仁",方能长久,不至积怨。

总的说来,《君子为礼》的前一部分三段的内容,基本形成一个完整的故事链,孔颜的对话有场景化特征,起承转合周全。其内容可以说是对《论语》"颜渊问仁"章、"不违如愚"章的演绎,围绕经典中孔子、颜回的基本思想与形象而发散,虽未提供新的东西,且在理论性、逻辑上不如《论语》的相关章节,但仍在早期儒家的脉络之中。

我们再看上博简第八册的《颜渊问于孔子》,开头部分以陈剑文为据。[①] 陈文在原整理者基础上,综合了陈伟、黄人二、赵思木、刘信芳、林素清、何有祖及复旦、吉大古文字专业研究生读书会的诸先生的释读。

《颜渊问于孔子》全篇为颜子请教孔子,先问"人事"(即人官,从事政务),再问"人教"(从事教化),最后问"至名"(名与实是否一致),孔子依次回答。首先谈做官、从政:

> 颜渊问于孔子曰:"敢问君子之入事也有道乎?"孔子曰:"有。"颜渊:"敢问何如?"孔子曰:"遂有过,而[先]有司,老老而慈幼,豫绞而收贫。禄不足则请,有余则辞。遂有过,所以为缓也;先[有]司,所以得情[也];老老而慈幼,所以处仁也;豫绞而收贫,所以取亲也;禄不足则请,有余则辞,所以扬信也。盖君子之入事也如此矣。"颜渊曰:"君子之入事也,回既闻命矣。敢问君子之入教也有道乎?"

---

① 陈剑:《〈上博八·颜渊问于孔子〉补释两则》,载《简帛》第7辑,上海:上海古籍出版社,2012年,第33—42页。

这一段反映了孔子的德治、宽政思想。但本文作者显然有点张冠李戴,把与孔子讨论此问题的仲弓换成了颜渊。因为我们熟悉《论语》中的一章,及上博简《仲弓》的一章近同:

> 仲弓为季氏宰,问政。子曰:"先有司,赦小过,举贤才。"(《论语·子路》)

> 仲弓曰:"敢问为政何先?"仲尼曰:"老老慈幼,先有司,举贤才,宥过赦罪,政之始也"。(上博简第三册《仲弓》,此据陈剑前揭文。)

《颜渊问于孔子》接着以孔子之口谈"入教",认为首先是修身,有司在修身上带头:

> 修身以先,则民莫不从矣;前以博傋〈□—爱〉,则民莫遗亲矣;导之以俭,则民知足矣;前之以让,则民不争矣。或迪而教之,能能,贱不肖而远之,则民知禁矣。如进者劝行,退者知禁,则其于教也不远矣。

最后,孔子回答"至名":

> 德成则名至矣,名至必卑身,身治则大禄。[1]

以下我们略讨论《颜渊问于孔子》。

从对话程序上看,十分严整,谈论"入事"、"入教"、"至名"的三段,都是以颜渊先提一个问题,问"有道乎",孔子回答"有",颜渊再继续追问,以"敢问何如"引出孔子一长段比较展开式的回答,作为本段主要内容。然后颜渊回答说这一问题"回既闻命矣,敢问……",即引出下一问。从形式上看,这一对话文本之起承转合,比《君子为礼》更加周全。

从语言上看,铿锵有力,文辞甚美,先总说,再展开,句句相扣,朗朗上口。

从思想义理上看,周严圆满,极有条理,层层递进深入,一环扣一环。

---

[1] 见复旦吉大古文字专业研究生联合读书会:《〈上博八·颜渊问于孔子〉校读》,复旦大学出土文献与古文字研究中心网(www.gwz.fudan.edu.cn),2011 年 7 月 17 日。

如"人事"章先讲赦宥小过,有司带头,老老慈幼,豫绞收贫①云云,接着讲"遂有过"、"先有司"、"老老慈幼"、"豫绞收贫"所收效果,意图是以宽政使得大家相亲,民众拥戴。"人教"章也是先讲要点,再讲效果,即有司在修身、节俭、礼让方面带头,人民景从,造成用贤能退不肖的氛围,老百姓就知道有司鼓励什么,禁止什么了。如此,道德教化的实效就收到了。

然而《颜渊问于孔子》文本的最大问题是:与孔子对话者为什么是颜渊而不是仲弓? 是不是此篇作者认为颜渊比仲弓的影响大? 或者我们反过来问,《论语·子路》、上博《仲弓》相关内容的孔子对谈者为什么是仲弓而不是颜渊? 当然,我宁可相信这是在早期儒学传播史上发生的歧出现象,把仲弓的故事叠加到颜渊身上。

如果我们把《论语》所见孔子与时人、弟子的对谈、故事,作为七十子早期后学口耳相传、辗转记录的结果的话,那么,上博简相关内容很可能就是战国中后期儒者的口耳相传、辗转记录的结果了。当时的这些传说应当不少,且愈加芜杂。以下我们会看到《韩诗外传》有关孔颜的对话与故事,较之上博简更加随意。

二、孔子与子路、子贡等

颜渊、子路好比是孔子身边的文臣武将,在十哲中处于显著地位。子路长于政事,是孔门性格最为鲜明的弟子,在传世文献中,有关他的故事最多,也最为精彩。子贡是十哲之一,长于语言,有外交与经商之才,是孔子晚年特别倚重的弟子。子贡等弟子们为孔子治丧,只有他居墓庐六年。陈少明教授将颜渊、子贡、子路称为孔门三杰,分别为仁、智、勇的

---

① 楚简中"豫"为"舍"字,此处有安置、安抚的意思。"绞"为"约",穷困的意思。"收"为"振",即"救"、"恤"之意。"豫绞"与"收贫"都是"恤贫"之意。见刘波:《上博八〈颜渊问于孔子〉札记二则》,复旦大学出土文献与古文字研究中心网(www.gwz.fudan.edu.cn),2012 年 4 月 14日;王辉:《"豫绞而收贫"小札》,复旦大学出土文献与古文字研究中心网(www.gwz.fudan.edu.cn),2012 年 4 月 15 日。

典型。①

我们再看上博简第五册《弟子问》、《君子为礼》中有关于子路、子贡等人的故事。首先，很多研究者认为，《君子为礼》的部分竹简应与《弟子问》合为一篇，合在一起研究。这以黄人二先生为代表。② 学界倾向于认为：各竹简之间并没有一个预先设定的主题，而是单个的、孤立的、有各自具体情境的对话录。但这些简同时又有一个共同的指向，它们和孔门师徒相关。因此，笔者不太考虑这些简的编连顺序和方案，只是以一支支简为单位，找出孔门弟子与孔子之间的对话加以讨论。伊若泊先生的论文有一个富有启发性的观点：这些竹简中对话形式、对话口气，以及对孔子的不同称呼（例如"仲尼"和"子"的区分），有可能是不同学派、不同地域的表达方式。其中，子贡几乎没有收徒，但子贡却对鲁国王宫贵族有影响，是孔门弟子中比较特殊的一个。③

先谈孔子与子路。林素清先生、曹建国先生在这一方面已有了专文。④ 林素清文解释《弟子问》第 19 简，指出其中关于孔子、蘧伯玉与子路的关系及子路仕卫，终遭不测之事。曹建国文更为详尽地把该篇第10、17、19 三支简中孔子与子路的对话及有关子路仕卫的故事，作了系统阐述。有关简文的认字、编联、整理，曹文已指出了陈剑、牛新房、何有祖、陈伟、张振谦、陈斯鹏等先生的贡献，兹不赘述。

我这里用黄人二《试释》中综合整理的文本，把有关孔子与子路对话，或与他人对话涉及子路的部分材料（仍是《弟子问》第 10、17、19 简），直接录于下：

---

① 陈少明：《孔门三杰的思想史形象——颜渊、子贡、子路》，载氏著《经典世界中的人、事、物》，上海：上海三联书店，2008 年，第 80 页。
② 黄人二：《上博藏简（五）〈君子为礼〉与〈弟子问〉试释——兼论本篇篇名为〈论语弟子问〉与〈论语〉之形成和主要编辑时间》，载《中国国家博物馆馆刊》，2011 年第 6 期，第 65—80 页。
③ 伊若泊：《〈上博·五〉所见仲尼弟子子贡的言语与早期儒学史》，"2007 年中国简帛学国际论坛"会议论文，台湾大学，2007 年 11 月 10—11 日。
④ 林素清：《读〈季庚子问于孔子〉与〈弟子问〉札记》，载丁四新主编《楚地简帛思想研究》（三），武汉：湖北教育出版社，2007 年，第 46—52 页；曹建国：《上博竹书〈弟子问〉关于子路的几条简文疏释》，载丁四新主编《楚地简帛思想研究》（三），第 85—94 页。

汝弗智（知）也乎，由□，夫以众犯难，以新（親）受泉（禄），劳以城（成）事，见以□（擅）官，士治以力则然，以（弟 10）

弗王，善矣夫，安（焉）能王人，由□！子过曹，□［颜］（弟 17）

长，巨（蘧）白（伯）玉□（止）乎？子淳淳如也。其聖（聽）子路往乎？子噩噩如也，汝豆（从戈，誅）△（弟 19）

如曹建国文所说，第 10 简所记，与子路将担任卫邑蒲大夫，行前辞于孔子有关。此处从正面说，"为众而犯难，为亲而受禄，此说为何而从政；辛劳以成事，勤苦以尽责，此说如何从政。"①此句可参《论语·子路》："子路问政。子曰：'先之劳之。'请教。曰：'无倦。'"末句可参《史记·仲尼弟子列传》中记载的孔子与子路的对话："蒲多壮士，又难治。然吾语汝：恭以敬，可以执勇；宽以正，可以比众；恭正以静，可以执上。"

第 17 简与卫出公姬蒯辄据卫多年，拒绝流亡在外的其父姬蒯聩（谥为卫庄公）归国有关。孔子与子路意见不合，认为蒯辄不孝，不能"王人"。此与《论语·子路》第三章"正名"思想有内在的联系。

第 19 简记载孔子比较蘧伯玉与子路两人对待祸乱的态度，痛惜子路死于卫国内乱。《论语》数章记载孔子赞扬蘧伯玉知所进退的智慧，如："君子哉蘧伯玉！邦有道，则仕；邦无道，则可卷而怀之。"（《论语·卫灵公》）孔子认为，保护自己的生命是第一位的，保生是为了更好地行道。而子路好勇，孔子时常告诫他应有避祸的意识，不要暴虎凭河，而应临事而惧。子路性格刚猛，孔子晚年听闻卫国大乱，料定子羔回得来，而子路回不来了。子路仕于卫，终而罹难的故事，详见《左传·哀公十五年》与《孔子家语》等。

《家语》的故事性很强："子路与子羔侍于卫。卫有蒯聩之难，孔子在鲁闻之曰：'柴也其来，由也死矣。'既而卫使至，曰：'子路死焉。'夫子哭之于中庭。有人吊者，而夫子拜之。已哭，进使者而问故。使者曰：'醢

---

① 曹建国：《上博竹书〈弟子问〉关于子路的几条简文疏释》，载丁四新主编《楚地简帛思想研究》（三），武汉：湖北教育出版社，2007 年，第 86 页。

之矣。'遂令左右皆覆醢,曰:'吾何忍食此。'"(《孔子家语·曲礼子夏问》)此故事与《弟子问》第19简相比较,则第19简显得故事性不够。

以上诸简和《论语》中子路的形象相符合。有关子路的治政才能,及作为以上事件背景的故事,又见于《韩诗外传》卷六第四章:

> 子路治蒲三年,孔子过之,入其境而善之。曰:"善哉!由恭敬以信矣。"入其邑,曰:"善哉!由忠信以宽矣。"至其庭,曰:"善哉!由明察以断矣。"子贡执辔而问曰:"夫子未见由,而三称善,可得闻乎?"孔子曰:"我入其境,田畴甚易,草莱甚辟。此恭敬以信,故其民尽力。入其邑,墉屋甚尊,树木甚茂。此忠信以宽,故其民不偷。入其庭,甚闲,故其民不扰也。诗曰:'夙兴夜寐,洒扫庭内。'"①

这一故事又见于《孔子家语·辩政》。

我们再来看看有关子贡的材料,仍借用黄人二的综合文本:

> 子叹曰:"乌(于)□[乎]! 莫我智(知)也夫。"子游(游)曰:"有施之谓也乎?"子曰:"□"(弟4)

> [子]曰:"吾闻父母之丧,(弟7)食肉如饭土,饮酒如啜[水],信乎?"子贡曰:"莫新(亲)乎父母,死不顾生,可(何)言乎? 其信也。"(弟8)

前一条材料未提到子贡,但伊若泊认为,这里的文体修辞方式属所谓"子贡文体"。"子曰:'莫我知也夫!'子贡曰:'何为其莫知子也?'子曰:'不怨天,不尤人,下学而上达,知我者,其天乎?'"(《论语·宪问》)伊若泊认为《弟子问》第4简的"子"指子贡,笔者不敢认同。黄人二认为,此处"子"即孔子,而"莫我智(知)也夫"是不被国君重用的委婉说法,则此句与子贡无关。

后一条材料是第7、8简的连接。陈剑引《论语·阳货》"夫君子之居

---

① (汉)韩婴撰,许维遹校释:《韩诗外传集释》,北京:中华书局,1980年,第205—206页。

丧,食旨不甘,闻乐不乐,居处不安",将"湝"改为"啜",后补一"水"字。①
这就比较好理解孔子与子贡的话了,二人都是肯定人子面对父母之丧的
悲戚之心,真情实感。

《君子为礼》的最后一部分是"行人子羽"公孙挥与子贡讨论孔子、子
产、禹、舜孰贤的问题:

> 子羽问于子贡曰:"仲尼与吾子产孰贤?"子贡曰:"夫子治十室
> 之邑亦乐,治万室之邦亦乐。然则[贤于子产]矣。""与禹孰贤?"子
> 贡曰:"禹治天下之川……以为己名,夫子治诗书……□亦以己名,
> 然则贤于禹也!""与舜孰贤?"子贡曰:"舜君天下……"②

黄人二的综合文本为:

> 子羽问于子贡曰:"仲尼与吾子产孰贤?"子贡曰:"夫子治十室
> 之邑亦乐,治万室之邦亦乐,然则□〔贤〕□〔于〕(君 11)□[子]
> □[产]矣。""与禹孰贤?"子贡曰"禹治天下之川(君 15)□[泽],以为
> 己名,夫(君 13)子治诗、箸(书)(君 16)□〔礼〕□〔乐〕,亦以己名,然
> 则贤于禹也。""与舜(君 14)孰贤?"子贡曰:"舜君天下,△(君 22)
> △。"□[孔]子闻之,曰:"赐,不吾智(知)也。□(夙)兴夜寐,以求闻
> (问)……"(弟 22)

子贡在这里说,孔子的贤德实已超过子产、禹、舜。在神圣化孔子的
过程中,子贡是最重要的人物。《君子为礼》的这个故事也是有根据的。
子贡捍卫孔子,当下还击别人的毁谤:"无以为也,仲尼不可毁也。他人
之贤者,丘陵也,犹可逾也;仲尼,日月也,无得而逾焉。人虽欲自绝,其
何伤于日月乎? 多见其不知量也。"(《论语·子张》)子贡认为孔子就是
圣人,乃上天的意思,故无所不能:"太宰问于子贡曰:'夫子圣者欤? 何

---

① 陈剑:《谈谈〈上博(五)的竹简分篇、拼合与编联问题〉》,载简帛网(www. bsm. org. cn),2006
年 2 月 19 日。
② 此处在原整理者的基础上,综合了何有祖、陈剑、周波、陈伟、徐少华、浅野裕一等人的讨论。

其多能也。'"(《论语·子罕》)他还说过:"夫子之不可及也,犹天之不可阶而升也。"(《论语·子张》)

《孟子》中记载孟子师徒关于圣人的讨论,比较孔子与伯夷、伊尹,引用了宰我、子贡、有若的说法。"宰我曰:'以予观于夫子,贤于尧、舜远矣。'子贡曰:'见其礼而知其政,闻其乐而知其德,由百世之后,等百世之王,莫之能违也。自生民以来,未有夫子也。'"(《孟子·公孙丑上》)有若也说了很多歌颂的话。

可见《君子为礼》末段的故事也是有其本的。《弟子问》中还涉及到宰我、冉求等,黄人二综合文本把简 11、24、12 拼接为:

> 宰我昏(问)君子,子曰:"余(予)! 汝能慎始与冬(终),斯善矣,为君子乎? (弟 11)女(汝)安(焉)能也□。(弟 24)△也,求为之言,又(有)夫言也,求为之行,□〔又(有)〕□〔夫〕□〔行〕□〔也〕,言行相近,然句(后)君子□。"子(弟 12)

我们知道,《论语》中记载关于宰予的内容,除"四科十哲"外,只有两条材料(孔子批评宰予昼寝与问三年之丧),对宰予的评价都是负面的。但宰予也是十哲之一,当不只有语言特长。这里保留有孔子称赞宰予"慎始与终"的材料,十分难得。这里又有孔子表彰冉求"言行相近"的材料,也是有关"君子"的形象,并肯定弟子为"君子"的论说。

从以上所引上博简关于孔子与子路、子贡等弟子的材料来看,大多与《论语》有关,且都有所发挥,的确丰富了《论语》中的相关内容。以上材料及上节有关颜回的材料,或借题发挥,或具体化,或深化某观点或问题,"不论增加多少因素,其情节结构或思想倾向,基本上是顺《论语》的线索与表达的方向"①。就对话的拓展与故事性而言,有关子贡回答子羽、神圣化孔子的对话显得格外传神,而有关孔子听闻子路遇难的故事性、场景性,则不如《孔子家语》等的相关记载。我揣测,上博简的有关材

---

① 陈少明:《〈论语〉"外传"——对孔门师弟传说的思想史考察》,载陈少明主编《思史之间:〈论语〉的观念史释读》,上海:上海三联书店,2009 年,第 6 页。

料似乎是介于《论语》与《家语》之间的。

三、与《韩诗外传》比较

《韩诗外传》卷七第二十五章讲了一个故事,说的是孔子与子路、子贡、颜回等同游景山,登高眺望,心旷神怡。孔子让各位谈论志向与愿景。子路、子贡、颜回各抒发一番,最后孔子总结,褒奖颜回。

> 孔子游于景山之上,子路、子贡、颜渊从。孔子曰:"君子登高必赋。小子愿者,何言其愿。丘将启汝。"①子路曰:"由愿奋长戟,荡三军,乳虎在后,仇敌在前,蠡跃蛟奋,进救两国之患。"孔子曰:"勇士哉!"子贡曰:"两国构难,壮士列阵,尘埃涨天,赐不持一尺之兵,一斗之粮,解两国之难。用赐者存,不用赐者亡。"孔子曰:"辩士哉!"颜回不愿。孔子曰:"回何不愿?"颜渊曰:"二子已愿,故不敢愿。"孔子曰:"不同,意各有事焉。②回其愿,丘将启汝。"颜渊曰:"愿得小国而相之。主以道制,臣以德化,君臣同心,外内相应。列国诸侯,莫不从义向风,壮者趋而进,老者扶而至。教行乎百姓,德施乎四蛮,莫不释兵,辐辏乎四门。天下咸获永宁,蠉飞蠕动,各乐其性。进贤使能,各任其事。于是君绥于上,臣和于下,垂拱无为,动作中道,从容得礼。言仁义者赏,言战斗者死。则由何进而救?赐何难之解?"孔子曰:"圣士哉!大人出,小子匿。圣者起,贤者伏。回与执政,则由、赐焉施其能哉!"③《诗》曰:"雨雪麃麃,曣晛聿消。"④

---

① 许书如此。"小子愿者,何言其愿。丘将启汝",赖炎元则断作:"小子愿者何?言其愿,丘将启汝",见氏著《韩诗外传今注今译》,台北:商务印书馆,1972年,第311页。

② "不同,意各有事焉",赖炎元断作:"不同意,各有事焉",见氏著《韩诗外传今注今译》,台北:商务印书馆,1972年,第312页。

③ "则由赐焉施其能哉",赖炎元断作:"则仲由端木赐焉施其能哉",见氏著《韩诗外传今注今译》,台北:商务印书馆,1972年,第312页。

④ "雨雪麃麃,曣晛聿消",赖炎元断作:"雨雪瀌瀌,见晛曰消",见氏著《韩诗外传今注今译》,台北:商务印书馆,1972年,第312页。以上整段材料见(汉)韩婴撰,许维遹校释《韩诗外传集释》,北京:中华书局,1980年,第268—269页。

《论语·先进》第 25 章"子路、曾皙、冉有、公西华侍坐"章(即"吾与点也"章):"子曰:'以吾一日长乎尔,毋吾以也。居则曰:'不吾知也!如或知尔,则何以哉?'子路率尔而对曰:'千乘之国,摄乎大国之间,加之以师旅,因之以饥馑;由也为之,比及三年,可使有勇,且知方也。'夫子哂之。'求,尔何如?'对曰:'方六七十,如五六十,求也为之,比及三年,可使足民。如其礼乐,以俟君子。'赤,尔何如?'对曰:'非曰能之,愿学焉。宗庙之事,如会同,端章甫,愿为小相焉。''点!尔何如?'鼓瑟希,铿尔,舍瑟而作,对曰:'异乎三子者之撰。'子曰:'何伤乎?亦各言其志也。'曰'暮春者,春服既成,冠者五六人,童子六七人,浴乎沂,风乎舞雩,咏而归。'夫子喟然叹曰:'吾与点也!'"这是《论语》中较长的一章,也是人物、对语、场景比较复杂,人物形象鲜明,动作生动的一个故事。这个故事思想深远,把孔子、曾点的从容气象、悠然胸次展现了出来,使我们体会到儒家入世的情怀中,也有潇洒自在的意趣。

《论语·公冶长》第 26 章:"颜渊季路侍。子曰:'盍各言尔志?'子路曰:'愿车马衣轻裘与朋友共,敝之而无憾。'颜渊曰:'愿无伐善,无施劳。'子路曰:'愿闻子之志。'子曰:'老者安之,朋友信之,少者怀之。'"

《韩诗外传》的上述故事汪洋恣肆,似乎是《论语》上两章的嫁接与歧出。这个故事中没有曾皙、冉有、公西华等角色,把冉有、公西华的思想言行综合给了子贡,把曾皙的思想言行给了颜渊。故事的创造性,是对颜回的思想与事功、内圣与外王的两方面有很大拓展,把颜回的政治抱负、治世能力渲染得淋漓尽致。我们在《论语》与上博简中,找不到颜子有如此的长篇议论。而且,在《韩诗外传》的这个故事中,颜渊上升为主角,孔子下降为配角。这与上博楚简《君子为礼》、《颜渊问于孔子》所载孔颜对话也有很大区别。这当然是后世的文学创造了。

《韩诗外传》九卷十五章的故事与上类似,人物一样,与所谈的内容大体差不多,语言不同,地点改为戎山:

孔子与子路子贡颜渊,游于戎山之上。孔子喟然叹曰:"二三子各言尔志,予将览焉。由尔何如?"对曰:"得白羽如月,赤羽如日,击钟鼓者,上闻于天,旌旗翩翻,下蟠于地,使将而攻之,惟由为能。"孔子曰:"勇士哉! 赐,尔何如?"对曰:"得素衣缟冠,使于两国之间,不持尺寸之兵,升斗之粮,使两国相亲如兄弟。"孔子曰:"辩士哉! 回,尔何如?"对曰:"鲍鱼不与兰茝同笥而藏,桀纣不与尧舜同时而治。二子已言,回何言哉?"孔子曰:"回有鄙之心。"颜渊曰:"愿得明王圣主为之相,使城郭不治,沟池不凿,阴阳和调,家给人足,铸库兵以为农器。"孔子曰:"大士哉! 由来,区区汝何攻? 赐来,便便汝何使? 愿得衣冠为子宰焉。"①

这一故事又见于《说苑·指武》、《孔子家语·致思》,只是"戎山"变成"农山",字句略有不同。

总之,早期儒学传播的过程中,孔子与七十子,特别是其中的佼佼者的对话与故事,往往会发生郢书燕说、张冠李戴、添加、傅会的情况,场景、人物、事件、语言,可能会相互混搭。时间越长,传播内容的失真状况就越大。

此传播的过程也是儒家宗师不断被神圣化的过程,故事不断被放大,语言更加绵长与精美,角色的形象更加丰满,人物与故事也渐集中于孔子与颜回、子路、子贡等重要弟子身上,尤其是子贡愈来愈凸显,但各人物的基本性格仍如《论语》所揭示。

我们真是要感谢孔门七十子及其后学,没有他们的阐扬,就不可能有儒家这一学派。世界上任何大的思想传统,都有对大宗师及其主要弟子的言行的追忆并完善化、神圣化及对其思想的早期诠释的过程。从上博楚简来看,七十子后学的传播与诠释,并未走上世界三大宗教之神圣化之途,其对孔子师徒的言行思想的发散,仍然是人文的、理性的。

传世文献中有不少数据记载孔子与高徒之间的对话与故事,这些数据按思想深浅与流派的脉络,大致可以分为三类。第一类是《论语》、《孟

---

① (汉)韩婴撰,许维遹校释:《韩诗外传集释》,北京:中华书局,1980年,第319—321页。

子》、《史记》，准确深刻，言简意赅。第二类是《韩诗外传》、《说苑》、《孔子家语》，有很多故事、对话、杂说，但仍是儒家话语，似是汉代及此前不同时代的儒者对孔子与七十子的发挥，讲述中不免有傅会之处。当然，这一类文献的阐发，仍与宗教史上的神圣化不同。第三类则是道、法家的借用，如《庄子》、《淮南子》、《列子》把孔、颜讲成道家人物，《韩非子》把孔子等描绘成法家等。①

上博竹简中有关孔子与七十子的对谈与故事，似乎介于《论语》与汉代儒家杂说《韩诗外传》、《说苑》、《孔子家语》诸书之间，不如前者精炼、准确，又不像后者铺陈太过。这些可能就是战国中后期的儒家作品。

最后需要指出的是，《论语》成书有极其复杂的过程，上博竹简诸篇的作者与成篇的年代也是复杂的问题，我以上所指是上博简中的有关材料与《论语》的有关章的关系，而不是指上博简与成书以后的《论语》的关系。

第八节　上博楚简所见孔子为政思想及其与《论语》之比较

本节主要讨论上博楚竹书中所见孔子的仁学与德政思想。这批资料用楚文字抄写，流传于战国末期的楚国。资料所记录的"孔子曰"或"闻之曰"，为流传过程中的传播者所信实。也就是说，即使不是孔子之言，也被由鲁齐而荆楚，由春秋末期而战国末期的诸受众视为孔子的言论或思想。

今人研究孔子与孔门弟子，受疑古派影响，局限于以《论语》、《史记》为据，实际上《左传》、大小戴《礼记》、《说苑》、《孔子家语》中的材料都可参考。1973年河北定县出土竹简《论语》、《儒家者言》、《哀公问五义》等，其中《儒家者言》很可能是《家语》的原型，被学者称为竹简本《家语》，而《哀公问五义》见于《荀子·哀公》，又被收录于《大戴礼记》和今

---

① 参见李启谦：《孔门弟子研究》，济南：齐鲁书社，1988年，第11—12页。

本《家语》中。① 此即证明《家语》伪书不伪，其资料自有渊源，当然要细心运用。拙见以为，大小戴《礼记》、《说苑》、《家语》的材料源自七十子后学与战国的儒书。

史料的扩大，有助于我们理解在春秋末至战国末确实起过作用的孔子与七十子的思想。郭店楚简和上博楚竹书中的儒书与定县竹简有异曲同工之妙，进一步丰富了我们对于孔子的认识。

相对于《论语》等传世文献，上博《楚竹书》在哪些方面丰富了我们所理解的孔子思想呢？本节集中谈仁学与德政问题。

一、《季康子问于孔子》与《论语》

孔子提出"仁之以德"的命题，指出："君子在民之上，执民之中，施教于百姓，而民不服焉，是君子之耻也。是故，君子玉其言而慎其行，敬成其德以临民，民望其道而服焉，此之谓仁之以德。"②本篇记载孔子晚年归鲁之后，季康子（即季孙肥）请教治国兴鲁的方略，孔子有上述答复。"仁之以德"的提法不见于《论语》，但慎言谨行、以德怀民、附近来远的思想则《论语》中多处可见。

本篇的不同处是，孔子引管仲、孟子馀（赵衰）、臧文仲三位辅政者的话，劝说季康子为政以德。据《论语》记载，孔子对管仲的评论，褒贬参半，但总体上则肯定管仲"如其仁，如其仁"，因为"桓公九合诸侯，不以兵车，管仲之力也。"又说："管仲相桓公，霸诸侯，一匡天下，民到于今受其赐。微管仲，吾其被发左衽矣。"（《论语·宪问》）孔子从不轻许人（包括对自己、对爱徒）以"仁"，对管仲却情有独钟，对于子路、子贡之于管仲的质疑（"未仁乎？""非仁者与？"）有以上回答。从《论语》看，孔子没有拘守于道德评价（虽多次批评管仲违礼等），而是从历史评价上肯定管仲辅佐

---

① 详见李学勤：《竹简〈家语〉与汉魏孔氏家学》与《八角廊汉简儒书小议》，载氏著《简帛佚籍与学术史》，南昌：江西教育出版社，2001年，第380—397页。

② 濮茅左释文：《季康子问于孔子》第2—4简，载马承源主编《上海博物馆藏战国楚竹书》（五），上海：上海古籍出版社，2005年，第202—206页。按原简为"季庚子"，即季康子。

桓公成就霸业的功绩,避免了战乱,匡正、稳定了天下秩序,使老百姓的生活得到保障,也使民族文化、民族生存方式得以延续,因而肯定管仲的仁德。《论语》中未有孔子称引管子之言的,然《季康子问于孔子》记载孔子引管仲的话"君子恭则遂,骄则侮,备言多难"①,来劝诫季氏。

关于晋文公的辅政者孟子馀,《论语》无记载,然《季康子问于孔子》记载孔子劝诫季氏,引用了孟子馀的话:"夫书者,以著君子之德也;夫诗也者,以志君子之志。夫义者,以谨君子之行也。君子涉之,小人观之,君子敬成其德,小人毋寐"②。陈剑、陈伟、李天虹先生释"义"为"仪",指礼,释"谨"为"敬",释"涉"为"入",释"毋寐"为"晦昧",可从。③ 孟子馀的话,全然是以诗书礼教来培养治政者(君子)的人格,与孔子的主张甚为一致。

关于臧文仲,《论语》记载的孔子的评价全是负面的。如"子曰:'臧文仲居蔡,山节藻棁,何如其知也?'"(《论语·公冶长》)"子曰:臧文仲其窃位者与! 知柳下惠之贤而不与立也。"(《论语·卫灵公》)臧氏作为鲁大夫,历仕庄、闵、僖、文四朝,却是一位奉养大灵龟的人,不太管事,知柳下惠贤良也不给其官位。然在《季康子问于孔子》中,孔子正面肯定并引用臧氏的话,回答季孙肥的问"强":"丘闻之臧文仲有言曰:'君子强则遗,威(严)则民不导,逾则失众,礛(猛)则无亲,好刑则不祥,好杀则作乱。'是故贤人之居邦家也,夙兴夜寐。"④孔子不同意季孙肥以强力治国的主张

---

① 濮茅左释文:《季康子问于孔子》第 4 简,载马承源主编《上海博物馆藏战国楚竹书》(五),上海:上海古籍出版社,2005 年,第 206 页。

② 濮茅左释文:《季康子问于孔子》第 6、7 简,载马承源主编《上海博物馆藏战国楚竹书》(五),上海:上海古籍出版社,2005 年,第 211—213 页。

③ 陈剑:《谈谈〈上博(五)〉竹简分篇、拼合与编联问题》,载简帛网(www.bsm.org.cn),2006 年 2 月 19 日;李天虹:《读〈季康子问于孔子〉札记》,载简帛网,2006 年 2 月 24 日;陈伟:《上博五〈季康子问于孔子〉零识》,载简帛网,2006 年 2 月 20 日;陈伟:《〈季康子问孔子〉零识(续)》,载简帛网,2006 年 3 月 2 日。

④ 濮茅左释文:《季康子问于孔子》第 9、10 简,载马承源主编《上海博物馆藏战国楚竹书》(五),上海:上海古籍出版社,2005 年,第 215—216 页。括号中释文可能更合理一些,参见白海燕《〈季康子问于孔子〉集释》,吉林大学硕士学位论文(2009 年),第 46 页。下文同。

（所谓"君子不可以不强，不强则不立"），搬出臧文仲的话来劝诫。这一段话，恰好可以印证《论语·颜渊》第 19 章所记孔子与季康子的对话。《论语》记载孔季对话凡六见，其中《颜渊》篇第 19 章与上文特别契合：

> 季康子问政于孔子曰："如杀无道，以就有道，何如？"孔子对曰："子为政，焉用杀？子欲善而民善矣。君子之德风，小人之德草。草上之风，必偃。"（《论语·颜渊》）

儒家治政，当然是宽猛相济。孔子杀少正卯，后世多有微词。徐复观、钱穆先生有辩证。不过我们所要注意的是，孔子对于滥杀无辜，对于苛政，表现了一以贯之的拒斥。孔子坚决批评为政者迷信暴力，"好杀""好刑"，主张为政者自身的公正廉洁，勤政爱民，宽厚待民，笃亲兴仁，这些思想从与季孙肥的对谈中充分表现了出来。

《论语》季康子问孔子凡六章，除第六篇《雍也》第 8 章季康子问仲由、子贡、冉求可使从政，第十一篇《先进》第 7 章季康子问弟子孰为好学之外，其余四章都与《季康子问于孔子》相应。如："季康子问：'使民敬、忠以劝，如之何？'子曰：'临之以庄，则敬；孝慈，则忠；举善而教不能，则劝。'"（《论语·为政》）此与《季康子问于孔子》之第 2—4 简"君子在民之上……敬成其德以临民，民望其道而服焉"相通。

最有趣的是，《论语·颜渊》篇连续三章（第 17—19 章）记载季康子问政于孔子，除前面比较过第 19 章与《季康子问于孔子》第 9—10 简内容相近外，第 17、18 章也在该篇可以找得到史影："季康子问政于孔子。孔子对曰：'政者，正也。子帅以正，孰敢不正？'"（《论语·颜渊》）"季康子患盗，问于孔子。孔子对曰：'苟子之不欲，虽赏之不窃。'"（《论语·颜渊》）而《季康子问于孔子》中指出治世者要"安民""平正""同仁""无私"："田肥民则安，瘠，民不鼓（树）。是故，贤人大于邦，而有礿心。"[①]《季康子

---

① 濮茅左释文：《季康子问于孔子》第 18 简，载马承源主编《上海博物馆藏战国楚竹书》（五），上海：上海古籍出版社，2005 年，第 227 页；白海燕：《〈季康子问于孔子〉集释》，吉林大学硕士学位论文（2009 年），第 46 页。

问于孔子》与《论语·颜渊》第17—19章的亲缘关系还表现在：

> 降端以比，民之劝微，弃恶毋适，慎小以答大，疏言而密守之。毋钦远，毋诣迩。恶人勿戕，好人勿贵，救民以亲，大罪则处之以刑，臧罪则处之以罚，小则訿之。凡欲勿狂，凡失勿危……毋信谀憎，因邦之所贤而兴之。大罪杀之，臧罪刑之，小罪罚之。苟能固战，灭速毋恒！灾后之世比乱，邦相怀毁，众必恶善，贤人当其曲以成之。然则邦平而民温矣。①

在这里孔子主张平正，反对恶恶、亲亲、贵贵，强调正身、正国、正天下，以爱心与德政化解矛盾，诱导上下相亲，慈爱和睦；又主张教育感化，德刑并举，不杀无辜，无释罪人，善于区分并适度处置违法犯罪现象，使得政平而人和。对于如何面对灾害与战争，如何在乱世兴鲁，孔子有详细的讨论。

如果说《论语·颜渊》第17—19章是经文的话，《季康子问于孔子》则可以视为传文②，使我们对晚年孔子在衰落的鲁哀之世的政治主张变得丰满起来。而且愈为具体，愈是要考虑德主刑辅、德刑互济的问题。或者这正是七十子后学面对现实问题而发展孔子、假托孔子的表现。

《论语》的编纂逻辑，今人已很难理解。但从《颜渊》相连属的第17—19章来看，应是整理者相对集中地保存了某一时段孔子与季康子的对话。《季康子问于孔子》疑为七十子后学所撰。正如濮茅左先生所说，此篇与《孔子家语》诸篇都有相似、应合的内容。《孔子家语》中某些篇章亦有所本，疑《季康子问于孔子》的成篇要早于《家语》。

---

① 濮茅左释文：《季康子问于孔子》第19—23简，载马承源主编《上海博物馆藏战国楚竹书》(五)，上海：上海古籍出版社，2005年，第228—235页。"慎小以答大，疏言而密守之"，从陈剑的校释。关于该段释文，学界还存在其它形式的编连方案和释文，目前尚无定论。

② 此处受到周凤五教授的启发。1999—2000年周教授在武汉大学讲学时曾以多篇未刊大作示教，其中有一篇认为郭店简《忠信之道》是对《论语·卫灵公》"言忠信"章所作之传，另一篇则认为《穷达以时》是对《论语·卫灵公》"在陈绝粮"章所作的传。

二、《仲弓》与《论语》

仲弓，冉雍，十哲之一，列名"德行"科。《论语》中记录孔子与仲弓的对话及仲弓言行的，凡七见。仲弓出身贱微，是所谓"犁牛之子"（《论语·雍也》），又，《史记·仲尼弟子列传》说："仲弓父，贱人。"）孔子认定这位出身低下而以德行著称、"仁而不佞"的弟子定会有大用，谓"雍也可使南面"（《论语·雍也》）。仲弓曾跟随孔子周游列国，随孔子归鲁后担任季孙斯（季桓子）的家族总管。[1]《雍也》篇有三章记仲弓与孔子。第 2 章涉及仲弓治理百姓之道，严肃认真，要言不繁，简单易行，又不是草率行事。

> 仲弓问子桑伯子。子曰："可也，简。"仲弓曰："居敬而行简，以临其民，不亦可乎？居简而行简，无乃太简乎？"子曰："雍之言然。"（《论语·雍也》）

与楚竹书《仲弓》相关的内容见于《论语·子路》：

> 仲弓为季氏宰，问政。子曰："先有司，赦小过，举贤才。"曰："焉知贤才而举之？"子曰："举尔所知；尔所不知，人其舍诸？"

前一部分我们讨论了《季康子问于孔子》，内容为问政，似为《论语·颜渊》第 17—19 章的传，具体而微，多所发挥。此处我们想说的是，《仲弓》恰是上引《子路》第 2 章的传。

《仲弓》[2]现存二十八支简，整简三支，余皆为残简，学界对竹简拼合与编联争议颇大。李学勤先生主张第 4 简与第 26 简相连。陈剑先生，黄人二与林志鹏先生分别重新编联，改动较大。[3] 这里我们以季旭

---

[1] 关于仲弓，详见李启谦：《孔门弟子研究》，济南：齐鲁书社，1988 年，第 32—39 页。

[2] 李朝远释文：《中弓》，载马承源主编《上海博物馆战国楚竹书》（三），上海：上海古籍出版社，2003 年，第 261—283 页。中弓，即仲弓。

[3] 陈剑：《上博竹书〈中弓〉篇新编释文（稿）》，载简帛研究网（www. jianbo. org），2004 年 4 月 15 日；黄人二、林志鹏：《上博藏简第三册中弓试探》，载简帛研究网，2004 年 4 月 18 日。

昇先生主编的《〈上海博物馆藏战国楚竹书（三）〉读本》为主，参考诸家来述说。本篇先详细表述季桓子使仲弓为宰的经过，仲弓报告孔子并请教"为政何先"，孔子的回答是："老老慈幼，先有司，举贤才，宥过举罪。"①注家有关"老老慈幼"颇多论说，或以为《论语·子路》第 2 章漏记了孔子的"老老慈幼"思想，此为孟子"老吾老以及人之老，幼吾幼以及人之幼"（《孟子·梁惠王上》）的先声。这种可能性极大。当然，另一种可能是，此篇的撰写、传播者扩大、发展了孔子之说，影响了孟子；还有一种可能是，此篇作者或衍成此篇的参与者是孟子的后学。"先有司"，即让有一定职务的"有司"，"先之劳之"，服务大众，忠于职守。

以下，此篇分为两部分。前一部分，师生讨论为政的三方面："先有司"、"举贤才"、"宥过举罪"（宽宥小的过错，举发有罪之人）。其中有"夫贤才不可弇（掩）也。举尔所知，尔所不知，人其舍之者。"②此与《子路》篇第 2 章同。此外，强调孝德及"刑政不缓，德教不倦"。此篇后一部分讨论"事君"，强调"忠敬"及"竭情尽慎"。孔子说："雍，古之事君者，以忠与敬，虽其难也，汝惟以……上人相复（报）以忠，则民欢承教，害□者不……之。一日以善立，所教皆终；一日以不善立，所教皆崩，可不慎乎？"③这一论说与《论语·为政》第 20 章"季康子问"接近。此处发挥尽己之忠，讲慎重地赴死；讲"行"以"为己之学"为本，本立而道生，故要慎行；又讲当下立乎其大者；"一日以善立"，"一日以不善立"，判然分途。末句句式与"一日克己复礼"近，但标举"立善"，颇有孟子学的影子。

① 季旭昇主编：《〈上海博物馆藏战国楚竹书（三）〉读本》，台北：万卷楼图书有限公司，2005 年，第177页。
② 季旭昇主编：《〈上海博物馆藏战国楚竹书（三）〉读本》，台北：万卷楼图书有限公司，2005 年，第177页。
③ 季旭昇主编：《〈上海博物馆藏战国楚竹书（三）〉读本》，台北：万卷楼图书有限公司，2005 年，第179页。

三、《从政》与《论语》

楚竹书《从政》甲、乙二篇公布之后,注家蜂起。[①] 此处引文以张光裕先生整理本为主,并参酌各家。本篇未用"孔子曰",用的是"闻之曰"。开篇强调"信、义、礼"三德:

> 闻之曰:昔三代之明王之有天下者,莫之予也,而尽取之,民皆以为义,夫是则守之以信,教之以义,行之以礼也。[②]
>
> 子以四教:文,行,忠,信。(《论语·述而》)
>
> 子曰:"君子义以为质,礼以行之,逊以出之,信以成之。君子哉!"(《论语·卫灵公》)
>
> 道之以德,齐之以礼,有耻且格。(《论语·为政》)
>
> 人而无信,不知其可也。(《论语·为政》)
>
> 有子曰:"信近于义,言可复也。恭近于礼,远耻辱也。"(《论语·学而》)

两相对照,不难看出"闻之曰"即"孔子曰",不过是传闻数代之后的提法,也可以视为七十子后学追溯或假托圣人的说法。楚竹书《从政》甲篇在强调了"义"、"信"、"礼"三德目之后,进一步论述了"敦五德,固三誓,除十怨":

> 闻之曰:从政,敦五德,固三誓[③],除十怨。五德:一曰宽,二曰恭,三曰惠,四曰仁,五曰敬。君子不宽则无以容百姓;不恭则无以

---

① 张光裕释文:《从政》(甲、乙篇),载马承源主编《上海博物馆藏战国楚竹书》(二),上海:上海古籍出版社,2002 年,第 211—238 页。简帛研究网(www.jianbo.org)2003 年 1—2 月发表了陈剑、周凤五、陈伟、王中江、朱渊清、何琳仪、愈志慧、刘信芳等诸方家的论文讨论编联、注释。感谢刘贻群博士帮我搜集、整理了这些资料。

② 张光裕释文:《从政》甲篇第 1—2 简,载马承源主编《上海博物馆藏战国楚竹书》(二),上海:上海古籍出版社,2002 年,第 215—216 页。原释为"莫之馀也,而□取之",此处前从陈伟,后从周凤五。

③ "誓",陈剑、陈伟、王中江、朱渊清作"制",俞志慧、杨朝明作"慎"。

除辱;不惠则无以聚民;不仁则无以行政,不敬则事无成。①

此处"五德"的德目为:宽、恭、惠、仁、敬,有异于《论语》的记载:

　　子禽问于子贡曰:"夫子至于是邦也,必闻其政,求之与? 抑与之与?"子贡曰:"夫子温、良、恭、俭、让以得之。夫子之求之也,其诸异乎人之求之与?"(《论语·学而》)

　　子张问仁于孔子。孔子曰:"能行五者于天下为仁矣。""请问之。"曰:"恭、宽、信、敏、惠。恭则不侮,宽则得众,信则人任焉,敏则有功,惠则足以使人。"(《论语·阳货》)

　　子谓子产:"有君子之道四焉:其行己也恭,其事上也敬,其养民也惠,其使民也义。"(《论语·公冶长》)

虽然《从政》乙篇也有"闻之曰:'愻悔而恭逊,教之劝也;温良而忠敬,仁之宗也'"②的说法,与《学而》篇第 10 章的"温、良、恭、俭、让"相近,然《从政》甲篇之"五德"则更接近于《阳货》篇第 6 章的"恭、宽、信、敏、惠"。"不宽无以容百姓,不恭则无以除辱,不惠则无以聚民"三句,即"恭而不侮,宽则得众……惠则足以使人"的否定式的说法。《公冶长》"子谓子产"章的四德目亦可相参。

《从政》强调"仁"、"敬",但并不削弱"信"德。"从政所务三:敬、诎、信。信则得众,诎则远戾。"③足见"信"德虽未纳入"五德"之中,仍有其重要地位,是为政者的基本品德。"诎"即"挑",指择善择言。

《从政》甲篇的"七机":"闻之曰:'从政有七机,狱则兴,威则民不导,a 则失众,b 则亡亲,罚则民逃,好 c 则民作乱。凡此七者,政之所治

① 张光裕释文:《从政》(甲、乙篇),载马承源主编《上海博物馆藏战国楚竹书》(二),上海:上海古籍出版社,2002 年,第 219—221 页。
② 张光裕释文:《从政》(甲、乙篇),载马承源主编《上海博物馆藏战国楚竹书》(二),上海:上海古籍出版社,2002 年,第 236 页。"愻悔",从陈伟、王中江。
③ 张光裕释文:《从政》(甲、乙篇),载马承源主编《上海博物馆藏战国楚竹书》(二),上海:上海古籍出版社,2002 年,第 223 页。

也。'"①郭按,此处只有六机,"好 c"为第八简末,而第九简为断简,这之间缺六个字,我将 c 补为"刑则不祥,好杀"。这才有七机。我之所补据《季康子问于孔子》中的臧文仲言"强则遗,则民不导,逾则失众,碉(猛)则无亲,好刑则不祥,好杀则作乱"。此与"七机"相同,亦与前引《颜渊》第 19 章孔子答季康子"子为政,焉用杀"和《阳货》第 6 章"孔子答子张问仁"的"宽则得众"相类,根本上是主张宽政,反对暴政。孔子主张"导民"、"教民"、"化民","导之以德,齐之以礼"。又,郭店简《尊德义》曰:"民可使导之,而不可使知之。民可导也,而不可强也。桀不谓其民必乱,而民有为乱矣。受不若也,可从也而不可及也。"②这里讲不可以强迫老百姓,不可以强加于人,而是要疏导,要尊重民意,化解矛盾。

《从政》甲篇记言行关系:"闻之曰:可言而不可行,君子不言;可行而不可言,君子不行。敦行不倦,持善不厌"云云③。这里的言行统一观亦来自孔子。"子贡问君子。子曰:'先行其言而后从之。'"(《论语·为政》)"子曰:'古者言之不出,耻躬之不逮也。'""子曰:'君子欲讷于言而敏于行。'"(《论语·里仁》)"子曰:'君子耻其言而过其行。'"(《论语·宪问》)孔子的政论中,反复强调治政者本身的行为正当和言行一致,反对言不顾行,行不顾言,主张身教重于言教。

《从政》甲篇还有"四毋"之说:"毋暴、毋虐、毋贼、毋贪,不修不武,谓之必成则暴,不教而杀则虐,命无时,事必有期则贼,为利枉事则贪。"④这

① 张光裕释文:《从政》(甲、乙篇),载马承源主编《上海博物馆藏战国楚竹书》(二),上海:上海古籍出版社,2002 年,第 222—223 页。"兴",周凤五作"营",指营私之意。a) 周凤五作"诳"。b) 原释文为"恸",周凤五作"梗",徐在国作"妨",陈剑作"猛",单周尧、黎广基作"迫"。c) 陈伟作"刑"。拙见以为这几个字可以与《季康子问于孔子》所引臧文仲言联系起来释,则更恰当。c 应为"刑则不祥,好杀"。
② 李零:《郭店楚简校读记》(增订本),北京:北京大学出版社,2002 年,第 140 页。
③ 张光裕释文:《从政》(甲、乙篇),载马承源主编《上海博物馆藏战国楚竹书》(二),上海:上海古籍出版社,2002 年,第 224—225 页。
④ 张光裕释文:《从政》(甲、乙篇),载马承源主编《上海博物馆藏战国楚竹书》(二),上海:上海古籍出版社,2002 年,第 228、219 页。第 15 简后下接第 5 简。此编联及其中诸字的认定,从陈剑、陈伟、周凤五、刘信芳。

源自《论语·尧曰》:"子张曰:'何谓四恶?'子曰:'不教而杀谓之虐;不戒视成谓之暴;慢令致期谓之贼;犹之与人也,出纳之吝谓之有司。'"孔子与儒家反对的四种恶政:不教而诛谓之"虐";不训练就要取胜,或者不加申诫便要成绩,谓之"暴";不顾时令,朝令夕改,定要成绩,或起先懈怠,突然限期叫做"贼";为私利而侵害公事,谓之"贪";或给人财物出手悭吝,谓之"有司"。

相比较而言,《从政》甲篇的"四毋",其至比《论语·尧曰》的"四恶"更为完备,更有针对性。《尧曰》篇记载的孔子与子张讨论"五美四恶",是孔子政治思想十分重要的内容,五种美政即惠而不费,劳而不怨,欲而不贪,泰而不骄,威而不猛。孔子对子张特地提示了他的政治理念的核心——"因民之所利而利之",指出:"因民之所利而利之,斯不亦惠而不费乎? 择可劳而劳之,又谁怨? 欲仁而得仁,又焉贪? 君子无众寡,无小大,无敢慢,斯不亦泰而不骄乎? 君子正其衣冠,尊其瞻视,俨然人望而畏之,斯不亦威而不猛乎?"(《论语·尧曰》)

《从政》甲乙篇没有从正面弘扬"五美",而是把重点放在防止"四恶"上,可能与作者所处的时政有关。《从政》与《论语》的亲缘关系确然可见,可能是七十子后学或战国儒家综合孔子治世思想而整理、发扬的一种儒书。

综观《季康子问于孔子》、《仲弓》、《从政》三种楚竹书,虽不能说全面发挥了《论语》所记载的孔子的政治学说,但可以说完全抓住了孔子仁学的基本——"亲民""爱民""保民""惠民"的仁政德治思想。这三种儒书都集中于反对好刑好杀而倡导宽政、善待百姓方面,且强调为政者的正当与自律。

《楚竹书》涉及众多的孔门弟子,李学勤先生、李零先生等都有关于重新研究七十子的论说。拙见以为,楚竹书中的儒书还需要我们更多地加以重视。大体上,这些儒书都可以从《论语》中找到根据,而与大小戴《礼记》、《说苑》、《家语》诸书相交叉。笔者将进一步在仁学与德政思想方面比较楚竹书与《论语》,同时,还拟在礼乐与礼乐之教、诗与诗教方面加以比较。七十子后学和战国诸儒有很多继承而弘大孔子、具体而微又针对现世的论著,楚竹书可能只是冰山一角。任何时空条件下的正义的观念都是具体历史的。① 中国古代的政治智慧,中国古代的正义论,恰好就在《论语》与战国儒书中。

附识:

1975 年出土的云梦睡虎地秦简中,有大量的秦代法律文书,反映了秦代社会经济、政治、道德、法律的思想,很值得我们重视。同时,有一篇讲述官员行为准则的文献——《为吏之道》,其中有与《礼记》、《大戴礼》、《说苑》等相同的内容,肯定"仁"、"忠"、"信"、"宽"、"惠"、"敬"、"孝"、"慈"等儒家核心价值,主张"临财见利,不取苟富;临难见死,不取苟免",重视"民心"向背,强调"正行修身",时时"怵惕"。该篇主张"除害兴利,慈爱万姓","毋使民惧",有一套教民、治民、变民习俗等管理方法,以儒家思想为主,兼摄道、墨、法诸家,既有价值理想又相当务实。②

据荆州博物馆王明钦馆长介绍,1993 年出土的江陵王家台秦简中,有一篇《政事之常》,可与《为吏之道》互参。此两篇对研究秦代政治思想均有重要意义。"圆以生方,政事之常"是从政理民的准则,其中重"民"等内容与《为吏之道》相同,如"坨修城固,民心乃殷,不时而怒,民将逃去,百事既成,民心乃宁,[既无]后忧,从政之经"云云,亦有"与民有期"、"民之既教"、"使民望之"等内容。③

湖南大学岳麓书院近年来从香港抢救性收入一批秦简,被视为是继 1975 年云梦睡虎地秦简和 2002 年湘西里耶秦简之后的又一次重大发现。对研究秦代的法律、数学以及书写文体具有非常重要的意义。据相关专家整理,这批秦简,有相当多的法律内容,整理者命名为《奏谳书》、

---

① 请参阅拙作《儒家的公平正义论》,载《光明日报》,2006 年 2 月 28 日;《孟子与儒家的正义论》,载庞朴主编《儒林》第三辑,济南:山东大学出版社,2006 年,第 137—144 页。

② 睡虎地秦墓竹简整理小组编:《睡虎地秦墓竹简》,北京:文物出版社,2001 年重印本,第 167—176 页。

③ 王明钦:《王家台秦墓竹简概述》,载艾兰、邢文编《新出简帛研究》,北京:文物出版社,2004 年,第 39—42 页。

《律令杂抄》等。抄录的秦律可与睡虎地秦简相发明、印证,除此之外还有一些律令世所未见,如《奉敬律》等,就涉及到"黔首"(百姓)的相关论述,值得注意。①

秦代的政治思想,仍然是诸家的综合,儒家并未缺席。尽管当时的"民"的定义与今天的"人民"的意涵并不一致,但儒家重民思想对缓和当时的政治仍起了积极作用。

我们还可以进一步上推。《上海博物馆藏战国楚竹书》(二)的《从政》甲乙篇讲从政者必须敦五德(宽、恭、惠、仁、敬)、固三慎、除十怨等,即从政者的道德准则。该篇云"不宽则无以容百姓,不恭则无以除辱,不惠则无以聚民,不仁则无以行政,不敬则事无成",不仅上承孔子,而且可能是《为吏之道》、《政事之常》之先导。

有关秦代从政理民的思想需要重新探讨。此外,郭店楚简与上海博物馆藏楚竹书中大量的儒书在战国中晚期的楚地流行,秦代楚地有《为吏之道》、《政事之常》之类文献流传,表明儒家核心价值与政治理念在彼时彼地有相当的影响力,这都值得我们思想史研究者重视。

---

① 参见陈松长:《岳麓书院所藏秦简综述》,载《文物》,2009 年第 3 期。

第十六章　荀子的哲学

荀子,名况,亦被称为孙卿、荀卿,战国末期赵国人,确切生卒年月不详,学界有不同说法。其政治、学术活动年代约在周赧王十七年(前 298)到秦王政九年(前 238 年)之间。据《史记·孟子荀卿列传》记载,荀子"年五十始来游学于齐",在齐国稷下学宫中备受尊崇,曾三任祭酒。荀子曾试图说服齐湣王实行儒家仁义王道,选贤任能,以图强国富民,但不被其所采纳,并遭谗言而离齐至楚。其间荀子曾入秦,建议秦昭王力行仁义之道,亦因道不得行而返楚。后受楚相春申君之命,任兰陵县令。春申君死后离职,此后一直定居并逝于兰陵。

荀子所处的时代,正值战国末期。无论是现实社会,还是思想文化,都逐步呈现出由分到合的发展趋势。对于先秦儒家最后一位大家荀子来说,如何克服各家学说的偏颇与缺陷,综合各家之长,完成思想的整合与统一,以发展儒家文化,为实现天下一统提供理论指导,是时代赋予他的使命。历史同时也提供了这样的条件和机缘。荀子哲学思想正是在这一时代背景下应运而生的。荀子深刻地认识到这一点,自觉地顺应这一趋势,通过总结吸收各家思想的精华,力图建立起一个更全面系统的哲学理论体系,从而将儒家文化推进到一个新的高度。这是荀子思想的根本宗旨,也是其最大的特征所在。

与《论语》等儒家语录体不同,荀子开创了儒家学派中个人著作体的先河。其著述内容十分丰富,汉代抄录流传的达三百多篇,后经刘向校勘,定为三十二篇,成为《荀子》一书的通行版本,是研究荀子哲学思想的最主要文献。唐代有杨倞的《荀子》注本,共二十卷。清人王先谦在此基础上,综采之前各家阐释,汇成《荀子集解》,至今依然是大多数研习者参考使用的最具学术性的《荀子》版本。近年来,当代学者王天海吸收此后的诸多研究成果,订正了王先谦《荀子集解》中一些错漏之处,著成《荀子校释》一书。该著已为越来越多的研究者所关注,可谓新出的较好的参考文本。

第一节　天人关系论

在荀子的整个哲学体系中,天人关系论无疑占有基础的地位。荀子对儒家哲学的丰富和发展,首先就体现在其对天人之间的关系问题做出了新的阐释。荀子的其他一系列思想都是以此为基点,并在这一框架内展开的,因此从很大程度上可以说,能否全面深入地领悟其天人关系论,乃是把握荀子整个思想倾向和特征的关键所在。

一、对"天"概念的发展

在天人关系问题上,荀子的创新在于其着重从两个方面对前期儒家的"天"的概念进行了显著的改造和发展。一方面,针对思孟学派将天与人直接联系起来的倾向,着力弘扬早期儒家的传统,重新强调并进一步强化了天的至上性和超越性;另一方面,对孔子"天何言哉,四时行焉,百物生焉"(《论语·阳货》)论述中所蕴涵的关于天之自然性的思想加以拓展和深化,突出阐发了"天"的自然义和规律义,提出了"天行有常"的哲学命题,认为"天行有常,不为尧存,不为桀亡。应之以治则吉,应之以乱则凶。"(《荀子·天论》)

由此构成了荀子"天"的概念的两大层面的涵义。要理解荀子天人关系思想的特征及其意义,首先必须辨明荀子的"天"概念的这两大层面之别,即形上层面与形下层面之别。所谓形上层面指的是作为本源性、超越性的天,其特征在于其至上性与超验性。它至大无外,至微无内,无形无象却又创生万物,无欲无为而又主宰、支配一切。人"皆知其所以成,莫知其无形,夫是之谓天"。在这个意义上,荀子也将天称为"神":"夫是之谓神。"(《荀子·天论》)

作为这种形上之天创生的结果及特殊的体现,形下之天则具体包含两个方面。其一是体现为有形有象之物及其运动变化规律之"天",诸如星辰、日月、四时、阴阳、风雨等自然现象及其运动变化规律均属于此列,"在天者莫明于日月"(《荀子·天论》)。其与形上之天的区别在于,这些现象作为超越性的天"不为而成"之"功",有形可见,有迹可寻,能为人所观察到,为人所认识。而形上之天作为造物之"神",无形无相,不能为人所能观察和认识。其二便是以人自身的形体结构、本性欲求及潜能形式体现出来的自然天性。人作为自然生命所具有的自然本性及认识与意志能力乃是天所赋予的,是"天"在人自身之中的具体体现:"好恶、喜怒、哀乐藏焉,夫是之谓天情;耳、目、鼻、口、形,能各有所接而不相能也,夫是之谓天官;心居中虚,以治五官,夫是之谓天君。"(《荀子·天论》)

二、天人相分思想

在儒家乃至整个中国哲学史上,荀子天人关系论的最突出特色,在于明确提出了天人相分的思想,与"天"的两大层面涵义相对应。所谓"天人相分",具体说来包含着以下四个层面的含义。

1. 天与人的层次之分

至上、超越的形上之天,当然与人或人的世界截然有别。这种分别不是指天与人之间单纯平面意义上的差异和对峙,而是意味着二者乃是截然不同的存有形态。天超越于人之上,"至高谓之天"(《荀子·儒效》)、"故天者,高之极也"(《荀子·礼论》);而且,形上之天也决不是像具体物体一样有形可见,而是蕴藏于有形之后的"无形"。这种形上之天与人(世)之间的根本层次之别,是荀子天人之分的首要之义。

对于这种超越之天,由于其无形而大,无为而功,人不能像对某个具体事物那样将其作为自己的对象来认识,只能通过对显现出来的现象、其作用的结果加以观察、追问,才能领悟到这样一种神奇伟力的存在;人与这种形上层面的天的分立还体现为人只能感受其所成,而无法察知其何以成。人应该清醒地认识到自身认识能力、意志乃至活动能力的有限性,知天之至大、至上而至神,它非人所能想象与窥探,非人力所能企及,对它本身及内在的几微只能敬仰赞叹,深怀敬畏之心。所谓"唯圣人为不求知天"(《荀子·天论》),指的应是这种至大至上、无所不能的超越之天。同样,所谓"君子大心则天而道"(《荀子·不苟》),其含义也在于此。

2. 天与人各有其特性、遵循着不同的发展规律

作为不同的存有形态,天与人各有其特性,在其演变过程中遵循着不同的发展规律或法则。天自在而客观,不以人的意志而转移,"天不为人之恶寒也辍冬,地不为人之恶辽远也辍广";而所谓"星坠、木鸣","无何也,是天地之变,阴阳之化,物之罕至者也。"(《荀子·天论》)天的运行变化本身没有意志,既不必怪异,也不应以人的意识和意志去比附,当然更不会为人的意志所决定。这一思想发展了由孔子所开始的对人格之天的消解趋势,更彻底地破除了天的人格色彩;同时,也切断了人类的价值与天的直接关联。天是自在自为的自然的世界,其一切活动都是无意识的、无目的的,而人则是有意识的、积极有为的。从这个角度看,所谓天与人之分即是自然与社会、人与自然之分。由此,人们往往将荀子的天理解为自然之天。

3. 天与人各有其职分

无论是对超越性的形上之天来说,还是对其存在、作用与演变方式有形可见的形下之天来说,它们与人都各有其不同的职分。这是天人相分的另一重含义。天至大至神,创生万物和人类,但并不直接决定人类的事务。天没有意志,其一切活动自然而无为,然而正是这种无欲无为最终造就了一切,"列星随旋,日月递照,四时代御,阴阳大化,风雨博施,

万物各得其和以生,各得其养以成,不见其事而见其功。"(《荀子·天论》)"高者不旱,下者不水,寒暑和节,而五谷以时孰,是天之事也。"(《荀子·富国》)所有这一切都属于"不为而成,不求而得,夫是之谓天职。"(《荀子·天论》)相形之下,面对天,人应该深知自身的局限,恪守自己的界限,懂得并自觉做到:"虽深,其人不加虑焉;虽大,不加能焉;虽精,不加察焉;夫是之谓不与天争职。""如是,则知其所为,知其所不为,则天地官而万物役矣。"(《荀子·天论》)

而人世间的荣辱祸福,则取决于人类自身。"强本而节用,则天不能贫;养备而动时,则天不能病。"(《荀子·天论》)"治乱天邪?曰:日月、星辰、瑞历,是禹桀之所同也;禹以治,桀以乱,治乱非天也。"能否认识到这一点、尽力做好人事,乃是君子与小人的重要区别之一:"故君子敬其在己者,而不慕其在天者,是以日进也;小人错其在己者,而慕其在天者,是以日退也。……君子小人之所以相县者,在此耳。"(《荀子·天论》)

4. 人自身之中的"性伪之分"

作为天人之分在人本身之中的反映和具体体现,人自身也存在着天赋的自然本性与后天修为之间的区分及其矛盾关系。荀子认为孟子的性善论的重要错误就在于"不及知人之性,而不察乎人之性伪之分者也。""性者,本始材朴也;伪者,文理隆盛也。"(《荀子·礼论》)在两者之中,"凡性者,天之就也"(《荀子·性恶》),"生之所以然者谓之性;性之和所生,精合感应,不事而自然谓之性。"(《荀子·正名》)"不可学、不可事而在人者,谓之性",而"可学而能、可事而成之在人者,谓之伪。是性、伪之分也。"(《荀子·性恶》)这种"性伪之分"在人之"情"中集中体现出来。自然情欲乃天之所赋,而道德情操如"孝子之情"、"思慕之情"等则是人后天熏陶、教化的成果,即属于"人之所学而能,所事而成者"。

三、天人相合

就荀子天人关系思想整体而言,天人之分只是其最富特色的一面而已。实际上,在强调天人之分的同时,荀子同样主张天人相合。与天人之分一样,在荀子那里,天人之合也有着三个层面的涵义。

1. 天对人的创造作用

天以其"不为而成,不求而得"的伟力,成为人与人类社会活动的创始者和开启者,构成对人及人世的奠基作用。"天地者,生之始也"(《荀子·王制》),"天地者,生之本也"(《荀子·礼论》),"天职既立,天功既成,形具而神生"(《荀子·天论》)。荀子认为,人的形体结构、本性及潜在能力等等这些与生俱来的自然本性归根到底乃是源于天,是天之所赋,"性者,天之就也。"(《荀子·正名》)否则,"无天地,恶生?"(《荀子·礼论》)

人及人类社会,就其根源而言,本质上只是无限的形上之天的一种特殊体现形态。无论人类具有何种能动性,归根到底都是由天所创始、所奠基的,是"天职"与"天功"的成果,包括人之所以能认识到天与人之分以及人所难免的种种局限性,也只能从这里找到最终答案。更值得注意的是,在荀子看来,在天的创始作用之中,其实已经昭示或预示着人的有为性和有为的方向:人理当沿着天所指引的方向,顺应天所昭示的法则,自觉运用天所赋予人的能动性去积极有为,"圣人清其天君,正其天官,备其天养,顺其天政,养其天情,以全其天功。"反之,如果背离这一趋势,恰恰是对"天功"的遮蔽和背离,意味着"天功"的沦失,"暗其天君,乱其天官,弃其天养,逆其天政,背其天情,以丧天功,夫是之谓大凶。"(《荀子·天论》)正是沿着这一理路,荀子将自然与社会的一切视为天与人统一的成果和体现,"故曰:天地合而万物生,阴阳接而变化起,性伪合而天下治。"(《荀子·礼论》)荀子所谓"故人之命在天,国之命在礼"(《荀子·天论》)的论断应该从这一层面上来理解。

2. 人能动地认识、改造自然万物,达到人与天的统一

在《天论》篇中,荀子在提出"不与天争职"的同时,又提出了"制天命而用之"的主张:"大天而思之,孰与物畜而制之!从天而颂之,孰与制天命而用之!望时而待之,孰与应时而使之!因物而多之,孰与骋能而化之!思物而物之,孰与理物而勿失之也!愿于物之所以生,孰与有物之

所以成！故错人而思天，则失万物之情。"(《荀子·天论》)这又意味着，人可以通过自身的能动作用，对天加以认识和改造，为人所用，而实现天与人的统一。

这种统一当然是针对以"物"、"时"等具体物质形态体现出来的具象、物性之天而言的。在荀子那里，这种形下之天，虽然是独立于作为认识与活动主体的人之外的客观实在，但这决不意味着自然之天与人构成截然对立的两极。人并不是消极被动地受制于天，而是必须且能够作用于天。人通过自身能动的认识和实践活动对自然之天加以利用、改造，打上人的印记，使之合乎人的需要，成为体现和凝聚着人的意志的"人化的自然"。这种"制天命而用之"使得天与人又不断地实现相合统一。由此达到的天人相和境界，荀子称之为"能参"，"天有其时，地有其材，人有其治，夫是之谓能参。舍其所以参，而愿其所参，则惑矣。"(《荀子·天论》)圣人的伟大之处也就在这里，"圣王之用也：上察于天，下错于地，塞备天地之间，加施万物之上，微而明，短而长，狭而广，神明博大以至约。"(《荀子·王制》)

3. 性伪之合

人的自然本性作为天创生的结果和天在人自身之中的体现，是人类一切活动和价值创设的客观基础，从这个角度说，它是与"人为"相分相对的，是外在的天与人的分立在人自身之中的内化。但正如对外在的有形之天一样，人也可以通过作为其主宰的"心"(即"天君"，作为一种潜能，它本质上也是由形上之天所造就的)以礼义来改造本然之性以"化性起伪"："无性则伪之无所加，无伪则性不能自美。性伪合，然后圣人之名一，天下之功，于是就也。"(《荀子·礼论》)

归结起来，荀子天人关系论乃是天人相分与天人相合两个方面构成的统一体。天的两大层面与人之间既相分又相合，形成一种错综复杂的立体结构。所谓天人之分既包括形上之天与作为形下之人相分，也包括同是形下层面上作为对象的天地万物与作为主体的人，以及人自身之中的性与伪之分。所谓天人之合，一方面是指由于天的本源创始作用而实现的由上而下、以天统人之合:既然天创造一切并涵摄一切,当然也包括人及人的活动本身。没有超越性的、至上之天所赋予人的(理性)认识能力,人也不可能认识到天与人之分以及人与人之分。另一方面则是指在形下层面上人与自然之天相合,即人对物的认识、改造利用及人自身之中性与伪的统一。这种合,对人来说,是先分后合、在分的基础上的统一。

在这整个结构和过程之中,天具有本源的地位。它创生万物与人,也开启人与物之分,又最终通过人,并在人这里达到统一。而人则占有中心或枢纽的位置。人是分的缘起,分由人所分,无人则分无从谈起。"天能生物,不能辨物……宇中万物,生人之属,待圣人然后分也。"(《荀子·礼论》)人也是合的枢纽,由上而下的合汇聚于人,由内而外使自然人化所完成的合也取决于人。故荀子说:"善言天者,必有征于人。"(《荀子·性恶》)从这个角度说,在荀子那里无论是天人之分,还是天人相合,都充分体现出人的独立性与主体能动性。由此实现的由分而合,不仅包含着内在差异与矛盾,而且呈现为一个动态的发展过程,展示出一种更广阔的视域。

第二节 认识论与方法论

与天人相分又相合的自然观相一致,荀子对人的认识问题也进行了深入的探究,提出了一整套认识论与方法论思想。

一、认识论思想

荀子首先从主客两个方面阐明了知识何以可能的问题:"凡以知,人之性也;可以知,物之理也。"(《荀子·解蔽》)在二者之中,认识的根本动力无疑源于人所特有的主体能动性。天赋予人以感知事物的感官和判断事物的心灵,使人得以能动地认识事物。"耳目鼻口形能各有接而不相能也,夫是之谓天官。心居中虚,以治五官,夫是之谓天君。"(《荀子·

天论》)正是由于人具有其他生物所不具有的这些认识能力,使得人的认识活动得以发生并不断展开,能够认识世界,实现自身的目的。"所以知之在人者谓之知,知有所合谓之智。所以能之在人者谓之能,能有所合谓之能。"(《荀子·正名》)

在认识论上,荀子的基本立场无疑是坚持反映论的。荀子对主客体的明确区分意味着,人的知识不是先验的,既不是主体与生俱有的,也不是来源于主体自身的自我反省,而是对外在对象的反映,是对事物及其运动变化规律的认识。

由此出发,荀子对人的认识的发展过程进行了具体、详细的分析。在他看来,人的整个认识过程无疑首先起源于感性认识。不同的感官使人感知到事物的不同性质,眼睛辨别事物的形状与颜色,耳朵辨别声音的清浊与大小,口舌辨别甘苦,鼻子辨别事物的气味,身体则感受痛痒与冷热。"然则何缘而以同异?曰:缘天官。凡同类、同情者,其天官之意物也同,故比方之疑似而通,是所以共其约名以相期也。形体、色、理,以目异;声音清浊、调竽奇声,以耳异;甘、苦、咸、淡、辛、酸、奇味,以口异;香、臭、芬、郁、腥、臊、漏、酸、奇臭,以鼻异;疾、痒、疮、热、滑、涩、轻、重,以形体异;说、故、喜、怒、哀、乐、爱、恶、欲,以心异。心有徵知。徵知则缘耳而知声可也,缘目而知形可也。然而徵知必将待天官之当簿其类,然后可也。五官簿之而不知,心徵之而无说,则人莫不然谓之不知。此所缘而以同异也。"(《荀子·正名》)这些感官各有所能、彼此不能相互替代,"耳、目、鼻、口之不可以相借官也"(《荀子·君道》),但都从不同的侧面反映了事物的各种特性,形成对事物的初步认识,从而为"心"进一步认识事物提供原材料,奠定基础,"心有徵知……然后徵知必将待天官之当薄其类然后可也。"(《荀子·正名》)也就是说,只有在由"天官"所获得的感性认识基础上,"心"的能动性才能发挥作用,否则,后者就只能是无源之水。

荀子认为,单纯通过五官和身体的触觉所获得的感性认识,只能认识事物的片面的表象。要把握事物的本质和整体,就必须诉诸"心",通过"心"上升到理性认识。荀子非常强调"心"在认识上的能动作用。"人何以知道？曰:心。"(《荀子·解蔽》)"心"的作用不仅高于感官活动,而且对后者又起到一种导向和主宰作用。它不仅作为一种思维活动,对感官活动之结果进行辨别,将它们总结联系起来,由个别、特殊上升到一般、普遍,对其意义进行分析、判断。而且在荀子看来,人的感性认识之所以可能也离不开"心"的综合统摄作用,如果"心不使焉,则白黑在前而目不见,雷鼓在侧而耳不闻"(《荀子·解蔽》)。这与西方现象学关于人的感性认识的观点颇有相通之处。

"心"如何作为"天君",起到主宰作用？荀子对其内在机制有着深入的阐发,提出了"虚壹而静"的主张。"心何以知？曰:虚壹而静。心未尝不臧也,然而有所谓虚;心未尝不两也,然而有所谓壹;心未尝不动也,然而有所谓静。人生而有知,知而有志,志也者,臧也;然而有所谓虚,不以己所臧害所将受,谓之虚。心生而有知,知而有异,异也者,同时兼知之;同时兼知之,两也,然而有所谓一,不以夫一害此一,谓之壹。""虚壹而静,谓之大清明。"按照荀子的比喻,"心"应该像"盘水"一样"正错而勿动"、"湛浊在下而清明在上",这样一来,"故导之以理,养之以清,物莫之倾,则足以定是非、决嫌疑矣。"(《荀子·解蔽》)

二、方法论思想

荀子的认识论思想,更多的是以方法论的形式体现出来的。这种方法论不仅其本身有着鲜明的特色,而且也更直接地决定了荀子整个哲学思想体系的趋向和特征。

1. 立足现实的实证方法

荀子认为,人们运思立论,必须立足现实,尊重客观事实。衡量人的认识正确与否,则要看其是否经得起实践的检验。所谓检验,一方面是看其是否与现实相符,另一方面,更要看其能否得到有效贯彻施行,取得积极的效应。"凡论者贵其有辨合,有符验。故坐而言之,起而可设,张而可施行。"(《荀子·性恶》)在荀子看来,孟子的性善论之所以错误,就在于它不仅不符合事实，也无法有效地贯彻落实，其结果非但不利于发挥人的道德修养上的积极能动性，反而会消解人自我完善的必要性。"今孟子曰：'人之性善。'无辨合符验，坐而言之，起而不可设，张而不可施行，岂不过甚矣哉！"（《荀子·性恶》）而荀子之所以坚持自然本性论，也正是为了避免或矫正孟子性善论的缺陷，使之在实践上具有更积极的效应。

2. 注重分析的思维方法

与实证方法相联系，荀子方法论的另一个重要特征是注重对问题的不同层次、类别和方面进行具体分析。

无论是阐发义理、提出自己的主张，还是对不同的论点展开批判，荀子都非常注重对问题本身进行具体、深入的辨析，厘清问题的不同层次，找到问题的症结所在，以推进认识的深化与发展，以便找到问题的破解之道。它贯穿于荀子整个哲学理论体系之中，并体现于其中各个层次和环节，构成其重要的方法论。从天与人的由分而合，到对很多具体问题的认真解析，都可以清晰地辨识出荀子的这一特有的思维方法。例如，针对当时各家对儒家的批评，荀子对"儒"本身进行了具体详尽的分析，将其分为"俗儒"、"雅儒"、"大儒"等，以"大儒"作为儒家精神的根本标志，从而将儒家的宗旨和特质更明晰地凸显出来；对于人们争论不休的"勇"，荀子既有"狗彘之勇"、"贾盗之勇"、"小人之勇"、"士君子之勇"的区分，又有"上勇"、"中勇"、"下勇"的区分；而对所谓的"辱"则鲜明地分为"义辱"与"势辱"这两种看似相似实则相反的形态。诸如这样的分析，在《荀子》一书中比比皆是。也正因为如此，康有为将荀子思想的特征概括为"荀言穷理，多奥析"，并认为"荀言理似较孟为细"。[①]

3. 全面、整体地看问题的辩证方法

荀子注重对问题进行具体的辨析，并不是以此为终结，而是主张通

---

① 康有为：《万木草堂口说》，载氏著《长兴学记·桂学答问·万木草堂口说》，北京：中华书局，1988年，第187、179页。

过分析辨清问题,在此基础上试图以全面、整体的视域认识、评价问题,力求达到对人与世界的更全面、更完整的认识、建立起更合理且更有现实效应的理论体系。

在集中体现其方法论思想的《解蔽》篇中,荀子明确指出,人们之所以陷入这样那样的谬误,就在于往往只看到事物之一面,而不能从整体上全面地认识事物,"凡人之患,蔽于一曲,而暗于大理。"(《荀子·解蔽》)因为大道无限深远而复杂,人往往所观察和领悟到的只是其中一面,却误认为是大道之整体,所以很容易以偏概全,因而导致谬误:"万物为道一偏,一物为万物一偏。愚者为一物一偏,而自以为知道,无知也。"(《荀子·天论》)如果局限于对"道"的某一方面、层次的认识,都难免导致对其他方面和整体的遮蔽,"故为蔽,欲为蔽,恶为蔽,始为蔽,终为蔽,远为蔽,近为蔽,博为蔽,浅为蔽,古为蔽,今为蔽。凡万物异则莫不相为蔽,此心术之公患也。"(《荀子·解蔽》)诸子百家也不例外,他们既有所长,又同样各偏一曲而失之片面:"墨子蔽于用而不知文,宋子蔽于欲而不知得,慎子蔽于法而不知贤,申子蔽于势而不知知,惠子蔽于辞而不知实,庄子蔽于天而不知人。"而在荀子看来,"此数具者,皆道之一隅也。夫道者,体常而尽变,一隅不足以举之。曲知之人,观于道之一隅而未之能识也。……此蔽塞之祸也。"(《荀子·解蔽》)从另外一个角度,荀子则将他们各自的片面性总结为"慎子有见于后,无见于先;老子有见于诎,无见于信;墨子有见于齐,无见于畸;宋子有见于少,无见于多。"(《荀子·天论》)

只有破除这种片面性,全面、完整地认识事物,才能获得正确的认识。真正的为学者,既要认识到各种片面论断的缺陷或错误,更要善于洞察并借鉴、吸收其中所蕴涵的合理因素,加以融会贯通。"尊以遍矣,周于世矣。""全之尽之,然后学者也。君子知夫不全不粹之不足以为美也,故诵数以贯之,思索以通之。"(《荀子·劝学》)对为政者来说,要获得成功,更要懂得系统地、整全地看待、评判问题,做到全面、公正、无偏地处理问题,"偏立而乱,俱立而治。"否则,"上好曲私,则臣下百吏乘是而后偏。"(《荀子·君道》)所以，"圣人知心术之患，见蔽塞之祸，故无欲、无恶、无始、无终、无近、无远、无博、无浅、无古、无今，兼陈万物而中县衡焉。是故众异不得相蔽以乱其伦也。"(《荀子·解蔽》)

荀子的整个哲学体系便是在这种方法论的指导下，批判地继承此前各家的哲学思想而成就的。荀子对其前和当时的各家学说都有很深入的分析批判，明辨各自的缺陷和失误，而在这种批判背后，对其中合理的思想因素又很好地进行了借鉴、吸收，由此不仅极大地推进了儒家文化的发展，成为先秦儒家的集大成者，而且在一定程度上也克服了此前各家的各种片面性，实现了对整个先秦思想的综合统一。荀子之所以能取得这一重大成就，显然既得益于其全面整体的视野——这使他能够洞察出各家的缺陷，也得益于其所特有的这种在明分基础上融会统一的方法论，这使得他能够成功地吸收各家学说的精华，并加以融合运用。

第三节　逻辑思想

在荀子的哲学体系中，还包含着丰富的逻辑思想。荀子的逻辑思想以"正名"为核心。它既是荀子认识论与方法论思想的具体体现和延伸，也是对孔子"正名"主张的进一步贯彻和发展。

荀子之所以如此重视"正名"问题，其直接用意是针对当时盛行的各种似是而非的诡辩和错误论点，为澄清人们认识上的错误、正确认识事物提供一种切实有效的逻辑方法。荀子对人们在名实问题上所产生的谬误及其原因进行了认真的总结分析，认为主要有三种情况，"凡邪说辟言之离正道而擅作者，无不类于三惑者矣"(《荀子·正名》)。其一，由于名词的混乱导致谬误，即"惑于用名以乱名"，如"见侮不辱"、"圣人不爱己"、"杀盗非杀人"等便属于此类；其二，将个别与一般、特殊与普遍相混淆，即"惑于用实以乱名"，如"山渊平"、"情欲寡"、"大钟不加乐"等便是以个别混同一般；其三，利用名词之间的差异以抹杀、颠覆客观的、普遍公认的事实，即"惑于用名以乱实"，如"非而谒"、"楹有牛"、"马非马也"等便是如此。而所有这些谬误的共同之处就在于将名与实割裂开来乃至对立起来,使二者相互背离。因此,荀子有的放矢地将"制名以指实"作为其"正名"学说的根本宗旨与基本原则。"然则所为有名,与所缘以同异,与制名之枢要,不可不察也。""知者为之分别,制名以指实。"(《荀子·正名》)

但荀子提出其"正名"学说的目的并不限于认识论层面,而有着更深层的价值论的指向。从单纯逻辑学的角度来看,荀子的"正名"学说与之前墨家逻辑思想显然有着传承关系,而从更深层来看,则是借鉴墨家的逻辑思想来更充分地证明和深化儒家的思想主张。众所周知,在孔子那里就明确提出了"正名"的道德与政治主张,而荀子的"正名"学说正是对孔子这一主张的进一步贯彻和发展,最终是为儒家价值规范奠定逻辑基础,为其提供逻辑论证。知者之所以要"为之分别,制名以指实",更是为了"上以明贵贱,下以辨同异。贵贱明,同异别,如是则志无不喻之患,事无困废之祸,此所为有名也。"反之,"异形离心交喻,异物名实玄纽,贵贱不明,同异不别;如是则志必有不喻之患,而事必有困废之祸。"(《荀子·正名》)更重要的是,为其后的政治与文化统一局面奠定思想基础。这是荀子"正名"思想的更深层的用意。"今圣王没,名守慢,奇辞起,名实乱,是非之形不明,则虽守法之吏、诵数之儒,亦皆乱也。若有王者起,必将有循于旧名,有作于新名。"要杜绝这一系列弊端和祸患,使天下安定统一,必须首先进行"正名","故王者之制名,名定而实辨,道行而志通,则慎率民而一焉。""故期、命、辨、说也者,用之大文也,而王业之始也。"(《荀子·正名》)

荀子"正名"学说紧紧围绕着名实关系问题而展开,着重从形式与内容两个方面阐明名究竟何以形成问题。因为这乃是"制名之枢要,不可不察也。"在荀子看来,就名的所指而言,它是人的感官和心对现实事物的真实反映,"然则何缘而以同异? 曰:缘天官。凡同类、同情者,其天官之意物也同,故比方之疑似而通,是所以共其约名以相期也。"(《荀子·正名》)以此为根据,"知者制名以指实。"(《荀子·正名》)在具体的制名过程中,应遵循"同则同之,异则异之"的原则进行:"物有同状而异所者,有异状而同所者,可别也。状同而为异所者,虽可合,谓之二实。状变而实无别而为异者,谓之化。有化而无别,谓之一实。此事之所以稽实定数也,此制名之枢要也。"由此做到"知异实者之异名也,故使异实者莫不异名也,不可乱也,犹使同实者莫不同名也。"(《荀子·正名》)而就名的能指而言,荀子认为这是人们在长期的实践和交流过程中约定俗成的,"名无固宜,约之以命,约定俗成谓之宜,异于约则谓之不宜。名无固实,约之以命实,约定俗成,谓之实名。"其目的在于,使人们能借此得以表达和交流思想。"彼正其名,当其辞,以务白其志义者也。彼名辞也者,志义之使也,足以相通,则舍之矣。苟之,奸也。故名足以指实,辞足以见极,则舍之矣。"(《荀子·正名》)名应是二者的统一。名的形式乃约定的结果,而一旦确立下来,其内容或所指则是明确的、确定的,不能主观任意变换,必须与事实相符合。"名闻而实喻,名之用也。累而成文,名之丽也。用、丽俱得,谓之知名。名也者,所以期累实也。辞也者,兼异实之名以论一意也。辩说也者,不异实名以喻动静之道也。期命也者,辨说之用也。辨说也者,心之象道也。"(《荀子·正名》)

以此为基点,荀子对概念的种类及其相互关系进行了详细的阐发。按照其构成形态,荀子将名分为"单名"与"兼名","单足喻则单,单不足以喻则兼。"(《荀子·正名》)而根据外延的大小,名又分为"共名"与"别名"。荀子认为,事物之间虽然千差万别,但同时又具有各种共性,根据共性加以归类,从而形成类概念,即"共名"。沿着这一方向逐层向上递进,最终形成最大的"共名"。"故万物虽众,有时而欲遍举之,故谓之物,物也者,大共名也。推而共之,共则有共,至于无共然后止。"而根据事物之间的差异,则可以形成"别名",不断分析,直到无别而止。"有时而欲偏举之,故谓之鸟兽,鸟兽也者,大别名也。推而别之,别则有别,至于无别然后止。"(《荀子·正名》)各种诡辩论和认识上的错误之所以发生,其具体原因往往就在于不能分清和明辨各种概念之间的逻辑层次差异及其相互关系,因而最终导致名与实的歧出乃至相互背离。

荀子的"正名"学说在中国古代逻辑思想史上具有重要的地位。它总结、继承并发展了包括墨家在内的先秦各家逻辑思想,对其后逻辑思想的演变有着深刻的影响,同时也极大地丰富和拓展了儒家文化的内涵。

第四节　人性论

在荀子整个哲学体系中,最令人注目且一直备受争议的,无疑是其人性论思想。与先秦时期其他各家关于人性的认识都迥然不同,荀子明确提出了所谓人性本恶的性恶论思想:"人之性恶明矣,其善者伪也。"(《荀子·性恶》)

从《性恶》篇本身来看,毫无疑问,荀子的这一理论是针对孟子关于人性本善的论断而提出的。在该篇中,荀子明确地将孟子的性善论作为反面例证和目标,从事实与实际效应等层面进行了分析批判,并以此作为自己立论的重要依据。而从荀子整个哲学体系来看,荀子的性恶论则是其天人关系观和立足现实、注重"符验"的认识论及方法论贯彻到人性论上的必然结果,它们彼此之间有着内在的逻辑联系。因此,将荀子性恶论置于其哲学体系的整体之中加以考察,才能真正理解其实质、特征及其意义。

一、人性的内涵与特征

在荀子那里,所谓人性,指的是人作为自然生命与生俱来的本性,"生之所以然者谓之性。"(《荀子·正名》)按照廖名春的分析,所谓"生之所以然者谓之性"即"生之所以生者谓之性",换言之,也即是"性者,生之所以生也"。这从语义角度清晰地揭示出,荀子的"性"与"生"的内在统一性。① 就其源泉而言,这种人生来具有之性,乃天之所赋。"凡性者,天之就也,不可学,不可事。"(《荀子·性恶》)它包括情与欲两个层面,"性

---

① 廖名春:《荀子新探》,台北:文津出版社,1994年,第98页。

者,天之就也;情者,性之质也;欲者,情之应也。"(《荀子·正名》)也就是说,情乃性之实质,欲乃是性的发用和具体体现,因此荀子也将人性称为情性或人情。在现实生活中,它以各种本能欲望的形式体现出来,"饥而欲饱,寒而欲暖,劳而欲休,此人之情性也。"(《荀子·性恶》)荀子还根据人的五官感觉将人的情性更具体地解释为"五綦",即五种感性欲求:"夫人之情,目欲綦色,耳欲綦声,口欲綦味,鼻欲綦臭,心欲綦佚。此五綦者,人情之所不免也。"(《荀子·王霸》)而无论是情还是欲作为性之构成要素和体现形式也都源自于天,"欲不待可得,所受乎天也。"(《荀子·正名》)

与先秦时期其他哲学家特别是孟子的人性论相比,荀子对人性的认识有着迥然不同于其他学派的一系列特征:

荀子的人性概念的最重要特征在于其客观必然性。既然人的自然本性乃天之所赋,那么它作为天所造就的成果和天在人身上的一种体现,便具有自然性和客观必然性,不以人的意志为转移,"不可学、不可事",人的一切能动活动都必须以承认、正视它的客观存在为前提或出发点。"以所欲为可得而求之,情之所必不免也。"(《荀子·王霸》)凡人都必然有欲,欲不仅不可能灭除,"虽尧、舜不能去民之欲利"(《荀子·大略》),而且也正是"欲"构成了人性的实际内容,甚至使人成其为人,"欲不可去,性之具也","有欲无欲,异类也。"(《荀子·正名》)

既然人性乃天之所赋,因此也必然是一切人普遍具有且完全相通的。在荀子那里,所谓普遍共通性包含两个层面的含义:一方面,是指人性本身的形式特征,即人性必然具有普遍性,它是人之所以为人的共同前提,是人所共有的类属性。"故千人万人之情,一人之情是也"(《荀子·不苟》);"圣人者,以己度者也。故以人度人,以情度情,以类度类,以说度功,以道观尽,古今一度也。"(《荀子·非相》)这种普遍性不仅涵盖同一时间不同空间内的人,而且涵盖任何历史时空中的人。另一方面,是指内容的相同共通性。在人性的欲求方面,对于具体的个人来说,人与人之间可能有量的强弱、多少的区别,也可能各有侧重偏好,在先天素质、能力上也会参差不齐。但本质上其本性欲求乃是共有相通的，即使是圣人也不例外。"饥而欲饱，寒而欲暖，劳而欲息，好利而恶害，是人之所生而有也，是无待而然者也，是禹、桀之所同也。"（《荀子·非相》）圣人与涂之人乃至桀、纣在个人修养上有悬殊之别甚至背道而驰，以致最终成为不同的角色，而就其原始本性而言，则是完全相同的，并不存在差异。

对于每个人来说，所谓人性的客观必然性则意味着，它是生来现成具有的，"无待而然者也"，无须后天的学习。它非但不是人自身努力的结果，反而既是人的后天能动活动所要改造、完善的对象，又是这种能动活动能够得以展开和实现的条件和动力源泉，"故曰：性者，本始材朴也；伪者，文理隆盛也。无性则伪之无所加，无伪则性不能自美。"（《荀子·礼论》）

但人性虽然就其来源而言是既定的、现成的，但这并不意味着它将一成不变，而是具有开放性、可塑性。从消极的一面来看，随着人的生命历程的扩大，活动的拓展，所接触的对象日益丰富，因此人的欲求亦将不断增长。从这个意义上说，人的欲求是不可穷尽的，"人之情，食欲有刍豢，衣欲有文绣，行欲有舆马，又欲夫余财蓄积之富也；然而穷年累世不知（不）足，是人之情也。"（《荀子·荣辱》）就此而言，这意味着，它势必造成人的无穷欲望与有限物质条件之间的矛盾，从而导致无尽的纷争，因此必须以某种方式加以节制和制约。而从积极的一面来说，人的自然本性尽管必不可免，也并不完善，但完全能够经过后天的道德熏陶教化，对其加以改塑、美化，使之不断地趋向完善。

二、对人的本性欲求的正视与肯定

在充分肯定人的自然情性的客观必然性的背后，荀子究竟持有何种立场和态度，一直是学术界争论不休的问题。它不仅直接关系到对荀子人性论实质及其意义的认识与评价问题，而且关系到对其它诸多问题如礼义观的认识与评判。

对于这一问题,在《性恶》篇一开篇,荀子就似乎开宗明义给出了明确的回答:"今人之性,生而有好利焉,顺是,故争夺生而辞让亡焉;生而有疾恶焉,顺是,故残贼生而忠信亡焉;生而有耳目之欲,有好声色焉,顺是,故淫乱生而礼义文理亡焉。然则从人之性,顺人之情,必出于争夺,合于犯分乱理,而归于暴。故必将有师法之化,礼义之道,然后出于辞让,合于文理,而归于治。"很显然,在荀子看来,如果放纵人的自然情性,任其泛滥,势必会带来严重的危害,因此必须加以规范和制约。这一思想基本上贯穿于《荀子》全书之中,构成了荀子关于这一问题的基本立场与态度。这一点毋庸置疑。从这个意义上说,荀子的人性论被称为性恶论,不仅荀子本人有着明确的表述,而且也确实在特定的意义上代表着其基本态度。

同时,更应该看到的是,荀子对人的自然情性又有着充分的肯定乃至伸张。这一方面是指,在荀子关于人的自然本性乃源自至上之天的论断中,其实就蕴涵着人性不仅具有必然性,而且具有合理性与正当性的立场倾向;如果说这样的分析更多的属于哲学解释的话,那么另一方面,荀子在各种不同的场合关于人的自然欲求之合理性与正当性的具体而明确的阐发,则清楚地表达了他对人的自然本性的肯定态度。有学者根据荀子的这一立场倾向,将荀子的性恶论归为性朴论。这在一定程度上似乎更能揭示荀子人性论的深层含义。也有学者则据此进而认为《荀子》一书中的《性恶》篇疑为后人伪窜,此论则不免牵强,也与荀子的整体思想不符。

针对先秦诸子中各种否定人的欲求的合理性、主张尽可能节欲甚至根本禁绝欲望的片面错误的观点,荀子给予了尖锐的批判。对于宋子等人所提出的所谓欲望过多便会导致国家衰亡的论调,荀子针锋相对地驳斥道:"凡语治而待去欲者,无以道欲而困于有欲者也。凡语治而待寡欲者,无以节欲而困于多欲者也。有欲无欲,异类也,生死也,非治乱也。欲之多寡,异类也,情之数也,非治乱也。""心之所可中理,则欲虽多,奚伤于治! ……故治乱在于心之所可,亡于情之所欲。不求之其所在而求之其所亡,虽曰我得之,失之矣。"(《荀子·正名》)在荀子看来,问题的关键不在于欲多欲寡、而在于处置是否有道,"今人所欲,无多;所恶,无寡。……故可道而从之,奚以益之而乱! 不可道而离之,奚以损之而治!"(《荀子·正名》)而陈仲、史鳅所谓的寡欲、禁欲或抑欲主张,其错误也皆在于此:"忍情性,綦谿利跂,苟以分异人为高,不足以合大众、明大分。"(《荀子·非十二子》)

在这一问题上,荀子的立场应该是两方面的统一。一方面,明确而充分地肯定人作为自然生命所具有的本性欲求的客观性、合理性乃至正当性,反之,"性伤谓之病。"(《荀子·正名》)从这个角度说,所谓人性恶,决非是说人性本身是恶(尽管荀子本人的表述确实具有这样的意味),其真正的含义是如果不加规范节制、任其泛滥,势必导致恶的结果。徐复观所提出的不能空泛地将荀子的人性论定为"性恶论",更不能闻"恶"便弃、不加深究的观点可谓透彻。另一方面,也反对完全放任人的感性欲望的泛滥,主张在理性("心")的指导下,通过礼义来规范、节制人的欲望,在满足正当欲望的基础上使人获得更健全的发展。"欲虽不可去,求可节也。所欲虽不可尽,求者犹近尽;欲虽不可去,所求不得,虑者欲节求也。道者,进则近尽,退则节求,天下莫之若也。"(《荀子·正名》)礼义的目的并不是禁绝人的情性或欲望,而是为了使所有的人的欲望得到更有效、更合理的实现,"以养人之欲,给人以求。"(《荀子·礼论》)

荀子认为,儒家学说的高明之处,就在于更全面地认识和评判人的自然情性,主张更合理地加以引导,旨在将义与利统一起来,共同得以实现。对整个社会来说,通过加以规范和引导,则会避免由于人的欲求无限,而满足欲求的物质条件有限,"物不能赡"而可能导致的强者凌弱、众者欺寡现象,使每个人的自然欲求都能得到普遍的、长久的实现。这样,"故人一之于礼义,则两得之矣;一之于情性,则两丧之矣。"(《荀子·礼论》)对个人来说,如此不仅能保证其自身的欲求得到有效的满足,而且能防止人的异化,"为物所役",实现人自身的健全发展。因为人的情性终究不同于动物之本能,它必然伴随着人的精神体验。"故欲养其欲而纵其情,欲养其性而危其形,欲养其乐而攻其心,欲养其名而乱其行。如此者,虽封侯称君,其与夫盗无以异;乘轩戴冕,其与[夫民]无足无以异。夫是之谓以己为物役矣。"(《荀子·正名》)

　　自宋儒开始,人们常常将荀子的性恶论视为孟子性善论的对立面,将二者截然对峙。的确,在《荀子》一书中不难找到相应的文献依据。但如果不是只局限于《性恶》篇,不是孤立地抓住某个论断,不是只停留于文字表面,而是从整体上加以考察,就会领悟到荀子所谓"性恶论"的真正用意在于提示人们,应将人的实然的自然天性与后天的应然的价值追求明确区分开来;只有在充分正视人的实然的自然欲求的基础上,应然的价值追求才有其意义,也才能得到有效的贯彻落实。而孟子的性善论的立论根据则不在于经验、实然层面,而是着眼于人之应然的价值追求上,即人应当合乎此应然之性,才成其为人。张岱年对此有着精辟的辨析:"孟子所谓性善,并非谓人生来的本能都是善的,乃是说人之所以为人的特殊要素即人之特性是善的。孟子认为人之所以异于禽兽者,在于生来即有仁义礼智之端,故人性是善。荀子主性恶,认为人之性是好利多欲的,性中并无礼义,一切善的行为都是后来勉强训练而成。""荀子所谓性,乃指生而完成的性质或行为,所以说是'天之就','生之所已然','不事而自然'。生来即完具、完全无待于练习的,方谓之性……生而不论有萌芽与否,待习而后完成者,都是伪。由此看来,荀子所谓性,与孟子所谓性,实截然两事。孟子言性,用端字用才字,具见萌芽可能之意;据荀子的界说讲……所谓端,当然也不能说是伪,但决不在性中。"①也就是说,荀子的性恶论与孟子的性善论之间的差异,在于双方的着眼点各不相同,导致其侧重点不同,但最终的归宿则是一致的。二者并不构成截然对立的两极,相反在很大程度上彼此之间还有着很强的互补性与内在相通性。

---

① 张岱年:《中国哲学大纲》,北京:中国社会科学出版社,1982年,第187—189页。

第五节　礼义论

礼义论是荀子基于其人性论而提出的价值诉求,因而也是荀子整个哲学理论的最终归结。

一、礼的起源

荀子从其人性论出发,对礼的起源做了不同于前人的新的阐释:

> 礼起于何也? 曰:人生而有欲,欲而不得,则不能无求。求而无度量分界,则不能不争。争则乱,乱则穷。先王恶其乱也,故制礼义以分之,以养人之欲,给人以求。使欲必不穷乎物,物必不屈于欲,两者相持而长,是礼之所起也。故礼者,养也。(《荀子·礼论》)

在这里,很显然荀子是从人自身的自然本性出发来诠释礼的起源问题:礼因欲而起,为欲所设,是人的欲望所求与物质的相对匮乏之间矛盾的产物。人的欲求无边无际,凡人无不普遍必然地具有,而用以满足欲求的资源总是有限的,人与人之间得以满足欲求的能力和条件也是相互差异的,因此必须通过设立一系列规则加以规范和调节。通过进行合理有序的分配,使人们的欲求得到有效的满足,否则,就会陷入无边的纷争之中,反而无法得到普遍满足。而所有这一切,归根到底皆是源自人必然具有的自然本性的欲求,正是它从必要性方面决定了人类社会何以必须用礼义加以指导和规范。

礼义之所以能够形成,也是源自人所特有的能动本性。人不仅具有一切生命所普遍具有的自然情性和欲望,还有心作为自己的指导和主宰。心既有辨别、判断能力,使人“有辨”、“能辨”,还有能动的自我制约能力,“心者,形之君也,而神明之主也,出令而无所受令。自禁也,自使也,自夺也,自取也,自行也,自止也。”(《荀子·解蔽》)“情然而心为之择谓之虑,心虑而能为之动谓之伪。”(《荀子·正名》)因而,使人“有生”、

"有知"，更"有义"，这是礼义之所以可能的动力源泉。所以荀子说"心也者，道之工宰也。道也者，治之经理也。"（《荀子·正名》）

而使作为价值规范的礼义真正确立起来并广泛施行的，则是"先王"或"君子"。他们以其卓越的智慧深刻地洞察出这一趋势，并以其崇高的德性和才能率先垂范，并大力推行，如此才使礼义大行于天下，深入于人心。"势位齐而欲恶同，物不能澹则必争，争则必乱，乱则穷矣。先王恶其乱也，故制礼义以分之。使有贫富贵贱之等足以相兼临者，是养天下之本也。""君子者，礼义之始也。"（《荀子·王制》）

综观《荀子》全书，其关于礼义起源的思想应该是这三个方面的统一。正是在这个意义上，荀子提出了"礼之三本"说："礼有三本：天地者，生之本也；先祖者，类之本也；君师者，治之本也。无天地，恶生？无先祖，恶出？无君师，恶治？三者偏亡，焉无安人。故礼，上事天，下事地，尊先祖而隆君师。是礼之三本也。"（《荀子·礼论》）这一论述，可谓是荀子关于礼义起源问题的最全面的阐述，是其关于礼义起源思想的最完整表达。它并不像有些学者所认为的那样，与荀子的自然本性起源说相矛盾，而是包含后者于其中。

二、礼义的实质

在论述礼义何以形成时，荀子便明确地揭示了其实质就在于"明分"，即在对人的名分及人与人之间的关系加以分辨的基础上，如何合理恰当地处理这些关系，进行地位秩序的安排和各种资源的分配。概言之，礼义乃是使每个人各得其所、皆得其宜，使社会和谐繁荣的"明分之道"。因为对群体性、社会性的人来说，"人之生，不能无群，群而无分则争，争则乱，乱则穷矣"。荀子详细总结、列举了无分所必然导致的各种危害："欲多而物寡，寡则必争矣……群而无分则争：穷者患也，争者祸也。救患除祸，则莫若明分使群矣。强胁弱也，知惧愚也，民下违上，少陵长，不以德为政：如是，则老弱有失养之忧，而壮者有分争之祸矣。事业所恶也，功利所好也，职业无分：如是，则人有树事之患，而有争功之祸矣。男女之合,夫妇之分,婚姻娉内,送逆无礼:如是,则人有失合之忧,而有争色之祸矣。故知者为之分也。"(《荀子·富国》)唯有"明分",才是解决这一系列矛盾难题的唯一合理有效之道:"故义以分则和,和则一,一则多力,多力则强,强则胜物,故宫室可得而居也。故序四时,裁万物,兼利天下,无它故焉,得之分义也。"(《荀子·王制》)"故无分者,人之大害也;有分者,天下之本利也。"(《荀子·富国》)

所谓"明分",首先是指通过对人与人之间的分辨或区分而确立的亲疏、尊卑、贵贱、等级等的名分之分,"礼乐以成,贵贱有分"(《荀子·赋》),"故尚贤使能,等贵贱,分亲疏,序长幼,此先王之道也。……故仁者,仁此者也;义者,分此者也;节者,死生此者也;忠者,敦慎此者也。兼此而能之,备矣。"这样,"贵贱有等,则令行而不流;亲疏有分,则施行而不悖;长幼有序,则事业捷成而有所休。"(《荀子·君子》)

值得注意的是,在荀子那里所谓贵贱、尊卑的等级、名分之分既不是预定的,即每个人所属的等级、所具有的名分都不是生来拥有的,也不是一成不变的。对于已处高位的人,其地位也并不是固定不变的,必须是与其德性、能力以及贡献相对应的。对于不相称者应废上就下,而优异者可从下而上。"虽王公士大夫之子孙也,不能属于礼义,则归之庶人。虽庶人之子孙也,积文学,正身行,能属于礼义,则归之卿相士大夫。"(《荀子·王制》)这意味着,所谓尊贵的层次是向所有人敞开的。"我欲贱而贵,愚而智,贫而富,可乎? 曰:其唯学乎? ……上为圣人,下为士君子,孰禁我哉!"(《荀子·儒效》)这样说来,尊贵与卑贱乃是每个人后天造就的结果,而路径是向所有的人开放的。只要自身不断努力,"涂之人可以为禹。"(《荀子·性恶》)与孟子有所不同的是,在荀子那里,虽然每个人皆有此可能性,但实际上并非人人都能达到这一境界。

"明分"的另一重涵义则是指针对贫富之别、长幼之差、愚智、能不能、强弱(鳏寡)之殊等等,给予其不同的应有的对待。"故先王案为之制礼义以分之,使有贵贱之等、长幼之差、知贤愚能不能之分,皆使人载其事而各得其宜,然后使谷禄多少厚薄之称,是夫群居和一之道也。"(《荀子·荣辱》)

在荀子那里，作为一种普遍规范，无论是尊卑、贵贱、亲疏、等级之分，还是长幼、智愚、强弱等等之分，其实质内涵都在于在人与人之间划分、确定界限，以此为准则给予每个人以应有的对待。所谓分界，既是针对不同等级、不同的名分，在尊卑贵贱之间进行，也同样适用于同一等级的不同个体之间。尊卑贵贱不同，度量理当有别，但在彼此之间划立界限，则是针对所有的人。"礼者，贵贱有等，长幼有差，贫富轻重皆有称者也。"（《荀子·礼论》）一旦分定，就理应为整个社会共同遵守。每个人都必须"尊法敬分而无倾侧之心"（《荀子·君道》），"唯其当之为贵"（《荀子·不苟》），"当则可，不当则废"（《荀子·王霸》）。无论是卑贱者还是尊贵者，强者还是弱者，智者还是愚者，都不得逾越界限，相互侵犯，而应该"皆内省以谨于分"（《荀子·王霸》）。否则，都属于"犯分乱理"，如此才能有效地保证每个层次的人都能获得各自应有的利益。荀子这种关于礼在于"分界"的思想无疑是对儒家的礼的概念的重大发展，具有重要的理论与实践意义。

除此之外，所谓"礼在于明分"还兼有社会分工之义。"兼足天下之道在明分：掩地表亩，刺草殖谷，多粪肥田，是农夫众庶之事也；守时力民，进事长功，和齐百姓，使人不偷，是将率之事也；……若夫兼而覆之，兼而爱之，兼而制之，岁虽凶败水旱，使百姓无冻馁之患，则是圣君贤相之事也。"（《荀子·富国》）社会各行各业的分工都是"明分"的体现："农分田而耕，贾分货而贩，百工分事而勤，士大夫分职而听。"（《荀子·王霸》）在这里，"明分"已不仅仅是道德意义上的名分之别，不再只是伦理道德的范畴，而越出了亲疏之分的伦理疆界，具有了更广泛的涵义，成为一种政治、社会范畴。

三、礼义的宗旨与功能

荀子认为，礼义作为一种价值和规范，旨在指导、约束人们的行为，确立和维护社会秩序，调节利益分配，促进个人和社会的健全发展。这是礼义的宗旨与功能所在。

礼义首先是安邦治国的方略和指导原则。"礼者,治辨之极也,强国之本也,威行之道也,功名之总也。……王公由之,所以得天下也;不由,所以陨社稷也。"(《荀子·议兵》)在荀子看来,之所以说"礼义者,治之始也"(《荀子·王制》)、"礼义之谓治"(《荀子·不苟》),就在于一方面,通过合理的利益分配和恰当的社会分工促进人的群体合作,以增强人认识、改造自然的能力,促进社会的繁荣,"群道当,则万物皆得其宜,六畜皆得其长,群生皆得其命。"(《荀子·王制》)另一方面,以明分确立并保障社会秩序的稳定和和谐。君王的职责就是以礼义为指导,合理地分配各种资源,使人人得其所应得:"请问为人君? 曰:以礼分施,均遍而不偏。"(《荀子·君道》)只有以礼治国,才能长治久安,天下富足安宁,"隆礼贵义者,其国治",而反之,"简礼贱义者,其国乱。"(《荀子·议兵》)因为"职分而民不探,次定而序不乱。"(《荀子·君道》)所以荀子反复强调指出:"人无礼不生,事无礼不成,国家无礼不宁。"(《荀子·大略》)

对荀子来说,维护社会秩序、安邦治国并不是礼义的最终目标。圣人创设礼义的最终目的,乃是为了更好地促进人的发展:一方面,通过划分界限,合理、有效地满足人的欲求,使人的自然本性得以实现,即"养人之欲,给人以求"。就这一层面而言,养民之生乃为民德之至道,"以从俗为善,以货财为宝,以养生为己至道,是民德也。"(《荀子·儒效》)另一方面,在此基础上,通过礼义教化,使百姓与国家日益和谐完善,赢得长久、全面的发展:"彼固天下之大虑也,将为天下生民之属长虑顾后而保万世也,其流长矣,其蕴厚矣,其功盛遥远矣,非慎熟修为之君子,莫之能知也。"(《荀子·荣辱》)所以,"有分者,天下之本利也;而人君者,所以管分之枢要也。故美之者,是美天下之本也;安之者,是安天下之本也;贵之者,是贵天下之本也。"(《荀子·富国》)

对个人来说,礼义无疑是对人的行为的制约与规范,是人道德修为和自我完善的指导原则。人应该在这一价值引导下,自觉节制自己的欲望,恪守各自的界限,并通过自身的道德修养,不断完善自己的人格。而正如对国家社稷一样,既然礼义不只是抽象的伦理人格意义上的身份、等级、名分之分，而实质上更是一种利益分配的准则或方略；而且还基于对人的特殊差异如老幼、智愚、能不能、强弱等的区别，而使得这种分配还实际上向最不利者倾斜与补偿，"使有贫富、贵贱之等，足以相兼临者，是养天下之本也。"（《荀子·王制》）否则，"强者害弱而夺之，众者暴寡而哗之，天下之悖乱而相亡不待顷也。"（《荀子·性恶》）因此，其基本宗旨和功能也是保障和促进每个人更合理有效地实现自己的欲求和利益。在此基础上，所谓更高的目标即人的自我完善，才能逐渐得以实现。

在荀子看来，无论是对为政治国者来说还是对个人来说，问题的关键在于能否正确地认识到二者之间的内在统一关系，而不是将二者对立起来。为政者须懂得并做到先"生养"民众，再治人教人，而不能颠倒过来："君者何也？曰：能群也。能群也者，何也？曰善生养人者也，善班治人者也，善显设人者也，善藩饰人者也。善生养人者人亲之……不能生养人者，人不亲也。"（《荀子·君道》）对于个体来说，则应懂得先义后利，以义取利，才能赢得长久之利。浅陋之人往往只见眼前的利益，而不能看到问题的另一面，见利而忘义，结果两面皆失。"凡人之患，偏伤之也。见其可欲也，则不虑其可恶也者；见其可利也，则不虑其可害也者，是以动则必陷，为则必辱，是偏伤之患也。"（《荀子·不苟》）对理性的人来说，在眼前可欲之物与长远利益之间，无疑应该能动地选择后者，理性地控制、节制自己的欲望，"见其可欲也，则必前后虑其可恶也者；见其可利也，则必前后虑其可害也者；而兼权之，孰计之，然后定其欲恶取舍，如是则常不失陷矣。"（《荀子·不苟》）实际上，以义为先不仅令人尊崇，而且终将获得更大的利益。"先义而后利者荣，先利而后义者辱；荣者常通，辱者常穷；……材悫者常安利，荡悍者常危害；安利者常乐易，危害者常忧险；乐易者常寿长，忧险者常夭折。是安危利害之常体也。"（《荀子·荣辱》）由此荀子将礼义的宗旨与功能阐释为"故人莫贵乎生，莫乐乎安；所以养生安乐者，莫大乎礼义。人知贵生乐安而弃礼义，辟之是犹欲寿而刭颈也，愚莫大焉。"（《荀子·强国》）这可谓荀子对于这一问题的主旨所在。就其而言，在荀子那里这种义与利的统一并不完全像有些学者所认为的那样,是二者的平行并列式的一致①,而更多的是将礼义视为指导和保证人们求得真正长久安乐、实现更好的生存和发展的最恰当的工具和手段:"吾所谓仁义者,大便之便也。"(《荀子·议兵》)这既是儒家之不同于墨家的重要区别所在,也是儒家的伟大之处:"故儒者将使人两得之者也,墨者将使人两丧之者也,是儒墨之分也。"(《荀子·礼论》)康有为对荀子礼论的概括可谓精辟:"礼论言,礼者,养也,最包括。宋儒只言得一节字,未知圣人养人之义。"②

四、向"法"的演化

在荀子那里,礼义既然被阐释为满足人的生存需求的手段和工具,其功能就在于调节人的无限的自然欲求与"物不能赡"之间的矛盾,对所有的人进行"度量分界"。这样一来,礼义便不仅仅是道德的范畴,而且成为一种分配及调节利益、规范整个现实社会各层面秩序的普遍准则和方式,成为一种政治、法律范畴。由此礼义越来越朝着外在化的方向延伸发展,外显、落实为规范、调节人的各种社会活动的具体行为规则。作为"分"之礼一旦固定下来,也就自然成为一切社会行为的规范。这样的礼实质上已逐渐向更具有普遍性与规范性的法转变。这是荀子礼义论发展的根本趋势,也构成其另一个重要特征,即开始打破前期儒家将礼与法分离开来乃至对立起来的模式,通过由礼向法的转化演变,逐渐将二者统一起来,"礼者,法之大分,类之纲纪也。"(《荀子·劝学》)也正因为如此,研究者们也往往将荀子的礼论描述为以法解礼。

由礼而法的重要标志之一是礼的彻底普遍化。荀子打破此前儒家关于"礼不下庶人"的限制,将其推广、普遍化为规范所有社会成员的准

---

① "荀子一方面以礼义法度明分使群来维系人的尊严,另一方面也正是人的性情欲望的积极作用。"见东方朔:《合理性之寻求:荀子思想研究论集》,台北:台湾大学出版中心,2011年,第311页。

② 康有为:《万木草堂口说》,载氏著《长兴学记·桂学答问·万木草堂口说》,北京:中华书局,1988年版,第191页。

则,评判行为的共同尺度,因而也是治理国家的根本方略。它理应公平而公开,对于同一类的人与事一视同仁并一以贯之,而不因为政者的主观意志和具体情境不同或随意变更,如同以绳墨衡量曲直、以规矩获得方圆并依此而为一样,"故绳墨诚陈矣,则不可欺以曲直;衡诚县矣,则不可欺以轻重;规矩诚设矣,则不可欺以方圆;君子审于礼,则不可欺以诈伪。故绳者,直之至;衡者,平之至;规矩者,方圆之至;礼者,人道之极也。然而不法礼,不足礼,谓之无方之民;法礼,足礼,谓之有方之士。"(《荀子·礼论》)"非礼,是无法也。"(《荀子·修身》)所以,荀子既认为"法者,治之端也"(《荀子·君道》),又提出"礼义者,治之始"(《荀子·王制》)。因为,在他那里,礼已向法转化,并逐渐趋向一体化,"隆礼至法则国有常"(《荀子·君道》)。

由礼而法的另一个重要标志则是礼的逐渐外在化与客观化。在荀子那里,在现实生活中,礼的具体体现与贯彻,便是指导、判定人们行为的准则,是人们据以参照的指南。绳墨、规矩的另一个特征是外在有形,客观可行,"国无礼则不正。礼之所以正国也,譬之犹衡之于轻重也,犹绳墨之于曲直也,犹规矩之于方圆也,既错之而人莫之能诬也。"(《荀子·王霸》)在这个意义上,荀子将礼阐释为"礼者,表也。"(《荀子·天论》)

所谓由礼而法,并不意味着荀子最终将礼完全归于法,而是主张两者的统一而已,而统一的逻辑前提其实就已蕴涵着对彼此之间的差异的认识与肯定。这显然是荀子对法家思想的吸收,但这一吸收的结果,形成了荀子礼及礼治思想的又一重特点,使得荀子的礼治思想与孔子特别是孟子相比,情境性更少,而更具有制度的特性,"礼义生而制法度"(《荀子·性恶》),因而更有利于贯彻落实到现实中,使之具有可操作性,"张而可施行"。

有学者以荀子的由礼而法思想与韩非子思想之间的某些相似之处为据,佐之以荀子与韩非、李斯之间的师徒关系,认为荀子的由礼而法思想对后者有着直接而深刻的影响,乃是后者的内在渊源所在,甚至将荀子与法家归为一类,认为其上述思想开启了后来的"内儒外法"传统。当然,不容否认,荀子的由礼而法思想对韩非子应有一定程度的影响。但更应该指出的是,二者有着本质的不同。对荀子来说,礼法的直接目标是确立和维护社会的秩序,而其最终宗旨在于使每个社会成员都能由此获得应得的利益,使整个社会实现养生安乐的目的。而法家之法则是君主控制、主宰臣民以成就其个人功业的工具和手段。在荀子那里,主张以礼义教化为主,以刑罚为辅。作为儒家文化的弘扬者,荀子的旨趣是通过教育、引导尽可能地使人们自觉地遵循礼义,"行义以正,事业以成。"(《荀子·赋》)在礼与法之间,礼是治国之本,是法的基础或指导原则,在礼的基础上才可能产生法。作为一个具有强烈现实感的思想家,荀子也清醒地认识到总有"犯分乱理"的人与事存在,因此要维护社会的秩序,必须有法。但法本质上只是礼的延伸和补充,其作用更多的只是保证礼义能够在现实中得以有效地贯彻施行,所以告诫为政者必须以礼为主。而法家则相反,完全摒弃道德,而一味地强调以法治国,以至于将法奉为治国御民的万灵工具与法宝,其路径乃与儒家背道而驰。

第六节　荀子哲学思想的历史影响与地位

一、荀子哲学思想的历史影响

在中国思想史上,荀子的影响与地位经历了一个由盛到衰的转变过程。在汉代,荀子从理论与实践两个方面对汉儒和经学都有着深刻的影响。按照梁启超的考证,"汉兴,群经皆传自荀子,十四博士,大半属荀子之学。"[1]其中对《礼记》的影响尤为显著。梁启超通过对《荀子》刘向本与杨倞本及大小戴《礼记》文本的比对,认为应该是"《礼记》采《荀子》,不能谓《荀子》袭《礼记》"[2]。这一论断,基本上为学术界所认同。

---

[1] 梁启超:《读孟子界说》,载《饮冰室合集(1)·文集之三》,北京:中华书局,1989年,第21页。
[2] 梁启超:《要籍解题及其读法》,载《饮冰室合集(9)·专集之七十二》,北京:中华书局,1989年,第43页。

此后一段时期,对荀子的关注相对较少,归于沉寂。直到唐代,始有杨倞注本。唐代以后,荀子又开始进入思想家们的视野。不过,随着时代的更替和潮流的演变,人们开始从不同的立场出发,对荀子及其哲学展开不同的解读,并随之有了迥然不同的评价。

儒家道统观念的首倡者韩愈首先将荀子排斥于儒家道统之外,"尧以是传之舜,舜以是传之禹,禹以是传之汤,汤以是传之文武周公,文武周公传之孔子,孔子传之孟轲。轲之死,不得其传焉。"(《原道》,《韩昌黎全集》卷十一)但对于荀子思想本身,韩愈的评判还算公正平和,认为荀子思想"大醇而小疵"。到了程颢、程颐那里,对荀子思想尤其是其"性恶论"便大加申斥:"荀子极偏驳,只一句'性恶',大本已失。"(《河南程氏遗书》卷十九)在他们看来,既然人性本恶,则无论是人自身的"养心"还是礼义都既失去了根本,也迷失了方向。荀子虽重礼义,但"以礼义为伪,性为不善,它自情性尚理会不得,怎生到得圣人?"(《河南程氏遗书》卷十八)朱熹对荀子的否定也主要集中在对其人性论的斥责上,更明确地指出荀子等人的人性论只是看到了人的气质之性,只看到人性中这种可能变恶的一面。"荀、扬、韩诸人虽是论性,其实只说得气。荀子只见得不好人底性,便说做恶。""荀、扬论气而不论性,故不明。既不论性,便却将此理来昏了。"(《朱子语类》卷四)由此出发,朱熹甚至颇有将荀子归于法家之势:"荀卿则全是申、韩,观《成相》一篇可见。……然其要,卒归于明法制、执赏罚而已。"(《朱子语类》卷一百三十七)在理学家的心目中,荀子被视为"不醇之儒",而被拒斥于儒家正统之外。

如果不停留于理学家们的语词表面,而深入探究其思想脉络,则会发现在批判的背后,二程与朱熹其实在一定程度上恰恰吸收、借鉴了荀子的思想,甚至在一些方面有所弘扬和发展。从程颐到朱熹的理学之迥然不同于心学的一个重要方面,即是方法论上被陆九渊所讥讽为"支离破碎"的重"分"的思想方法,而这很难说完全没有荀子的影响。更值得注意的是,二程也一反单纯强调人的天地之性的片面性,主张同时须正视人的气质之性的存在,应将二者统一起来,否则"论性不论气,不备;论气不论性,不明。"(《河南程氏遗书》卷六)沿着这一理路,朱熹进而指出,荀子只看到气质之性固然不明,而"孟子只论性,不论气",同样"不全备"。不仅"论性不论气,这性说不尽;论气不论性,性之本领处又不透彻",而且,"性只是理,然无那天气地质,则此理没安顿处"。(《朱子语类》卷四)基于这一认识,朱熹人性论力图将人性阐释为天命之性与气质之性的统一。这也正是朱熹对古代儒家人性论的重大完善和发展。而这一切,应该不乏荀子的启迪作用,尽管朱熹本人不曾明确承认这一点。

到明清之际,启蒙思想家转而重新认识荀子的哲学思想特别是其自然人性论思想,充分肯定其合理性与积极意义,针对宋儒的攻讦,为荀子正名,辩护。戴震可谓其中最突出的代表。戴震借鉴吸收荀子人性论的合理因素,以此为参考依据对孟子思想进行了改造,将两种人性论综合统一起来,同时也由此矫正了荀子将礼义与人的自然本性分离开来乃至对立起来的偏失:"荀子知礼义为圣人之教,而不知礼义亦出于性;知礼义为明于其必然,而不知必然乃自然之极则,适以完其自然也。就孟子之书观之,明理义之为性,举仁义礼智以言性者,以为亦出于性之自然,人皆弗学而能,学以扩而充之耳。荀子之重学也,无于内而取于外;孟子之重学也,有于内而资于外。"(《孟子字义疏证·性》)

进入近代,思想家们则进一步认识到荀子哲学对于中国思想文化的深刻影响。按梁启超的说法,自秦汉以后,政治学术皆出于荀子。但从不同的基点出发,对荀子哲学思想的性质与意义则褒贬不一。康有为对荀子思想特别是其人性论更多的是持肯定态度,并多有借鉴和弘扬。章太炎更是大加推举,认为自孔子之后唯有荀子配称"后圣"。而与之相反,谭嗣同则对荀子予以尖锐激烈的抨击,认为"两千年之政,皆秦政也",而其原因应该归咎于荀学的深刻影响,因为"两千年之学,皆荀学也。"

近些年来,随着认识的深化,荀子哲学思想日益成为学术界关注和研究的热点。人们从自宋儒以至当代新儒家对荀子所持有的传统偏见中摆脱出来,开始结合新出土文献,对荀子文本展开更深入的解读,重新审视其宗旨、本质特征以及理论意义,不仅逐步走出以往将孟荀对立起来的误区,更重要的是,越来越认识到荀子哲学思想对于儒家文化以及整个中国文化的积极意义,进而以更积极开放的态度诠释儒家文化。

在荀子丰富复杂的哲学体系中,其政治哲学尤为研究者所注重。研究表明,尽管在荀子哲学思想中不一定能找到可与现代民主政道直接对接的现成论述,但其面向现实、注重分析的实证主义的明分方法论、对人的肉身维度的重视以及与之对应的立足当前的自然人性论思想等等,与现代民主政道更具有内在相通之处。由此出发,将为儒家文化与现代价值的对话与融通提供一种全新的、更切实的可能路径,可以有效避免传统的孟王的心性儒学路径所必然面临的从内圣无法开出外王的难题。

二、荀子哲学思想地位

综观荀子的整个哲学体系,可以看出,荀子不仅在主观上自觉地试图克服前人和同时代各种哲学思想的片面性,以全面、整体的视域认识、评价和破解难题,力图达到对人与世界的更全面、更完整的认识,建立起更合理且更有现实效应的理论体系。而且事实上,通过博采众长,吸收包括此前儒家在内的各家思想的精华为我所用,荀子成功地建构起包括天人关系的本体论、认识论与方法论、逻辑学、人性论、礼义论等在内的完整的体系,在相当程度上实现了对此前儒家文化的综合与统一,从而将先秦儒家推向一个新的高度,代表着先秦儒家发展的最高水平,因此成为儒学思想史上的重要开拓者,尤其是现实主义儒家的典范。作为经学大师与传经之儒的代表,荀子对礼乐文化与学说有大的发明,是承前启后者;在社会治理上融摄礼、法,在历史观上以王道统摄霸道,在统一中国及其制度文明的理论设计方面起到了特别重大的作用。通过这种综合,荀子对其后儒家文化的发展格局产生了非常深刻的影响。在很大意义上,荀子也是整个先秦思想的集大成者,在社会学、政治学与政治哲学、人性论、道德哲学、修养论、教育学、知识论、逻辑学、生态环境伦理上都有全面的建树,极大丰富了儒学与中国哲学,堪称百科全书式的大学者,是中国文化史、学术史、哲学史与儒学史上贡献卓著、影响深远之大家。正因为荀子思想的内在张力很大，故在思想史上的各方面影响尤大。荀子同时开启了几道思想闸门、几个思想流派，在这方面，在其所处的时代显然无人能够企及。

长期以来，人们总是将荀子与孟子视为先秦儒家乃至整个儒家文化的两种截然不同的理路的代表，不仅将二者对峙起来，而且将孟子一系定为儒家文化之正统而大加推崇，相形之下，将荀子视为"不醇之儒"的代表而备加贬抑。从宋儒开始，直到当代新儒家，这一立场、倾向始终占据上风。

实质上，作为先秦儒家文化的集大成者，荀子的哲学理论体系堪称是最系统而全面的。它对孟子的思想既有批判，更有继承和吸收，因此，并不构成与孟子的相互对峙。将荀子与孟子简单地并列乃至对峙起来，既不合乎荀子本人的理论旨趣，也不完全符合荀子思想的实际。在孔子之后，孟子与荀子均继承了儒家的主要的思想内涵，孟荀之间同大于异，他们各自有所偏重，各有创建。荀子也有理想，但未导向理想主义，他的现实主义是对孟子理想主义的重要补充，对儒家外王学的拓展意义极大。在这当中，李泽厚的观点具有相当的代表性："荀与孔孟的共同点，其一脉相承处是更为基本和主要的。荀子可说上承孔孟，下接易庸，旁收诸子，开启汉儒，是中国思想史从先秦到汉代的一个关键……荀子实际都大体遵循了孔孟的路线……如果说，孟子对孔学的发扬主要在'内圣'，那么荀子则主要在'外王'（说'主要'，是因为孟也有'外王'的一面，而荀也有'内圣'的一面）。'外王'比'内圣'有更为充分的现实实践品格，也是更为基础的方面……在荀子所有的思想观念中，最重要最突出的便是上述这点：即追溯'礼'的起源及其服务于人群秩序的需要，从而认为人必须努力学习，自觉地用社会的规范法度来约束和改造自己，利用和支配自然。"[1]就其效应而言，则有学者指出，如果依旧基于这种将二者对峙起来的理路，而将荀子斥为儒家文化的异端，则既不利于对荀子

---

[1] 李泽厚：《中国古代思想史论》，北京：人民出版社，1985年，第106、115—116页。

思想中诸多合理因素的发掘和弘扬，又会导致对儒家文化认识的片面化、狭隘化，最终人为地使儒家文化创造性转化的路径变得日趋狭窄。

毋庸否认，由于时代和思想方法的局限，荀子哲学理论体系中各个层面、问题之间相当普遍地存在着深刻的内在矛盾。他试图超越思孟学派，但并未真正成功地将其消化、融汇于自身之中。由于过分专注于其思想的"辨合符验"，追求"起而可设，张而可行"，荀子的整个思想最终客观上更呈现出一种经验化、功利化的趋向，无形之中淡化了对儒家价值之内在根源的拓展与深化。

牟宗三就认为，荀子将礼义归为人为，实质上丢掉了终极本源："自孔孟言，礼义法度皆由天出，即皆自性分中出，而气质人欲非所谓天也。自荀子言，礼义法度皆由人为，返而治诸天，气质人欲皆天也。彼所见于天者唯是此，故礼义法度无安顿处，只好归之于人为，此其不见本源也。"①如此一来，价值世界的终极根据旁落了。韦政通虽然从总体上不同意宋代理学家与现代新儒家对荀子思想的评价，但他也指出荀子的系统让人有点"上不在天，下不在田"的感觉，在这一点上他与现代新儒家相类似。"其言上不在天，是说他超越精神的缺失；其言下不在田，是说价值主体一面的黯淡。"②韦先生认为，荀子将"礼义之统"与"心的认知"相结合，在某种意义上遮蔽了道德主体，"隆礼义、知统类"成为纯粹外在性的行为，这就使其思想体系缺失了超越性的价值支点。

其实，在荀子那里，礼义并不完全只是人为的，最终也还是以天为其终极本源。牟宗三、韦政通的批评当然不是无的放矢，但揭示出的只是其中一面而已。荀子之所以会遭到各种迥然不同甚至截然相反的评判，很大程度上正是由于综合统一的不完善而使其整个体系之中蕴涵着诸多内在矛盾。这也为后人提供了深刻的理论教训。

① 牟宗三：《名家与荀子》，台北：学生书局，1994年，第214页。
② 韦政通：《荀子与古代哲学》，台北：商务印书馆，1992年，第219页。

第十七章　法家商鞅、韩非的哲学

法家是主张法治的一个学派，《汉书·艺文志》列为"九流"之一。法家所谓法治，与今天民主社会的法治有质的不同。法家强调严刑峻法，以确保君主的统治地位与对社会的控制。"杀戮禁诛谓之法。"（《管子·心术上》）法乃君主统治的工具，其关键在执掌"刑（罚）赏二柄"。法家主张加强君主权力，实行以法为核心内容的统一制度。"不别亲疏，不殊贵贱，一断于法。"（《史记·太史公自序》）法家因主张法治作为治国安邦之策而与其他诸子学派区别开来。

法家的前驱有齐国的管仲、郑国的子产，他们相继实行法治，但他们的法治并未与礼治对立起来，而是法礼并施。法家的代表人物是李悝、吴起、商鞅、申不害、慎到与韩非。其中，商鞅重法，申不害重术，慎到重势，韩非集其大成。与儒、道、墨诸家比较，法家之成熟相对较晚；法家思想虽与诸家有明显的不同，但亦多受儒、道、墨、名诸家的影响。

法家极力推崇法治，"以法为本"（《韩非子·饰邪》），"以法为教"（《韩非子·五蠹》），对儒家主张的德治、仁义，以及墨家强调的"兼爱"、"非攻"等，均提出了批评。"不贵义而贵法"（《商君书·画策》），"夫严家无悍虏，而慈母有败子，吾以此知威势之可以禁暴，而德厚之不足以止乱也。夫圣人之治国，不恃人之为吾善也，而用其不得为非也！"（《韩非子·显学》)法家之所以力主严刑峻法以治国,在于其对人性的认识与孔孟儒家几相左。法家认为人之本性在"自利","利之所在,民归之;名之所彰,士死之。"(《韩非子·外储说左上》)自利的本性普遍地体现在君臣、夫妇、父子等人际关系中,要使处处有自利之心的人最后统一在君国公利的旗帜下,就必须以法、术、势三者作保证,方可使其"不得为非也"。这里,法家不仅否定了儒家的德治,而且否弃了墨家的"尚贤"以及道德规范与文化教育的功能。同时,法家鼓吹耕战,使百姓"闻战而相贺也,起居饮食所歌谣者战也"(《商君书·赏刑》),乃至军人以杀敌多而赐爵位,与墨家"非攻"的宗旨相悖。此外,法家积极有为地进行有利富国强兵的制度改革,谋求争霸诸侯之道,这是与道家"致虚"、"守静"、"无为而治"的政治主张迥异的。法家因以法作为群体社会的唯一规范,以法治作为治国安邦的根本方略而著名于世,法家以执掌"刑赏二柄"为推行法治的关键,以图用"严刑""重罚","使国安而暴乱不起"(《韩非子·奸劫弑臣》)。

其实,不少法家人物师出儒门或曾学于道家。吴起乃曾子学生,李悝为子夏后学,韩非为荀子之徒,慎到则"学黄老道德之术"(《史记·孟子荀卿列传》)。法家在思想上亦多受儒、道、墨、名诸家的影响。荀子思想以"性恶"说为中心,他的"化性起伪"与"隆礼"之说,皆在弥补人形上基础的缺失。政治上,荀子则兼顾礼法,主张王霸并举,"礼义者,治之始也"(《荀子·王制》),"法者,治之端也"(《荀子·君道》)。他主张"隆礼尊贤而王,重法爱民而霸"(《荀子·强国》)。韩非的"人皆自利"说有源于荀子的"性恶"论,其对法治的倡导则将荀子的礼治忽略了。法家亦多受道家影响。慎到"学黄老道德之术"而"申、韩称之",《史记》以老子与韩非同传,并称韩非思想"其归本于黄老"(《史记·老庄申韩列传》)。《韩非子》一书中《喻老》、《解老》、《主道》、《扬权》、《内储说》、《外储说》、《难三》、《六反》等篇多引《老子》文。名家主张"控名责实"(《论六家要旨》),法家则将其与君国利益联系起来,形成"循名责实"、"因能授官"的刑名法术之学。同时,墨家的功利主义思想亦为法家所吸取,只是法家的功利唯在富国强兵,至于墨家的"天志"、"明鬼"等内容,则被法家抛弃。法家对百家学说的继承与吸取,均以农、战为根本,"博习辩智如孔、墨,孔、墨不耕耨,则国何得焉? 修孝寡欲如曾、史,曾、史不战攻,则国何利焉?"(《韩非子·八说》)吴起又是著名的兵家人物,《吴子》被《汉书·艺文志》编入"兵权谋"类。商鞅也有精到的军事思想。

法家以法治国确有显著事功。李悝在魏,吴起在楚,商鞅在秦,申不害在韩,均先后进行过"变法",并取得相当的成绩。韩非虽未力行其学说,但其思想则为秦始皇及其大臣们所实践。法家到韩非时,无论在思想上还是实践上均达到了前所未有的高峰。

法家亦随着秦王朝很快的覆灭而遭致人们的非议。汉初人们总结"秦所以亡天下"的原因,认为是由于严刑峻法。"事愈烦而天下愈乱,法愈滋而奸愈炽,兵马益设而敌人愈多,秦非不欲为治,然失之者乃举措暴众而用刑太极故也。"(《新语·无为》)史家则说:"法家不别亲疏,不殊贵贱,一断于法,则亲亲尊尊之恩绝矣。可以行一时之计,而不可长用也。"(《论六家要旨》)又云:法家"无教化,去仁爱,专任刑法而欲以致治,至于残害至亲,伤恩薄厚"(《汉书·艺文志》)。这都是对法家任法而忽略德化教育等作用的法治主义的批评。董仲舒提出"罢黜百家,独尊儒术"的建议得到汉武帝的支持以后,法家的势力与社会影响逐渐衰弱。至汉始元六年(前81)召开的盐铁会议上,代表法家学派的御史大夫桑弘羊同儒生们的争辩最后宣告失败,至此,法家作为独立的学派便退出了思想舞台。

然而,法家的某些思想与法制措施却仍然被统治者所运用①,人们对法家亦未彻底否定,如"法家严而少恩,然其正君臣上下之分,不可改矣。"(《史记·太史公自序》)朱熹也说:"明理后,便读申韩书亦有得。术至韩非《说难》,精密极矣。"(《朱子语类》)

---

① 据《汉书·元帝纪》载:元帝为太子时,曾向宣帝进谏说:"陛下持刑太深,宜用儒生。"宣帝则曰:"汉家自有制度,本以霸王道杂之,奈何纯任德教,用周政乎! 且俗儒不达时宜,好是古非今,使人眩于名实,不知所学,何委任之?"

第一节　李悝、吴起、申不害、慎到及其思想

一、李　悝

李悝①,战国初政治家,法家的真正开创者。生于公元前 455 年,卒于前 395 年。曾任魏文侯(周贞定王二十三年,即前 446 年,至周安王六年,即前 396 年在位)相。尝以射之能中与否决讼狱,促使人皆学射,后因此而打败秦国(《韩非·内储说上》)。《史记》中《货殖列传》与《孟子荀卿列传》皆叙述到李悝"尽地力之教",《汉书·食货志》对"尽地力之教"有较为详细的说明。李悝所谓"尽地力"的主要内容,是鼓励农民利用地力来从事生产,开辟耕地,减轻赋税以及执行"平籴法"等。由于年成不同,农业收入有丰歉之别,谷物价格涨落不定。李悝认为:"籴甚贵伤民,甚贱伤农。民伤则离散,农伤则国贫,故甚贵与甚贱,其伤一也。善为国者,使民无伤而农益劝。"(《汉书·食货志》)为解决这个矛盾,他就采用"平籴法"。"大孰则上籴,三而舍一,中孰则籴二,下孰则籴一,使民适足,贾平则止。小饥则发小孰之所敛,中饥则发中孰之所敛,大饥则发大孰之所敛而粜之,故虽遇饥馑水旱,籴不贵而民不散,取有余以补不足也。"(《汉书·食货志》)"平籴法"在魏国推行后,国乃富强。

李悝认为:"为国之道,食有劳而禄有功,使有能而赏必行,罚必当。"(《说苑·政理》)他主张以爵禄赏赐于国有功者,而非由无功的"淫民"享用,"夺淫民之禄,以来四方之士。其父有功而禄,其子无功而食之。出则乘车马,衣美裘,以为荣华;入则修竽琴钟石之声,而安其子女之乐,以乱乡曲之教。如此者,夺其禄以来四方之士,此之谓夺淫民也。"(同上)李悝的主张是削夺无功于国家的"世禄"以赏"有功"。刑罚产生的原因,

---

① 崔适《史记探源》谓李悝之异名为李克。《汉书·艺文志》儒家类有"李克七篇",注云"子夏弟子,为魏文侯相"。郭沫若说:"《古今人表》中把李悝与李克分为二人,那应该是班固的错误了。"《十批判书》,北京:人民出版社,1954 年,第 277 页。)

在于制裁"奸邪淫佚"之行,"凡奸邪之心,饥寒而起,淫佚者久饥之诡也。雕文刻镂,害农事者也;锦绣纂组,伤女工者也。农事害则饥之本也,女工伤则寒之原也。饥寒并至而能不为奸邪者,未之有也。男女饰美以相矜,而能无淫佚者,未尝有也。故上不禁技巧则国贫民侈,国贫穷者为奸邪,而富足者为淫佚,则驱民而为邪也。民以为邪,因以法随诛之,不赦其罪,则是为民设陷也。"(《说苑·反质》)他将"奸邪"与"淫佚"、"饰美"、"技巧"相联系,因它们均妨害农业生产与国之富强,应在刑罚禁止之列。这里,已有法家重农主义与鄙视文智技巧的思想萌芽。

李悝的著作,《汉书·艺文志》著录有"《李子》三十二篇",早佚。《晋书·刑法志》中有其所编《法经》目录,内容为《盗法》、《贼法》、《囚法》、《捕法》、《杂法》、《具法》等,并谓李悝"撰次诸国法"而成。秦汉法律,乃起自李悝。李悝实开中国成文法之先河。商鞅曾携《法经》入秦为官。

二、吴 起

吴起,战国中期兵家与法家的代表人物。吴起约生于周考王元年(前440),卒于周安王二十一年(前381),卫国左氏人。他一生在卫国约二十四年,在鲁国约七年,在魏国约二十六年,在楚国约三年,曾从学于曾参的门下,后自学兵书,深通韬略,历任鲁国的将军,魏国的大将、西河郡守,楚国的苑守、令尹等要职。

公元前412年,齐国进攻鲁国,吴起被任命为大将,率鲁军大败齐军,以弱胜强,威名四起。吴起立功之后,反遭猜忌,鲁穆公听信谗言,辞退了他。公元前409年,吴起到了实行变法的魏国,投奔李悝门下。李悝非常器重吴起,推荐给魏文侯。魏文侯任命吴起为大将。吴曾奉文侯命攻打秦国,夺取了秦国的五座城池,被任命为与秦、韩接壤的西河地区的军政长官。吴起治军有方,爱兵如子,与士卒同甘共苦,为人廉洁,取信于民。吴起在西河实行法治,进行改革,奖励垦殖,加强边防,使秦国不敢向东扩张。魏武侯继位后,吴起忠心耿耿辅佐武侯,曾创下了以五万魏兵打败五十万秦军的战绩。由于李悝的变法和吴起的改革及军威,魏国比以前强大多了。吴起在魏"与诸侯大战七十六,全胜六十四,余则钧解,辟土四面,拓地千里"(《吴子·图国》)。由于旧贵族公叔的谋害和武侯的不信任,吴起不得不逃往楚国。

公元前 384 年,吴起到楚后,楚悼王任命他为楚北部边境重地苑的守,第二年被任为令尹,主持国政,着手变法。吴起认为,楚国的贫弱,乃因"大臣太重,封君太众"。他主张集权,明法审令,对所封之贵族的子孙,三世而收爵禄;精简"无能"、"无用"之官吏,堵塞私门请托(《战国策·秦策》);命令旧贵族迁往边远地区开荒种地(《吕氏春秋·贵卒》);强调军队的畜养,并"破驰说之言从(纵)横者"。吴起的变法收到明显的效果。军事上"南平百越,北并陈蔡,却三晋,西伐秦"(《史记·孙子吴起列传》);政治上使诸侯感到威胁。但由于变法触及到贵族的利益而遭到反对,吴起以身殉法。悼王死后,楚国旧贵族立即射杀吴起于楚王尸上。

吴起以获信于鲁与令贵族迁居边远之地的行为对后来商鞅立木南门和迁议令者边城的变法措施有影响。吴起的兵制对魏国亦有相当影响。①

吴起的著作,《史记·孙子吴起列传》说:"世俗所称师旅,皆道《孙子》十三篇,吴起《兵法》,世多有,故弗论。"《汉书·艺文志·兵书略》权谋类有"《吴起》四十八篇"。《隋志》著录《吴起兵法》一卷,魏贾诩注。《唐志》有贾诩注《吴子兵法》一卷。《宋志》有吴起《吴子》三卷。唐代《群书治要》所引,即称此书为《吴子》。《群书治要》只引用了八段文字,文字编排与今所见不同,却提到四个篇名(《图国》、《论将》、《治兵》、《励士》)。南宋藏书家晁公武《郡斋读书志》和王应麟《困学纪闻》均记载所见《吴子》为六篇。晁公武所见各篇次序与今本同,唯两个篇名与今本略异。王应麟所见各篇篇次和篇名都与今本完全相同。今本六篇为《图国》、《料敌》、《治兵》、《论将》、《应变》、《励士》,分上下卷,各三篇。总之,《吴

---

① 据《战国策·魏策》记载:魏惠王时,大将公叔痤与韩起战于浍北,获胜。惠王曾赏赐田百万,公叔痤不敢接受。公叔曰:"夫使士卒不崩,直而不倚,挠拣而不辟者,此吴起余教也。"这时,吴起已经去世,魏惠王乃"索吴起之后,赐之田二十万"。

起兵法》在流传过程中大多佚失，后人通过辑佚的方法，重新整理、编排。今本《吴子》虽经过后人的辑佚、整理，但仍为战国前期吴起或门人所著，反映了吴起的思想，不属西汉中叶人或六朝人所伪托。

三、申不害

申不害，史称申子，战国中期法家。约生于周安王十七年（前 385），卒于周显王三十二年（前 337）。郑国京（今河南荥阳东南）人。因其同主刑名法术之学，历史上与战国末期法家韩非合称"申韩"。曾经任郑国小官。韩昭侯八年（前 355），任为相，"内修政教，外应诸侯十五年"（《史记·老庄申韩列传》）[①]，直至终年。

申不害著有《申子》，《史记·老庄申韩列传》称二篇，《汉书·艺文志》著录六篇。《史记》裴骃《集解》引刘向《别录》说，《申子》"今民间所有上下二篇，中书六篇皆合，二篇已备，过太史公所记也。"《隋书·经籍志》则说："梁有《申子》三卷"，新旧《唐书》皆著录"申子三卷"。该书到南宋时佚。关于《申子》的内容，《太平御览》卷二二一引刘向《别录》说："孝宣皇帝重申不害《君臣篇》。"司马贞《史记索隐》亦引《别录》说："申子学号曰刑名……合于六经也。宣帝好观其《君臣篇》。"《淮南子·太族》提到"申子之《三符》"，王充《论衡·效力》也说"韩用申不害，行其《三符》"。可知《君臣篇》与《三符》当属《申子》的内容。[②] 此外，《群书治要》中还保存了《申子·大体篇》，内容驳杂但相当完整。

申不害的法治思想要在言术，其核心内容在于解决君主如何控制与统御群臣的问题。他的这一思想"本于黄老"，乃所谓"刑名之学"。所谓"术"，就是"君设其本，臣操其末；君治其要，臣行其详"（《申子·大体》，《群书治要》引）。其基本内容就是"循名以责实"。当韩昭侯因"法度不

[①] "则申子相韩，前后当得十九年。史谓相韩十五年，亦误。"说见钱穆：《先秦诸子系年》，北京：中华书局，1985 年，第 238 页。

[②] 参见张岱年：《中国哲学史史料学》，北京：生活·读书·新知三联书店，1982 年，第 62 页。

易行"而向申不害征求意见时,申子说:"法者见功而与赏,因能而授官。"(《韩非子·外储说左上》)术专为控制与驾御群臣,使其各尽其能,忠于君主。但臣下往往为了升迁,难免矫饰阿谀,投君主之所好。在这种情况下,君主所操之术,乃为人人不可知之秘术。即君主要将自己的意图、目的,乃至知识深藏起来,使其不得为臣下所窥测。他说:"上明见,人备之;其不明见,人惑之。其知见,人饰之;不知见,人匿之。其无欲见,人司之;其有欲见,人饵之。故曰:吾无从知之,惟无为可以规之。"(《韩非子·外储说右上》)君主要将自己的韬略与胸臆完全隐藏起来,不露丝毫形迹,乃至达到"无为"之境。这样,臣下就弄不清君主的意图,只能为君主无为而治的秘术所操持。所以,君主任术无为,使臣下不得"蔽君之明,塞君之听,夺之政而专其令"(《申子·大体》,《群书治要》引),方能达到君主之"独视"、"独听"、"独断"(《韩非子·外储说右上》)与"尊君卑臣,崇上抑下"(刘向《别录》)而为"天下王"的目的。申子还说:"明君治国,而(能)晦晦,而(能)行行,而(能)止止,三寸之机运而天下定,方寸之基正而天下治。故一言正而天下定,一言倚而天下靡。"(《全上古三代文》卷四)这种"运于方寸之机"却又"窜端匿迹"的权术乃是微妙神秘的君人南面之术。

君主治国有术。术,亦可谓"数"。术的功能作用在督察群臣的职分。具体地说就是:"因任而授官,循名而责实,操杀生之柄,课群臣之能。"(《韩非子·定法》)役使群臣,只能靠术或数,而不是"信"。他说:"失之数而求之信,则疑矣。"(《韩非子·难三》)至于法,申不害也在一定程度上予以注意:"尧之治也,盖明法审令而已。圣君任法而不任智,任数而不任说。黄帝之治天下,置法而不变,使民安乐其法也。"(《全上古三代文》卷四)但较之所强调的术来,法的地位并不高。韩非批评申不害,只任术却忽略了法的重要地位。韩非说:"申不害不擅其法,不一其宪令,则奸多。故利在故法前令则道之,利在新法后令则道之,利在故新相反,前后相悖,则申不害虽十使昭侯用术,而奸臣犹有所谲其辞矣。故托万乘之劲韩,七十年而不至于霸王者,虽用术于上,法不勤饰于官之患也。"(《韩非子·定法》)术的操持已使法不成为法了。申不害乃是从道家向法家转化的过渡性人物。韩非书中多引其言论。

四、慎 到

慎到,战国时代法家代表人物。约生于公元前395年,约卒于前315年,赵国人。齐宣王、湣王时曾游学于齐国稷下学宫,与邹衍、田骈、接子、环渊、彭蒙、宋钘、尹文等同列稷下先生,受上大夫之禄。"为开第康庄之衢,高门大屋,尊宠之。览天下诸侯宾客,言齐能致天下贤士也。"(《史记·孟子荀卿列传》)稷下多宗黄老道家,慎到受其影响熏陶。《荀子·非十二子》与《庄子·天下》将其与田骈合论,《汉书·艺文志》将其归于法家类,并注云:慎子"名到,先申韩,申韩称之"。好尚议论,不任官职,不喜触及政治改革实际,为法家理论家。曾是楚襄王为太子时的老师,又任韩国大夫。慎到属由道家转法家类人物。

慎到著有《慎子》。《史记·孟子荀卿列传》说,慎到"著十二论"。《汉书·艺文志》著录《慎子》四十二篇,《隋书·经籍志》与《唐书·经籍志》著录《慎子》十卷。唐《群书治要》存《因循》、《民杂》、《知忠》、《德立》、《君人》、《君臣》等七篇,首篇逸其篇名(《说郛》作《威德》)。宋《崇文总目》作三十七篇,已不存。明万历五年《子汇》本,流传下来五篇,为《威德》、《因循》、《民杂》、《德立》、《君人》。明末慎懋赏校定本分内外两篇,未知所本。清严可均辑本,除见存之五篇外,又从《群书治要》中写出《知忠》、《君臣》二篇,其《威德》多出二百五十余字,远胜旧本。钱熙祚辑本据唐宋类书补正原文,并附逸文。

慎子思想,出于黄老。"大旨欲因物理之当然,各定一法而守之。不求于法之外,亦不宽于法之中,则上下相安,可以清静而治。"(《四库全书总目提要》)其思想核心在"趣物"。所趣之"物",乃自然之物势。他说:"治水者,茨防决塞,虽在夷狄,相似如一,学之于水,不学之于禹也。"因此,主张"守成理,因自然"(《慎子·逸文》)。此"因自然"即所谓"齐万物以为首","趣物而不两","于物无择,与之俱往"(《庄子·天下》)。慎到强调自然之物势,在于他认为人心之不可信任,"祸福生乎道法,而不出乎爱恶"(《慎子·逸文》)。法之出,即在依乎其人心的不可信。"因也者,因人之情也。人莫不自为也……故用人之自为,不用人之为我,则莫不可得而用矣。此之谓因。"(《慎子·因循》)因,即依乎自然之物势(人之自为)而不依于人心(欲人之为我)。所以,"趣物"在于"决然无主","不顾于虑,不谋于知","无己无知",才能"块不失道"(《庄子·天下》)。完全消解主观性,任物之自然,此乃可谓"道",割断人与道之联系则不可谓知"道"。

从人的愿望看,每个人都希望赏多而罚轻,如果没有一个明确的赏罚标准,仅凭君主各人的意愿,则必然产生怨恨。慎子说:"君人者,舍法而以身治,则诛赏予夺从君心出。然则受赏者虽当,望多无穷;受罚者虽当,望轻无已。君舍法以裁轻重,则同功殊赏,同罪殊罚矣,怨之所由生也。"(《慎子·君人》)因此,慎子坚决主张用"法"来管理社会,即使是用不完备的法来管理社会,也比没有法而仅凭个人意志来管理社会好。"法虽不善,犹愈于无法,所以一人心也。"(《慎子·威德》)用"法"治国,其目的在于以公开的赏罚准则来减少人际摩擦,促使君臣上下之间的关系更加和睦。"是以分马之用策,分田之用钩,非以策钩为过于人智,所以去私塞怨也。故曰大君任法而弗躬,则事断于法,法之所加各以分,蒙赏罚而无望于君,是以怨不生而上下和矣。"(《慎子·君人》)慎子形象地说出明确各人之所属及标准、规范的重要:"一兔走,百人追之;积兔于市,过而不顾,非不欲兔,分定不可争也。"(《百子全书》之三《慎子》附录)又说:"有权衡者,不可欺以轻重;有尺寸者,不可差以长短;有法度者,不可巧以诈伪。"(同上)十分重视法度的重要性。

慎到认为,君主治国依靠权势,他说:"故腾蛇游雾,飞龙乘云,云罢雾霁,与蚯蚓同,则失其所乘也。故贤而屈于不肖者,权轻也;不肖而服于贤者,位尊也。尧为匹夫,不能使其邻家;至南面而王,则令行禁止。由此观之,贤不足以服不肖,而势位足以屈贤矣。故无名而断者,权重也;弩弱而矰高者,乘于风也;身不肖而令行者,得助于众也。"(《慎子·

君人》)是否能"令行禁止"、"无名而断",关键在地位高低与权势的轻重。尧为匹夫不能治三人,而桀为天子却能乱天下,足证君主势位之足恃,而贤智之不足慕也。

慎到言势,但同时也注意到"公正"、"职分"与"法"等等方面。他说:"权衡,所以立公正也;书契,所以立公信也;度量,所以立公审也;法制礼籍,所以立公义也。凡立公,所以弃私也。明君动事分功必由惠,定赏分财必由法,行德制中必由礼。故欲不得干时,爱不得犯法,贵不得逾亲,禄不得逾位,士不得兼官,工不得兼事,以能受事,以事受利。"(《慎子·威德》)慎到所谓"公正"、"公信"、"公审"、"公义"其实就是他所主张的"成理",其作用在于杜绝私心,以平天下人怨忿。由是,其国乃治。

对于慎到之学说,荀子批评说:"尚法而无法,下修(据王念孙,"下修"当作"不循")而好作,上则取听于上,下则取从于俗。终日言成文典,反纟川察之,则偶然无所归宿,不可以经国定分。"(《荀子·非十二子》)认为慎子虽尚法而无所取法,不遵循古人,喜自作聪明,在上就取信于君王,在下就取于世俗,把每天的言论作为法典,其实脱离实际,无所归依,不足以治理国家,确定名分。荀子又批评慎到"蔽于法而不知贤"(《荀子·解蔽》),"有见于后,无见于先"(《荀子·天论》)。后来,韩非继承了慎到的势治说,但对其任势而"无所归宿"的方面进行了改造,转慎到自然之势为人为之势。

第二节　商鞅及其历史观与治世论

一、商鞅其人与其书

商鞅,战国时著名政治改革家,思想家,法家代表人物。约生于公元前390年,卒于前338年。姓公孙,名鞅,出身卫国贵族家庭,史称公孙鞅或卫鞅。后被秦国赐封商邑(今陕西商县东南),又称商鞅。他曾从学于尸佼(约前390—约前330年,晋或鲁国人),与其探讨政治改革,受其

"非先王之法,不循孔子之术"(《孙卿子叙录》)思想的影响。此外,还学"刑名之学"并研究李悝的《法经》。卫国乃魏之藩国,商鞅一度做过魏相公叔痤家臣,公叔临终前,曾向魏惠王推荐商鞅,但未被接受。秦孝公元年(前361),他带着李悝《法经》到了秦国,由景监引见给孝公,陈述其变法主张,受到重视。秦孝公六年,被任命为左庶长,掌管军政大权。他与大夫甘尼、杜挚辩论变法,主张"治世不一道,便国不法古"(《史记·商君列传》),力主进行改革。颁布新令前,商鞅恐人不信,乃立三丈之木于国都南门,募有能搬运到北门的人,赏十金。人皆怀疑。他又说能搬运者赏五十金。有人做了,他当下令赏其五十金,以明新法之不欺。后来,太子犯法,商鞅说:"法之不行,自上犯之。"(《史记·商君列传》)乃处罚太子老师公子虔、公孙贾。孝公十年,商鞅升为大良造,继续实行变法。商鞅平生在秦国两次变法(第一次为前356年,第二次为前350年),主要内容包括:废除贵族世袭制,按实际军功授爵位;废除井田制,允许土地自由买卖;取消奴隶主的经济特权,一律收取租税;奖励耕战,有"军功"可"受上爵",努力耕织获"粟帛多者复其身";家有二男丁者须分家,否则加倍收税;推行县制,"集小都乡邑聚为县";受李悝《法经》影响,实行"什伍"制与"连坐法",以加强国家的统治。(具见《史记·商君列传》)

商鞅变法,"行之十年,秦民大悦,道不拾遗,山无盗贼,家给人足,民勇于公战,怯于私斗,乡邑大治。"(《史记·商君列传》)但变法同时也触及到贵族利益而留下隐患。孝公二十二年,商鞅受封商邑(《史记·秦本纪》)。赵良曾劝商鞅积"五羖大夫"之德,但未被接受。孝公二十四年,孝公卒,惠王即位。公子虔等人告商鞅欲反,遂遭追杀,后被车裂尸身并殃及全家。

商鞅之言论与著作被其后学编为《商君书》。《汉书·艺文志》著录"《商君》二十九篇",现存二十四篇,第十六《刑约》与第二十一《御盗》两篇有目录而无内容。《隋书·经籍志》称"《商君书》",新旧《唐书》均著录"《商君书》五卷"。宋代《通志·艺文略》与《郡斋读书志》均称"今亡三篇",《直斋书录解题》说亡佚一篇。这个本子可能是较完整者。唐《群书治要》卷三十六引有《六法》一篇文字，约一百五十字，今本无。《汉书·艺文志》兵权谋家类著录"《公孙鞅》二十七篇"，早佚。

二、边利尽归于兵，市利尽归于农

商鞅初见秦孝公时，说以帝王之道，孝公并不中意，装睡不听。后陈述其称霸天下强国之术，于是获得孝公的赏识，并任之变法。因此，商鞅变法的根本目的在于国家的富强。与国家富强密切相关的则是耕战或农战。商鞅说："国之所以兴者，农战也。"（《商君书·农战》）国家富强才能称霸天下，而欲国家富强，只能调动农民与士兵的积极性，注重发展社会生产力和军事、政治力量。他鼓励农战，"边利尽归于兵，市利尽归于农"（《商君书·内外》）。"利出于地，则民尽力；名出于战，则民致死。入使民尽力，则草不荒；出使民致死，则胜敌。胜敌而草不荒，富强之功，可坐而致也。"（《商君书·算地》）他极力宣扬战争，主张利禄官爵皆博出于兵，使百姓"闻战而相贺也，起居饮食所歌谣者战也。"（《商君书·赏刑》）在实际的改革变法活动中，商鞅正是这样实行的。如废除贵族世袭制度，按现实军功授爵位；"开阡陌封疆"，允许土地自由买卖；努力从事耕织，获得较多粮食布匹者，可"复其身"即免除各种徭役等等，就是鼓励耕战的具体措施。

相反，对于那些从事其它行业，与国家富强并无直接关系，甚至影响国家法令之推行的人，商鞅则主张采取禁抑的态度。他反对学者，主要原因在于学者的存在影响社会风气，不利于统治。"农战之民千人，而有诗书辩慧者一人焉，千人者皆怠于农战矣。"（《商君书·农战》）同时，他也禁止士大夫对知识的追求。因为士大夫不事农业，常为"博闻、辩慧、游居之事"，使农民"闻变见方"，造成"知农离其故事"、"愚农好学问"。商鞅说："不作而食，不战而荣，无爵而尊，无禄而富，无官而长"的人是"五奸"。又称"曰礼乐；曰诗书；曰修善，曰孝弟；曰诚信，曰贞廉；曰仁义；曰非兵，曰羞战"的人为"六虱"（《商君书·靳令》）。为增加农民的数量，他主张"除奸去虱"，并且"教孝公……燔诗、书而明法令"（《韩非子·

和氏》)。商鞅宣扬使"愚农无知，不好学问"，以免农者寡而游食者众。而且，他认为从事商业、手工业活动的人皆在逃避农战，亦应给予裁抑。

三、重罚轻赏，居官守法

商鞅明确主张"法治"。"明君不可须臾忘于法。"(《商君书·弱民》)"一任于法"，统一法令"为治之本也"(《商君书·定分》)。"法者，君臣之所共操也。"(《商君书·修权》)法的推行与实施，要在赏罚。在赏罚问题上，他重罚轻赏。"重罚轻赏，则上爱民，民死上；重赏轻罚，则上不爱民，民不死上。兴国行罚，民利且畏；行赏，民利且爱。国无力而行知巧者必亡。怯民使以刑必勇，勇民使以赏则死。怯民勇，勇民死，国无敌者强，强必王。"(《商君书·去强》)并且，商鞅主张"重刑而连其罪"。在变法实践中，他提倡实行连坐法，编户制，五家为伍，十家为什，互相连坐告奸，告奸者赏，不告者斩。商鞅认为，君主治国，首在制其民。要战胜强敌，必先胜其民。民乃本，制民，就必须重法。"故善治者塞（遏）民以法"(《商君书·画策》)。商鞅对其主法重罚有自己的解释，他以为主法在"以法去法"，重罚在"以刑去刑"。他说："行罚：重其轻者……轻者不至，重者不来，此谓以刑去刑，刑去事成；罪重刑轻，刑至事生，此谓以刑致刑，其国必削。"(《商君书·靳令》)实行重罚重刑，乃在去罚去刑。

商鞅主张法治，不仅将军事、经济、风俗制度等纳入法治的轨道，而且视君臣、平民贵族皆在法治之列。太子犯法，商鞅说"法之不行，自上犯之"，但当时确实难以罚太子，商鞅便刑太子傅公子虔，黥太子师公孙贾。他主张统治者"居官而守法"(《商君书·更法》)。

四、治世不一道，便国不法古

商鞅的变法有其历史观作为理论依据。他认为，礼法制度并非是历史沿袭下来的。"三代不同礼而王，五霸不同法而霸。"(《商君书·更法》)"前世不同教，何古之法？帝王不相复，何礼之循？伏羲、神农教而不诛，黄帝、尧、舜诛而不怒，及至文、武，各当时而立法，因事而制礼。礼法以时而定,制令各顺其宜。兵甲器备,各便其用。臣故曰:治世不一道,便国不必法古。汤、武之王也,不(修)古而兴。殷、夏之灭也,不易礼而亡。"(同上)普通人安于旧习,不思变法,乃不足以与言事,不足以论变。他不仅提出"不法古",而且还主张"不修今",即不要维持现状。因为,他认为社会人事是不断改变的,在改变了的社会现实及其时代面前,效法古代必落后,维持现状则跟不上新时代的要求,社会人事的改变是变法治世的根据。君主要"因世而为之治,度俗而为之法";"法不察民之情而立之,则不成"(《商君书·壹言》)。世俗之民情乃法的依据。商鞅认为,社会历史的变法是有定数的,他称之为"理",所谓"必然之理,必为之时势"(《商君书·画策》)。人应该认识这些"必然之理"而治理天下。"知必然之理,必为之时势,故为必治之政,战必勇之民,行必听之令,是以兵出而无敌,令行而天下服从。"(同上)

商鞅认为,社会历史变化经过了上世、中世,到下世,"三世"蝉联而来,但各自的情况却并不相同。"上世亲亲而爱私,中世上贤而说仁,下世贵贵而尊官。"(《商君书·开塞》)"上世",古代社会可谓"昊英之世",此时,人们"伐木杀兽,人民少而木、兽多"。"中世","神农之世",人们"男耕而食,妇织而衣"。这两世均为"刑政不用而治,甲兵不起而王"。但"下世"即黄帝时代则大不一样,"故黄帝作为君臣上下之义,父子兄弟之礼,夫妇妃匹之合,内行刀锯,外用甲兵。"(《商君书·画策》)世事变化如此,君主治世之道便不一,这就是"世事变而行道异"(《商君书·开塞》)的原则。君主治世,必须适应变化的形势。

商鞅之治秦,"其国富而兵强"(《韩非子·定法》),为秦王政统一中国奠定了基础。[①] 商鞅的变法与思想在战国时代便有广泛的影响,"今境内之民皆言治,藏商、管之法者家有之。"(《韩非子·五蠹》)他所主张的法治、农战政策与"治世不一道,便国不必法古"的基本思想,后来均为韩

---

① 贾谊《过秦论》说:商鞅"内立法度,务耕织,修守战之备;外连衡而斗诸侯"。《战国策·秦策》谓:商鞅变法使"秦无敌于天下"。

非所继承。韩非成为将法家推向高潮的重要人物。但商鞅严刑峻法也多遭后人诟病。韩非肯定其法治及其现实成就,但指出商鞅"无术以知奸,则以其富强也资人臣而已矣。"(《韩非子·定法》)太史公说:"商君,其天资刻薄人也……少恩矣。"(《史记·商君列传》)或说商鞅"弃道而用权,废德而任力,峭法盛刑,以虐戾为俗,欺旧交以为功,刑公族以立威,无恩于百姓,无信于诸侯。人与之为怨,家与之为仇。虽以获功见封,犹食毒肉愉饱而罹其咎也。"(《盐铁论·非鞅》)"商鞅之法亡秦。"(《淮南子·泰族》)商鞅之法治,亦被称为"法律万能"主义(《诸子集成·商君评传》)。

诸葛亮与王安石等人则对商鞅作了肯定。谓"商鞅长于理法"[1],"今人未可非商鞅,商鞅能令政必行"[2]。章太炎将商鞅与后世酷吏作了区分,认为二者不可混为一谈,"商鞅之中于谗诽也二千年",应予以申辩。[3]

关于商鞅著作的校注整理与研究,近人高亨《商君书注译》、蒋礼鸿《商君书锥指》(均中华书局出版)及郑良树《商鞅及其学派》(上海古籍出版社出版)等,都值得参考。

第三节　韩非以"法"为中心的思想

韩非(约前 280—前 233 年),出身于韩国贵族,与李斯同师事荀卿,才华出众,口讷,不擅辞令,而擅长著书。韩非好刑名之学,亦多受黄老思想影响。他年轻时,韩国国势弱小,屡败于秦国,割地损兵。为此,他曾数次上书韩王谏以法治国,均未被采纳。他不顾商鞅推行法治终而以身殉法的历史教训,坚持倡导"立法术,设度数"的"利民萌便众庶之道"(《韩非子·问田》,下引《韩非子》只注篇名),著有阐明自己法治理想的著作。韩安王五年(前 234),韩非到了秦国,但他并未受到重用。后来,

---

[1]《诸葛亮集·论诸子》,北京:中华书局,1974 年,第 47 页。
[2]《王文公文集·商鞅》,上海:上海人民出版社,1974 年,第 777 页。
[3]《章太炎政论集·商鞅》,北京:中华书局,1977 年,第 68—69 页。

李斯等进谗,秦王政下令将韩非治罪,李斯派人用毒药逼韩非自杀。

韩非的著作被后人编成《韩非子》一书,其中也有他人所增添的内容。今本《韩非子》有五十五篇。《史记·韩非列传》说韩非"作《孤愤》、《五蠹》、《内外储》、《说林》、《说难》,十余万言",所提篇名,今书中均有,当属可靠。

韩非的法治思想集中体现在他所提出的一套完整的以"法"为中心,"法"、"术"、"势"相结合的君主集权思想中。

一、"法"、"术"、"势"的结合

韩非对"法"给出了自己的界定。他说:

> 法者,宪令著于官府,刑罚必于民心,赏存乎慎法,而罚加乎奸令者也。(《定法》)

> 法者,编著之图籍,设之于官府,而布之于百姓者也。(《难三》)

韩非认为,法是臣民所必须共同遵守的行为规范与准则。法具有这样几个特点:强制性与权威性("刑罚必于民心"),普遍性与客观性("设之于官府,而布之于百姓"),稳定性与公开性("编著之图籍","布之于百姓")。韩非继承并发展了商鞅关于法治的思想,将法置于群体社会唯一的行为规范与标准的位置上,提出"以法为教"、"以吏为师"(《五蠹》)的思想,以与儒家(以文乱法)、墨家(以武犯禁)相对抗。他循着商鞅"法之不行,自上犯之"(《史记·商君列传》),"居官而守法"(《商君书·更法》)的思路,提出"刑过不避大臣,赏善不遗匹夫"(《有度》)的司法平等思想。为了君主的长久的利益,他甚至认为,即使君主,亦"不得背法而专制"(《南面》),而应该"明于公私之分,明法制,去私恩"(《饰邪》)。他批评申不害的失误就在其"不擅其法,不一其宪令",故"奸多"(《定法》)。

势,指君主所处之势位,或君主所掌握的统治权力。韩非认为,治国者必须依凭其君主之势位,运用自己手中的权力,才能禁众抑下。相反,圣人虽德若尧舜,行若伯夷,若不处君主之位,也断不能正三家(见《功名》)。他认为治国不能凭德与贤。君主不能将其势位与权力牢牢控制在自己手里,就是"势乱"。与慎到只谈"与物无择,与之俱往"(《庄子·天下》)的物理"自然之势"不同,韩非认为还有"人之所得"的人为之"势"(《难势》),他突出了人对于势的主体地位。韩非认为,君主权力的主要内容在赏罚二柄、生杀大权,赏罚生杀大权是断不可旁落的,"夫赏罚之为道,利器也。君固握之,不可以示人"(《内储说上》)。因为,君主失掉一分权,臣下就可能滥用此权做出百倍的行动。"权势不可以借人,上失其一,臣以为百。"(《内储说下》)

术,是君主所掌握的驾御群臣百官的秘术、权术。韩非说:

> 术者,藏之于胸中,以偶众端,而潜御群臣者也。(《难三》)
>
> 术者,因任而授官,循名而责实,操杀生之柄,课群臣之能者也,此人主之所执也。(《定法》)

术乃藏于君主胸中,不以示人,但能驾御群臣。此为臣下所不可知而为君主所独掌的、无为而无不为的君人南面之术。术的作用在察督群臣之是非功过,审合形名,杜绝失职擅权的行为。术虽专以御臣,但实际上是调节君臣关系的权术。依韩非的看法,人各自利,君臣利益必然是相互冲突的。"臣利立"则不免"主利灭"。君主要善于利用群臣各自不同的利益来控制他们,使其不得不为君国尽力,此即所谓"使人不得不为我之道"。君主不喜形于色,胸有城府但不显露于外。"明主之行制也天,其用人也鬼,天则不非,鬼则不因。"(《八经》)君无术,便不可能统率百官,不能觉察奸臣。商鞅之不足正在他"无术以知奸"(《定法》)。

二、以"法"为中心

韩非认为,法、术、势三者各有其特殊的职能。法用以裁抑群体社会的全体成员,术则专用以控制驾御群臣,势则保证法术二者的正常运作与君国公利不被侵害。所谓"君无术则弊于上,臣无法则乱于下"(《定法》);"抱法处势则治,背法去势则乱"(《难势》)。韩非认为,三者又是相互促进的。法的规范群体社会的功能，有赖于君势的力量强制与治术方法的运用。君势的牢固与威权，是法之令行禁止的前提。韩非之法治思想立足于君主之不必贤不必智，其强调法术二者，正在于弥补这一缺失。相反，君主有势无法，高居法上，难免滥用权力而使统治权力失去其规范性，最终会失去其君势。君主无术，势必大权旁落，奸臣当道，君势之威权亦将不固，法亦难以真正运作。最后，权术之参验监督功能，一方面固然要以法为其最高规范，另一方面又要以君主之威势作为其坚强后盾。如此，才可能知人善任，使"赏不加于无功，而诛必行于有罪"（《奸劫弑臣》）。韩非认为，君主权术的操持运用，如"因任授官"、"循名责实"之类，并非出于无章可循的私心自度，而应以法为准绳。

> 人主虽使人，必以度量准之，以刑名参之，以事遇于法则行，不遇于法则止；功当其言则赏，不当则诛。以刑名收臣，以度量准下，此不可释也。（《难二》）

按这里所说，君主操持权术也要依循法度；然而，君主在大权独揽、耍弄权术时，则抛弃了法度，其术往往变为神秘不可测的独断的心机权谋。

法、势、术三者间，法是中心。"圣人之治也，审于法禁。"（《六反》）韩非的设想，君主的威权与治术的操持运用，皆在法的规范下进行，势与术是推行法治的两条基本轨道。问题是，"法出于君"，君主无条件地代表着法的理想与国家公利，但君主同时又不必贤、不必智，这样的君主将以何法治民，又以何术御群臣呢？这是一个假言判断，但韩非则将之当作一个实然判断。法的理想与君主之不必贤、不必智两者间且有矛盾，君主利益与国家公利又未必完全一致。这些，都是韩非法治思想本身未解的结。于此，君主任势与术而独裁，视臣民为其工具就不可避免了。

韩非法治思想的理论根据在其人性论。韩非认为，人皆自利，如动物一样趋利避害。荀子曾提出人性恶，认为人之为善是后天的，主张"化性起伪"。韩非则认为人的心性俱恶，这样也就堵死了"化性起伪"的德化教育之路。他认为,君主用法实际就是利用人之爱利恶害来驾御人。

第四节　韩非"世异则事异"的历史观

韩非继承和发展了前期法家的历史进化观点,认为历史是不断变化的,肯定历史发展的阶段性。

一、世异则事异

韩非描述历史的演变过程,认为历史经历了上古(有巢氏、燧人氏)、中古(尧、舜、鲧、禹)、近古(夏、商、周三代)以至当今之世(战国)几个阶段。他说:

> 上古之世,人民少而禽兽众,人民不胜禽兽虫蛇;有圣人作,构木为巢以避群害,而民悦之,使王天下,号之曰"有巢氏"。民食果蓏蚌蛤,腥臊恶臭,而伤害腹胃,民多疾病;有圣人作,钻燧取火,以化腥臊,而民悦之,使王天下,号之曰"燧人氏"。中古之世,天下大水,而鲧、禹决渎。近古之世,桀纣暴乱,而汤武征伐。今有构木钻燧于夏后氏之世者,必为鲧、禹笑矣;有决渎于殷周之世者,必为汤、武笑矣。然则今有美尧、舜、禹、汤、武之道于当今之世者,必为新圣笑矣。是以圣人不期修古,不法常可,论世之事,因为之备。(《五蠹》)

时代是变化的,人们面临的物质生活环境各不相同,这就是所谓"世异则事异"。物质生活条件的变化使人们解决问题的方式也不同,这就是"事异则备变"。他认为,物质条件古今不同,故君主治国并无古律可循,亦无常法可遵。因此,他反对把社会历史看作是一成不变的,讽刺儒家赞美尧、舜、禹、汤、武的政治。"欲以先王之政,治当世之民,皆守株之类也。"(《五蠹》)他认为,在一定物质条件的基础上解决人们生存的主要问题是不同的,因而有了时代的差异。人类不可能用旧办法解决新问题,因而他反对"守株待兔"。

二、富国强兵,讲求实效

韩非还认为,历史变化的方向因物质条件的不同表现出这种趋势:"上古竞于道德,中世逐于智谋,当今争于气力。"(《五蠹》)他以为这是历史演变的规律,他所倡导的法治,将"争于气力"的蛮强世界纳入法的规范范围之内。

韩非以君主之利作为一切行为善恶的判断标准。依韩非的观点,君主利益与国家利益是一致的。国家的公利唯在君主生命的安危与富国强兵。与富国强兵有直接关系的是农战。韩非发展了法家特别是商鞅"重本抑末"的重农思想。所谓"本"即农业,"末"为其它行业。韩非唯重实利实效的功利思想使他极力鼓吹农战,而裁抑贬斥儒侠。儒家"学者"、纵横家"言谈者"、墨家"带剑者"、"文学之士"、"工商之民",被他称为"五蠹",与商鞅称之为"六虱"的传统诗书之士一样,均在被摈除之列。他认为,学者一类人的言行,不仅不利于国家之富强,而且直接有害于法令的权威性与政令的顺利推行,它使"言无定术,行无常议"(《显学》)。"五蠹"与"六虱"皆为"无用"之人。"博习辩智如孔、墨,孔、墨不耕耨,则国何得焉? 修孝寡欲如曾、史,曾、史不战攻,则国何利焉?"(《八说》)供养这样的人可谓是"所用非所养,所养非所用"(《史记·老子韩非列传》)。"明主举事实,去无用,不道仁义者故,不听学者之言。"(《显学》)一切治国的措施,如法、赏赐、功名,只因对国家有实效而设。"立法,非所以备曾、史也,所以使庸主能止盗跖也。"(《守道》)"赏必出乎公利,名必在乎为上。"(《八经》)

既是出于法治的理想,同时也是务求功利之"实",韩非极力反对儒家的德治,主张"不道仁义"。他认为,仁义礼智并不足治国。"今世皆曰:尊主安国者必以仁义智能,而不知卑主危国者之必以仁义智能也。故有道之主,远仁义,去智能,服之以法。"(《说疑》)"严家无悍虏,而慈母有败子,吾以此知威势之可以禁暴,而德厚之不足以止乱也。"(《显学》)

韩非将君国的现实眼前功利视为唯一的价值标准,视法为群体社会的唯一行为规范,并以此要求全体社会成员步调一致,去实现君主的治国理想——国富兵强。这样,臣民的存在价值被完全忽视,只是君主治国的工具。韩非显然已将法治推向极端,企图以法代替人类生活、群体社会与个体人的其他的或长远的价值、利益、意义,使之成为唯一的强制性规范。韩非的功利主义、工具主义,是服从于他治国的基本目的的。

第五节　韩非的道、理观与参验论

韩非通过诠释《老子》,进一步论述了"道"与"理"的关系。在他看来,"道"是万物的所以然,是根据,而"理"是事物的性质、条理。

一、"道"乃万理之所稽

韩非在"天人"之辨上继承了《管子》与荀子的朴素唯物主义的路线。他说:"若地若天,孰疏孰亲;能象天地,是谓圣人。"(《扬权》)但他过分强调"随自然"、"因自然"、"因事之理则不劳而成"(《外储说》)等,比起荀子来,辩证法思想则少了一些。

韩非在《解老》中说:"缘道理以从事者,无不能成。"他对"道"与"理"及其关系的诠释,接近于我们今天所谓普遍规律与特殊规律及其关系的理解。

> 道者,万物之所然也,万理之所稽也。理者,成物之文也;道者,万物之所以成也。故曰:"道,理之者也。"物有理,不可以相薄;物有理不可以相薄,故理之为物之制,万物各异理;各异理而道尽。稽万物之理,故不得不化;不得不化,故无常操;无常操,是以死生气禀焉,万智斟酌焉,万事废兴焉。(《解老》)

如果说万物根据的"道"接近于普遍规律的话,那么,物中有的"理"则接近于特殊规律。首先是"物有理",不是"理有物"或"先理后物";其次是物与理,此物与彼理,不可错杂地相侵入("不可以相薄",薄即迫);

再次是有条不紊的理是万物的法度（"理之为物之制"）；再次是重申万物有自身不同的理（"万物各异理"）；最后是"道"总合（"尽稽"）万物之理，无时不在变化之中。"道"统摄天地万物所有的变化。在韩非这里，"道"一方面有老子所说的无往不在的形而上的超越性，更有其形而下的具体表现。"道无常操"指"道"不是僵硬的，它反映、总揽人自身、自然、社会历史永远不断的运动变化，随时间、条件的推移，总是与具体事物的规律相适应的。所以，"道"是自然界万物生死变化的总原因，社会中万事所由兴废的总原则，也是人类吸取智慧的总源泉。

韩非指出："道者……以为近乎，游乎四极；以为远乎，常在吾侧；以为暗乎，其光昭昭；以为明乎，其物冥冥；而功成天地，和化雷霆，宇内之物，恃之以成。"（《解老》）显然，"道"仍是世界的本原、根据，无所不在，生成万物，高于"理"。"理"是每一个别的或一类的事物存在的理由、特殊的属性与规律，使此物与彼物、此类物与彼类物相区别开来。在韩非看来，"理"是对事物属性的比较、归纳：

> 凡物之有形者易裁也，易割也。何以论之？有形则有短长，有短长则有小大，有小大则有方圆，有方圆则有坚脆，有坚脆则有轻重，有轻重则有白黑。短长、大小、方圆、坚脆、轻重、白黑之谓理。（《解老》）

在这里，虽然前一半文字的推理不够周延，但最后一句无疑是正确的，"理"是对事物规定性的抽绎。他又指出："欲成方圆而随其规矩，则万事之功形矣。而万物莫不有规矩。"（《解老》）要办好事，一定要把握事与物的规矩与标准。

二、事物的"定理"

韩非的认识论是由物（事）到理，由理至道的。他说："凡理者，方圆、短长、粗靡、坚脆之分也。故理定而后物可得道也。"（《解老》）一方面，方圆、短长、粗靡、坚脆等是分别性的"理"，透过这些分别性的"理"，人们逐渐可以接近、认识、理解整一的"道";另一方面,"道"就在分别性的"理"之中。韩非指出,"道"所以能认识,是通过事物性质、规律等"定理"的抽绎:

> 故定理有存亡,有死生,有盛衰。夫物之一存一亡,乍死乍生,初盛而后衰者,不可谓常。唯夫与天地之剖判也俱生,至天地之消散也不死不衰者谓常。而常者,无攸易,无定理。无定理,非在于常,是以不可道也。圣人观其玄虚,用其周行,强字之曰"道",然而可论,故曰:"道之可道,非常道也。"(《解老》)

> 道不同于万物,德不同于阴阳,衡不同于轻重,绳不同于出入,和不同于燥湿,君不同于群臣……道无双,故曰一。(《扬权》)

每一事物有其确定性,如方圆、短长、粗靡、坚脆、阴阳、轻重等,是事物的具体规定,即"定理"。事物有发生、发展的过程,处在生灭变化之中,"定理"反映这一过程。韩非讲"定理",不仅有见于对立面的区分,还有见于对立面的转化,他肯定存亡、生死、盛衰、张驰、冬日之闭冻与春夏之繁茂等对立面的联系与转化,这里面就有"定理"。"道"超越于"定理",表现了这些"定理"的统一性。事物永恒的变化则是不变的"常道",是不改易的。"与天地之剖判也俱生,至天地之消散也不死不衰者",当然是"道",这是存在于宇宙、万事万物及其变化之中的普遍规律。在一定意义上,理与道,即变与常的关系。韩非认为,这个"常道"又有无定理、不可言说的一面。

尽管《管子》、慎到、商鞅、荀子都讨论过"道"与"理"及其关系,但只是到了韩非,才从哲学层面上较全面地讨论了二者的关系,尤其是重点阐释了"理"范畴,在我国认识论史上有独特的贡献。

三、"参验"论

韩非继承荀子的思想,肯定人有与生俱来的感觉、思维的器官和能力,即聪明睿智的"天明"(目)、"天聪"(耳)、"天智"(心)。

1. 肯定人有认识能力

在认识论上，韩非肯定人有认识、思维能力，也肯定认识与思考产生于人的感官与客观事物相接触、相作用的过程：

> 聪明睿智，天也；动静思虑，人也。人也者，乘于天明以视，寄于天聪以听，托于天智以思虑。故视强，则目不明；听甚，则耳不聪；思虑过度，则智识乱。目不明，则不能决黑白之分；耳不聪，则不能别清浊之声；智识乱，则不能审得失之地。目不能决黑白之色则谓之盲，耳不能别清浊之声则谓之聋，心不能审得失之地则谓之狂。盲则不能避昼日之险，聋则不能知雷霆之害，狂则不能免人间法令之祸。（《解老》）

人运用感官与思维能力与外界接触，产生了动静思虑等认识活动，人可以用心与耳目来视听思虑，"决黑白之分"、"别清浊之声"、"审得失之地"。在这里，韩非一方面承认"黑白"、"清浊"、"得失"是客观存在，另一方面也肯定了人作为认识主体有"决"、"别"、"审"等感觉与思维的能力。他还说："夫能自全者也而尽随于万物之理者，必且有天生。天生也者，生心也。故天下之道尽之生也。"（《解老》）这就是说，人天生的"心"是具有认识能力的。人虽然有认识的器官，但器官必须要能有所作用才行。此外，韩非在发挥老子思想时，也特别告诫人们，对目、耳、心之视、听、思虑能力，不应过度耗费，否则适得其反。在"治人"上"适动静之节，省思虑之费"；在"事天"上，"不极聪明之力，不尽智识之任。苟极尽，则费神多；费神多，则盲聋悖狂之祸至，是以啬之。啬之者，爱其精神，啬其智识也。"（《解老》）这即是说，人使用认识能力也是"事天"，人要爱惜，又不能过度膨胀自己的认识能力，自逞其才、自炫其智，夸大人的感官与理性思维作用，在"治人""事天"上也会引起盲聋悖狂之祸。人的认识能力也是有其限制的，韩非同意老子的思想，主张"爱精神而贵虚静"（《解老》），这在人与自然、人与社会的关系调节上是有意义的。

但韩非不同意老子所说的"不出于户，可以知天下；不窥于牖，可以知天道。"(《老子》第四十七章),也反对"前识",即先入为主的主观臆测。他说:"先物行、先理动之谓前识。前识者,无缘而忘(妄)意度也。"(《解老》)先于对事物的感觉经验(先物行),或先于事物具体规律(先理动)的臆断就是"前识"。

2."因参验而审言辞"

韩非在认识论与方法论上主张"参验"。他说:

> 夫视锻锡而察青黄,区冶不能以必剑;水击鹄雁,陆断驹马,则臧获不疑钝利。发齿吻[察]形容,伯乐不能以必马;授车就驾而观其末途,则臧获不疑驽良。观容服,听辞言,仲尼不能以必士;试之官职,课其功伐,则庸人不疑于愚智。故明主之吏,宰相必起于州部,猛将必发于卒伍。(《显学》)

这是说,仅凭剑的成分、颜色,名匠欧冶子也不能判明此剑是否锋利;通过水击鸿雁、陆斩驹马,最低智力的人也能判断其利钝。仅从马的毛、齿、形状,伯乐也未必能判断马的驽良,而套车就驾,实地考察,任何人都可以作出准确判断。同样,仅从外貌与言辞,孔子也未必能看出一个人是否智士,通过任职,考察其实绩、功效,庸人也能判断其愚智。韩非重视官员的实际锻炼与经验。

"参验"即主张遵循名实相符的原则,以参考验证来判断是非真伪的经验方法。"循名实而定是非,因参验而审言辞。"(《奸劫弑臣》)其所谓"参",乃"偶众端以参观",即将不同的事象放在一起加以分类、比较、鉴别,以免片面性。其所谓"验",则是要看一种思想是否有实际的效用,"听其言必责其用,观其行必求其功。"(《六反》)

与"参验"相关的是"参伍之道"。韩非说:"参伍之道,行参以谋多,揆伍以责失。"(《八经》)"不察参伍之政,不明度量,恃尽聪明,劳智虑,而以知奸,不亦无术乎?"(《难三》)这仍然是反对主观主义的。而且,"参验"方法可作为君主御臣的方法,以防奸邪之人。"听言不参则权分乎奸,智力不用则君穷乎臣。"(《八经》)"无参验而必之者,愚也。"(《显学》)

"参验"是贯彻法治的一种方式。他强调:"夫缘道理以从事者无不能成"（《解老》）;"守成理,因自然","视规矩,举绳墨"（《大体》）。这就有尊重规律的意思。

3. "矛盾"说的形式化表征

韩非首次使用"矛盾"这一名词,他讲了一个有名的寓言:

> 楚人有鬻盾与矛者。誉之曰:"吾盾之坚,物莫能陷也。"又誉其矛曰:"吾矛之利,于物无不陷也。"或曰:"以子之矛陷子之盾,何如?"其人弗能应也。夫不可陷之盾与无不陷之矛,不可同世而立,今尧舜之不可两誉,矛盾之说也。（《难一》）

韩非的"以子之矛攻（陷）子之盾"为揭露逻辑的矛盾提供了普遍适用的方法。韩非所理解的矛盾,主要关涉形式逻辑问题。形式逻辑认为,在同一思维过程中,两个互相反对或者相互矛盾的判断是不相容的,它们不能同时为真,其中至少有一个是假的。这是形式逻辑的矛盾律所确认的。韩非正确地指出了卖盾与矛者的两个判断的互不相容的性质,对形式逻辑作了确切的表述。

形式逻辑作为认识的工具,其基本特征之一,是强调知识的确定性。这种确定性就包括它提供的知识不会自相矛盾、前后不一。惟有如此,知识才是可以成立的。然而,知识虽然讲求确定性,知识的对象却永远处于变动之中,这本身就是矛盾的。战国中期一批思想家就是借知识对象的变动不居性,对知识的可靠性提出怀疑。韩非的倾向,是以知识的确定性去排除存在界的变动不居性,如他说:"凡物不并盛,阴阳是也。"（《解老》）这是说,天地阴阳,以至世间万物,都只能是非此即彼、势不两立的。显然韩非以知识的确定性要求来否定存在界变化的正当性,不仅是片面的,也是与其变化史观不相容的。

韩非将矛盾思想运用于法治中,主张"不相容之事不两立"（《五蠹》）,"言无二贵,法不两适"（《问辨》）,从而排斥德治,只主张法治。可见,韩非的"矛盾"还不是辩证法的概念,他注重对立面的不可调和性,把矛盾双方的对立绝对化了。

知识虽然讲求确定性,但是许多超越性的价值追求恰恰是借消解知识及其确定性而得以为人们所接受的。韩非尤其不懂得超越追求对于社会与人生的意义。他只承认能够带来现实功利的知识为惟一可靠的知识,此外的其他知识或追求都必须斥逐。荀子有文化一统、文化专制的思想倾向,韩非则变本加厉,指出"夫冰炭不同器而久,寒暑不兼时而至,杂反之学不两立而治。今兼听杂学缪行同异之辞,安得无乱乎?"(《显学》)他把儒墨等各家各派之学一概斥之为"愚诬之学、杂反之辞",主张"破其群以散其党","禁其欲,灭其迹"(《诡使》),一律严加取缔。

韩非在总结先辈法家人物的法治思想与政治实践的基础上,提出了以法为中心,法、术、势三者相结合的法治理论。他的思想虽是法家思想发展的逻辑必然,但其中也有其前辈思想中所未曾有的新内容。同时,韩非在总结法家思想与实践时,并没有脱离先秦"百家争鸣"的学术环境,而是对道、儒、墨、名诸家思想均有所采撷,并最终服务于其法治主义的基本立场。韩非思想不仅独立于"百家"中有其历史地位,而且也是对"百家"的一种补充与纠偏。

韩非具有"世异则事异"、"事异则备变"的变动与进化的历史观。他在自然观与认识论上也深化了此前的"道论"与"理观",阐释了"道"与"理"之关系,提出了"定理"说与"参验"论。这些方面他都有巨大的理论贡献。但他过分强调了斗争,根本摒弃了人道(仁爱)原则,把对立面之间的相互排斥看成是绝对分明的和固定不变的,陷入独断论。

韩非虽在秦国被害,但其学说则为秦国所用。秦国应用商鞅、韩非等人的理论统一了当时的中国,建立了中国历史上第一个强大的中央集权的专制国家。自汉代大一统的国家确立以来,韩非就不断遭到人们的批评。司马迁认为,韩非法家之学"严而少恩","可以行一时之计,而不可长用。"(《史记·太史公自序》)班固谓其"无教化,去仁爱,专任刑法,而欲以致治,至于残害至亲,伤恩薄厚。"(《汉书·艺文志》)《淮南子》的作者批评其本末倒置,"重法而弃义",王充则批评韩非禁儒而专任暴力的思想。韩非法治思想中的某些内容，如尊君卑臣、大权独揽、执柄处势、严刑峻法、以法为教、以吏为师等，长期以来为统治者所运用。他片面强调法治，完全否定德教，认为暴力决定一切，君主凭权势操生杀之柄统治人民，这些理论特别适合于封建专制君主，其局限性是显而易见的。另一方面，历史上一些立志改革的政治家也受到商鞅、韩非等法家变革思想的影响。

第十八章　战国阴阳家的思想

　　在春秋以前,阴阳说与五行说基本上是独立发展的,至春秋战国则有合流之势,并成为我国先秦时的一种朴素的宇宙论。再后来则发展至邹衍而有"五德始终说",成为一种历史政治哲学。顺这一条线索而下的学者被称为阴阳家。关于阴阳家思想,学术界已有很多研究,如民国学者集结于《古史辨》第五册的讨论;近四十年来,因为大量简帛文献的出土,使得这一课题的研究更加丰富,弥补了《古史辨》中所收论文仅诉诸传世文本的不足。近年来篇幅较大的专著或博士学位论文有孙开泰的《邹衍与阴阳五行》、井上聪的《先秦阴阳五行》、彭华的《阴阳五行研究(先秦篇)》、臧明的《五德始终说的形成与演变——从邹衍到董仲舒、刘向》等。兹依各类子题与时间先后而作一简要回顾。

　　(一)关于阴阳五行观念的来源,相关研究大致经历了三个阶段,即20世纪二三十年代的诉诸文本,四五十年代以来的再诉诸甲骨文,以及近四十年来的进一步诉诸出土简帛文献。

　　第一,民国时,梁启超最先写出《阴阳五行说之来历》一文,然后一石激起千层浪,并最终有《古史辨》第五册之形成。梁启超认为,"商周以前,所谓阴阳者,不过自然界中一种粗浅微末之现象,绝不含有何等深邃之意义。'阴阳'二字意义之剧变,盖自老子始。"①这是指其"万物负阴抱阳"一语。但是他另一方面又说,最有可能是孔子著的《周易·象传》(乾坤两卦初九、初六)有提到"阴阳"二字。假如《象传》确系孔子所作,但孔子与老子谁先谁后也是个问题,因此说"阴阳"二字意义剧变始于老子是有问题的。梁氏虽然认为"阴阳"二字产生甚早,但是却认为,那种带有神秘色彩的阴阳五行思想,始于燕齐方士,建构并传播于邹衍、董仲舒与刘向。② 梁氏对阴阳五行思想的评价颇低,视之为诡异的邪说。站在现代科学的范式(paradigm)来看,阴阳五行思想确实很朴素,但是历史地来看,它无疑是一种可贵的探索,为古人提供了一种解释自然现象的宇宙观。顾颉刚亦持"五行"晚出说,并认为"五行"最可靠的依据材料是《荀子·非十二子》中所批评的"思孟五行",又以《史记》为凭,说"思孟"乃"邹衍"之误。③ 从近几十年出土的简帛文献来看,"思孟五行"是指"仁义礼智圣"五德④,与邹衍的"五德"说完全是两码事,可见顾氏之假设不能成立。不过顾氏通过考察战国晚期"五帝"思想的历史背景,来说明邹衍的五德始终说之应运而生⑤,则使这一学说更好地实现了脉络化。

第二,诉诸甲骨文来考察五行观念的产生,四五十年代有学者如胡厚宣、杨树达、陈梦家等,八九十年代则有李学勤、庞朴、汪涛、沈建华、常

---

① 梁启超:《阴阳五行说之来历》,载顾颉刚编著《古史辨》第五册,上海:上海古籍出版社,1982年,第347页。
② 梁启超:《阴阳五行说之来历》,载顾颉刚编著《古史辨》第五册,上海:上海古籍出版社,1982年,第353页。
③ 顾颉刚:《五德始终说下的政治和历史》,载顾颉刚编著《古史辨》第五册,上海:上海古籍出版社,1982年,第407—409页。
④ 相关论述可参,韩中民:《长沙马王堆汉墓帛书概述》,载《文物》,1974年第9期。庞朴:《马王堆帛书解开了思孟五行说之谜——帛书〈老子〉甲本卷后古佚书之一的初步研究》,载《文物》,1977年第10期。李学勤:《帛书〈五行〉与〈尚书·洪范〉》,载《学术月刊》,1986年第11期。庞朴:《竹帛〈五行〉篇比较》,原载《人民政协报》,1998年8月3日第三版;又载《中国哲学》第20辑,1999年。
⑤ 顾颉刚:《五德始终说下的政治和历史》,载顾颉刚编著《古史辨》第五册,上海:上海古籍出版社,1982年,第414—415页。

正光、萧良琼等。① 关于阴阳观念,则有裘锡圭、沈建华、连劭名等的甲骨文探讨。② 这些学者通过考察甲骨文而大都认为,阴阳五行观念在殷商时代即有了,阴阳与天气、崇尚的颜色有关,而五行则跟方位、时令有关。

第三,通过诉诸出土简帛文献来考察五行思想,最显著的就是 1973 年长沙马王堆出土的帛书《五行》与 1993 年湖北荆门出土的郭店楚简《五行》,彻底解开了荀子所批评的"思孟五行"到底何谓。相关研究汗牛充栋,这里就不一一列举了。此外,井上聪则在文献之外,通过诉诸民俗现象而主张阴阳观念在殷商时代即已有③,颇有新意。

(二)阴阳五行之哲学化。作为对梁启超观点的回应,徐复观认为,从《左传》、《国语》等传世文献来看,春秋时代的阴阳观念已开始从原来的气候观念上升至为实物——六气之二;而五行观念亦很简单,只是日用常行的"五材",尚非后来的五行自然哲学。关于阴阳观念的哲学化,徐复观认为这始于《易传》而道家受其影响最快;关于五行观念,徐氏认为,它始于迷信,而从中提炼以建立新说,并且使世人注意的是邹衍。④徐复观此文写于简帛《五行》出土前,未能注意"思孟五行",因而其关于五行哲学始于邹衍的看法值得商榷。如马王堆帛书《五行》出来后,饶宗

---

① 胡厚宣:《论殷代五方观念及中国称谓之起源》,载《甲骨学商史论丛》初集,石家庄:河北教育出版社,2002 年。杨树达:《甲骨文中之四方神名与风名》,载《积微居甲文说》,北京:科学出版社,1954 年。陈梦家:《殷墟卜辞综述》,北京:中华书局,1988 年,第 572 页。李学勤:《商代的四风与四时》,载《中州学刊》,1985 年第 4 期。庞朴:《阴阳五行说探源》,载《中国社会科学》,1984 年第 3 期。汪涛的《殷人的颜色观念与五行说的形成及发展》、沈建华的《从殷代祭星郊礼论五行起源》、常正光的《阴阳五行说与殷代方术》、萧良琼的《从甲骨文看五行说的渊源》,诸文均载艾兰等编《中国古代思维模式与阴阳五行说探源》,南京:江苏古籍出版社,1998 年。

② 裘锡圭:《从殷墟甲骨卜辞看殷人对白马的重视》,载氏著《古文字论集》,北京:中华书局,1992 年。沈建华:《释卜辞中方位称谓"阴"字》,载《古文字研究》第 24 集,北京:中华书局,2002 年。连劭名:《甲骨刻辞所见的商代阴阳数术思想》,载艾兰等编《中国古代思维模式与阴阳五行说探源》,南京:江苏古籍出版社,1998 年。

③ 参见[日]井上聪《先秦阴阳五行》(武汉:湖北教育出版社,1997 年)一书中的相关内容。

④ 徐复观:《阴阳五行及其有关文献研究》,载氏著《中国思想史论集·续编》,台北:时报文化出版事业有限公司,1985 年,第 48—49、54、85、98—99 页。

颐认为,五德始终之说起于子思,而邹衍本之以恢皇之。① 因此,五行之哲学化应早于孟子、邹衍,至少德行义的"五行"是如此。

(三)阴阳与五行之合流,这是一个非常有意思的思想史环节,白奚认为这是在《管子》中实现的。他认为,五行与时令如何结合是合流的关键,而《管子·幼官》选择了五方作为五行与时令结合的突破口。"事实上,如果不打乱一年分为四季的时间单位体系,要想使五行方位与四时节令配合,就不得不非常勉强地在四季中间插入这个虚设的中央土,否则就无法给出一个完整的世界图式。后来的邹衍杜撰了与四时并列的'季夏'这一概念。到了《吕氏春秋》,'季夏'成了夏季第三个月的名称,在原来的'季夏'的位置上又恢复了'中央土'的提法,这种做法当是直接取自《管子·四时》。"②从思想史来看,阴阳与五行或许是如白奚所言,如《管子》所为那样合流的,但是我们仍可以说这只是一种可能的结合方式,因为阴阳与五行可以直接结合,而不必借助时令。

(四)跨文化视野中的诠释。海外学者对于阴阳五行理论亦有很多颇具启发性的阐释,如李约瑟(Joseph Needham)在其《中国古代科学思想史》中指出,尽管阴阳五行说不是近代伽利略—牛顿式的机械观科学典范(paradigm),但却是一有机(organism)宇宙观之体现——关联式思考。③ 早于李约瑟而提出类似看法的,有法国的葛兰言(Marcel Granet),晚于李约瑟而以结构主义方法论进行更加详细论述的是葛瑞汉(Angus Charles Graham)。葛瑞汉认为,阴阳五行说的那种宇宙论道德尽管未必超过了近代科学,但好过那种试图将价值建基于生物学、社会学或

---

① 饶宗颐:《五德始终说新探》,载氏著《中国史学上之正统论》,上海:上海远东出版社,1996年,第10—12页。

② 白奚:《中国古代阴阳与五行说的合流——〈管子〉阴阳五行思想新探》,载《中国社会科学》,1997年第5期,第28、29、30页。

③ [英]李约瑟:《中国古代科学思想史》,陈立夫等译,南昌:江西人民出版社,2000年,第359页。

心理学的事实之上的做法。① 史华兹（Benjamin I. Schwartz）则以"相关性宇宙论"（correlative cosmology）来刻画阴阳五行说，这其实是"天人感应"说之在西方语境中的表述。对于李约瑟的说法，史华兹认为，东西方的有机主义哲学之差别并没有那么大。史华兹与李约瑟的区别在于，前者的"相关性宇宙论"可以概括邹衍与董仲舒，而后者的"有机主义"则视邹衍的学说为"前科学"、视董仲舒的学说为"伪科学"。② 李约瑟们从西方现当代科学典范的新进展来解释阴阳五行说，试图寻找东方的知音，重估其价值，不期然而有推崇过当之嫌，可谓一喜一忧。须知，现当代西方科学中的有机主义乃是后科学的，而阴阳五行说乃是前科学的，并未经近代科学的洗礼。吴国盛认为，古代中国不但没有近代意义上的数理实验科学，也没有古希腊意义上的理性科学。③ 这一点确实如此，古代中国有发达的科技是不假，但是理论科学是明显欠缺的。职是之故，牟宗三在其早年的《阴阳家与科学》一文中强调，阴阳家之学只是直觉之泛观，而想要进入科学，则须从直觉之泛观"坎陷"为死板的分解。④ 正是这样，牟宗三首次提出了他的"坎陷论"，用以解答传统的阴阳家之学如何向近代科学转化的问题。⑤ 这"坎陷"要开出的不只是技术而已，而且也包括一套认识论、理论科学等内容。

（五）邹衍其人其学。关于邹衍的活动时间之考察，有胡适的《中国哲学史大纲》卷上、钱穆的《邹衍考》、顾颉刚的《五德始终说下的政治和历史》。关于其论著辑录与考辨，前有清人马国翰《玉函山房辑佚书》卷七十七辑有《邹子》一卷，五六十年代则有金德建的《论邹衍的著述和学

---

① ［英］葛瑞汉：《阴阳与关联思维的本质》，载艾兰等编《中国古代思维模式与阴阳五行说探源》，张海晏译，南京：江苏古籍出版社，1998 年，第 52 页。

② ［美］史华兹：《古代中国的思想世界》，程钢译，刘东校，南京：江苏人民出版社，2003 年，第 375、382 页。

③ 吴国盛：《说中国古代有无科学》，载《科学》，2015 年第 3 期。

④ 牟宗三：《阴阳家与科学》，载《理想与文化》第 1 期，1942 年 12 月。

⑤ 详细论述请参见肖雄《牟宗三的良知坎陷论》，武汉大学博士学位论文（2016 年），第一章第一节。

说》、王梦鸥的《邹衍遗说考》。① 至于其学说,学者们基本都是从五行与时令或明堂的关系、五德始终说、大九州说三个方面展开。最近二十年,孙开泰的《邹衍与阴阳五行》、井上聪的《先秦阴阳五行》、彭华的《阴阳五行研究(先秦篇)》、臧明的《五德始终说的形成与演变——从邹衍到董仲舒、刘向》等,对相关材料的梳理很全面,讨论更加精微。

第一节　阴阳五行学说

《汉书·艺文志》说:"阴阳家者流,盖出于羲和之官。敬顺昊天,历象日月星辰,敬授民时,此其所长也。及拘者为之,则牵于禁忌,泥于小数,舍人事而任鬼神。"这就是说阴阳家是源自于上古的羲和之官,羲和之官掌管的是天文、历数和禨祥,即上古时代懂得天文学、占星术并制定历法的人。这么讲是有道理,因为战国以来的哲学化了的阴阳家,虽然其形式更加哲学化了,然而其探讨对象仍然是天文历数,其功用仍然是"敬授民时"与"禨祥",至于"舍人事而任鬼神"则更是其流亚了。《史记·天官书》云:"昔之传天数者,高辛之前,重、黎;于唐、虞,羲、和;有夏,昆吾;殷商,巫咸;周室,史佚、苌弘;于宋,子韦;郑则禆灶;在齐,甘公;楚,唐昧;赵,尹皋;魏,石申。"这些"巫史"式的人物,都是著名的天数学者,深通天文历数,又杂以星占灾异。周初的史佚和春秋末期的苌弘更是著名的思想家。此外还有《逸周书》所记无名氏周祝,《国语》所记的伯阳父、单襄公、单穆公,《左传》所记鲁梓慎、晋史墨等,都可说是早期的阴阳家。②

《史记·太史公自序》引司马谈《论六家要旨》:"尝窃观阴阳之术,大详而众忌讳,使人拘而多所畏。然其序四时之大顺,不可失

---

① 钱穆:《邹衍考》,载氏著《先秦诸子系年》,石家庄:河北教育出版社,2002 年。金德建:《论邹衍的著述和学说》,载氏著《司马迁所见书考》,1953 年。王梦鸥:《邹衍遗说考》,台北:商务印书馆,1966 年。

② 萧萐父:《〈周易〉与早期阴阳家言》,载氏著《吹沙集》,成都:巴蜀书社,1991 年,第 169—173 页。

也。"又曰："夫阴阳、四时、八位、十二度、二十四节,各有教令;顺之
者昌,逆之者不死则亡,未必然也,故曰'使人拘而多畏'。夫春生、夏
长、秋收、冬藏,此天道之大经也。弗顺,则无以为天下纲纪,故曰'四
时之大顺,不可失也'。"又,"分别天地之终始,日月星辰之纪,差次仁
义之际,列吉凶之符,语数千言,莫不顺理。"(《史记·日者列传》)这
些是有关阴阳家比较系统的论说。现在我们结合已有研究作一更详
细的展示。

一、阴阳说

如果阴阳家之学的源头在"羲和之官",那么,这应该可以追溯至尧
舜时代——帝尧"乃命羲和,钦若昊天"(《尚书·尧典》)。只是由于这是
史前文明,无法求证,学者们暂时只能追溯至殷商时代。

1. 起源:殷商甲骨文与西周金文

阴、阳二字最初的意思是指日光的背、向,这从甲骨文对二字的使用
即可见出。

> 丙辰卜,丁巳其阴乎? 允阴。(《合集》19781)
> 戊戌卜,其阴乎? 翌己启,不见云。(《合集》20988)[1]
> 于鸟日北对,于南阳西。(《考释》4529)[2]

第一条卜辞说的是:丙辰占卜,(明天)丁巳日是阴天吗? 结果真的
是。第二条卜辞说的是:戊戌日占卜,(明天)会是阴天吗? 己(亥)日天
放晴了,不见云。萧良琼认为甲骨文中的"阴"字代表阴天,"南阳"代表
地名。[3] 黄天树则通过其他卜辞间接地指出,"阴"字还有"水之南,山之
北"的意思,"阳"则有"水之北,山之南"的意思,殷人已有较为健全的方

---

[1] 胡厚宣主编:《甲骨文合集释文(二)》,北京:中国社会科学出版社,1999 年,第 998、1051 页。
[2] 姚孝遂、肖丁:《小屯南地甲骨考释》,北京:中华书局,1985 年,第 370 页。
[3] 萧良琼:《从甲骨文看五行说的渊源》,载艾兰等编《中国古代思维模式与阴阳五行说探源》,
  南京:江苏古籍出版社,1998 年,第 218、224 页。

位、阴阳观念。① 黄说比较详密可靠。

此外,从西周金文中亦可发现更为明显的阴阳观念,两字连用已经出现。

> 锡失师永厥田阴易(阳)洛疆。(《永盂》)
> 南淮夷迁及内,伐□、昴、参泉,欲敏阴阳洛。(《敔簋》)

第一条金文的大意是:赏赐师永田地在洛水的南北两面。第二条金文的大意是:南淮夷侵袭至周的腹地,掠伐至□、昴、参泉等地,企图迅速侵略洛水南北地区。此两条主要是在地理的意义上使用阴阳二字,但基本上都是与阳光有关,或直接引申,相较于战国时代的抽象程度,比较朴实。

2. 哲学化

出土文献的追溯大致如上,传世文献使用阴阳二字较早的是《诗经》,其时代当在西周晚期与春秋时代,尚未哲学化。如《诗经·大雅·公刘》云:"既景乃冈,相其阴阳,观其流泉。"这里的"阴阳"亦是指地形,与金文所载同。《诗经·邶风·终风》云:"曀曀其阴,虺虺其雷。"这里的"阴"字就指天气了。《易经·中孚》卦九二爻辞云:"鸣鹤在阴,其子和之;我有好爵,吾与尔靡之。"这里的"阴"字就指树荫了。凡此皆无哲学的意义。

西周晚期或春秋时代,最先开始哲学化的思想者最有可能是掌管天文历数的羲和之官。试看伯阳父之解释地震,这开启了传统阴阳观念的哲学化进程。西周末周幽王二年(前780年)在镐京(今陕西西安西)附近三川(泾、渭、洛)发生了地震,《国语·周语上》记载了当时的大夫伯阳父的解释,他说:"天地之气,不失其序;若过其序,民乱之也。阳伏而不能出,阴迫而不能烝,于是有地震。"地震发生的原因是:阳气潜伏在下面不能畅遂,阴气压迫阳气使它不能出来。从这里我们首先了解到,"阴

---

① 黄天树:《说甲骨文中的"阴"和"阳"》,载氏著《黄天树古文字论集》,北京:学苑出版社,2006年,第213—217页。

阳"二字已开始实体化为两种普遍的气,并被用来尝试解释地震的发生。这是以前没有过的,这是值得注意的思想飞跃。徐复观对此的考察非常中肯。①　其他关于阴阳之气的说法,亦见于《左传》,"六气,曰阴、阳、风、雨、晦、明也。"(《左传·昭公元年》)阴阳气(实体)化是其全面哲学化的重要过渡,这一步则要到战国时期才能完成。

战国时期,将西周晚期与春秋时代阴阳家的接力棒向前传递的当是《易传》的作者与道家学者。徐复观即认为,迈出这决定性一步的是《易传》,而道家承之。不过笔者觉得,其关于《乾》《坤》两卦之小《象》与《泰》《否》两卦之《象》中出现的阴阳思想晚出的判断,值得商榷;而其视刚柔与阴阳之结合用以解释《周易》为阴阳观念抽象化的一大关键,无疑很是深刻的。②　两者结合后,阴阳二气成为了宇宙间最普遍、最基本的实体,同时也是最基本的两种属性,乃至最普遍的法则——"一阴一阳之谓道"(《系辞上》)。

老子说:"万物负阴而抱阳,冲气以为和。"(《老子·第四十一章》)此中的"阴阳"作何解,徐复观认为这比较接近春秋时代的意义,本书觉得解为最基本的阴阳二气亦通。可惜,《老子》中讲阴阳的就这么一句,无法言之凿凿,到了庄子后学才变得比较明确起来。《庄子·知北游》云:"阴阳四时运行,各得其序,惛然若亡而存,油然不形而神。"《庄子·田子方》云:"至阴肃肃,至阳赫赫,肃肃出乎天,赫赫发乎地,两者交通成和,而物生焉。"在此,阴阳作为一对宇宙论的概念就非常明显了。再往前发展,就是体现在《管子》中的阴阳与五行之合流,在介绍完阴阳与五行各自独立的发展后,再来处理这个问题。

① 徐复观:《阴阳五行及其有关文献研究》,载氏著《中国思想史论集·续编》,台北:时报文化出版事业有限公司,1985年,第45—50页。
② 徐复观:《阴阳五行及其有关文献研究》,载氏著《中国思想史论集·续编》,台北:时报文化出版事业有限公司,1985年,第85、88—92页。

二、五行说

与阴阳观念一样，五行观念的起源也非常早，至今的研究可以追溯至殷商甲骨文。当然，其理论化、哲学化则仍有待于春秋战国时代的思想家们，这与阴阳观念的哲学化进程大致是相同的。

1. 起源：殷商之五方、五臣观念

"五"这个数字在甲骨文中有多次出现，可以视作殷商时代人已有的观念结构。最先指出殷商有"五方帝"观念的是罗振玉[1]，胡厚宣对此加以指出、修正而肯定"五方"观念之已有：

> 己巳，王卜贞□岁，商受□，王□曰吉。
> 东土受年，南土受年，西土受年，北土受年。（《粹》907）
> 戊寅卜，王贞受中商年，十月。（《前编》8101）

胡厚宣认为，这两段甲骨文明确反映殷商时代已有东、南、西、北、中"五方"观念，即商以自己为"中"，称其他为"四方"。[2] 此外，殷商也已有了"五工臣"的说法：

> 于帝臣，又雨。（甲 779，康丁卜辞。）
> □又于帝五臣，又大雨。
> 王又岁于帝五臣正，隹□雨。
> 辛亥卜……五臣□。（粹 13）
> 秋于帝五工臣，才且乙宗卜。（粹 12，武乙卜辞。）
> 帝五工（臣），其三□。（上 26.15）

"帝五工臣"在这些甲骨文中反复出现，说明这是一个固定用语、成熟的观念，陈梦家认为这与《左传·昭十七》所记载的郯子一段话有密切

① 罗振玉：《殷墟书契考释·三种》，北京：中华书局，2006 年，第 302—313 页。
② 胡厚宣：《论殷代五方观念及"中国"称谓之起源》，载氏著《甲骨学商史论丛·初集》，齐鲁大学国学研究所，1942 年，第 383—385 页。

关系,郯子所说的殷商之五鸠五工臣,发展而为《左传·昭廿九》晋大史蔡墨所说的木、火、金、水、土"五行之官"。[①] 这样传世文献的传说就成为了真实的记载。

2. 春秋战国的五行观念及其哲学化

经过长期的演变,至春秋时代,阴阳家的五行观念渐渐露出端倪,这见于较为可信是春秋时作的传世文献如《左传》、《国语》,其他如《尚书·洪范》、《尚书·甘誓》亦可暂时视为春秋或战国时的作品。

《左传·文公二十五年》载晋郤缺言于赵宣子,"《夏书》曰:'戒之用休,董之用威,劝之以《九歌》,勿使坏。'九功之德皆可歌也,谓之九歌。六府、三事,谓之九功。水、火、金、木、土、谷,谓之六府。正德、利用、厚生,谓之三事。"其中的"六府"包括了水火金木土与谷,这里面已有后来的"五行",但是前五者与谷是什么关系尚不知道,即谷是否可以化约至前五者不得而知。在《左传·襄公二十七年》中,子罕曰:"天生五材,民并用之"而在《左传·昭公十一年》中,叔向则曰:"且譬之如天,其有五材而将用之,力尽而敝之。"这两则材料都显示春秋时已有明确的"五材"观念。又《左传·昭公二十五年》中,子大叔曰:"则天之明,因地之性,生其六气,用其五行。气为五味,发为五色,章为五声,淫则昏乱,民失其性。"《国语·周语下》中,单襄公曰:"天六地五,数之常也。"所谓"天六"即前云"阴阳风雨晦明"六气,而"地五"则是"五材"了。

在《左传·昭公二十九年》中,魏献子与晋蔡墨的一段对话值得注意:

> 故有五行之官,是谓五官。实列受氏姓,封为上公,祀为贵神。社稷五祀,是尊是奉。木正曰句芒,火正曰祝融,金正曰蓐收,水正曰玄冥,土正曰后土。龙,水物也。
>
> ……
>
> 献子曰:"社稷五祀,谁氏之五官也?"

---

① 陈梦家:《殷墟卜辞综述》,北京:中华书局,1988 年,第 572 页。

对曰："少皞氏有四叔，曰重、曰该、曰修、曰熙，实能金、木及水。使重为句芒，该为蓐收，修及熙为玄冥，世不失职，遂济穷桑，此其三祀也。颛顼氏有子曰犁，为祝融；共工氏有子曰句龙，为后土，此其二祀也。后土为社；稷，田正也。有烈山氏之子曰柱为稷，自夏以上祀之。周弃亦为稷，自商以来祀之。"

这是更加系统的观念，据蔡墨之言，春秋时代的阴阳家已将木、火、金、水、土与五种神搭配起来了，而"修"与"熙"被归到"玄冥"之神，这即是以五行的格式来整理诸神。这可以与《墨子·贵义》中的一段话对看：

子墨子北之齐，遇日者。日者曰："帝以今日杀黑龙于北方，而先生之色黑，不可以北。"子墨子不听，遂北，至淄水，不遂而反焉。日者曰："我谓先生不可以北。"子墨子曰："南之人不得北，北之人不得南，其色有黑者，有白者，何故皆不遂也？且帝以甲乙杀青龙于东方，以丙丁杀赤龙于南方，以庚辛杀白龙于西方，以壬癸杀黑龙于北方，若用子之言，则是禁天下之行者也。是围心而虚天下也，子之言不可用也。"

这里的"日者"即阴阳家，此时的阴阳家已将纪日的十天干、青赤白黑色龙与四方搭配起来，以此类推，则中间所缺的是戊己日的黄龙。从日者之所言可以看出，阴阳家的五行观念还被用来機祥。不过墨子显然不接受阴阳家的这种附会，而从理论上予以反证。尽管难以找出五行观念哲学化的界线在哪里，但是从墨子的回驳来看，阴阳家必须面对理性化的质疑、"祛魅"的要求。

在《尚书·甘誓》(《夏书》)与《尚书·洪范》(《周书》)这两篇写作年代有争论的书中，也出现了五行说，前者云："有扈氏威侮五行，怠弃三正。"这里的"五行"到底是什么意思，难以确定。在《洪范》中，则有明确的说法："一、五行：一曰水，二曰火，三曰木，四曰金，五曰土。水曰润下，火曰炎上，木曰曲直，金曰从革，土爰稼穑。润下作咸，炎上作苦，曲直作酸，从革作辛，稼穑作甘。"这里不但指出了五行是水火木金土，而且描述了其属性。联系两者来看,《甘誓》中的"五行"不一定就是五种德行,也有可能就是水火木金土五行——毕竟这五行也是《洪范》九畴之一。

考察五行观念的哲学化,即是要去考察其中的宇宙论思想,也就是由五行来解释万物的构成,以及五行之间的内在关系。《国语·郑语》载西周末年的史伯之话云:"先王以土与金、木、水、火杂以成百物。"在此,五行被当作造成各种事物的诸种元素。与前面讲的神圣化了的五行不同,这里没有这个负担,纯宇宙论的味道较浓。而同样是晋国太史蔡墨,他又指出:"水胜火,伐姜则可"(《左传·哀公九年》);"火胜金,故弗克"(《左传·昭公三十一年》)。史载鲁昭公三十一年十二月初一发生了日蚀,蔡墨根据星象和梦占,预测吴国攻打楚都不能取胜。这即是用五行中的相克关系来附会人事。也许正是因为这种附会有问题,所以,兵家《孙子·虚实》则说:"五行无常胜,四时无常位";《墨子·经下》云:"五行毋常胜,说在多。"《墨子·经说下》云:"火铄金,火多也。金靡炭,金多也。"即是说,在火力足的情况下,火能熔化金属,但在火力不足的情况下,金可以压灭炭火。针对阴阳家的"金胜木,木胜土,土胜水,水胜火,火胜金"的理论的,墨家认为,按其性质来说,五行可以相克(胜),但并不常常如此、永远如此,还有一个数量问题。孙子与墨子可谓阴阳家之诤友。

3. 思孟"五行":仁义礼智圣

自春秋战国阴阳家五行流行以来,另一种五行思想也在慢慢成熟,此即思孟"五行",这是德性意义上的五行。尽管在《荀子·非十二子》中,思孟五行就遭到了批评,但荀子语焉不详,思孟传世文献亦不见有"五行"字样,致使这一批评两千多年来一直不得其解,直到1973年长沙马王堆出土了帛书《五行》,1993年湖北荆门郭店出土了竹简《五行》,这一谜底才算揭开。

相对于1993年出土的竹简《五行》有"经"而无"传",1973年出土的帛书《五行》则有"经"、"传"两部分。竹简《五行》首章云:

> 五行:仁形于内谓之德之行,不形于内谓之行。义形于内谓之德之行,不形于内谓之行。礼形于内谓之德之行,不形于内谓之[行。智形]于内谓之德之行,不形于内谓之行。圣形于内谓之德之行,不形于内谓之[德之]行。

> 德之行五和谓之德,四行和谓之善。善,人道也。德,天道也。

这里的"德之行"论开启了心性之学的契机,这是通过将外在的仁义礼智内在化来实现的。当然,如果仁义礼智本身并非本然就有内在的心性根基的话,这种努力也是徒然的。"德之行"论开启了"天道",即超越的面向。据此而认为竹简《五行》乃思孟之间的失传文献,是有道理的。思孟五行以别开生面的方式向战国思想家们展示了一种意义上的五行,这对于后来的邹衍"五德始终"说不无影响。

三、阴阳与五行的合流

随着阴阳与五行的不断独立发展,大约是在战国中期,有了要结合两者的趋势,这体现在《管子》、《礼记·月令》等传世文献中。据白奚的研究,这是在《管子》之《幼官》、《四时》、《五行》、《轻重己》一组文章中实现的。在这一合流中,阴阳与五行学说也各自得到了进一步的深化。

《管子·揆度》云:"事名二、正名五而天下治。"又说:"天策阳也,壤策阴也,此谓事名二。""权也、衡也、规也、矩也、准也,此谓正名五。其在色者,青黄白黑赤也。其在声者,宫商羽徵角也。其在味者,酸辛咸苦甘也。"阴阳是二,五色、五声、五味是五,而青、黄、白、黑、赤正好对应木、土、金、水、火即五行,如此则阴阳与五行并列论于一文之中,两者融合在之势渐趋明朗。《管子·四时》曰:"阳为德,阴为刑。"又曰:"德始于春,长于夏,刑始于秋,流于冬。"这是将阴阳扩而为四时,所谓"是故阴阳者,天地之大理也;四时者,阴阳之大经也。"又说:

> 东方曰星,其时曰春,其气曰风,风生木与骨。……南方曰日,其时曰夏,其气曰阳,阳生火与气。……中央曰土,土德实辅四时入

出……。西方日辰,其时日秋,其气日阴,阴生金与甲。……北方日月,其时日冬,其气日寒,寒生水与血。(《管子·四时》)

这是要将五行与阴阳、四时结合起来。问题是五行之数是"五",阴阳之数是"二"、四时之数是"四",前后结合颇为不易。于是我们看到"中央土"成了一个虚设的点,后来邹衍杜撰了与四时并列的"季夏"这一概念,而《吕氏春秋》则以"季夏"为夏季的第三个月,在原来的"季夏"的位置上又恢复了"中央土"的提法。① 看来要结合五行与四时,必须有一个超越其他四者的"行",即"中央土",这样才能协调起来。

第二节 邹衍的思想

邹衍的活动时间大约在公元前 300—250 年,战国晚期,帝制运动兴起,燕、齐、秦等国纷纷称北帝、东帝、西帝,在这一背景下,邹衍的"五德始终"说应运而生或为之作了思想准备。遗憾的是,邹衍的论著并没有保留下来,现在我们只能从《吕氏春秋》、《史记》等书中稽考邹衍的论著或思想。《史记·孟子荀卿列传》言邹衍"睹有国者淫侈,不能尚德……乃深观阴阳消息而作怪迂之变,《终始》、《大圣》之篇十余万言。其语闳大不经……然要其归,必止乎仁义节俭。"邹衍的阴阳五行思想,即便是在当时的太史司马迁看来——春秋时的阴阳家多出于太史——也未免离经叛道,但另一方面仍然以仁义为旨归。所以,司马迁又说:"伊尹负鼎而勉汤以王,百里奚饭牛车下而缪公用霸,作先合,然后引之大道。驺衍其言虽不轨,倘亦有牛鼎之意乎?"邹衍虽然没有伊尹、百里奚那样的功业,但他所受的礼遇却不差,"适梁,惠王郊迎,执宾主之礼。适赵,平原君侧行撇席。如燕,昭王拥彗先驱,请列弟子之座而受业,筑碣石宫,身亲往师之。"(《史记·孟子荀卿列传》)当然,司马迁这里的记录肯定有

---

① 白奚:《中国古代阴阳与五行说的合流——〈管子〉阴阳五行思想新探》,载《中国社会科学》,1997 年第 5 期。

误,因为梁惠王活跃在公元前4世纪,其卒年当邹衍幼时,所以第一条说法不可靠。关于邹衍的论著,除了上面说的《终始》、《大圣》之篇外,还有《主运》,《汉书·艺文志》说有《邹子》四十九篇、《邹子终始》五十六篇,可惜这些文献都没有流传下来。清人马国翰的《玉函山房辑佚书》辑有《邹子》一卷,这是从《吕氏春秋》、《史记》及其他诸书的引用中辑录的。

一、大九州说

尽管邹衍的学术思想"闳大不经",但却是从经验出发而进行推理。《史记·孟子荀卿列传》云:

> 必先验小物,推而大之,至于无垠。……先列中国名山大川,通谷禽兽,水土所殖,物类所珍,因而推之,及海外人之所不能睹。……以为儒者所谓中国者,于天下乃八十一分居其一分耳。中国名曰赤县神州,赤县神州内自有九州,禹之序九州是也,不得为州数。中国外如赤县神州者九,乃所谓九州也。于是有裨海环之,人民禽兽莫能相通者,如一区中者,为一州。如此者九,乃有大瀛海环其外,天地之际焉。

如司马迁所述,邹衍的方法论是没问题的,但其结论却无法得到证据支持,如凭什么说中国只是天下的八十一分之一呢? 这似乎没法从"中国"这个被先验的"小物"推出来。中国而外如赤县神州的还有九个,也就是说,包括中国,天下有"十州"了。"十州"之外,是大瀛海包围着,而且中国之外的九州与大瀛海占天下的八十一分之八十。但是,凭什么说中国之外如中国者的州数为"九"而不是"八"或"十"呢? 是因为中国内部是九州,所以外面也是九州吗?"中国"是缩小版的"大九州"? 如果是这样的话,那应该是中国之外如中国者的州数是"八"而非"九",这样天下就是"九州",而不是"十州",从而与作为"小天下"的"中国"的结构对应。这样就更加有说服力了,也符合数学审美。另一方面,既然"天下"只是中国的八十一倍,则"天下"是有限的了。从司马迁的概述来看,关于邹衍的"大九州"说，我们只能得到这样的印象。当然，在那个时代，邹衍能够有这样的奇想，可以改变彼时中国人的宇宙观，也是很突出的，所以才说是"闳大不经"。

二、五德始终说

邹衍"先验小物，推而大之，至于无垠"的方法论，不但应用在宇宙观上，而且也运用到历史、政治哲学中。所谓"先序今以上至黄帝，学者所共术，大并世盛衰，因载其禨祥度制，推而远之，至天地未生，窈冥不可考而原也。……称引天地剖判以来，五德转移，治各有宜，而符应若兹。"（《史记·孟子荀卿列传》）在前文，我们已看到《左传·昭公二十九年》蔡墨已将五行与五种神搭配起来，《墨子》中的"日者"则将五行与四方龙搭配起来，《管子·四时》则将五行与四时搭配，并且每一时都有一德。至公元前3世纪初，秦与齐分别称西、东帝，继而燕、赵分别称北帝、中帝。这种五方帝很容易让人将其与五行联系起来，但这只是平面的，邹衍的特殊之处在于使之成为纵向的、历史的"五德始终"说——这大概是受了五行相克、四时循环思想的启发。

关于这"五德始终"说的具体内容，虽然邹衍没有论著，好在有一段近似的描述保留在《吕氏春秋·应同》中，虽然没有明说是邹衍所论，但大体上反映了他与阴阳家的思想：

> 凡帝王者之将兴也，天必先见祥乎下民。黄帝之时，天先见大蚓大蝼。黄帝曰：'土气胜'。土气胜，故其色尚黄，其事则土。及禹之时，天先见草木，秋冬不杀。禹曰：'木气胜'。木气胜，故其色尚青，其事则木。及汤之时，天先见金刃生于水。汤曰：'金气胜'。金气胜，故其色尚白，其事则金。及文王之时，天先见火，赤乌衔丹书，集于周社。文王曰：'火气胜'。火气胜，故其色尚赤，其事则火。代火者必将水，天且先见水气胜。水气胜，故其色尚黑，其事则水。

在这段话中，除了加入了五帝（王）之外，其他内容与以前的并无不同,即五行、五色均未变。至此,五行之顺序就定为了土、木、金、火、水之循环相克关系,这与《管子·四时》中的木、火、土、金、水之五行顺序就不同。其中,理性宇宙论的色彩淡,而神秘政治的味道浓。这并不是一种好的趋势。阴阳五行思想在秦汉时期,成了一股强劲的思想潮流,汉儒董仲舒的"天人感应"说即是在此基础上发展来的,是对邹衍"五德始终"说的修正与完善。

总之,阴阳家在上古时代是懂得天文学、占星术并制定历法的人。战国时期出现了哲学化了的阴阳家。长期以来,阴阳学说与五行学说曾独立发展,大约在战国中期,有了两者结合的趋势,这体现在《管子》、《礼记·月令》等传世文献中。战国晚期,阴阳家邹衍创"大九洲"说与"五德始终"说,对后世有较大影响。

主要参考文献

一、古典文献

班固. 汉书. 北京：中华书局，1961.

北京大学出土文献研究所编. 北京大学藏西汉竹书（贰）. 上海：上海古籍出版社，2012.

蔡沈注. 书经集传. 北京：中国书店，1994.

陈澧. 东塾读书记（外一种）. 北京：生活·读书·新知三联书店，1998.

陈寿. 三国志. 北京：中华书局，1982.

陈垣校注. 日知录校注. 合肥：安徽大学出版社，2007.

陈伟等编. 楚地出土战国简册（十四种）. 北京：经济科学出版社，2009.

陈鼓应. 老庄新论（修订版）. 北京：商务印书馆，2008.

陈鼓应. 老子今注今译. 北京：商务印书馆，2006.

高明. 帛书老子校注. 北京：中华书局，1996.

高亨. 周易大传今注. 济南：齐鲁书社，1998.

郭庆藩辑. 庄子集释（全四册）. 北京：中华书局，1961.

郭化若. 孙子译注. 上海：上海古籍出版社，1984.

河上公. 老子道德经河上公章句. 王卡点校. 北京：中华书局，2008.

胡厚宣主编. 甲骨文合集释文（二）. 北京：中国社会科学出版社，1999.

黄寿祺，张善文. 周易译注. 上海：上海古籍出版社，2001.

韩婴. 韩诗外传集释. 许维遹校释. 北京：中华书局，1980.

韩愈. 韩昌黎集. 上海：商务印书馆，1930.

何宁. 淮南子集释. 北京：中华书局，1998.

焦循. 孟子正义. 沈文倬点校. 北京:中华书局,1987.

荆门市博物馆编. 郭店楚墓竹简. 北京:文物出版社,1998.

郦道元注. 水经注校证. 陈桥驿校. 北京:中华书局,2007.

李零. 郭店楚简校读记. 北京:北京大学出版社,2002.

刘向辑录. 战国策. 上海:上海古籍出版社,1998.

马叙伦. 老子校诂. 北京:中华书局,1974.

马承源主编. 上海博物馆藏战国楚竹书(1—4 册). 上海:上海古籍出版社,2001—2004.

马王堆汉墓帛书整理小组编. 马王堆汉墓帛书老子. 北京:文物出版社,1976.

阮元校刻. 十三经注疏(附校勘记)(上册). 北京:中华书局影印本,1980.

孙诒让. 墨子间诂. 北京:中华书局,1986.

睡虎地秦墓竹简整理小组编. 睡虎地秦墓竹简. 北京:文物出版社,2001.

苏舆. 春秋繁露义证. 钟哲点校. 北京:中华书局,1992.

孙希旦. 礼记集解. 北京:中华书局,1989.

孙星衍. 尚书今古文注疏. 陈抗,盛冬玲点校. 北京:中华书局,1984.

唐明邦主编. 周易评注(修订本). 北京:中华书局,2009.

王先谦. 庄子集解. 北京:中华书局,1987.

王弼. 老子道德经注校释. 楼宇烈校释. 北京:中华书局,2008.

许维遹. 吕氏春秋集释. 北京:中华书局,2009.

杨伯峻. 论语译注. 北京:中华书局,1980.

杨伯峻. 春秋左传注(修订本). 北京:中华书局,1990.

杨伯峻. 孟子译注. 北京:中华书局,2010.

杨天宇. 礼记译注. 上海:上海古籍出版社,1997.

余嘉锡. 世说新语笺疏. 北京:中华书局,1983.

张默生. 庄子新释. 张翰勋校补. 济南:齐鲁书社,1993.

诸子集成(全八册). 北京:中华书局,1954.

朱熹. 四书章句集注. 北京:中华书局,1983.

朱熹. 朱子语类. 黎靖德编,王星贤点校. 北京:中华书局,1986.

二、研究著作

白奚. 稷下学研究——中国古代的思想自由与百家争鸣. 北京:生活·读书·新知三联书店,1998.

陈梦家. 殷墟卜辞综述. 北京:科学出版社,1956.

陈来. 古代宗教与伦理——儒家思想的根源. 北京:生活·读书·新知三联书店,1996.

陈来. 古代思想文化的世界——春秋时代的宗教、伦理与社会思想. 北京:生活·读书·新知三联书店,2002.

陈梦家. 殷墟卜辞综述. 北京:中华书局,1988.

陈乔见. 公私辨:历史衍化与现代诠释. 北京:生活·读书·新知三联书店,2013.

陈广忠. 中国道家新论. 合肥:黄山书社,2001.

陈鼓应主编. 道家文化研究(第十七辑). 北京:生活·读书·新知三联书店,1999.

陈鼓应,白奚. 老子评传. 南京:南京大学出版社,2002.

陈嘉映. 哲学科学常识. 北京:东方出版社,2007.

陈仁仁. 战国楚竹书《周易》研究. 武汉:武汉大学出版社,2010.

陈其泰等编. 二十世纪中国礼学研究论集. 北京:学苑出版社,1998.

崔大华. 道家与中国文化精神. 郑州:河南人民出版社,2003.

丁四新. 郭店楚墓竹简思想研究. 北京:东方出版社,2000.

丁四新. 郭店楚竹书老子校注. 武汉:武汉大学出版社,2010.

丁山. 甲骨文所见氏族及其制度. 北京:中华书局,1988.

东方朔. 合理性之寻求:荀子思想研究论集. 台北:台湾大学出版中心,2011.

杜尔未. 庄子宗教与神话. 台北:学生书局,1985.

傅斯年. 中国现代学术经典·傅斯年卷. 石家庄:河北教育出版社,1996.

方授楚. 墨学源流. 中华书局,上海书店联合出版,1989.

方东美. 原始儒家道家哲学. 台北:台湾黎明文化事业公司,1983.

冯天瑜. "封建"考论. 武汉:武汉大学出版社,2007.

冯友兰. 三松堂全集. 郑州:河南人民出版社,2001.

冯达文,郭齐勇主编. 新编中国哲学史. 北京:人民出版社,2004.

傅佩荣. 儒道天论发微. 北京:中华书局,2010.

高亨. 重订老子正诂. 北京:中国书店,1988.

高亨. 墨经校诠. 北京:清华大学出版社,2004.

高士奇. 左传纪事本末. 北京:中华书局,1966.

郭齐勇,吴根友. 诸子学志. 上海:上海人民出版社,1998.

郭齐勇. 中国哲学史. 北京:高等教育出版社,2006.

郭齐勇. 中国哲学智慧的探索. 北京:中华书局,2008.

郭齐勇. 中国儒学之精神. 上海:复旦大学出版社,2009.

郭沫若. 郭沫若全集(历史编第一卷). 北京:人民出版社,1982.

龚建平. 意义的生成与实现——《礼记》哲学思想. 北京:商务印书馆,2005.

古棣,周英. 老子通(下部). 长春:吉林人民出版社,1991.

顾颉刚编著. 古史辨(第五册). 上海:上海古籍出版社,1982.

胡哲敷. 老庄哲学. 上海:中华书局,1935.

胡适. 中国哲学史大纲. 上海：上海古籍出版社,1997.

胡厚宣,胡振宇. 殷商史. 上海：上海人民出版社,2003.

侯外庐,赵纪彬,杜国庠. 中国思想通史. 北京：人民出版社,1957.

贺麟. 哲学与哲学史论文集. 北京：商务印书馆,1990.

蒋伯潜. 诸子通考. 杭州：浙江古籍出版社,1985.

劳思光. 新编中国哲学史（第一卷）. 桂林：广西师范大学出版社,2005.

李泽厚. 历史本体论·己卯五说. 北京：生活·读书·新知三联书店,2003.

李泽厚. 中国古代思想史论. 北京：生活·读书·新知三联书店,2008.

李申. 中国儒教史（上卷）. 上海：上海人民出版社,1999.

李民.《尚书》与古史研究. 郑州：中州书画社,1983.

李霞. 生死智慧：道家生命观研究. 北京：人民出版社,2004.

李明辉. 儒家视野下的政治思想. 北京：北京大学出版社,2005.

李学勤. 简帛佚籍与学术史. 南昌：江西教育出版社,2001.

李镜池. 周易探源. 北京：中华书局,1978.

刘起釪.《尚书》研究要论. 济南：齐鲁书社,2007.

刘笑敢. 老子：年代新考与思想新诠. 台北：东大图书出版公司,1997.

刘笑敢. 老子古今：五种对勘与析评引论. 北京：中国社会科学出版社,2006.

刘笑敢. 庄子哲学及其演变. 北京：中国社会科学出版社,1988.

刘师培. 清儒得失论. 北京：中国人民大学出版社,2004.

刘大钧. 周易概论. 济南：齐鲁书社,1986.

廖名春. 荀子新探. 北京：文津出版社,1994.

梁启超. 饮冰室合集. 北京：中华书局,1989.

梁启超. 中国近三百年学术史. 北京：东方出版社,1996.

吕思勉. 先秦学术概论. 上海：上海书店,1992.

罗琨. 商代战争与军制. 北京：中国社会科学出版社,2010.

马一浮. 尔雅台答问. 南京：江苏教育出版社,2005.

牟宗三. 中国哲学的特质. 上海：上海古籍出版社,1997.

牟宗三. 政道与治道. 桂林：广西师范大学出版社,2006.

牟宗三. 圆善论. 台北：联经出版社,2003.

牟宗三. 心体与性体. 台北：联经出版社,2003.

牟宗三. 周易哲学演讲录. 上海：华东师范大学出版社,2004.

庞朴. 庞朴文集. 刘贻群编. 济南：山东大学出版社,2005.

皮锡瑞. 经学通论. 北京：中华书局,1954.

钱新祖. 中国思想史讲义. 台北：台湾大学出版中心,2013.

钱穆. 国学概论. 北京：商务印书馆,1997.

钱穆. 孔子传. 北京：生活·读书·新知三联书店,2002.

钱穆. 先秦诸子系年. 石家庄：河北教育出版社,2002.

钱穆. 中国思想史. 北京：九州出版社,2012.

裘锡圭. 中国出土古文献十讲. 上海：复旦大学出版社,2004.

任继愈. 中国哲学发展史(先秦卷). 北京：人民出版社,1983.

任铭善. 礼记目录后案. 济南：齐鲁书社,1982.

沈有鼎. 墨经的逻辑学. 北京：中国社会科学出版社,1982.

孙中山. 孙中山全集(第九卷). 北京：中华书局,1981.

谭戒甫. 墨辩发微. 武汉：武汉大学出版社,2006.

唐君毅. 中国哲学原论·原道篇. 台北：学生书局,1978.

唐文明. 隐秘的颠覆——牟宗三、康德与原始儒家. 北京：生活·读书·新知三联书店,2012.

汤一介. 新轴心时代与中国文化的建构. 南昌：江西人民出版社,2007.

汤一介. 汤一介集(第5卷). 北京：中国人民大学出版社,2014.

王国维. 古史新证——王国维最后的讲义. 北京：清华大学出版社,1994.

王国维. 殷周制度论. 杭州：浙江教育出版社,2009.

王邦雄等. 论语义理疏解. 台北：鹅湖出版社,1994.

王邦雄. 老子的哲学. 台北：东大图书出版公司,1983.

王明. 道家和道教思想研究. 北京：中国社会科学出版社,1984.

王博. 老子思想的史官特色. 台北：文津出版社,1993.

王博. 庄子哲学. 北京：北京大学出版社,2004.

王锷. 《礼记》成书考. 北京：中华书局,2007.

王文清. 王文清集·考古略. 黄守红校点. 长沙：岳麓书社,2013.

文达三. 老子新探. 长沙：岳麓书社,1990.

魏启鹏. 马王堆汉墓帛书《黄帝书》笺证. 北京：中华书局,2004.

萧萐父. 中国哲学史史料源流举要. 武汉：武汉大学出版社,1998.

萧萐父. 吹沙二集. 成都：巴蜀书社,1999.

萧汉明. 《周易本义》导读. 济南：齐鲁书社,2003.

萧汉明. 道家与长江文化. 武汉：湖北教育出版社,2005.

萧公权. 中国政治思想史. 沈阳：辽宁教育出版社,1998.

萧兵,叶舒宪. 老子的文化解读：性与神话学之研究. 武汉：湖北人民出版社,1994.

徐复观. 徐复观全集. 徐武军等主编. 北京：九州出版社,2014.

徐少华. 周代南土历史地理与文化. 武汉：武汉大学出版社,1994.

徐克谦. 庄子哲学新探——道·言·自由与美. 北京：中华书局,2005.

杨国荣. 善的历程：儒家价值体系的历史衍化及其现代转换. 上海：上海人民出版社,1994.

杨荣国.中国古代思想史.北京:人民出版社,1973.

杨俊光.墨经研究.南京:南京大学出版社,2002.

严灵峰.老庄研究.台北:中华书局,1979.

叶海烟.老庄哲学新论.台北:文津出版社,1997.

查昌国.先秦"孝"、"友"观念研究.合肥:安徽大学出版社,2006.

詹剑峰.墨家的形式逻辑.武汉:湖北人民出版社,1979.

张默生.庄子新释.济南:齐鲁书社,1993.

张恒寿.庄子新探.武汉:湖北人民出版社,1983.

张光直.中国青铜时代.北京:生活·读书·新知三联书店,1999.

张光直.美术、神话与祭祀.郭净译.沈阳:辽宁教育出版社,2002.

张松辉.老子研究.北京:人民出版社,2009.

张荣明.中国的国教.北京:中国社会科学出版社,2001.

张立文.中国哲学逻辑结构论.北京:中国社会科学出版社,2002.

张舜徽.周秦道论发微.北京:中华书局,1982.

张舜徽.汉书艺文志通释.武汉:湖北教育出版社,1990.

张知寒等.墨子里籍考论.济南:山东人民出版社,1996.

张岱年.中国古典哲学概念范畴要论.北京:中国社会科学出版社,1987.

张岱年.中国哲学大纲.北京:中国社会科学出版社,1982.

张固也.《管子》研究.济南:齐鲁书社,2006.

郑开.道家形而上学研究.北京:宗教文化出版社,2003.

郑杰文.中国墨学通史.北京:人民出版社,2006.

周云之,刘培育.先秦逻辑史.北京:中国社会科学出版社,1984.

周昌忠.公孙龙子新论.上海:上海社会科学院出版社,1991.

周振鹤.中国行政区划通史.上海:复旦大学出版社,2009.

朱凤瀚.商周家族形态研究.天津:天津古籍出版社,2004.

朱伯崑.易学哲学史(第二卷).北京:华夏出版社,1995.

[德]康德.实践理性批判.邓晓芒译,杨祖陶校.北京:人民出版社,2003.

[德]马克斯·韦伯.支配的类型.康乐等译.桂林:广西师范大学出版社,2004.

[美]艾兰等编.中国古代思维模式与阴阳五行说探源.张海晏译.南京:江苏古籍出版社,1998.

[美]本杰明·史华兹.古代中国的思想世界.程钢译,刘东校.南京:江苏人民出版社,2004.

[美]牟复礼.中国思想之渊源.王立刚译.北京:北京大学出版社,2009.

[日]池田知久.道家思想的新研究:以庄子为中心.郑州:中州古籍出版社,2009.

[英]李约瑟.中国古代科学思想史.陈立夫等译.南昌:江西人民出版社,2000.

［英］爱德华·泰勒. 原始文化. 桂林：广西师范大学出版社，2004.

［英］弗雷泽. 金枝. 北京：中国民间文艺出版社，1987.

［英］葛瑞汉. 论道者：中国古代哲学论辩. 张海晏译. 北京：中国社会科学出版社，2003.

三、论　文

白奚. "小国寡民"与老子的社会改造方案——老子八十章阐微//《安徽大学学报》(哲学社会科学版)，2000，4.

北辰. 老子在欧洲//宗教学研究，1997，4.

晁福林. 论殷代神权//中国社会科学，1990，1.

晁福林. 神之源——中国原始时代社会观念的萌生及其发展//大连大学学报，2006，3.

晁福林. 先秦时期"德"观念的起源及其发展//中国社会科学，2005，4.

曹峰.《老子》首章与"名"相关问题的重新审视——以北大汉简《老子》的问世为契机//哲学研究，2011，4.

陈梦家. 商代的神话与巫术//燕京学报（第 20 期），1936.

陈榴. "道"字初义与老子哲学思想的渊源//社会科学辑刊，2008，6.

成中英. 中国哲学的四个特性//成中英文集（第 1 卷）. 武汉：湖北人民出版社，2006.

杜维明. 试谈中国哲学中的三个基调//杜维明文集（第 5 卷）. 武汉：武汉出版社，2002.

丁四新. 早期老子文本的演变、成型与定型——以出土简帛为依据//中州学刊，2014，10.

黄克剑. 孔老之辨//哲学研究，2007，9.

金景芳，吕绍纲.《甘誓》浅说//社会科学战线，1993，2.

姜广辉. 郭店楚简与《子思子》//哲学研究，1998，7.

荆雨. 德与民：中国古代政权合法性之根据//社会科学战线，2008，5.

李学勤. 荆门郭店楚简所见关尹遗说//中国文物报，1998-04-29.

李学勤. 释多君多子//胡厚宣编. 甲骨文与殷商史. 上海：上海古籍出版社，1983.

刘述先. 研究中国史学与哲学的方法与态度//韦政通编. 中国思想史方法论文选集. 台北：水牛出版社，1987.

刘笑敢. 关于老子考证的历史考查与分析//中国文哲研究通讯（第五卷第四期），1995.

梁启超. 梁启超论孟子遗稿//学术研究，1983，5.

廖名春.〈老子〉首章新释//哲学研究，2011，9.

林沄.从武丁时代的几种"子卜辞"试论商代的家族形态//古文字研究(一).北京:中华书局,1979.

林沄.甲骨文中的商代方国联盟//古文字研究(六).北京:中华书局,1981.

马琳.圣人不远游——海德格尔对《道德经》的征引//冯俊主编.哲学家(2008年卷).北京:人民出版社,2009.

庞朴.使由使知解//文史知识,1999,9.

彭昊.论"庄出于儒"//湖南大学学报,2004,3.

沈清松.中国哲学文本的诠释与英译//中国哲学与文化(第二辑).桂林:广西师范大学出版社,2007.

汤一介.论老庄哲学中的内在性与超越性//儒释道与内在超越问题.南昌:江西人民出版社,1991.

童恩正.中国古代的巫//中国社会科学,1995,5.

田文军.《老子》"道"论新探//社会科学,2011,8.

王中江.道家自由思想的两种形态//陈明,朱汉民主编.原道(第7辑).贵阳:贵州人民出版社,2002.

王博.权力的自我节制:对老子哲学的一种解读//哲学研究,2010,6.

温少峰.殷周奴隶主阶级"德"的观念//中国哲学(第8辑).北京:生活·读书·新知三联书店,1982.

徐复观.治古代思想史方法//韦政通编.中国思想史方法论文选集.台北:水牛出版社,1987.

萧萐父.道家·隐者·思想异端//萧萐父,罗炽主编.众妙之门:道教文化之谜探微.长沙:湖南教育出版社,1991.

解启扬.近代墨学研究简论//广西师范学院学报(哲学社会科学版),2004,3.

杨宽."乡饮酒礼"与"飨礼"新探//古史新探.中华书局,1965.

余敦康,黄俊杰,洪汉鼎,李明辉.中国诠释学是一座桥//光明日报,2002-09-26.

周可真."体道"的必要性、原理及方法——老子道篇首章新解//《江南大学学报》(人文社会科学版),2011,6.

郑宗义.从实践的形上学到多元宗教观——"天人合一"的现代重释//天人之际与人禽之辨.香港:新亚学术集刊(第十七期),2001.

后　记

早在 2006 年下半年，江苏人民出版社府建明先生就与我联系，希望我们武汉大学哲学学院中国哲学学科点与该社合作，撰写并出版一套大型学术版的《中国哲学通史》。该社出版过大型学术版的《西方哲学史》、《中国佛教通史》等著作，水平很高，反响很好。这些书学术性强，不同于供教学用的同类书籍。

2007 年上半年，我们在武汉大学召开了作者会议，讨论了纲目与方法论问题，正式启动了这项工作。由于我们这个写作团队的诸位专家承担的教学、科研与人才培养的任务很重，撰写本套丛书的工作常被打断，但同仁们仍勤奋严谨又持续地努力研究、写作，到 2017 年下半年基本上可以完稿。时光荏苒，一晃十一年过去了。拖得这么久，这是我们始料未及的。

现在的规模有十卷，前八卷为断代哲学史，后两卷分别为少数民族哲学卷与古代科学哲学卷。设置这两卷很有必要，因为这两方面都很重要，而一般中哲史很难详细论述到。

第一　先秦卷　郭齐勇著

第二　秦汉卷　丁四新、龚建平著

第三　魏晋南北朝卷　麻天祥、秦平、乐胜奎著

第四　隋唐卷　龚隽、李大华、夏志前等著

第五　宋元卷　田文军、文碧芳等著

第六　明代卷　丁为祥著

第七　清代卷　吴根友著

第八　现代卷　胡治洪著

第九　少数民族哲学卷　萧洪恩著

第十　古代科学哲学卷　吾淳著

以上各卷有的是个人独著的，也有的是多人合著的。后者在封面与版权页上署主要作者，参与撰写的作者及其工作详见各卷的后记。本套丛书的作者以本学科点的教授以及从我们这里毕业出去仍从事中哲史研究的学者为主，因此可以视为我们这个团队的集体成果。当然，这个说法也是相对的，需要说明的是，由于本学科点有些教授当时手头上事情较多，不能参加撰写工作，所以我们另请了与我们这个团队没有亲缘关系的同仁参与。

府建明先生所以选择我们这个团队，是因为我们继承光大了萧萐父、李德永、唐明邦先生的传统，建设成为国家重点学科，两代人有多种有影响力的中哲史教材及研究专著问世，且内部比较团结。

现在说一说"先秦卷"的撰写。本卷第一、二、三、五、十二、十六章的撰写者分别是荆雨、刘体胜、陈乔见、萧平、陈仁仁、储昭华教授，其它各章则是由我撰写的。这其中有一部分稿子，请王晨光、吴龙灿、谢远笋、周浩翔、李健君、张志强、肖雄、王顺然等分别加工整理过。全卷由我统稿，廖璨璨、朱浩浩、王晨光、谢远笋、李兰兰协助我统稿。统稿者做了统一体例、核对引文、疏理文字的工作。我特别感谢以上各位的帮助。

在写作过程中，《中国哲学通史》（学术版）所有作者与参与者都十分辛苦，酷热三伏与寒严三九都在孜孜矻矻地研究、撰著。我们曾得到武汉大学社科部"武汉大学哲学社会科学标志性成果培育选题"项目的资助。在出版方面，江苏人民出版社为本丛书申请到了国家出版基金的补贴;江苏人民出版府建明总编自始至终为本套书出版尽心尽力,该社的编辑团队十分敬业且很专业。谨此一并致谢!

郭齐勇

2017 年盛夏于武昌珞珈山

本卷的校对工作,请廖晓炜、谢远笋、肖航、肖雄、刘莉莎、李健君等同仁帮忙,再次核对了引文,特此致谢!

郭齐勇又及

2018 年初冬于武汉大学